本书为山东大学出版基金资助项目(SDUPF016)

# 管理系统工程

主　编　孔庆山
副主编　王京北　张芹

山东大学出版社
SHANDONG UNIVERSITY PRESS
·济南·

**图书在版编目(CIP)数据**

管理系统工程 / 孔庆山主编. -- 济南 ：山东大学出版社，2025. 1. -- ISBN 978-7-5607-8574-5

Ⅰ. C93

中国国家版本馆 CIP 数据核字第 20253LB345 号

责任编辑　李艳玲
封面设计　杜　婕

**管理系统工程**

GUANLI XITONG GONGCHENG

---

出版发行　山东大学出版社
社　　址　山东省济南市山大南路 20 号
邮政编码　250100
发行热线　(0531)88363008
经　　销　新华书店
印　　刷　济南乾丰云印刷科技有限公司
规　　格　720 毫米×1000 毫米　1/16
　　　　　24 印张　400 千字
版　　次　2025 年 1 月第 1 版
印　　次　2025 年 1 月第 1 次印刷
定　　价　59.00 元

---

# 《管理系统工程》
## 编委会


**主　编**　孔庆山

**副主编**　王京北　张　芹

**编　委**　狄　莹　孙　妍　方　舟　李　昊
　　　　王　银　路　妍　白致瑜　刘香君
　　　　朱　彤　王　晟

# 前　言

从教之初，我开始主讲“管理系统工程”这门专业基础课程，随着课堂教学经验的逐渐积累，便萌生了编写这门课程专属教材的想法，但一直感觉时机不成熟，没有下定决心。随着“工商管理创新实验班”和“智能工程与管理创新实验班”两个创新实验班的成立，我们需要对原有课程体系进行改革创新，以适应新时代管理人才的培养需要，“管理系统工程”课程作为管理学院创新实验班的专业基础课程，也就成为教学改革的重点之一。为此，山东大学对“管理系统工程”的教学和教材两个教学改革项目进行持续资助，山东大学出版基金也对该教材予以专项资助，让我更有动力来组建团队，带着学生们开启这门课程以及这部教材的教学改革探索。

整部教材的编写过程异常烦琐漫长，十分消耗精力。从最开始只有我一人编写初版教程，到后期又加入了王京北和张芹两位老师，还有我的三届硕士研究生全部投身其中，我们的编写团队不断壮大。同时，参与编写与修改教材的创新实验班学生都是经选拔的管理学院最优秀的本科生，特别是第一届智管创新19班的同学在编写修改第一稿教材的过程中作出了重要贡献，随后教材经过智管创新(20～22班)和工商创新(20～22班)六个实验班以及工业工程硕士(23班)一个研究生班的教学试点和轮番修改，教材章节结构和内容不断完善。在此感谢每一位参与者的辛勤付出。所以，本教材是以学生为中心，通过课堂教学驱动的专业基础教材。我们边编写边教学、边教学边修改，课堂教学与教材编写实现了良性互动，使得本教材能够更贴近多层次的学生学习需求和教师教学需要。

“必须坚持系统观念”是党的二十大报告提出的六个“必须坚持”之一。习近平总书记在党的二十大报告中指出，“只有用普遍联系的、全面系统的、发展变化的观点观察事物，才能把握事物发展规律”。系统观念是具有基础性的思想和工作方法，只有运用系统的思想和理论方法，才能洞察万事万物相互联系和相互依赖的本质属性。如何培养能够坚持系统观念的新时代管理人才也就成为本教材的目标。《管理系统工程》作为一本专业基础教材，努力将“管理+系统工程”深度融合，特别是基于“工商管理创新实验班”和“智能工程与管理创新实验班”两个实验班的教学改革探索和教材编写实践，架构起“思想—理论—方法—技术—应用”的多层次知识体系并实现其跨层次关联，综合培养学生“坚持系统观念，瞄准管理问题，使用运筹方法，支撑科学决策”的系统分析能力。期待本教材能够助力新时代管理人才培养，使学生能够始终坚持系统观念。

管理系统工程作为一门新兴学科，仍处于快速发展阶段，新的思想、新的理论、新的方法、新的技术和新的应用场景不断涌现，我们试图将教材知识与学术前沿保持同步，但由于我们的学识有限，书中难免存在纰漏，在此恳请广大读者不吝批评和指正，以帮助我们不断改进和完善本部教材。最后，我们由衷地感谢为本教材顺利出版提供支持和帮助的朋友们，愿我们不忘初心，共同学习成长！

孔庆山

于山东大学中心校区知新楼

2024 年 10 月

# 课堂参与人员

| | | | | | | | |
|---|---|---|---|---|---|---|---|
| 智管创新19班 | 张韬 | 高爽 | 杨卓涵 | 闫真真 | 石晨丽 | 田洋铭 | 刘宇洋 |
| | 邓孝程 | 赵午琛 | 李盈莹 | 金汉林 | 杜非 | 高惠捷 | 张毅 |
| | 刘月超 | 杨家晖 | 韩晓丽 | 肖凤鸣 | 孙昕知 | 孔海洋 | 孟丽悠 |
| | 罗娇 | 才畅 | 黄玉龙 | | | | |
| 工商创新20班 | 陈伟涵 | 孙梦颖 | 陈思莹 | 王博正 | 赵一明 | 王帅 | 朱恒彬 |
| | 冯依帆 | 范珍华 | 程金格 | 于沛楹 | 张小涵 | 于睿 | 伊瑞雯 |
| | 阴晓雪 | 羊嘉程 | 李思雨 | 朱煜 | 王帅天 | 赵紫莹 | 单淑一 |
| | 石蕊宁 | 马邦兴 | 齐子睿 | | | | |
| 智管创新20班 | 张若一 | 乔诺 | 罗欢欢 | 孔昕 | 李玉敏 | 朱紫阳 | 夏骏 |
| | 郭林泽 | 安琪儿 | 王中豪 | 王滢硕 | 牟菁 | 毕鑫悦 | 江浩澜 |
| | 刘佳容 | 刘文馨 | 李怡爽 | 钟启璐 | 宋雪杰 | 罗宏宇 | 杨歆蕾 |
| | 任禹彤 | 张若彤 | 庞志威 | 张牧原 | | | |
| 工商创新21班 | 李约瑟 | 王蕊 | 姚旭帆 | 赵梦瑶 | 董俊杰 | 孙家琪 | 李金翰 |
| | 仇陈程 | 叶馨悦 | 陈政安 | 刘雨萌 | 檀艺凯 | 杨小雨 | 黄靖 |
| | 孙建领 | 董若岩 | 吴政阳 | 张嘉宁 | 韩治 | 李宇麒 | 张舒文 |
| | 王裕民 | 汤子皓 | 李哲骏 | | | | |
| 智管创新21班 | 涂津宁 | 李泽茹 | 高启升 | 林之杨 | 徐涵 | 葛懿 | 刘雨轩 |
| | 杨博文 | 申锐 | 张逄阳 | 牛嘉蔚 | 燕卓君 | 李宗耀 | 张梦博 |
| | 杜品玉 | 左佳宁 | 李佳澄 | 孙凝卓 | 汪俱进 | 付尚武 | 于汶冬 |
| | 任平 | 孙贝贝 | 胡国涛 | 刘驰 | | | |
| 智管创新22班 | 吴逸飞 | 陈光昊 | 杨祺 | 王序天 | 田校先 | 周子涵 | 付梓豪 |
| | 李天正 | 郑塬瀚 | 李良杰 | 孙钺涛 | 武建宇 | 吴葛泽荣 | |
| | 王皓琛 | 冯毅 | 陈姚烨 | 杨增龙 | 李丹 | | |
| 工商创新22班 | 徐缪梁 | 王嘉诚 | 苏琪 | 戴高昕 | 王上 | 孙志伟 | 李知心 |
| | 张昕阳 | 高安科 | 王艺珍 | 韩逸婷 | 陈照梁 | 王佳婧 | 林嘉铖 |
| | 谭翔宇 | 黄安洁 | 黄宇阳 | 蒋宇桐 | 马璎汶卉 | 王一扉 | |
| 工业工程23班 | 白致瑜 | 包晗 | 陈成 | 陈佳惠 | 陈娇 | 丁成龙 | 方云 |
| | 冯薪宇 | 巩一 | 华金灏 | 姜淙馨 | 姜之梦 | 节晓明 | 李辉 |
| | 李心怡 | 路妍 | 潘祖请 | 石昌沅 | 苏杏绮 | 王鼎楠 | 王婉婷 |
| | 魏振兴 | 邢凯旋 | 熊雅婷 | 杨思琪 | 杨振华 | 张晗宇 | 张吉业 |
| | 张维建 | 张心悦 | 张欣怡 | 张毅 | 郑志辉 | 邹宇 | |

# 目 录

# 第1章　系统概述

## 学习目标

(1)掌握系统的思想与内涵。

(2)理解系统的结构与功能。

(3)熟知系统的特征与规律。

## 1.1　系统的思想

### 1.1.1　系统思想的形成

系统乃万物之相，世间万物都可被视作系统，这取决于人们的系统观念。早期人们受限于认知，无法看清事物的全貌，只见树木不见森林，常常认为事物是相互孤立、互不联系的。但是随着认识的深入，人们逐渐发现万事万物都存在着普遍联系，不能简单将其割裂看待，需要站在系统的视角才能看清事物的本质属性。虽系统工程作为一门学科始于20世纪，但系统思想的形成与发展源远流长。理解系统的思想及其形成与发展，有助于加深对系统科学的认识。

1.朴素系统思想的产生

人们在实践过程中，逐渐产生了从系统角度去认识和解决问题的一种思维方式。朴素的系统思想是自人类社会产生以来，在人们认识世界和改造世界的过程中逐渐产生并且发展的。

古代朴素主义系统观是系统思想的萌芽，强调对自然界整体性和统一性的认识。《周易》提出“太极生两仪，两仪生四象，四象生八卦”的宇宙观，稷下学宫的《管子》中提出了一套自然体系学说，《吕氏春秋》的《十二纪》提供了一套描述时间与气候规律的历法，周秦至西汉初年古代医学总集《黄帝内经》强调人体各器官的有机联系、生理现象和心理现象的联系、身体健康与自然环境的联系。战国时期秦国李冰设计修造了伟大的都江堰，包括“鱼嘴”岷江分水工程、“飞沙堰”分洪排沙工程、“宝瓶口”引水工程三大主体工程和众多附属渠堰工程，工程之间的联系关系处理得恰到好处，形成一个协调运转的工程总体。所有这些古代农事、工程、医药、天文知识和成就，都在不同程度上反映了朴素的系统思想的自发应用。人类在提出系统思想、系统工程之前，就已在进行系统的思考了。

朴素的系统思想不仅表现在古代人类的实践中，而且在古中国和古希腊的哲学思想中也得到了反映。古中国和古希腊唯物主义思想家都从承认统一的物质本原出发，把自然界当作一个统一体。古希腊哲学家们对于“系统”的探索始于泰勒斯对构成这个世界“永恒不变的元素”的思考，赫拉克利特在其“世间万物都处于不断变化当中”的观点中注入了对系统动态性的关切，亚里士多德的“四元素论”则成为描述人所处的“宇宙大系统”的基础框架。德谟克利特进一步提出原子论，认为世界是由不可分割的微小粒子(原子)组成。这一理论进一步推动了对系统内在结构的理解，并在伊壁鸠鲁和卢克莱修的发展中形成了更具系统性的古典物理学。从不变到变化的观点，从元素到原子的主张，再到对微观结构的深入探索，这一求索历程体现了古希腊先民们对认识系统的不懈追求。我国春秋末期思想家老子在《道德经》中阐述了宇宙的整体性和万物之间的归一关系。他指出，万物九九归一，天地生万物而不自为，道生一而不自得，强调了自然界中相互依存、相互联系的特性。南宋朱熹提出“理一分殊”思想，称“理一”为天地万物之理的整体，而“分殊”是这个整体中每一事物的功能。他试图从整体角度说明部分与整体的关系，并用自发的系统思想考察自然现象。由此可见，古代辩证唯物的哲学思想包含了朴素的系统观。

2.科学系统思想的形成

科学系统思想的形成可以追溯到15世纪下半叶，随着各学科如物理学、力学、天文学、化学和生物学的兴起，人们开始使用科学的方法如实验、解剖和观察来进行研究，自然科学技术得到了迅速的发展。16～19世纪的近代自然科学兴起，由此产生形而上学自然观。形而上学把自然界看作彼此隔离、彼此孤立、彼此不相依赖的各个事物或各个现象的偶然堆积。这种自然观虽能够精确研究自然界的细节，但“只见树木，不见森林”，撇开总体的联系来考察事物和过程堵塞了从了解部分到了解整体、洞察普遍联系的道路。

直到19世纪上半期，随着能量转化、细胞和进化论的发展，自然科学取得了伟大的成就，为唯物主义自然观建立了更加坚实的基础，也为马克思主义哲学提供了丰富的材料。马克思、恩格斯的辩证唯物主义认为，物质世界是由无数相互联系、相互依赖、相互制约、相互作用的事物和过程所形成的统一整体。辩证唯物主义体现了物质世界普遍联系及其整体性的思想，科学系统思想初步形成。

### 1.1.2 系统思想的发展

事实上，科学的系统理论直至20世纪初期才由贝塔朗菲（L. Von Bertalanffy）创立。1932年，他发表了“机体系统论”，提出系统论的思想。20世纪中期，现代科学技术进一步推动了系统科学的发展。第一个贡献在于使系统思想方法定量化，成为一套具有数学理论、能够定量处理系统各组成部分关系的科学方法；第二个贡献在于为定量化系统思想方法的实际应用提供了强有力的计算工具——电子计算机。数学表达式和计算工具的应用使得系统思想从一种哲学思维发展成为专门的系统科学。

20世纪60年代中后期开始，国际上又出现了许多新的系统理论。萨缪尔森在1976年提出将系统论、控制论和信息论综合成一门新学科的建议。钱学森在1979年提出了建立系统科学学科体系的思想，他认为系统科学包括工程技术、技术科学、基础理论和哲学四个层次，并与自然科学、社会科学和数学具有同等地位，极大促进了系统理论和系统科学的发展。

随着系统科学作为一门学科兴起，其强大的生命力在实际应用中得到了充分展现，正如贝塔朗菲所言：系统科学彻底改变了世界的面貌和当代科学家的思维方式。系统科学给人们提供了一种崭新的方法论体系，开辟出一条从整体上认识自然界、人类社会及其自身运动规律的新途径。目前，系统科学思想方法已被广泛应用于生物学、经济学和其他多个领域。此外，系统科学思想在我国各级管理决策、发展战略、区域规划以及重大建设工程项目中发挥着至关重要的作用，许多具体实例充分证明，应用系统科学的理论和方法可以极大地提高人类对世界的认识和改造水平。

## 1.2 系统的概念

### 1.2.1 系统的内涵

系统工程的研究对象是组织化的大规模复杂系统。而“系统”作为整个系统科学的基本研究对象，需要正确理解和深刻认识。

**1.系统的定义**

“系统”（System）一词最早出现于古希腊语“Systεmα”，其本意是指事物中的共性部分以及每个事物应占的位置，即部分构成整体。“系统”的拉丁语“Systema”，是群、集合等的抽象名词，后被用作英文“System”的英译。从中国汉字角度解读，“系统”二字都有“纟”旁，《说文解字》中解释为“糸，细丝也。象束丝之形”。而“纟”具有“相互关联”的含义，如“组织”，这是对系统理论最核心内容的浓缩。同时，从构词角度解读，“系统”即为“联系”和“统一”，它揭示了“系统”这一概念所蕴含的深刻内容，即系统内部的要素必然是相互联系的。而系统的目标就是要统一看似分散的内部要素，使其形成一个有机的整体，从而发挥系统的优势功能。

国内外关于“系统”的定义有许多种：贝塔朗菲认为“系统”是“相互作用的诸要素的综合体”；美国的《韦氏大词典》中，“系统”一词被解释为“有组织的或被组织化的整体、结合着的整体所形成的各种概念和原理的结合；日本工业标准(JIS)中，“系统”被定义为“许多组成要素保持有机的秩序向同一目的的行动的集合体”；《苏联大百科全书》中定义“系统”为“一些在相互关联与联系之下的要素组成的集合，形成了一定的整体性、统一性”；在《汉语大词典》中，“系统”被定义为“由要素组成的有机整体”；在《辞海》中，“系统”被描述为“相同或相类的事物按一定的秩序和内部联系组合而成具有某种特性或功能的整体”，如组织系统、灌溉系统；在《中国大百科全书(自动控制与系统工程)》中，“系统”是指“由相互制约、相互作用的一些部分组成的具有某些功能的有机整体”。

相关组织机构也有一些关于“系统”定义的描述：国际系统工程协会(INCOSE)认为系统是一组综合的元素、子系统或组件；美国航空航天局(NASA)认为系统是通过相互协作来提供满足需求的能力的元素的集合；ISO/IEC15288《系统寿命周期过程》认为系统是通过相互协作来完成特定目标的元素的集合；电气和电子工程师协会(IEEE)认为系统是一组相关元素和活动的集合，其行为满足客户/运行需求，并提供全生命周期产品保障能力；美国国家标准学会(ANSI)认为系统是各种方法、过程或技术结合在一起，按照一定规律相互作用而构成的一个有机整体。

目前，我国系统科学界通用的“系统”定义是钱学森先生给出的，即“系统是由相互作用和相互依赖的若干组成部分结合而成的、具有特定功能的有机整体”。

2.系统的构成

系统整体的存在和运行依赖于各个要素的相互联系和相互作用，这种相互作用往往从三方面体现：第一，系统整体对要素具有制约和控制的作用。系统将各个要素组织起来，形成特定的结构和功能，通过系统整体的控制，各个要素协同工作，实现效益的提升和系统的发展。第二，要素之间的相互作用会影响系统整体的功能。要素之间协同会强化系统整体功能，甚至会涌现出新的功能和属性。第三，系统和要素的概念是相对的，具有相对性。一个系统可以作为另一个更高层系统的要素，也可以作为一个更低层系统的整体。系统与要素之间的相对性体现了系统之间的等级性和层次性。

完整的系统包括系统环境、系统边界、系统结构、系统输入、系统输出五部分，如图 1.1 所示。图中 $x_1$、$x_2$、$x_3$、$x_4$ 表示要素，要素间的箭头线表示要素间的联系。

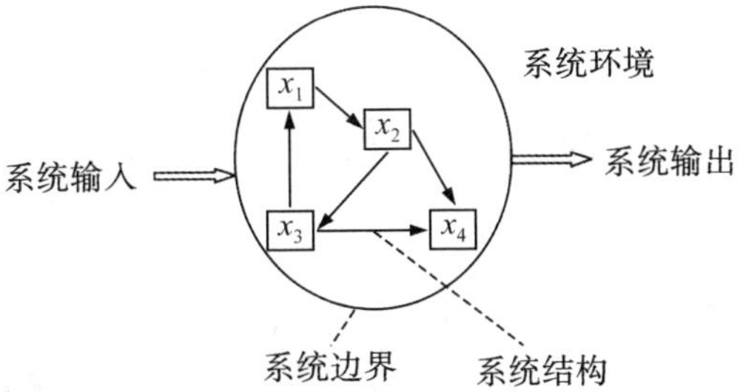


图 1.1 系统的构成

系统环境是指与系统直接相互作用的外部条件的总和，它包括了所有影响系统内部状态和行为的外界因素。系统环境可以是物理的、生物的、社会的或技术的，包括温度、压力、光照、政策、市场条件、竞争对手等，这些因素可能对系统的稳定性、效率和适应性产生重要影响。例如，一个果园可以看作是一个系统，那么果园所处的地理位置、气候条件、土壤类型等自然环境就是其系统环境，这些环境因素直接影响果子的生长状况和产量。

系统边界是系统包含的功能与系统不包含的功能之间的界限，既是区分系统与其环境的一条界线，又是系统与其环境相互作用的重要中介环节。系统边界对系统及其环境来说具有一定的隔离作用，这不仅对系统的形成与保护有重要意义，而且使各个系统既共处于同一环境中也不丧失其独立性。然而，要意识到，系统很少有一个明确、清晰划定的边界，从某种意义上讲，每一种事物都与其他事物存在着或多或少的联系，例如，海洋与陆地之间并不存在泾渭分明、清晰明确的界线。因此，认识和把握系统的边界是一个很难的课题，需要根据自身需求和实际情况去划定。

系统结构描述了系统内部各组成部分之间的关系和相互作用方式。系统结构可以包括子系统的划分、组件的连接方式、信息流和控制流的路径等，它反映了系统的组织方式和内部逻辑关系。例如，一个生态系统可以看作是一个系统，其中包含了植物、动物、微生物等生物成分，以及水、土壤、气候等非生物成分，这些成分之间的食物链、能量流动、物质循环等关系构成了生态系统的结构。

系统输入是外部环境向系统提供的资源、信息或能量，它驱动着系统的运作。输入可以是物质流（如原材料、零部件）、信息流（如数据、指令）或能量流（如电力、热能）。系统通过接收和处理输入来实现其功能，并产生相应的输出。比如一个城市供水系统可以看作是一个系统，那么从外部水源引入的水资源就是这个系统的输入。这些水资源经过处理后供给城市居民使用，维持了供水系统的正常运行。

系统输出是系统对输入进行处理后产生的结果或影响，它反映了系统的功能和价值。输出可以是产品、服务、数据或影响（如决策建议、政策变化）。输出是系统与环境交互的桥梁，它使系统能够对外界产生实际的影响和贡献。例如，一个汽车制造厂可以看作是一个系统，那么经过生产线加工生产出的汽车就是这个系统的输出。这些汽车被销售到市场，满足了消费者的需求，同时也为汽车制造厂创造了经济价值。

### 1.2.2 系统的特征

明确系统的特征，是认识和分析系统的关键。系统普遍具有整体性、相关性、目的性、层次性、动态性和涌现性六个一般特征。

**1.整体性**

整体性是系统最基本和核心的特征。系统的整体性主要表现在以下几个方面。首先，系统是由多个组成部分构成的，在整体中，各个部分相互协作、相互依赖，才能发挥出系统应有的功能。举个例子，将计算机拆分为内存、CPU、主板、显示器、电源等组成部分，单独的各个部分并无功能，必须是一个整体才能发挥计算机的功能。因此，在建立系统目标时，应该以实现整体的最优化为首要原则，而不是单纯追求各个部分的最优。

其次，系统整体性还体现在系统的功能并不仅仅是各个组成部分功能的简单叠加，而是呈现出了新的功能。当各个部分相互配合、相互作用时，整个系统能够呈现出超越各个部分的协同效应。换句话说，系统整体的功能远强于各个组成部分的功能之和，即 $1+1>2$。但是这种协同效应并不必然发生。系统的整体性还表现在总体、要素和环境之间的有机联系和辩证统一。系统中的要素相互作用、相互依赖，与外部环境产生互动，是这种有机联系和辩证统一赋予了系统一定的运行规律和功能特征。因此，评价一个系统的好坏应该着重考虑整体性。系统的评价准则应该明确反映系统的整体性，而不是仅仅局限于各个部分的性能指标。只有全面综合地考虑系统的整体特性和功能，才能更准确地评价和优化系统。

2.相关性

系统的相关性体现在以下两个方面：一方面，系统内的各要素是相互作用、相互联系的，同时均隶属于系统整体。这意味着系统中的各个要素之间相互影响、相互制约，任何一个要素的变化都会引起其他相关联的要素发生变化，这时候就必须协调好各要素之间的关系，对其他相关联要素作出相应的改变和调整，避免系统失衡或者保持系统整体处于最佳状态。另一方面，相关性是系统结构问题的基础。它说明了系统中各要素之间的关系以及各要素之间的演变规律。具体而言，相关性体现了要素的特性、数量以及它们之间的关联方式，不同的相关性将生成不同的系统特性和效应。

随着要素数量、相关方式的变化，系统的特性也会发生变化，如果没有及时地对相关联要素作出相应的改变和调整，系统将可能面临低效运转的问题。贝塔朗菲用一组联立微分方程描述了系统的相关性：

$$\begin{cases}\dfrac{\mathrm{d}Q_1}{\mathrm{d}x}=f_1(Q_1,Q_2,\cdots,Q_n)\\ \dfrac{\mathrm{d}Q_2}{\mathrm{d}x}=f_2(Q_1,Q_2,\cdots,Q_n)\\ \qquad\cdots\\ \dfrac{\mathrm{d}Q_n}{\mathrm{d}x}=f_n(Q_1,Q_2,\cdots,Q_n)\end{cases}$$

式中，$Q_1,Q_2,\cdots,Q_n$ 分别为 $n$ 个要素的特征；$f_1,f_2,\cdots,f_n$ 表示相应的函数关系；$x$ 为时间。上式表明，系统内任一要素随时间的变化是系统所有要素的函数，即任一要素的变化会引起其他要素的变化以至整个系统的变化。

3.目的性

目的是指人们在行动中要达到或实现的结果和意愿，系统的目的是系统在运行中要达成或实现的结果。系统的目的通常是人们根据实践的需要而确定的，因此必须具体，同时，有些目的是需要人们反复论证考量的，从而方便人们采用各种方法来进行控制以避免偏离系统目标，比如建立果园是为了收获果实，经营公司是为了获得利润。但不是所有系统都有目的，如太阳系或某些生物系统。

比较复杂的社会经济系统一般都具有多个目标，需要用一个指标体系来描述系统的目的,但其中有联系的目标之间可能会抢夺资源、产生冲突。此时,就要从系统的目的出发来进行协调,如图 1.2 所示。因此目的性也体现了系统工程存在的核心意义:协调多个目标以达到整体最优。

目的—手段法是分析系统目的的常用方法,即分解系统要达到的目的和系统所需要的手段。第一级手段等于第二级目的,第二级手段等于第三级目的,以此类推,即目的是上一层的手段,手段是下一层的目的。

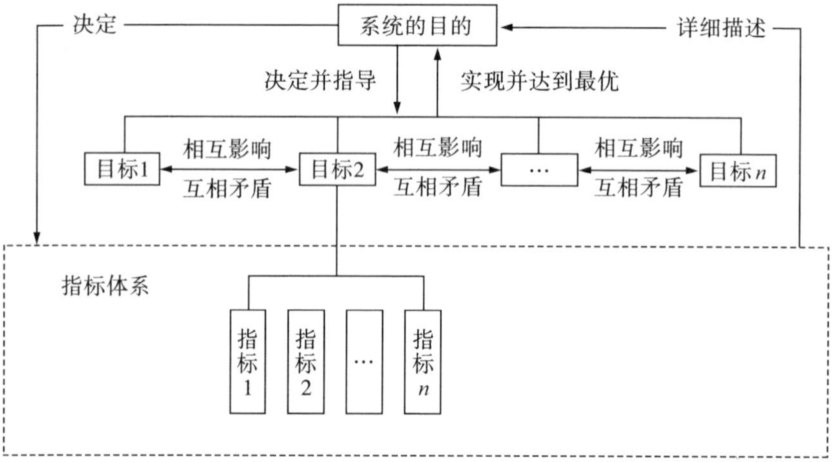


图 1.2 系统目的结构

4.层次性

系统的层次性是指系统内部存在着多个不同层次的组成部分,并且这些层次之间相互联系、相互作用。任何系统都具有一定的层次结构,系统自上而下可以划分为各个子系统,而子系统又可以进一步划分为相应的组件和部件,如图 1.3 所示。例如,生物大分子构成细胞,细胞构成组织,组织形成器官,器官组成系统,系统组成个体,个体上升到种群,种群组成群落,群落发展到生态系统,生态系统构成生物圈。

层次性在系统科学中扮演着重要的角色,系统的层次性可以用树形图或金字塔图等形式进行可视化展示。将系统分解为不同的层次,可以更好地理解系统的结构、功能和行为。每个层次代表了系统中特定的组成要素,而不同层次之间的联系和相互作用则决定了系统的整体性质和性能。在一个复杂的系统中,较高层次的要素往往具有更广泛、更宏观的影响,而较低层次的要素更具体、更片面。同时,系统的层次性也需要考虑到,随着时间的推移系统内部可能会发生变化和调整,层次之间的关系也可能会发生演变。

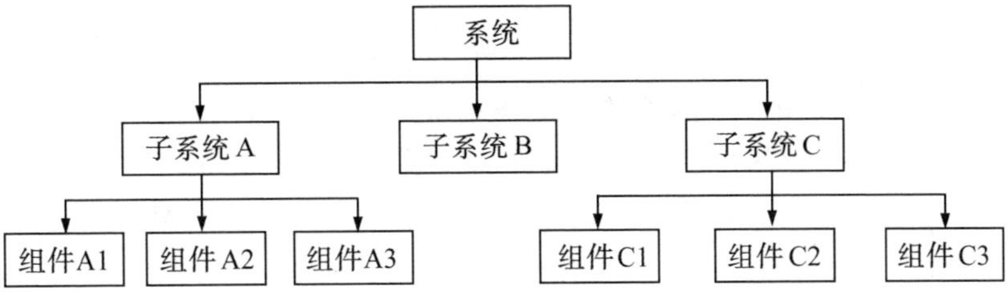


图 1.3 系统的层次性

5.动态性

系统的活动是动态的。系统的功能是在与环境进行物质、能量、信息的交换过程中实现的,因此物质、能量、信息的有组织运动构成了系统活动的动态循环;系统过程也是动态的,系统的生命周期体现出系统本身也处在孕育、发展、衰退、消亡的变化过程中。当外部环境发生改变时,系统会随之进行自我调节,使系统目的的实现不受影响。没有环境适应性的系统,是没有生命力的。

6.涌现性

从鸟群聚集、萤火虫同步、蚁群生活、蜜蜂舞蹈,到意识产生、生命进化、经济系统运转,乃至宇宙起源,我们生活在一个“涌现”的世界中。所谓系统的涌现性,是指系统的各个部分融合为整体后,就会呈现出整体独有而各个独立部分并不具备的性质、功能或要素。以蚂蚁为例,这些生物缺乏高级智慧,但就是这种大量简单的个体汇聚成“蚁群”时,竟能展现出高度智能的系统行为:蚁群能够精准寻找到从巢穴到食物的最短路径,表现出了令人惊叹的涌现性。

### 1.2.3 系统的分类

在自然界和人类社会中普遍存在着各种不同性质的系统,存在形式也不尽相同。认识系统的类型,有利于人们在实际工作中对系统的性质进行进一步的了解和分析。从不同角度可以对系统进行不同的分类,常见的分类方法如下。

1.从系统的形成原因进行分类,可分为自然系统和人造系统

自然系统是以自然物(动物、植物、矿物、水资源等)为要素,由自然力而非人力形成的系统,如海洋系统、矿藏系统等;人造系统是根据特定的目标,通过人类加工改造的自然系统或人类借助系统创造出的新系统,如管理系统、生产系统等。一般的人造系统可分为三类:其一是基于自然系统经过改造以服务于人类的工程技术系统和产品系统;其二是由一定的制度、组织、程序和手续等构

成的管理系统和其他社会职能系统;其三是根据人们对自然现象和社会现象的科学认识所创立的学科体系和技术体系。

实际上,大多数系统都是自然系统与人造系统相结合的复合系统,如导航系统、城市管理系统等。创立和发展新的人造复合系统符合人类发展的要求。系统工程越来越注意从自然系统的属性和关系中探讨人造系统。

2.从系统组成要素的属性进行分类,可分为实体系统和概念系统

实体系统是由实物如矿物、生物、机械和人群等为基本要素组成的系统,包括人造物与自然物所组成的系统。而概念系统则是由概念、原理、方法、法则、制度、程序等非物质要素所组成的系统。在实际生活中,实体系统与概念系统多数情况下不可分割。例如在企业系统中,人、机构、生产资料等属于实体系统,而用于指导生产经营活动的各项计划和工作程序则是概念系统。实体系统是概念系统的物质基础,概念系统往往是实体系统的抽象和简化,并可以指导实体系统的行为。系统工程通常研究的是这两类系统的复合系统。

3.从系统和环境之间的联系进行分类,可分为封闭系统和开放系统

封闭系统也称"孤立系统",指与外界和周围环境没有任何相互联系或相互作用的系统,即与外界没有任何物质、信息和能量的交流。严格来说,自然界中几乎不存在这种封闭系统,它是由于研究问题的需要而提出的一种理想化的模型。开放系统指与外界和周围环境之间不仅有能量交换,还有物质交换的系统。现实的事物之间总会存在各种联系,因此现实生活中的系统大部分都是开放系统。

4.从系统的状态是否随时间而变化进行分类,可分为动态系统和静态系统

动态系统是系统的状态变量随时间推移有明显变化的系统;静态系统则是系统运行规律的模型中不含时间因素(模型中的变量不随时间而变化),状态处于稳定的系统,它可以视为动态系统的一种特殊情况。

实际上系统都是动态的,完全的静态系统是理想化系统。一般认为,如果系统状态变化所需时间很长或是系统中的参数随时间变化的幅度很小,可以忽略其变化性而将其视为静态系统。由于动态系统中各种参数之间的相互关系非常复杂,要找出其中的规律性非常困难,因此为了简化,有时也可以视同静态系统。系统工程研究的是在一定时间、一定范围内和一定条件下具有某种程度稳定性的动态系统。

## 1.3 系统的结构和功能

系统结构决定系统功能,系统的结构和功能对任一系统都是不可分割的两

个方面。系统结构是维持系统整体性的内在基础，功能则是系统必须要实现的目标和任务，也是系统结构的外在表现。一个系统的结构和功能如何组合、如何变化，直接决定了系统的性质和行为特征。

### 1.3.1 系统的结构

探究系统的结构对于理解系统的完整性和功能至关重要。系统是由多个要素组成的集合，但研究单独的要素不能完全解释系统的完整性和功能。只有进一步研究系统的结构，即要素之间的相互连接方式和组织形式，才能解答为什么系统能够保持其完整性。

**1.系统结构的定义**

系统的结构可以理解为系统各组成部分在空间或时间上的有机关联和相互作用顺序，记为

$$S=\{E,R\}$$

其中，$S$ 表示系统(System)，$E$ 表示全体要素(Elements)组成的集合，$R$ 表示系统中的各种关系(Relations)的集合。

要素集合 $E$ 也可以分为若干子集 $E_i$，例如一个现代企业系统，其要素集合 $E$ 可以分为人员子集 $E_1$、设备子集 $E_2$、原材料子集 $E_3$、产品子集 $E_4$ 等，而人员子集 $E_1$ 又可以分为工人子集 $E_{11}$、技术人员子集 $E_{12}$、管理人员 $E_{13}$等，即

$$E=E_1\cup E_2\cup E_3\cdots$$

$$E_1=E_{11}\cup E_{12}\cup E_{13}\cdots$$

对于不同的系统，要素的组成会有很大的不同。在要素集合 $E$ 上建立的关系集合 $R$，对系统而言却是大同小异。在正常情况下都可以用下式表示：

$$R=R_1\cup R_2\cup R_3\cup R_4$$

其中，$R_1$ 指横向关系，即要素与要素之间、局部与局部之间的关系；$R_2$ 指纵向关系，即局部与整体之间的关系；$R_3$ 指系统整体与环境之间的关系；$R_4$ 指其他关系。

实际上，人类所知的一切客观事物都有一定的结构。不同层次的系统无一例外都有一定的结构，如细胞结构、人体结构、企业结构、产业结构、人才结构、知识结构等，一切系统都无一例外地以一定结构形式存在着、运动着、变化着。

**2.系统结构的特点**

1)稳定性

系统的稳定性指在一定时间内保持某一状态不变的特性，它取决于系统各要素之间的稳定联系和相互作用。然而，系统的结构并非绝对静态不变的，当

外部环境或内部要素发生变化而超出系统的稳定性范围时，系统结构会发生变化以适应新的条件。因此，系统结构具有相对稳定与绝对变化的两重性。系统工程就是要发现系统结构中存在的问题，打破原有的低效率的、相对稳定的状态，使其向着高水平的状态发展，最终在更高水平的状态上保持相对稳定。

2)层次性

系统的结构层次是人们根据各要素之间的联系方式、系统运动规律的相似性和功能特征以及人的认知尺度对复杂对象系统的划分。这种划分是人类认识对象系统的一种手段和方法。例如，一个国家由许多省(州、市)组成，这是一种等级结构，而一个省(州、市)由许多县(区)组成，这是另一种等级结构。某一层的系统可以划分为各个子系统，而子系统又可以进一步划分为相应的孙系统，这就是层次结构。

系统结构的层次性具有等级性和多侧面性两层含义：从等级性的纵向来看，可以将系统划分为从顶层到底层的若干等级；从多侧面性的横向来看，任一等级的系统都可以划分为相对独立的几部分。这启发人们可以对复杂系统按一定的标准进行横向与纵向的分层，从而帮助人们对其进行管理与研究。

3)开放性

在系统分类中，相关学者曾根据系统与环境间的交流情况将系统划分为开放系统和封闭系统。但是，任何系统的结构都不会是绝对封闭和绝对静态的。系统总是存在于一定的环境之中，需要与外界进行物质、能量和信息的交换，系统的结构则在这种交换过程中不断变化。这就体现了系统结构的开放性。

4)相对性

系统结构的相对性可以从两个方面进行阐述：内部观察和外部观察。

从内部观察来看，系统结构的相对性体现为系统的层次性。系统可以被分解为多个层次或子系统，每个层次或子系统都是整体系统的一部分，而在系统的每个层次中，又可以将其视为一个相对独立的小系统，有自己的结构和功能。同时，每个层次的子系统又相互关联，形成了整体大系统的结构。因此，在对系统进行研究和分析时，可以以不同的层次来深入探究系统的内部组成和相互关系。

从外部观察来看，系统结构的相对性体现为系统与外部环境的互动和适应。任何一个系统都不是孤立存在的，它总是处在特定的环境中，并与环境进行物质、能量和信息的交换。系统需要与环境保持动态的平衡和协调，不断调整自身的结构和功能以适应外部变化。这种相对性使得系统结构具有灵活性和适应性。

### 1.3.2 系统的功能

**1.系统功能的定义**

系统功能是系统与环境在相互作用中所表现出的作用、效用、效能或目的等能力。它体现了一个系统与外部环境进行物质、能量、信息交换的关系，即从环境那里接受物质、能量、信息，经过系统转换，向环境输出新的物质、能量、信息的能力（见图 1.4）。

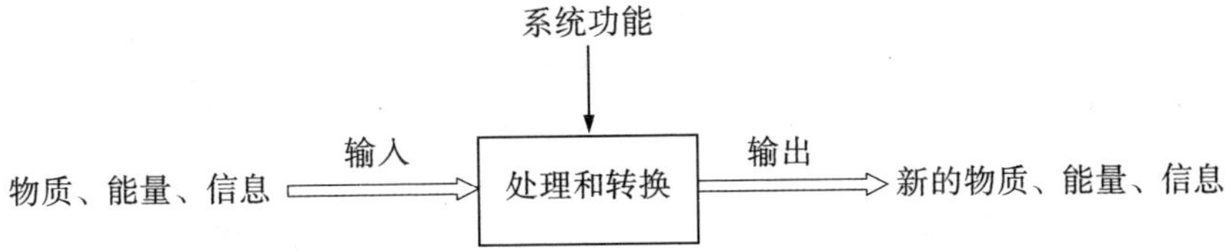


图 1.4 系统功能示意图

简单来说，狭义的系统功能是处理与转换，而广义的系统功能还包括输入和输出。记为

$$F=\phi(C,S,E)$$

式中，$F$（Function）为功能，$C$（Components）为组成要素，$S$（Structure）为结构，$E$（Environment）为环境。功能是关于组成要素、结构、环境的相关关系。

系统结构说明的是系统的内部状态和内部作用，而系统功能说明的是系统的外部状态和外部作用。功能是系统内部固有能力的外部表现，是由系统内部结构所决定的。系统功能的发挥，既有受环境变化制约的一面，又有受系统内部结构制约的一面，这体现了系统功能对结构的相对独立性和绝对依赖性的双重关系。

系统功能不能简单地理解为各要素功能简单叠加的总和，而是各要素按一定方式组成系统之后所“涌现”的整体性功能。

**2.系统功能的特点**

根据 $F_{总}>F_1+F_2+\cdots+F_n$，即系统的总体功能大于各组成部分功能的简单相加的基本要求，系统功能有以下几个特点。

1）整体性

在系统功能的概念中，要着重强调对其整体性的理解。系统的功能是指整个系统的功能，而不是每个元素的功能或各个元素功能的简单叠加。系统的功能是所有元素以某种方式协同后“涌现”出来的功能，这与元素的功能有本质区别。

2)可变性

系统功能与系统结构相比是更活跃的因素。系统的结构是系统内部各要素相互作用的秩序和规律，而系统的功能则是系统对外部产生作用的过程的秩序和规律。系统在发挥特定功能的过程中，会随着环境条件的变换而相应地调整它的程序、内容和方式，不断促进系统结构的变革，以使系统不断地获得新的功能。例如一个企业，当市场对它的产品需求有所变化，也就是它的功能需要变化时，就需要调整生产，调整生产的程序、内容或方式，推动结构的改变，最终获得新的功能。

3)相对性

系统功能与系统结构一样也存在着相对性。在一个大系统内部，其要素之间的相互作用本来属于系统结构之间的关系，但如果把每个要素或子系统作为一个系统整体来考察，则子系统之间的相互作用又转化为独立子系统之间的功能关系。例如，企业组织系统可划分为计划职能子系统、生产职能子系统、财务职能子系统、销售职能子系统等，在分析子系统的管理活动时，往往又赋予它们以相对独立的性质，这样在企业内部各种职能子系统之间，彼此又构成内部环境，其互相作用过程则被称为“功能关系”。所以，不能认为功能关系就是绝对的功能关系，结构关系就是绝对的结构关系，它们在一定条件下可以相互转化。

4)控制性

所谓控制，就是在获取加工和利用信息的基础上，控制主体对被控制的客体进行合乎目的的动作。在功能管理的活动中，要有进行监督和控制的管理机构。管理机构的主要任务是对管理对象进行调查(或测定)，求出该对象所表示的状态和输出的管理特征值，并将其与管理目标相比较，通过比较找出差距并进行判断，必要时可采取适当的行动。

**3.分析系统功能的方法**

1)功能分析方法

功能分析方法是通过分析事物(或系统)的功能及其作用进而认识事物(或系统)特性及内部结构的一种科学分析方法。其主要目的是更有效地应用该事物(或系统)，充分发挥其作用。功能分析方法根据影响因素的不同又分为要素—功能分析法与环境—功能分析法。

要素—功能分析法：通过对系统要素的数量和质量的分析来研究系统功能的方法。假设在分析和改进一台汽车的安全系统功能时，可以将汽车系统的要素分为不同的部分，如制动系统、安全气囊系统、车身结构等，然后对每个要素进行分析，了解每个要素的功能和作用。例如，制动系统的功能是提供可靠的制动力来确保车辆的减速和停车安全，安全气囊系统的功能是在碰撞发生时发挥保护和缓冲作用。通过对每个要素的功能分析，我们可深入理解整个汽车安全系统的特性和内部结构，以便更好地改进和优化系统的功能。

环境—功能分析法：通过研究环境对系统功能的影响，以及系统功能随着环境变化而变化的特性来分析系统功能的方法。假设在分析一个城市的交通系统功能并在环境变化下进行优化时，可以研究城市的交通系统与环境之间的相互关系。例如，可以考虑交通流量的变化、道路条件的变化以及不同交通工具的影响等，通过分析交通系统在不同环境下的功能特点和表现，调整交通规划、改善道路状况、优化交通信号等，以提高交通系统在变化的环境中的适应性和效能。这种方法在城市规划和交通管理中具有重要的应用价值。

2)功能模拟方法

在不太了解系统内部结构的情况下，根据功能具有相对独立性的特性，以功能相似为基础，用模型再现原型的手段，把握未知系统的能力和行为的方法，称为功能模拟方法。这种模拟不是直接研究系统本身，而是通过建立模仿真实系统的模型进行实验来间接地研究真实系统。因此不要求在要素或结构上与原型相同，仅仅要求模型与原型在外部功能行为方面相似。最成功的例子就是用电子计算机对人脑的部分思维的模拟。用功能模拟法研究系统问题并不是试图研究“系统是什么”，而是“系统能做什么”的问题。

3)黑箱方法

所谓“黑箱”，就是内部无法打开并且无法了解，只能根据其功能进行识别的系统。黑箱方法就是通过考察和测定系统的输入和输出及其动态过程，来研究系统的行为和功能以及内部结构和机理。当系统的输入和输出都已知时，也就相当于给出了它的功能转换关系。黑箱方法在技术创新工作中是很有用的，人们剖析某一个设备而又不能将它拆开时就可用黑箱方法，从其对某些特定的输入产生什么输出的角度来分析它的功能和特性。

黑箱方法的特点就是忽略系统内部状况(结构、状态)，只是从其功能上认识它的性质。黑箱方法的应用并不局限于内部无法打开了解的系统，有些系统虽然可以打开并了解其内部，但是应用黑箱的概念去认识、去处理往往会带来更大的方便。再者是有时直接进入系统内部，会严重干扰或破坏系统原有的内部结构和系统的固有功能，这时也必须应用黑箱方法才能更好地认识系统功能，并对系统加以协调、控制。实际上，绝对的黑箱是不存在的。随着科学技术的进步和人们对自然界认识的无限发展，原来的黑箱会逐步变为灰箱、白箱。

4)反馈控制方法

反馈控制又称“事后控制”或“成果控制”，是根据既定的目标或期望，对输入输出加以调整和改进的方法。以企业为例，这种目标既包括企业内部的成本、生产计划，也包括来自外部的要求，比如公司上市、配股以及退市的条件限制，政府和市场分析师的预期等。调整的对象是人流、物流和价值流，绝不是信息流。信息流只是系统的物质流和价值流的反映，如果直接干扰信息流，使其“迎合”目标值，必然引起信息失真。当然，反馈控制主要是对后果的反馈，事实一旦形成便难以改变，用新生事物代替旧有事物需要一定的时间。若系统不能适应情况的变化，则将导致工作上的损失。这就是反馈控制不如预先控制之处。

### 1.3.3 结构与功能

结构与功能是系统不可分割的两个方面。结构是系统的内在依据，功能是要素与结构的外在表现。一定的结构总是表现为一定的功能，一定的功能总是由具有一定结构的系统实现的。两者的关系具体表现在以下两个方面。

一方面，系统结构决定了系统所能展现的功能范围和能力。不同的结构设计会导致系统所具备的功能各异。系统结构的不同排列和组合方式以及要素之间的相互关联，决定了系统的工作方式和表现形式。一个完善的结构可以使系统实现更广泛的功能，提升系统的适应性和灵活性。

另一方面，系统功能对系统的结构也有一定的反作用。通过实现系统所需的功能，系统对结构的要求和调整也会发生变化。功能的变化可能需要对系统结构进行调整或改进，以使系统能够更好地满足其需要。而系统发展的过程中，结构的调整和优化也会为功能的实现提供更好的支持和保障。

另外，系统结构与功能之间还存在多种辩证关系：

(1)结构不同，功能不同。系统的结构不仅在质的方面决定着系统功能的有无，在量的方面也影响着系统功能的强弱和效率的高低。例如，石墨和金刚石都是由碳原子组成的，但由于原子结构排列不同，两者功能表现完全不同。

(2)结构不同，功能相同。同种功能可由多种结构实现。例如，机械手表与石英手表均可用于计时；镜架式眼镜和隐形眼镜虽然都表现出同一种功能，但是它们的结构是不一样的。

(3)结构相同，功能不同。同一结构的系统可以发挥多种功能。例如，企业组织系统可以有生产功能、销售功能以及运输功能等，学校作为一个系统可以发挥教书育人、科研等功能。

(4)结构相同,功能相同。相同的结构表现为相同的功能。例如,天然橡胶与人造橡胶、天然尿素与人工尿素等,虽然有天然和人造的区别,但结构相同,发挥的功能也一样。

这些情况说明了结构和功能之间的复杂关系。在系统运行过程中,系统的功能往往会更容易发生变化,功能的变化常常是结构变化的前提。因此,外部环境对系统功能的影响是促使系统结构变化的重要因素。在系统设计和工程实践中,系统结构和功能的关系需要得到充分考虑和平衡。优秀的系统结构应该能够支持系统所需的功能,同时功能的实现应该符合系统结构的约束和要求。只有通过结构和功能之间的良好配合和相互影响,系统才能够发挥出最佳的性能和效能。

## 1.4 系统的基本规律

### 1.4.1 连锁反应规律

控制论认为所研究的对象或事物可以用具有因果关系的动态系统来描述,这一观点在系统中与连锁反应规律相互印证。在逆时间方向上,连锁反应规律可以帮助人们寻找问题的真正根源,为制定正确的解决方案创造条件;而在顺时间方向上,它可以帮助人们传播好的作用,使其效果在空间和时间上进一步扩大。

**1.系统内的连锁反应**

系统内的连锁反应简单来说就是某一子系统的输入/输出变化会影响与该子系统直接相连的其他子系统的输入/输出结构,这一变化又进一步影响另外的子系统的输入/输出结构。这种变化可能是负面的,也可能是积极的。

对系统连锁反应的认知自古有之,且有正负之分。无论是西方的蹄铁效应,即"断一枚钉子,掉一只蹄铁,折一匹战马,摔死一位将军,吃一场败仗,亡一个国家",抑或是蝴蝶效应,即"亚马孙热带雨林的一只蝴蝶扇动几下翅膀,可能会在两周后引起得克萨斯州的一场龙卷风",均体现了反面的连锁反应。而对于正面连锁反应,比如在一个经济系统内,如果农业大丰收,农业向轻工业输送的原料必然大量增加,进而促进轻工业的发展,轻工业的增产又为农业提供了更多的生产工具,从而使农业市场进一步繁荣。

上例中的连锁反应都是单链式的,实际上,在一个庞大而复杂的系统内,一个子系统对其他子系统的影响,远远比上面提到的单链式的连锁反应要复杂得多,连锁反应的路线往往呈树枝状或网络状,各种影响纵横交错。

连锁反应不仅存在于系统内部，也普遍存在于系统间。在一些互相依存的系统中，某一子系统的变化不仅会在其所在系统内引起连锁反应，有时候也能通过系统间的依存和制约关系，在其他系统内引起连锁反应。比如，一个公司的大领导心情不好，批评了一个小领导，小领导会找下级员工撒气，这在公司系统内形成了连锁反应。然后，员工因为不开心回家与妻子吵架，妻子很生气就打了儿子，这在家庭系统内形成了连锁反应。由此可见，公司系统中的连锁反应引起了家庭中的连锁反应。

2.系统抑制连锁反应的能力

系统抑制连锁反应的能力是指系统对其内部或系统间发生的连锁反应有抑制作用，这种作用削弱了连锁反应的传播强度，也限制着它的扩散范围。正是这种作用使系统的稳定性进一步增强，只要对系统的冲击不超过一定的限度，系统仍能正常地执行它的功能，不会轻易崩溃。

系统抑制连锁反应的强弱取决于下面几个因素：

1)系统内各子系统输入端的存储能力

如果系统内各个子系统的输入端拥有存储物质、能量或信息的能力，那么当输入突然增加超过正常值时，超过部分的输入可以被存储下来，使得原有的动态平衡继续得到保持，并且防止子系统因负荷过大而受到损害，也不会浪费超额的输入；当输入突然减少而低于正常值时，原先存储的物质、能量或信息可以被用来补充，确保子系统的输出保持正常。这种存储能力可以在一定程度上缓解子系统在输入变化时受到的冲击，从而提高整个系统的稳定性和可靠性。例如，仓库的库存在维持工厂销售活动的动态平衡、湖泊对河流水位的调节等。

2)系统内各子系统变换比的伸缩范围和调节能力

系统内各子系统变换比的伸缩范围和调节能力能反映出系统自适应能力的强弱。如果一个系统内各子系统的变换比能够自适应地发生一定的伸缩，当输入突然增加超过正常值时，变换比的值会逐步降低；反之，当输入突然减少时，变换比的值会逐步提高。这意味着，当某一子系统出现异常，引起连锁反应时，系统可以通过自身的调节能力来抑制这种反应，并尽快恢复稳态。因此，系统的动态平衡破坏程度会相应减轻，从而使系统的功能保持相对稳定。

3)系统修复局部故障的能力

有些连锁反应是由于系统内某一或某些子系统的功能突然产生故障引起的。系统对这些故障的修复能力越强，则系统抑制由此而引起的连锁反应的能力也就越强。例如，生物体在受伤流血的时候，生物体系统会产生聚集血小板在伤口处，使伤口凝血，防止生物体因失血过多而死亡。

4）系统的冗余性

系统的冗余性是指系统在结构上具有两种或两种以上的手段来完成同一功能。当一种手段因某些原因失效时，另一种手段仍可完成其功能。对系统进行冗余设计，能够提高系统抵御风险的能力，降低因系统失效造成的损失。例如，可编程逻辑控制器（PLC）中的中央处理器（CPU）有冗余模块，当中央处理器损坏的时候冗余模块能够立即发挥中央处理器的功能。

### 1.4.2 信息反馈规律

反馈的基本理念早在20世纪初就被高频使用，其也是控制论的核心。信息反馈在系统中是一种普遍的现象，它通过将系统输出的结果或状态重新引入系统中，实现对系统行为的监测、调整和优化。通过信息反馈机制的调控作用，系统的稳定性得以加强（负反馈），或系统被推向远离稳定性的状态（正反馈）。据此，信息反馈规律揭示了系统如何通过反馈机制来影响系统的稳定性。

**1.反馈及其正负**

反馈，指将系统的输出返回到输入端并以某种方式改变输入，进而影响系统功能的过程。反馈规律和连锁反应规律一样，也是系统普遍具有的主要运动规律之一，对那些庞大而复杂的系统来说更是如此。

在甲、乙两个系统中，如果甲对乙有影响，而乙对甲没有影响，如图1.5左图所示，即甲的变化作为原因，引起乙变化，但乙的变化结果并不构成新的原因来引起甲的变化，那么甲乙之间的关系叫单向依存关系或单向因果关系。

在甲、乙两个系统中，不仅甲对乙有影响，在乙受到甲的影响后，反过来又对甲产生影响，如图1.5右图，即甲的变化作为原因引起乙变化，乙的变化又作为新的变化原因反过来引起甲的变化，那么甲乙之间的关系叫反馈关系。

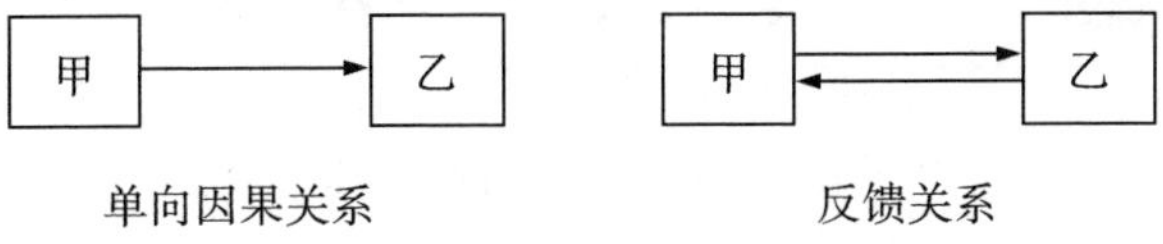


图1.5 单向因果与反馈关系对比图

根据反馈对输出产生影响的性质，反馈又可分为正反馈和负反馈。

正反馈，也叫作“放大反馈”，具体表现为如果甲变化引起乙变化，乙的变化反过来又促进甲的变化，使甲更加远离原来的状态，即原因产生结果，结果更加强化原因。例如，一个声音在麦克风和扬声器之间不断循环放大，或者一个社会的经济繁荣引发更多的投资和消费，进一步推动经济的增长。正反馈往往能导致系统的不稳定性，因为它倾向于使系统的变化加剧，而不是趋于平衡。

负反馈，也叫作“平衡反馈”，是一个调节的过程，总是让系统回到“正轨”上来。具体表现为如果甲变化引起乙变化，乙的变化却反过来抑制甲的变化，使甲接近原来的状态，即原因产生结果，结果却抑制原因。例如，在生物体内，当血糖水平升高时，身体会释放胰岛素来降低血糖，这就是一个典型的负反馈过程。负反馈的作用在于维持系统的稳定性，防止系统偏离其平衡状态过远。通过负反馈，系统能够自我调节，对外界干扰或内部变化作出适应，保持其功能和结构的相对稳定。

2.正负反馈之间的转化

反馈系统不是静态系统，而是动态系统，正反馈与负反馈之间是可以互相转化的。当正反馈不断升级，接近系统能忍受的阈值时，理想情况下，系统可能产生负反馈以维持系统的稳定；否则，正反馈发展到了极端，系统的状态大大超过了能忍受的阈限，将导致系统的崩溃。如图 1.6 所示，良性循环的正反馈转化为负反馈，再转化为恶性循环的正反馈。

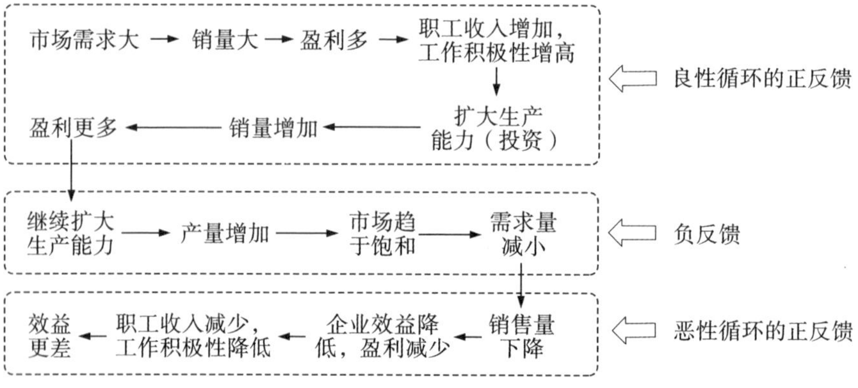


图 1.6　正负反馈间的转化

### 1.4.3　动态平衡规律

耗散结构论指出，一个远离平衡态的开放系统通过不断地与外界交换物质和能量，在外界条件变化达到一定阈值时，可以通过内部的作用产生自组织现象，使系统从原来的无序状态自发地转变为时空上和功能上的宏观有序状态，形成新的、稳定的有序结构。也就是说，系统可以从非平衡状态转变为平衡状态，又可通过物质能量交换转变为新的平衡状态，即系统的平衡是动态的平衡。系统正常执行功能和发展需要打破旧有的动态平衡。在旧有的动态平衡被打破后，系统要及时建立新的动态平衡，并尽力保持相对稳定，在目标未改变之前，确保系统在合理范围内保持稳定状态，这是巩固系统发展的必要保证，其目的是从低水平的平衡转向更高水平的动态平衡。

需要注意的是，系统对动态平衡破坏的忍受力是有限的。当破坏的程度超过阈限值，系统的动态平衡恢复困难，功能可能暂时削弱甚至丧失。例如，生态系统具有一定的恢复能力和稳定性，在一定程度的破坏下，通过自我调节能够自我恢复。但是，如果破坏程度超过某一临界点，生态系统就会崩溃。因此，在管理、控制或创造功能更好的系统时，必须遵循这一运动规律。片面强调打破平衡而在旧平衡被打破后忽视建立新平衡是违背系统运动规律的；反之，过度强调保持平衡而不重视在具备新状态转换条件时打破旧平衡，在更广层次上建立新平衡，也是违背系统运动规律的。

### 1.4.4 竞争协同规律

随着系统科学理论的演进，大都认识到竞争与协同对于系统发展演化的重大意义。特别是协同学中的自组织理论，强调系统的演化动力来自两种相互作用：竞争与协同。竞争使系统趋于非平衡，而协同则在非平衡条件下使子系统中的某些运动趋势联合起来并放大，从而在系统整体的演化中占据优势地位。系统自组织理论既注意了竞争也注意了协同；在耗散结构理论中，又提出系统与环境的交换，既有与环境的合作，也有与环境的竞争。

竞争协同规律即系统的要素之间、系统与环境之间存在整体统一性和个体差异性，通过竞争和协同推动系统的演化发展。竞争是事物、系统、要素之间具有差异性的必然结果，是相互联系的个体之间的一种基本关系，这种关系不是由外来力量强加于个体之间的，而是个体之间所固有的；协同反映的是事物、系统或要素之间保持合作性、集体性的状态和趋势。

综上，竞争和协同存在辩证统一的关系，它们既相互对立又相互依存、相互促进，且可以相互转化。竞争是保持个体性状态和趋势的因素，即让系统丧失整体性、整体失稳的因素，协同的作用则与竞争相反。一个系统如果只有竞争，就会一直失稳，最终导致解体；一个系统如果只有协同，一直稳定，那么就不可能有发展。对于一个系统而言，竞争与协同都是需要的，竞争使系统持续发展，协同使系统健康稳定，要用辩证的眼光看待两者。

### 1.4.5 质量突变规律

系统突变论指出，系统通过失稳从一种状态进入另一种状态是一种突变过程，它是系统质变的一种基本形式。突变论认为，任何一个稳定的系统，内在都存在着突变的可能，而其内部变量积累到一定的程度时，或者当外界条件产生一个比较明显的作用时，这个内在的变化可能就被激活，导致系统产生突变。

系统的质量突变规律揭示了系统是由内部矛盾运动引起发展的，它是系统从量变到质变的转化规律。系统的发展变化存在两种基本形式，即量变和质变。前者表现为系统要素在数量上的增加或减少，是一种连续的、不显著的变化；后者是系统内根本性质的变化，是渐进过程的中断，是由一种质的形态向另一种质的形态的突变。在内部矛盾的作用下，系统的发展从量变开始，当量变达到一定的界限时，量变就转化为质变，旧质事物就变成了新质事物。这是量变向质变的转化。在新质的基础上又开始了新的量变。这是质变向量变的转化。量变引起质变，质变又引起新的量变，循环往复以至无穷，构成了系统无限发展的过程。量变和质变，是系统发展变化的两种基本形式，二者既有区别又有联系，在事物发展过程中，它们是相互依存、相互渗透的。量变中有阶段性的和局部性的部分质变，质变中有量的扩张。

## 1.5 思考题

(1)什么是系统？

(2)系统有哪些基本特征？

(3)系统的基本规律有哪些？

(4)简述系统的要素、结构、功能及环境之间的辩证关系。

# 第2章　系统科学体系

**学习目标**

(1)了解系统科学的发展历程。

(2)掌握系统科学的体系结构。

(3)熟知系统科学的发展前沿。

## 2.1　系统科学概述

### 2.1.1　系统科学的定义

系统科学是一门总结复杂系统的演化规律,研究如何建设、管理和控制复杂系统的科学。它以不同领域的复杂系统为研究对象,从系统和整体的角度,探讨复杂系统的性质和演化规律,目的是揭示各种系统的共性以及系统演化过程中所遵循的共同规律,找到优化和调控系统的方法,进而为系统科学在科学技术、社会、经济、军事、生物等领域的应用提供理论依据。

狭义的系统科学是指一门科学,它包括理论基础和实践应用两个部分。理论基础是指对系统的特性和规律进行阐明的系统论;实践应用则是指系统工程,即将系统分析与工程技术结合起来,解决规划、设计、研究、制造、试验与使用的科学方法。广义的系统科学是指一组学科群,是在当代科学发展的前沿所产生的一组揭示自然界和社会、无机界和有机界、非生命界和生命界物质运动的普遍联系和共同规律的横向学科群。

### 2.1.2 系统科学的发展

**1.西方系统科学演进**

1)第一阶段:系统思想的萌芽

系统思想源远流长,但作为一门科学的系统论,人们公认是美籍奥地利人、理论生物学家贝塔朗菲创立的。他在1932年发表的《机体系统论》中首次提出系统论的思想,随后在1937年提出了一般系统论原理,至此奠定了这门科学的理论基础。1945年,贝塔朗菲发表论文《关于一般系统论》,但是该论文在三年后才得到学术界的重视。1968年,贝塔朗菲出版专著《一般系统论——基础、发展和应用》,正式确立系统科学这门学科的学术地位。

2)第二阶段:运筹学的支撑

作为系统科学的基础方法,运筹学产生于第一次世界大战期间,并在第二次世界大战中得到了迅速发展。1914年,英国工程师兰切斯特(F. W. Lanchester)通过微分方程量化战争中的损伤关系,首创了兰切斯特方程。这种数学建模思维为研究复杂系统奠定了基础,并在系统科学中得到了广泛应用。尤其在二战期间,科学家和工程师们面临着解决新武器系统和作战策略优化等复杂问题的需求,形成了以"防空科学调查委员会"等为代表的运筹组织。这种跨学科的协作模式和定量分析方法为处理复杂系统提供了范例。二战结束后,运筹学的理论和方法开始广泛应用于民用领域,推动了系统科学的发展。美国的兰德公司成立于1949年,促使运筹学从军事领域拓展到政府和工业中,形成了线性规划、图论、网络流和最优控制等开创性的理论,这些理论成为系统科学"工具箱"中的重要组成部分,并为系统工程、产业管理等领域提供了科学支撑。

3)第三阶段:系统工程的发展

第二次世界大战结束后,为应对复杂的社会生产和科学技术需求,人们逐步将自然科学与社会科学中的理论和策略结合,利用现代数学和电子计算机等工具解决复杂系统的组织和管理问题,以实现最优设计、控制和管理。1957年,古德(H. H. Goode)和马克尔(R. E. Machol)的《系统工程》一书奠定了系统工程的基础,将其作为一种专门技术沿用至今。系统工程注重整体系统的分析与设计,强调以系统的观点来解决问题,这与系统科学追求对复杂系统进行整体研究的理念紧密关联。

1958年,美国在北极星导弹项目中首次应用计划评审技术(PERT),加速了项目进展,并开启了系统工程方法在复杂项目管理中的应用。20世纪60年代计算机的普及为系统工程提供了强大支持,推动其方法与系统科学理论的进一步融合。系统工程通过分解和协调方法处理复杂系统的多级控制结构，这种方法论反映了系统科学关于复杂系统分层和模块化的思想。1965年，马克尔的《系统工程手册》系统化了这些理论和方法。

在美国阿波罗登月计划中，系统工程方法得到了充分运用，展示了系统科学和系统工程在解决大规模复杂系统问题上的协同作用。系统工程强调在复杂工程中以系统科学的整体与协调视角进行分析和优化，促进了这两者在全球范围内的发展与应用。

4)第四阶段：系统科学的拓展

20世纪70年代以来，系统工程的发展呈现出向社会、经济、生态等多个方面不断扩展的趋势，同时也在软系统工程方法论的应用上取得了显著进展。1972年，在美国总统约翰逊和苏联总理柯西金的建议下，在维也纳成立了国际应用系统分析研究所。它是一个用系统工程方法研究复杂的社会、经济、生态等问题的国际性研究机构，先后选择了能源、环境、生态、城市建设、资源开发、医疗、工业生产等研究课题，在推动系统工程的发展和应用方面产生了重要影响。近年来，社会、经济与环境综合性的大系统问题日益增多，如环境污染、人口增长、交通事故、军备竞赛等，系统科学在解决该类问题中具有显著成效。

5)第五阶段：复杂系统的探索

自20世纪30年代系统科学兴起以来，人们不断创新和完善对其的认知，这些新发现对传统科学观念产生了强烈冲击。在这一过程中，诸多新科学理论相继诞生，包括系统论、信息论、控制论、相变论、耗散结构论、突变论、协同论、混沌论以及超循环论等等。这些理论的发展虽然令许多科学家感到困惑，但同时也激发了有远见的学者去探索和拓展新的科学领域。在这样的背景下，“复杂系统”和“系统的复杂性”这两个概念应运而生，标志着系统科学向更深层次和更广领域的拓展。至此，系统工程也进入了2.0时代。

**2.中国系统科学演进**

1)第一阶段：系统科学的引进与初步探索

中国的系统科学起步相对较晚，主要通过学习和借鉴国外的相关理论来推动本土发展。在这个过程中，钱学森先生发挥了重要作用，他将马克思主义哲学与中国特色相结合，提出了系统科学的理论体系，为中国系统科学奠定了坚实的基础。

这一时期，中国的发展重点集中在系统工程的研究与应用上。1954年，钱学森出版了《工程控制论》，开创性地将控制论引入工程技术领域，为系统科学的工程实践提供了新的视角。随后，许国志在1963年出版了《运筹学》，而华罗庚于 1966 年出版了《统筹方法平话及补充》，这两部著作进一步巩固了系统工程的理论基础，为系统工程在中国的发展提供了有力支持。

通过这些开创性的工作，中国逐渐形成了具有自身特点的系统科学理论体系，并为未来的系统科学研究与应用奠定了基础。

2)第二阶段:系统科学的传播与应用扩展

1978 年，钱学森、许国志和王寿云发表了题为《组织管理的技术——系统工程》的长篇文章，这篇文章为系统工程在中国的深入发展奠定了理论基础。从 20 世纪 70 年代开始，系统工程理论与方法在中国得到广泛研究与实际应用，在多个重要领域取得了显著成效。这些领域包括大型项目管理、人口问题的定量研究与应用、农业系统工程、区域发展战略、企业管理、教育以及军事系统工程等。中国在这些领域的创新实践得到了国际社会的广泛关注和高度评价。这一阶段标志着以系统工程为核心内容的系统科学在中国从理论探索向多领域实际应用的转变，为未来的发展奠定了坚实基础。

3)第三阶段:系统科学的深化与方法创新

1990 年，钱学森、戴汝为和于景元发表了《一个科学新领域——开放的复杂巨系统及其方法论》，这篇论文深入探讨了开放的复杂巨系统的性质和研究方法。作者们详细阐述了定性与定量相结合的综合集成方法，并将马克思主义思想融入其中，展现了中国特色的方法论创新。

1992 年，钱学森提出了“从定性到定量的综合集成研讨厅体系(HWME)”的构想。该体系旨在将专家、知识库信息系统、各类人工智能系统以及拥有几十亿次/秒运算能力的巨型计算机有效整合，构建成一个庞大的人机结合智能系统。这个创新性体系推动了系统科学在综合集成方法上的深层次发展，将理论深化与实用技术紧密结合，为应对复杂问题提供了全新的解决方案。

4)第四阶段:系统科学的融合与国家治理

进入 21 世纪以来，系统科学与信息技术的融合推动了系统工程在战略应用领域的新发展。系统工程作为系统科学的重要应用实践，在经济转型升级、国际化发展以及应对经济与金融危机过程中，显示出巨大的潜力。通过与新一代信息技术和大数据的结合，系统工程的应用前景得到了极大拓展。

在推动科学发展观及实施可持续发展战略的过程中，系统工程发挥了重要作用。它与“四个全面”战略布局和中国特色社会主义国家治理体系建设的紧密结合，进一步提升了战略价值。这种关系反映了系统科学为系统工程提供的理论基础和方法支撑。此外，系统工程与思维科学和复杂性科学的交叉融合，加强了其在解决复杂问题时的适应性和创新性。这种融合不仅展示了系统科学的广泛影响力,也为系统工程带来了新的发展机遇。

展望未来,系统工程将在系统科学的指导下,继续围绕国内外的热点和难点问题,努力在研究和应用方面取得令人满意的成果,从而在各个领域实现更大的突破和成就。

## 2.2 系统科学体系结构

### 2.2.1 系统科学体系概述

系统科学体系是系统科学思想在工程、技术、科学及哲学等多个层面的体现。它奠定了系统思想的科学基础,实现了哲学与科学的融合,以及理论与实践的统一,有助于我们全面理解系统科学的全貌。从体系结构的视角出发,系统科学被划分为不同层次,有助于我们深入学习其各个方面。其中,贝塔朗菲一般系统论纲领和钱学森系统科学体系框架是系统科学体系结构研究中最具代表性的两种学说。

1945 年,贝塔朗菲发表了《关于一般系统论》,标志着一般系统论的诞生。他将一般系统论分为两部分:狭义系统论和广义系统论。狭义系统论注重对系统本身的研究和分析;广义系统论则涉及更广泛的研究领域,其中主要有三个方面:系统科学、系统技术、系统哲学。在当时,该纲领具有探索性和启发性,但是没有将工程科学和技术科学区分开,而是笼统称之为“系统技术”,且对于系统科学体系层次的划分并不清晰。

而在中国,钱学森先生提出的框架则很好地解决了这个问题。如图2.1所示,钱学森基于现代科学技术的体系结构,创建了系统科学体系结构,将系统科学体系分为哲学分论、基础理论、技术科学、工程技术四个层次。该体系对现代科学技术的发展和我国社会主义现代化建设,有着极为深远的意义。

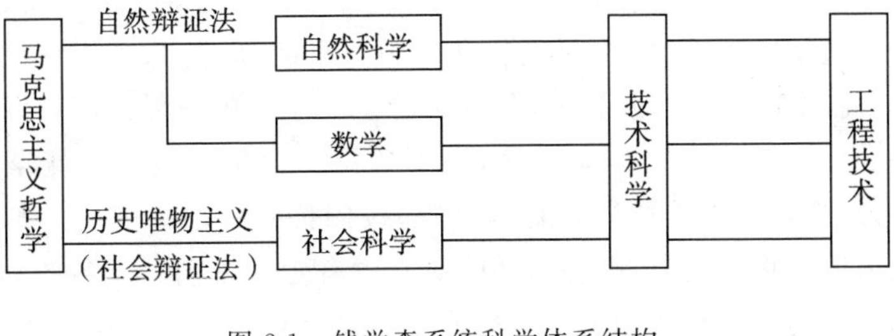


图 2.1 钱学森系统科学体系结构

## 2.2.2 系统科学体系层次

本书在钱学森框架的基础上，将系统科学体系分为五个层次，即思想层、理论层、方法层、技术层、应用层，构建了本书的系统科学体系结构，如图 2.2 所示。

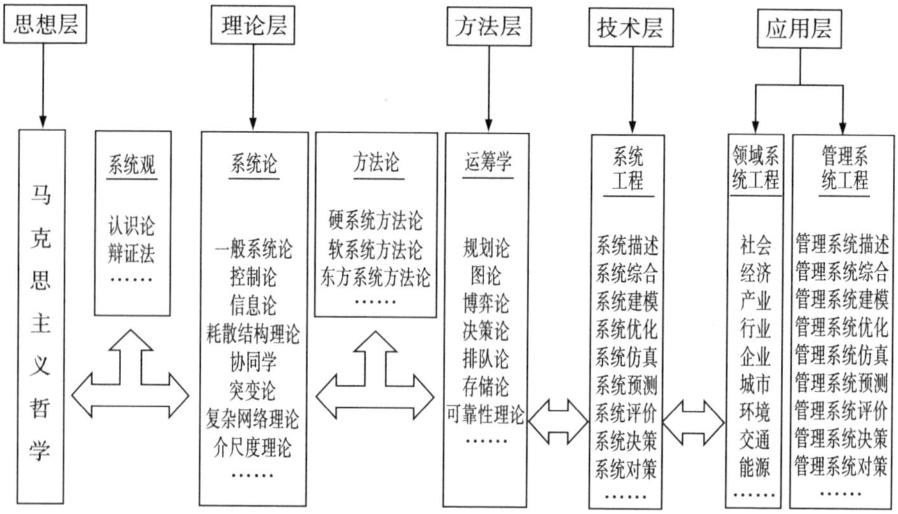


图 2.2 系统科学体系结构

### 1.系统思想层

系统科学是在科学方法论转变发展过程中出现的一门新兴科学，系统研究方法论作为一种新型科学方法论(又称为“系统方法论”)，是系统科学最新思想的哲学提炼，其哲学基础正是唯物辩证法。唯物辩证法始于黑格尔，经马克思、恩格斯完善，成为系统论的重要思想来源。唯物辩证法坚持联系的观点和发展的观点，认为物质世界的普遍联系和永恒发展是唯物辩证法的总特征，强调世界是一个有机整体，反对以片面或孤立的观点看问题，这与现代系统科学思想相契合。早在 20 世纪 20 年代末，作为理论生物学家的贝塔朗菲就深刻意识到了系统科学传统研究方法的局限性，即不适用于解决组成关系复杂的系统问题。他认为，生物的本质特征是它的组织，按照传统方法研究它的部分和过程不能完全描述生物的现象，因为这样的研究没有告诉人们关于各部分和过程是如何协调工作的。如果人们了解组件的全貌以及它们之间存在的关系，就可以从组件中推导出更高的层次。由此，贝塔朗菲创立了“机体系统论”，这是他后来的“一般系统论”的萌芽，也可以说是整个现代系统科学的萌芽。

系统研究强调多种方法的结合：分析与综合、定性与定量、局部与全局、确定性与不确定性、静态与动态、理论与实证、精确与近似、科学理性与艺术直觉，这些组合构成了系统论研究方法的精髓。由此可见，系统科学方法完全符合唯物辩证法的基本观点，与此同时，系统科学方法也客观地把唯物辩证法更具体化地运用于实际认识与实践活动中。总之，一方面，唯物辩证法引导着系统科学的发展；另一方面，系统科学的发展经过系统论的升华，丰富并发展了唯物辩证法。

2.系统理论层

系统科学的理论层产生于人们对客观事物的本质联系与内部规律的不断探索。20 世纪中期产生的系统论(System Theory)、控制论(Cybernetics)、信息论(Information Theory)(合称“老三论”，也称之为“SCI 论”)，冲破了线性思维定式影响，提出不同因素相互作用产生的影响绝对不是简单相加。

(1)一般系统论。由贝塔朗菲创立，关注各类系统共有的理论和方法，强调整体观念。其核心思想是将研究对象视为一个整体系统，深入分析其结构和功能，并探讨系统、要素与环境之间的相互作用及变化规律。

(2)信息论。由美国数学家香农创立，运用概率论和数理统计方法研究系统中信息的获取、处理、传输和控制。其核心思想是将系统的运动抽象为信息变换过程，以实现系统控制，帮助探索思维规律并推动思维活动的进化。

(3)控制论。控制论提供设计、建立和使用控制系统的原则和方法，整合“信息”与“反馈”等概念，研究系统状态、功能与行为。通过黑箱系统辨识和仿真等方法，确保系统稳定且最优地达到目标。这一理论被广泛应用于技术、经济和社会等领域。

20 世纪 70 年代产生的耗散结构理论(Dissipative Structure Theory)、协同学(Synergetics)、突变论(Catastrophe Theory)(合称“新三论”，也称之为“DSC 论”)对各类系统的演化规律等问题进行了探索，揭示系统自组织过程的普遍规律与复杂性。

(1)耗散结构理论。该理论研究开放系统如何从无序转变为有序。理论指出，当系统远离平衡状态并达到一定阈值时，通过能量和物质交换，可以从无序转变为有序状态，形成“耗散结构”，如水在蒸发过程中达到新的稳定状态。

(2)协同学。协同学研究不同事物的协同机理和系统由无序到有序的演化规律。其关注点在于大量不同性质的子系统如何通过协作在宏观上形成有序结构，尤其关注自组织结构，寻找控制自组织过程的一般原则和普遍规律。

(3)突变论。突变理论研究系统中普遍存在的突变式质变过程，揭示突变在自组织演化中的意义。该理论强调内部与外部因素、渐变与突变、确定性与随机性之间的辩证关系,突破传统简单性思维,揭示物质世界的复杂性。

随着复杂系统研究的深入和跨学科互动的增强,21世纪产生的前沿理论揭示了系统与其要素之间的关联,特别关注"介尺度"理论。"介尺度"是一个相对概念,指的是介于单元尺度和系统尺度之间的范围。传统方法通常聚焦于单元尺度和系统尺度,而介尺度结构则是认识多尺度问题的关键,涵盖了动态非均匀结构及其衍生的静态结构。

3.系统方法层

系统科学的方法层对应于钱学森框架的技术科学方面,即基本技术方法,但不包括自动化技术、计算技术等具体问题领域的技术实现方法。技术科学介于工程技术和基础科学之间,钱学森先生认为"工程技术共用的各种理论是技术科学"。在系统工程领域内,系统科学的方法主要涵盖运筹学、信息论和控制论等。其中,运筹学及其方法作为系统工程方法的核心,具有代表性。下面主要介绍运筹学及其方法。

系统科学和运筹学有着密切联系,系统工程突出系统思想,运筹学则注重数学方法。运筹学是系统工程中最基本的理论。它以系统思想为指导,考虑系统的整体优化,并应用模型方法进行定量化的模型求解,为系统决策提供技术支持。运筹学将系统科学从定性阶段带入了定量阶段,以追求系统的最优解为研究目标,注重定量测算和实际应用,为系统科学提供了数学理论和方法的支持。在钱学森框架中,运筹学作为技术科学,只包括系统工程特有的数学理论与方法,不涉及具体应用领域的技术方法。作为基础理论,运筹学是实现系统工程实践的技术手段,着重于概念、原则、方法的研究,从而完成对已有系统的优化。运筹学的整个研究过程都是以实际问题为切入点,依次进行模型构建、方案提出、检验、控制确立和实施等步骤。凡采用定性谋划与定量计算相结合的方法来制定方案,均属于运筹。当前,运筹学领域的主要研究内容包括规划、排队、对策、库存和搜索等问题。运筹学经过多年发展,逐渐形成了一套系统的研究和解决实际问题的方法,可以概括为以下几个阶段。

(1)分析与表述问题。对研究的系统进行分析,归纳出决策的目标和制定决策时的限制。

(2)建立模型。对实际问题进行抽象概括与逻辑表达来建立可以表示真实系统的模型。

(3)运用数学方法或其他工具对问题模型进行求解。

(4)分析问题(最优)解的性质并检验结果。常用回溯的方法将实际数据代入模型,判断与现实的符合程度。

(5)建立对解的有效控制。依据灵敏度分析的方法及时对问题的模型进行修正。

(6)实施方案,并进行反馈与调整。

这些阶段不是相互独立的,也不是依次进行的,而是一个持续的研究、开发、分析和改进的过程,是一个不断相互作用和螺旋式发展的过程。

4.系统技术层

系统科学技术层指系统工程或系统分析。在国外,广义的系统分析就是系统工程,用于管理活动全过程;狭义的系统分析则是一种决策方法,用于决策阶段。而在中国,这两者通常统称为"系统工程"。系统工程是组织管理的技术和科学方法,具有应用学科的性质。它是直接用来改造客观世界的工程技术,但和其他工程技术不同,它是组织管理系统的技术。钱学森指出,系统工程的重点在于应用,并且在不同领域还需结合相应的专业基础。

系统工程作为一种工程技术,旨在改造客观世界并取得实际成果。这一目标的实现必须依赖于具体环境和条件,实事求是地解决问题。鉴于客观世界的复杂多样性,解决工程技术问题需综合运用多个学科的成果。系统工程的应用范围广泛,涉及改造自然、提升社会生产力、增强国防力量、改进各种社会活动以及优化国家行政管理等方面,其推动的科学发展涉及众多学科。系统工程能够通过改变、调整系统组成部分之间、层次结构之间以及与系统环境之间的关联关系,实现系统整体与环境的协调统一,促进各部分间的协同作用,从而在系统层面实现最佳功能。

5.系统应用层

系统科学的应用层包括管理系统工程以及其他如军事、环境和农业系统工程等,这里主要介绍管理系统工程。管理系统工程就是将系统工程的原理、方法和技术应用在管理活动中,它是系统工程方法论、系统科学以及其他相关理论与学科的综合应用。同时,管理系统工程是以企业管理系统为研究对象的一门组织管理技术,其基本思想是坚持整体观念、统筹兼顾,运用优化分析方法,实现管理系统整体功能的提高。系统科学的最终目标是服务于现实、应用于实践。

## 2.3 系统科学的前沿

### 2.3.1 系统工程的发展

1.定义

从词语组成上看,“系统工程”一词由“系统”和“工程”两个部分组成。“系统”一词源自拉丁语“systema”,原意为“在一起”或“放置”,长久以来被用来指代群体、集合等概念。而“工程”一词则来源于拉丁语“ingenium”,意味着“聪明”或“策划、设计”。这表明,“系统工程”是通过使用系统的观点和方法解决工程的问题,并从系统观念出发,以最优化的方法求得使系统整体最优的综合化的组织、管理、技术和方法。系统工程(System Engineering)是一种跨学科的综合方法,它运用系统性手段成功实现优化和整合工程系统。由于它的产生和发展比较晚,目前尚未成熟,因此关于其定义尚未形成广泛共识,如表2.1所示。

表2.1 系统工程的定义

| | 来源 | 定义 |
|---|---|---|
| 1967年 | 日本工业标准 | 系统工程是为了更好地达到系统目标,而对系统的构成要素、组织结构、信息流动和控制机理等进行分析与设计的技术 |
| 1969年 | 美国质量管理学会系统工程委员会 | 系统工程是应用科学知识设计和制造系统的一门特殊工程学 |
| 1974年 | 《大英百科全书》 | 系统工程是一门把已有学科分支中的知识有效地组合起来用以解决综合性的工程问题的技术 |
| 1975年 | 《美国科学技术辞典》 | 系统工程是研究许多密切联系的要素组成的复杂系统的设计科学。设计该复杂系统时,应有明确的预定目标与功能,并使各要素以及要素与系统整体之间有机联系,配合协调,以使系统总体能够达到最优目标。但在设计时,要同时考虑到参与系统中的人的因素与作用 |
| 1978年 | 《组织管理的技术——系统工程》 | 系统工程是组织管理系统的规划、研究、设计、制造、试验和使用的科学方法,是一种对所有系统都具有普遍意义的方法 |
| 1991年 | 寺野寿郎《系统工程学》 | 系统工程是为了合理开发、设计和运用系统而采用的思想、程序、组织和方法的总称 |
| 2002年 | 《现代汉语词典》 | 运用先进的科学方法进行组织管理,以求最佳效果的技术 |

从 1967 年到 2002 年关于系统工程不断变化的定义中可以看出，随着对系统工程的深入研究，人们对系统工程的认识逐渐清晰起来；同时，系统工程的思想和方法来自不同的行业和领域，又吸收了不同学科的理论。由此可以归纳出系统工程这门学科的若干特点：它是一门综观全局、着眼整体的学科，综合利用各学科的思想与方法，通过不同方式使系统各部分配合与协调，借助于科学方法与计算机工具，规划和设计、组建、运行整个系统，以满足系统的技术、经济和社会要求。

目前国内更多地采用钱学森先生的观点，即系统工程是组织管理系统的规划、研究、设计、制造、试验和使用的科学方法，是一种对所有系统都具有普遍意义的方法。系统工程的应用范围广泛，涉及改造自然、提升社会生产力、增强国防力量、优化各种社会活动，甚至涉及国家行政和法治改革，其影响力遍及整个社会。

**2.系统工程的发展阶段**

系统工程的发展可以分为七个阶段，如表 2.2 所示。

**表 2.2　系统工程的发展阶段**

<table>
<tr><th>阶段</th><th>年代(年份)</th><th>重大工程实践或事件</th><th>重要理论与方法贡献</th></tr>
<tr><td rowspan="3">一</td><td>1930 年</td><td>美国发展与研究广播电视系统</td><td>正式提出“系统方法”的概念</td></tr>
<tr><td rowspan="2">1940 年</td><td>美国实施彩电开发计划</td><td>采用系统方法，并取得巨大成功</td></tr>
<tr><td>美国贝尔电话公司开发微波通信系统</td><td>正式使用“系统工程”一词</td></tr>
<tr><td rowspan="3">二</td><td>二战期间</td><td>英美等国的反空袭等军事行动</td><td>产生军事运筹学，即军事系统工程</td></tr>
<tr><td>20 世纪 40 年代</td><td>美国研制原子弹的“曼哈顿计划”</td><td>运用系统工程，并推动其发展</td></tr>
<tr><td>1945 年</td><td>美国空军建立研究与开发机构，此即兰德公司的前身</td><td>提出“系统分析”的概念，强调其重要性</td></tr>
<tr><td>三</td><td>20 世纪 40 年代后期到 50 年代初期</td><td colspan="2">运筹学的广泛发展、应用控制论的创立与应用、计算机的出现，为系统工程奠定了重要的学科基础</td></tr>
</table>

续表

| 阶段 | 年代(年份) | 重大工程实践或事件 | 重要理论与方法贡献 |
| --- | --- | --- | --- |
| 四 | 1957 年 | 古德和马克尔发表第一部名为《系统工程》的著作 | 系统工程学科形成的标志 |
| | 1958 年 | 美国研制北极星导弹潜艇 | 提出 PERT(计划评审技术)，这是较早的系统工程技术 |
| | 1965 年 | 马克尔编著《系统工程手册》 | 系统工程实用化和规范化发展 |
| | | 美国自动控制学家查德提出“模糊集合”概念 | 为现代系统工程奠定了重要的数学基础 |
| | 1961～1972 年 | 美国实施“阿波罗登月计划” | 使用多种系统工程方法并获得巨大成功，极大地提高了系统工程的地位 |
| 五 | 1972 年 | 国际应用系统分析研究所在维也纳成立 | 系统工程的应用重点开始从工程领域进入社会经济领域，并发展到了一个重要的新阶段 |
| | 20 世纪 70 年代 | 系统工程的广泛应用在国际上达到高潮 | |
| 六 | 20 世纪 80 年代 | 系统工程在国际上稳定发展，在中国的研究与应用达到高潮 | |
| 七 | 20 世纪 90 年代以来 | 系统工程在国内外呈现出社会化、特色化、专业化、集成化、精细化、实用化等特点 | |

事实上，系统工程的产生与发展由三条路径汇合。

第一条路径是系统理论的发展，最初包括“老三论”，即一般系统论、信息论、控制论，后来融入了“新三论”，即耗散结构理论、协同学、突变论，并吸收了超循环理论、复杂系统理论等有影响的理论。

第二条路径是系统工程方法论的发展，包括以霍尔的三维模型为代表的硬系统方法论、切克兰德的软系统方法论以及 MBSE(基于模型的系统工程方法论)等。系统工程还逐步吸纳了一些实践中行之有效的方法，这些方法原来不一定属于系统工程的固有范畴，如流程图、结构图、WBS(工作分解法)、故障树分析法、5W1H 方法等。

第三条路径是定量分析方法的发展，其中运筹学占据重要地位。此外，博弈论(早期称为“对策论”)等也被逐渐纳入运筹学范畴。系统工程常用的一些数学模型方法还包括 AHP(层次分析法)、ANN(人工神经网络)、ISM(解释结构模型)、SAD(系统调整与发展方法)、熵权法、系统动力学、蒙特卡罗模拟等。在安全系统工程领域还常运用FTA(故障树分析)、FMEA(失效模式及后果分析)等。

3.系统工程的特征

系统工程的核心目标在于合理利用资源,按时实现系统目标,同时保证系统的质量和可靠性,这与管理的根本目标相契合。管理活动本质上就是一项系统工程,其目的与系统工程的目标一致,即有效整合有限资源,实现目标的最优化。面对复杂的管理问题,我们需要以系统的视角来审视,并借助复杂的系统工程方法来解决。

从抽象层次看,系统工程的本质就是要找到一种行之有效的方法,降低具体目标实现过程中的不确定性,将系统由复杂状态变为简单状态。因此,要把系统工程理解成为解决人类所面临的现实问题或未来发展问题提供可行方案的技术与方法。

系统工程的主要特征概括如下:

1)程序性

系统工程强调遵循科学的程序和原则。无论处理何种系统,都需要建立相应的工作程序和组织设计。程序的正确性和合理性与否直接影响系统工程的成败和质量。

2)系统性

系统工程在时间和空间两个维度上观察研究对象。在时间维度上,着重于整个过程的管理,将系统视为由多个环节组成的整体;在空间维度上,将对象视为由多个部分构成的整体,分析各部分间的关系,以实现宏观与微观的协调,确保整体优化。

3)集约性

与传统的粗放式管理不同,系统工程通过集约化管理提高效率和收益。其资源优化、集成设计、持续改进等方法与技巧在实践中证明了集约化是高效生产的重要基础。

4)创造性

系统工程蕴含创新基因,鼓励新思维和新方法的应用。它涉及多学科的交叉研究,强调科学性与艺术性的统一,推动创造性解决方案的发展。

5)广泛适用性

系统工程应用广泛,涵盖社会、经济、环境、能源、交通、农业、企业管理等多个领域。随着技术条件的进步,系统工程的应用逐渐从“硬”领域扩展到

“软”科学领域。

管理系统工程就是将系统工程的原理、方法和技术应用在管理活动中。它是系统工程方法论、系统科学以及其他相关理论与学科的综合应用。管理系统工程的知识体系包括三个部分：一是包含管理学原理、战略管理、人力资源、财务管理等专业知识的管理学理论，二是包含系统分析、建模、评价、仿真、预测、决策和集成的系统工程方法技术，三是包含运筹学、系统工程经典理论、系统工程新型理论等理论的系统科学知识体系。其中，系统论的观点和系统分析、建模、评价、仿真、预测和决策等方法用于研究和探讨管理系统的结构、功能、体系等问题，控制论的观点和方法用于研究管理系统的人机系统和协调、控制等问题，信息论的观点和方法用于研究管理系统的信息传输和处理等问题，管理科学和运筹学的方法用于研究管理系统的最优管理等问题。

### 2.3.2 复杂系统管理的前沿

复杂系统(Complex System)是指由大量相互作用的部分所组成的系统。系统工程研究的对象具有显著的复杂性，这主要体现在以下几方面：首先，系统的功能和属性多样化；其次，系统通常由多维且不同质的要素构成；再次，系统多为人—机系统，其中人及其组织群体的复杂性不可忽视；最后，系统中要素间的相互作用关系使得系统结构日益复杂化和动态化。

复杂系统和系统工程的现代起源都可以追溯到 20 世纪 40 年代。根据国际系统工程协会(INCOSE)的说法，“系统工程”这个术语可以追溯到 20 世纪 40 年代早期的贝尔电话实验室。在关注“生命物质”(即生物系统)时，薛定谔确定了复杂系统和系统工程正在成为交集的主要特点之一：自然发生的过程。

随着人们对于复杂现象认识的提升，世界范围内开始出现对于复杂性研究的热潮，复杂系统作为复杂科学研究的一个分支也不断得到发展，并不断取得里程碑式的成果。所形成的主要成果理论有以下几个方面。

**1.自组织系统理论**

自组织系统理论是指在没有外部指令的条件下，系统内部各子系统之间能自行按照某种规则形成一定的结构或功能的自组织现象的一种理论。该理论主要研究系统怎样从混沌无序的初态向稳定有序的终态演化的过程和规律，认为无序向有序演化必须具备几个基本条件：

(1)产生自组织的系统必须是一个开放系统，系统只有通过与外界进行物质、能量和信息的交换，才会有产生和维持稳定有序结构的可能。

(2)系统从无序向有序发展，必须处于远离平衡的状态，非平衡是有序之源，开放系统必然处于非平衡状态。

(3)系统内部各子系统间存在着非线性的相互作用。这种相互作用使得各子系统之间能够产生协同动作，从而可以使系统由杂乱无章变成井然有序。除以上条件外，自组织理论还认为，系统只有通过离开原来状态或轨道的涨落才能使有序成为现实，从而完成有序新结构的自组织过程。

自组织理论的发展并不是一蹴而就的，而是在基础理论的发展中逐渐完善，最终形成的一种研究复杂系统的新理论。在这个演进过程中，新的理论往往能解决旧的理论不能解决的问题。在对自组织系统的研究过程中，相关研究者发现自组织系统理论有以下两个特征。

(1)自组织系统理论是在微观层面对系统进行研究，即在要素层面进行着重研究，系统本身与别的系统或者外部环境的关系不在研究范围之内。

(2)自组织系统实行自上而下的集中控制，有控制中心。对于组织管理而言，所谓自上而下的集中控制，就是指大部分决策权掌握在组织的最高决策部门，由其负责配置资源，当部门间发生矛盾时，主要由其进行协调。

基于这些特点，进一步发现自组织系统既保持元素的独立性、自主性，又在一定程度上对组织进行控制管理。在传统的组织管理中，个体在很大程度上是受组织力量支配的，最终会完全服从组织，成为"组织人"；而自组织恰好相反，强调基于员工认同的文化和自律(而非他律)进行管理，实际上是在主张发展员工的自组织能力，改变传统的"组织"行为模式。自组织目标系统理论不仅能够为一般研究提供理论基础，也能够为认识和管理员工的极端建言行为提供合理的理论解释。例如，不论是社会交换理论还是资源保存理论都无法很好地解释员工"以死相谏"的建言行为。从自组织目标系统理论出发，建言的直接驱动者和组织者是个体的心理目标，驱动和组织个体极端建言行为的心理目标很可能是其心理目标系统中占据绝对优势的主导目标，其他目标无法对其形成有力的竞争关系。如果这一目标不能得到实现，就会对个体的心理目标系统和整个心理世界产生毁灭性的影响。因此，即使得不到积极的回报，即使从收益风险评价的角度来看不够理性，即使要消耗自身的资源而无法获取新的资源，这些员工仍然愿意冒着牺牲个人长远利益乃至生命的危险进行建言，以保护自己内心世界最重要、最核心的目标或竭力促进该目标的实现进程。类似的建言现象还包括组织内的集体性建言、多次持续性建言等，它们在过往的相关理论视角下都难以得到较好的解释。

**2.复杂适应系统理论**

复杂适应系统(Complex Adaptive Systems, CAS)于20世纪末兴起，它指

的是那些由众多独立要素相互作用形成，从而自发产生自组织的复杂系统。

复杂适应系统理论认为系统演化的动力本质上来源于系统内部，其研究思路着眼于系统内在要素的相互作用，采用“自下而上”的研究路线。在研究方法上，强调定性判断与定量计算相结合、微观分析与宏观综合相结合、还原论与整体论相结合。主要研究的手段和思路是正反馈与适应。复杂适应系统理论把系统的成员看作是具有自身目的与主动性的、积极的主体，这种主体具有适应性，能够与环境以及其他主体进行交互作用，而这种交互作用正是系统发展和进化的基本动因。因此，复杂适应系统理论在模拟生态、社会、经济、管理、军事等领域具有巨大的发展和应用潜力。

复杂适应系统的主要特点如下：

(1)主体是主动的、活的实体。

(2)个体与环境相互影响、相互作用，是系统演变和进化的主要动力。

(3)把微观和宏观有机地联系起来。在微观方面，强调主体的适应性和能动性，主体能对外界环境变化作出快速反应，并不断积累交互经验，修正自身的行为方式，以便更好地生存与发展。在宏观方面，强调主体之间以及主体与环境之间的相互作用是整体系统演化的核心动力，表现为宏观系统中的分化、聚合、重组等一系列复杂演化过程。

(4)引进了随机因素的作用，使它具有更强的描述和表达能力。在当前的经济环境下，企业的生存与发展不仅取决于企业自身制定的战略，更取决于与其他企业和组织之间的作用关系以及相应的应变能力。外部环境的不断改变，引发企业内部的不断调整与变革。适应性已成为企业生存与发展的关键能力，企业如何增强其适应性能力已成为当前管理领域研究的热点。

企业系统具有层次性，员工在部门内形成团队并相互作用。具体而言，企业可分为两个层次：企业中的每一位员工和以员工为基本个体组成的部门，两者均具有智能性、适应性、主动性等特征。在企业发展过程中，个体性能参数和功能属性不断变化，进而影响整个企业系统的结构与功能。此外，企业系统中的个体能并行响应环境刺激并演化，同时面临诸多随机复杂性因素。企业系统的特征与复杂适应系统理论高度契合，复杂适应系统理论能更好地描述和表达企业系统，为其在管理领域的应用提供广阔前景。

### 3.非线性系统理论

一个系统，如果其输出与输入不成正比，则是非线性的。从数学角度来看，非线性系统的特征是叠加原理不再成立。叠加原理指的是，描述系统的方程的两个解之和仍为其解。叠加原理可以通过两种方式失效。其一，方程本身是非线性的。其二，方程本身虽然是线性的，但边界是未知的或运动的。

线性系统则是指，其状态变量和输出变量对于所有可能的输入变量和初始状态都满足叠加原理的系统。一个由线性元部件所组成的系统必是线性系统。

非线性系统主要特征如下：

(1)不满足叠加原理。

(2)非线性系统的稳定性不仅取决于控制系统的固有结构与参数，而且与系统的初始条件及外加输入有关系。

(3)非线性系统可能存在自激振荡现象。

(4)非线性系统在正弦信号作用下，其输出存在极其复杂的情况。

由于非线性系统的复杂性和特殊性，受数学工具限制，一般情况下难以求得非线性微分方程的解析解，通常采用工程上适用的近似方法，例如以下三种方法：

1)相平面法

这是一种图解分析方法，适用于具有严重非线性特性的一阶、二阶系统，该方法通过在相平面绘制相轨迹曲线，确定非线性微分方程在不同初始条件下解的运动形式。

2)描述函数法

这是一种等效线性化的图解分析方法，该方法对于满足结构要求的非线性系统，通过谐波线性化，将非线性特性近似为复变增益环节，然后推广应用频率法，分析非线性系统的稳定性或自激振荡。

3)逆系统法

该方法运用内环非线性反馈控制，构造伪线性系统，以此为基础，设计外环控制网络，直接应用数学工具研究非线性控制问题，是非线性系统研究的一个发展方向。

但是，这些方法主要是解决非线性系统的“分析”问题，且以稳定性问题为主展开的。非线性系统的“综合”方法的研究成果远不如稳定性问题研究所取得的成果。

**4.复杂网络理论**

复杂网络理论是研究大规模复杂系统中网络结构和其演化等行为特性的新兴交叉学科。它起源于数学的图论，并结合统计物理、社会学、经济学等多学科的研究方法，以求解复杂系统中广泛存在的网络结构问题。复杂网络理论主要关注网络中节点(实体)和连接(关系)的组织方式和相互影响，旨在揭示系统的空间结构、动力学机制及其与功能的关系。复杂网络理论的统计性质如下所述。

1)度分布

节点的度定义为与该节点相连的边的个数,反映该节点在网络中的重要程度。网络中所有节点的度的平均值是该网络的平均度。网络中节点的度分布表示为分布函数 $P(k)$,代表该节点的度等于 $k$ 的概率,也可代表网络中度为 $k$ 的节点数在总节点数中所占的比例。

2)平均路径长度

连接两个节点的最短路径所用边的个数为两节点之间的距离,网络中所有节点对之间距离的平均值为网络的平均路径长度。平均路径长度反映了节点之间联系的紧密程度和网络的大小。

3)集聚系数

节点的集聚系数表示为邻居节点之间实际存在的边数与最大可能边数之比,反映一个节点的相邻节点之间相互连接的情况。网络的集聚系数表示为所有节点集聚系数的平均值,反映了网络的社团结构特性。

4)介数

介数分为点介数和边介数。点介数表示为经过该节点的最短路径数目占所有最短路径数目的比例,边介数表示为所有经过该边的最短路径数目占所有最短路径数目的比例。介数越大,说明该节点(边)的最短路径越多,在信息传播过程中,通过该节点(边)的信息量越大。介数反映了相应节点或边在整个网络中的作用和地位。

5)小世界效应

复杂网络的小世界效应是指尽管网络的规模很大(网络节点数目 $N$ 很大),但是两个节点之间的距离比我们想象的要小得多。也就是网络的平均路径长度 $L$ 随网络的规模呈对数增长,即 $L \sim \mathrm{Ln}\ N$。大量的实证研究表明,真实网络几乎都具有小世界效应。

6)无标度特性

对于随机网络和规则网络,度分布区间非常狭窄,大多数节点都集中在节点度均值$<k>$的附近,说明节点具有同质性,因此$<k>$可以被看作是节点度的一个特征标度。而在节点度服从幂律分布的网络中,大多数节点的度都很小,而少数节点的度很大,说明节点具有异质性,这时特征标度消失。这种节点度的幂律分布为网络的无标度特性。

复杂网络理论在生活中应用广泛,如技术网络、社会网络、交通运输网络和生物网络等大型系统。尤其在新冠疫情期间,复杂网络理论可用于分析病毒传播。小世界性加速病毒扩散,高聚类特性导致病毒在家庭或社区内聚集传播,而无标度性则意味着疾病传播极易发生。因此,防疫建议包括:发现并控制感染源,切断长程传播链(如航空、铁路、高速公路),防止大范围扩散;同时,城市、社区到家庭逐级隔离,防控不同社团间的传播,减少传播损失。

此外,结合复杂系统理论与营销学,企业可通过精准营销,增加销售网络中与现有节点相连的新节点数量,并运用更吸引人的营销工具,稳定扩散节点,提升节点构成者的满意度。同时,复杂系统理论也提醒企业重视营销反馈,不断研发满足客户需求的新产品,改进现有服务,提升客户满意度,降低网络扩散阈值。

## 2.4 思考题

(1)系统科学为什么会产生?

(2)绘制系统科学体系结构图。

(3)概述系统科学的演进过程。

# 第3章　系统科学理论

## 学习目标

(1)了解系统科学的理论演进。

(2)掌握系统科学的基础理论。

(3)理解系统科学的经典理论。

(4)熟知系统科学的前沿理论。

随着时代的不断进步和发展，越来越多的人认识到系统科学在整合流程任务、提高工作效率、助力社会主义事业发展方面的作用。系统科学旨在探索复杂系统的演化规律，以及如何有效地构建、管理和控制这些系统。它以系统的基础理论和应用开发为研究对象，深入探究各种系统的属性及其相互关系，揭示其运行机制，并探索与之相关的理论和方法。经过长期的发展，系统科学的诸多分支应运而生，“老三论”和“新三论”是其中的经典代表。系统论、控制论和信息论是20世纪40年代先后创立并获得迅猛发展的系统理论三门分支学科。虽然它们诞生仅有半个多世纪，但在系统科学领域中已是资深“元老”，合称“老三论”，简称“SCI论”。耗散结构论、协同学、突变论是20世纪70年代以来陆续创立并获得极快进展的三门系统理论的分支学科。它们虽然时间不长，却已是系统科学领域中年少有为的成员，故合称“新三论”，简称“DSC论”。随着时代的不断发展，系统科学的理论和方法正在从自然科学和工程技术领域向社会科学领域广泛转移，逐步形成介科学和复杂适应系统理论的多层次的理论学科。

## 3.1 系统科学基础理论

### 3.1.1 一般系统论

#### 1.历史背景

一般系统论来源于一种与机械论相对立的生物学理论——机体论。贝塔朗菲认为机械论有三个错误观点:其一是相加的观点,即把有机体分解为各要素,以简单相加来描述有机体的功能。其二是机械观点,即把生命现象简单地比作机器,认为“人即机器”。其三是被动反应的观点,即认为有机体只有受到刺激时才能出现反应,否则便静止不动。贝塔朗菲指出,这种机械论的观点不能完全正确地解释生命现象。因此,贝塔朗菲提出了机体论,并据此来解决这些问题,后续逐渐发展成了一般系统论。表 3.1 描述了贝塔朗菲一般系统论的发展过程。

**表 3.1 贝塔朗菲一般系统论的发展过程**

| 阶段 | 时间范围 | 关键事件及发展内容 |
| --- | --- | --- |
| 初见雏形 | 1924～1934 年 | 1924 年,贝塔朗菲在文章中提到生物学中“有机体”的概念,并强调整体性和系统性分析的必要性。<br>1932～1934 年,提出用数学模型研究生物学的方法,形成系统观点、动态观点和层次观点 |
| 形成阶段 | 1935～1946 年 | 1937 年,在芝加哥大学讨论会上提出“一般系统论”概念,未公开发表。<br>1945 年,发表《关于一般系统论》,因战争未受关注 |
| 发展阶段 | 1947～1967 年 | 1947～1948 年,深入阐述一般系统论。<br>1954 年,成立一般系统论学会,出版相关期刊推动研究。<br>与控制论和信息论同时期,但发展较为坎坷,60 年代才逐渐受到重视 |
| 成熟阶段 | 1968～1972 年 | 1968 年,出版专著《一般系统论——基础、发展和应用》,系统阐述理论特点及应用。<br>1972 年,发表《一般系统论的历史和现状》,从不同角度解析一般系统论 |

#### 2.基本思想

一般系统论是一种研究方法,强调将事物作为整体或系统来进行研究,并利用数学模型描述和确定系统的结构和行为。贝塔朗菲总结了机体论发展的成就，把“协调秩序”“目的性”等概念用于研究有机体，提出了以下观点。

（1）系统观点，即指一切有机体都是一个整体（系统），这个整体是由部分结合而成的，其特性和功能不只是各部分特性和功能简单相加的总和。他认为系统是“相互作用的诸要素的复合体”，系统的性质取决于复合体内部特定的关系，不仅要知道它的组成要素，而且还必须知道它们之间的相互关系，才能确定出系统的性质。

（2）动态观点，即指一切有机体本身都处于积极的运动状态。贝塔朗菲认为一切生命现象始终处于积极活动的状态，生物的基本特征是组织，有机体之所以能有组织地处于活动状态并保持其充满活力的生命运动，是由于系统与环境不断地进行物质和能量的交换。他把这种能与环境进行物质和能量交换的系统称为“开放系统”。生命系统本质上都是开放系统。任何一个开放系统都能在一定条件下保持其自身的动态稳定性。

（3）等级观点，即指各种有机体都按严格的等级组织起来。贝塔朗菲认为生物系统层次分明、等级森严，通过各层次逐级组合，形成越来越高级、越来越庞大的系统。处于不同层次上的要素具有不同功能，而处于同一层次的事物，尽管形态各异，但都具有类似的结构和功能。系统就是由结构和功能组成的统一体。同一等级的结构具有同一等级的功能，而不同等级的结构则具有不同等级的功能。系统的等级观点正是系统结构等级与功能等级统一的反映。

一般系统论含义十分广泛，贝塔朗菲在论述这门学科性质和任务时指出：一般系统论是一门新学科，属于逻辑和数学的领域。它的任务是确立适用于各种系统的一般原则，既不能局限在“技术”范围内，也不能将其当作一种数学理论来对待，因为有许多系统问题不能用现代数学求解，而要从系统观点来认识和分析客观事物。一般系统理论用相互关联的综合思维来取代分析事物的分散思维，突破了以往的局限，为解决各种系统问题提供了新的研究思路和研究方法。运用一般系统理论，可以帮助我们摒弃用简单方法来解决复杂系统问题的习惯，如实地把对象作为一个有机整体来加以考察，从整体与部分相互依赖、相互制约的关系中揭示系统的特征和运动规律。

3.理论基础

一般系统论强调跨学科研究方法的重要性，促进了系统科学、系统工程、管理科学、心理学、社会学等多个领域之间的融合与发展。该理论框架支持了系统思考的方法论，让研究者能够更有效地理解和处理复杂系统的问题。一般系统论有以下理论基础。

1)系统哲学

系统科学作为一门横断学科,具有方法论的性质,而哲学则是研究人类感知外部世界的学科,对于科学研究、对待客观事物和社会现象来说,哲学的前提至关重要。在一般系统论的发展历程中,贝塔朗菲在哲学背景下思考系统理论,探索系统本体论和系统认识论如何影响人们对世界的认知和理解。这就是最初的系统哲学。与一般系统论一致,系统哲学以唯物辩证法为核心思想,认为系统的结构和功能受内在物理机制和规律决定。虽然一般系统论和系统哲学有关联,但它们是两个不同的概念,一个是对系统的本体论和认识论进行哲学研究,另一个是综合多学科的研究方法和工具,探讨系统的结构和功能。

2)系统同构

系统同构是指两个或多个不同的系统,在其内部结构和组成部分的数量、类型、相互关系等方面存在着相似的现象。也就是说,这些系统虽然在外在形态和特征上看起来不同,但在内部结构、功能和相互作用上却存在着相似的模式和规律。系统同构的最典型的例子就是自然界中存在的许多有机和无机组织结构,如树枝、血管、心脏、蚂蚁群等都存在类似的分支、网络、层次结构和自组织特征,这就是系统同构现象的直观体现。从一般系统论的角度来看,系统同构是一种重要的系统行为,它表明不同的系统可以通过共同的数学、物理或信息学原则进行比较和研究,这种方法被称为"同构分析"。同构分析是一般系统论的核心方法之一,通过分析系统同构性质,可以揭示不同系统之间的共性和规律性,为跨学科研究提供新的思路和方法。

**4.一般系统论的发展**

一般系统论有类比型一般系统论、参量型一般系统论、数学系统论、一般系统结构理论、关于复杂系统的重要规律几个类型的发展。

1)类比型一般系统论

贝塔朗菲从理论生物学的角度总结了人类的系统思想,并基于对系统结构性质的研究,运用类比同构的思想方法,建立了开放系统的一般系统理论。他创立的一般系统论即类比型一般系统论。

2)参量型一般系统论

苏联学者 A. И. 乌耶莫夫认为贝塔朗菲的一般系统论是用同构和同态等类比形式创立的,在实际运用中受到一定的限制。人们已经发现 50 多种独立的类比形式,其中许多可以用于发展类比型一般系统论,但对不同的系统进行类比,不是建立一般系统论的唯一途径。由此,他提出了参量型一般系统论,即用系统参量来表达系统的原始信息,再用电子计算机建立系统参量之间的联系，从而确定系统的一般规律。

3)数学系统论

数学系统论研究各种系统的共同特征，用数学方法定量地描述其功能，寻求并确立适用于一切系统的原理、原则和数学模型，具有逻辑和数学性质。其代表人物有 M. D. 梅萨罗维茨、A. W. 怀莫尔和 G. J. 克利尔。

4)一般系统结构理论

中国学者林福永教授 1988 年提出一般系统结构理论，从数学上提出了一个新的一般系统概念体系，揭示系统组成部分之间的关联，如关系、关系环、系统结构等。在此基础上，其抓住所有系统都具有的共性问题——环境、系统结构和系统行为以及它们之间的关系及规律，从数学上证明了它们之间存在固有的关系及规律，即在给定的系统环境中，系统行为由系统基本层次上的系统结构决定和支配。这一结论为系统研究提供了精确的理论基础，从理论上揭示了一系列一般系统原理与规律，解决了一系列一般系统问题，从而把一般系统论发展到了具有精确的理论内容并且能够有效解决实际系统问题的高度。

5)关于复杂系统的重要规律

许多物理学家、生物学家和化学家在各自的领域中针对贝塔朗菲开创的开放系统理论开展深入研究，并得到了关于复杂系统的一系列重要规律。其中最著名的有：I. 普里戈金的耗散结构理论、M. 艾根的超循环理论、H. 哈肯的协同学和 E. 拉兹洛的广义进化论等，以及中国学者曾邦哲的结构论—泛进化论、邓聚龙的灰色系统论、吴学谋的泛系论、张颖清的全息生物学等系统理论。这里不再展开讲述。

由上述一般系统论的发展可知，一般系统论的研究领域十分广阔，几乎包括一切与系统有关的学科和理论，如管理理论、运筹学、信息论、控制论、哲学、行为科学等。它搭建了自然科学与社会科学、技术科学与人文科学之间的桥梁，使许多学科面目焕然一新，促进了现代化科学技术整体化的发展。一般系统论为系统工程的发展、人类走向系统时代奠定了理论基础。

### 3.1.2 控制论

#### 1.历史背景

控制论的发展受到了许多领域的影响。20 世纪 40 年代，生理学中的内稳态、自动控制理论中的闭环反馈控制、通信理论中的负反馈放大器、数学中的统计力学、物理学中的继电器、计算机科学理论等，对控制论的诞生都起了关键的作用。

控制论的雏形可以追溯到维纳(N. Wiener)等人在1943年发表的论文《行为、目的和目的论》(Behavior，Purpose and Teleology)，他们首次用反馈和闭环回路来替代传统的目的论，形成了控制论思想的雏形。随后，冯·诺依曼领导的普林斯顿学院的研究会和梅西控制论大会进一步推动了控制论的发展。

在1946年的纽约反馈问题学术交流会上，与会者意识到机器和生物存在着共同的思想基础，即信息、交流和反馈的重要性。然而，相关文献缺乏统一的表述和共同的术语，使得讨论变得复杂多样。为了促进这个新领域的发展，维纳提出以希腊语的“舵手”为基础，借用“cybernetics”一词作为控制论的代名词。

随着时间的推移，控制论的核心概念，如“反馈”“稳态”“信息与通信”“适应和智能”，从机器领域扩展到生物学领域，进一步应用于社会和认知领域。控制论也发展出应用于生态、环境、资源和气候等新分支。这些核心概念的广泛应用和普及为控制论的发展提供了有力支持。图3.1展示了控制论的核心理念和它的不同分支。

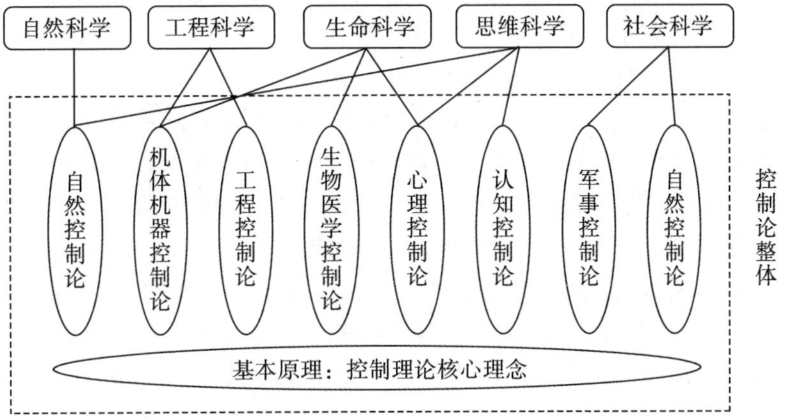


图3.1　控制论的核心理念及其分支

### 2.基本思想

控制论的基本思想基于对“控制”概念的理解。A. R. 列尔涅尔认为，所谓控制，是指为了“改善”某个或某些对象的功能或发展，需要获得并使用信息，以这种信息为基础而选出的，加于该对象的作用。其含义包含以下几个方面：

(1)施加这种作用的目的是改善对象，以达到预期目标。

(2)控制就是加在某个对象上的一种作用。

(3)这种作用通过信息的选择、使用而实现。

维纳把控制论定义为"关于在动物和机器中控制和通信的科学"。人们根据维纳的定义形成的较为普遍的看法是:控制论是以各种系统共同存在的控制规律为研究对象的一门科学。钱学森教授认为,"控制论的研究对象是系统";"为了实现系统自身的稳定和功能,系统需要取得、使用、保持和传递能量、材料和信息,也需要对系统的各个构成部分进行组织";"控制论研究系统各个部门如何进行组织,以便实现系统的稳定和有目的的行为"。

控制过程和信息密不可分。所有的系统都是信息系统。控制的过程也可以说是信息运动的过程,无论是机器还是生物,在构成控制系统的前提下,都存在对信息进行接收、存取和加工的过程。所有的系统又都是控制系统。它们需要具备一定的输入输出能力,以便实现有效的管理。这些输出功能需要有一个有效的控制机制,以确保操作系统能够有效地实现目标,而不是没有控制、无目的地运行。系统通过一系列有目的的行动和反馈来实现其功能和性能。

3.核心理论

控制论知识体系庞杂,诸多学者对控制论的核心理念有所争议。本书将其主要理念(部分)归纳如下:

1)因果系统原理(Principle of Causal System)

控制论认为,所研究的对象或事物可以用具有因果关系的动态系统来描述。在动态系统中,输入动作(激励),然后系统运行,产生输出动作(响应)。而且系统是开放的,即系统受到外界环境的干扰。传统因果论认为A的发生会导致B的发生。现代科学理论更倾向于概率因果,即A导致B的发生是有概率的,概率越高,实现目标的可能性越大。在一个系统中,复杂的地方在于因果关系并不简单,而是互为因果。这就要求必须用整体的思维看待因果。

2)信息变换核心理念(Core Idea of Information Transformation)

控制论认为,信息变换是一种将系统中各组成部分之间的相互作用转换为可以被感知和处理的动作内容的过程,它可以帮助我们更好地理解系统的运行机制和行为模式。

3)外部动态行为核心思想(Core Idea of External Dynamic Performance)

控制论指出,通过调节内在信息系统,可以有效地管理系统的外界活动,而不仅仅是关心信息系统的能源、物质、效率和内外结构。它更加注重系统的功能,包括管理系统内部结构如何与内外互动,从而实现管理系统内在的动态操作。

4)负反馈原理或循环因果原理(Principle of Feedback)

系统输出会影响系统输入,在输出变动时,所造成的影响和原来变动的趋势相反即为负反馈。无论是什么样的系统，只要满足“目的”中的四个条件——“有一个明确的目标”“系统受到外部环境的影响朝着目标的方向运动”“系统能够测量出目标与现状之间的差异”“系统采取纠正措施”，即在改变现状的同时，继续朝着目标前进，并不断测量目标与当前情况之间的差异，从而实现纠正，这就是循环因果关系，即“结果”通过对前面“原因”的反馈而关闭。这样可以大大降低干扰对系统的影响，最终达到目的。负反馈机制可以帮助系统保持稳定，而正反馈则会导致系统不稳定。

5)黑盒原理(Principle of Black Box)

黑盒原理是一种基于输入—输出关系的功能模拟研究方法，先通过建立模型，然后提出假设，通过改变输入来观察输出，最后得到我们想要的结果。它不受系统能量和结构的限制，可以更好地理解系统行为和运行机制。

6)内稳态原理(Principle of Homeostasis)

机体的体内平衡是由各种反馈回路维持的。内稳态是机体自由独立生存的基本条件，对应于人工系统(机器)的内稳态。例如，恒温动物靠控制体内产热的生理过程控制体温，表现出一定程度的恒温性，即具有内稳态机制的生物能增加自己的生态耐受幅度。

除此之外，相关原理还有进化和适应原理、学习和智能原理、必要变异度律、自组织原理、自繁殖原理、观察者原理、自治或自设定系统核心理念、学科之间类比和借鉴原理等，并且随着分支的发展还呈增加的趋势。必须指出，基本原理和核心理念的发展是螺旋式上升、波浪式前进的。

**4.控制论的发展**

控制论在管理领域发展出了一个重要的分支，称为“管理控制论”或“组织控制论”。管理控制论从多个角度研究组织，强调管理系统具有控制系统的特征。管理系统的控制过程与工程系统和生物系统相似，在本质上都通过信息反馈来观察成效与标准之间的差异，并采取纠正措施以保持系统稳定并达到预定目标。因此，工程控制论和生物控制论的理论和方法也适用于分析和解决管理控制问题。

在控制论的发展中，出现了一些重要的理论和方法：

(1)最优控制理论。最优控制理论是现代控制论的核心。随着社会不断发展和科技进步，各种控制系统发展呈大型化、复杂化。为了更好地应对多输入和多输出系统的控制需求，最优控制理论通过数学方法，科学有效地解决了大系统的设计和控制问题，并强调采用动态的控制方法，以实现系统的最优化。它不仅优化系统的总体效果，还兼顾多项效益指标，如动态误差值、弛豫时间等。最优控制理论在工程控制系统和社会控制系统等领域得到广泛应用和发展。

(2)自适应、自学习和自组织系统理论。自适应系统是一种前馈控制系统，它能够在外部条件变化时自动调整自身结构或行为参数以维持系统功能。自学习系统则可以根据运行过程中的经验(如试探、统计、模式识别等)改进控制算法。自适应和自学习系统理论是工程控制的重要部分，其发展借助信息科学和现代计算技术。另外，自适应系统理论还衍生出自组织系统理论，研究系统如何通过自我组织和调整来达到预期目标。

(3)模糊理论。模糊理论是基于模糊数学发展起来的一种数理理论，用于处理一些不确定性问题。模糊理论通过模糊代数、模糊群体和模糊拓扑等方法，处理复杂系统中的不确定性问题。

(4)大系统理论。大系统理论是现代控制论的一个新领域，研究具有大规模、多目标、复杂结构和综合功能的工程和非工程大系统的自动化问题。这些系统涉及工程技术、社会经济、生物生态等多个领域，例如城市交通系统、社会系统、生态环境保护系统等。大系统理论着重研究大系统的最优化，尤其在生产管理系统等领域得到了广泛应用。

此外，在应用方面，心理学家、神经生理学家和医学家用控制论方法研究生命系统的调节和控制，建立神经控制论、生物控制论和医学控制论；苏联和东欧各国把控制论的思想和方法应用于军事指挥中，建立军事控制论。控制论在各个领域获得了融合式的长足发展。

### 3.1.3 信息论

**1.历史背景**

信息论是一门研究信息传输和信息处理系统中一般规律的学科，它源于美国科学家香农(E. C. Shannon)在1948年提出的通信理论，为经济社会蓬勃发展作出了重大奉献。人们通常将香农于1948年10月发表于《贝尔系统技术学报》上的论文《通信的数学理论》(A Mathematical Theory of Communication)作为现代信息论研究的开端。

**2.基本思想**

信息论的基本思想是将通信和系统视为一种消息传输和处理的过程，借助物理载体和能量进行信息的传输和处理。信息论为控制论提供了重要的工具和指标，以便于控制过程的建模和分析。因此，信息论可以被视为控制论的基础。

传统通信方式(如电报、电话和邮递)和现代通信技术(如广播、遥测、遥感和遥控)都属于网络,它们可以传输不同类型的消息。通信网络通常包括信源、信宿和信道。信源是产生或发出信息的实体,可以是人、动物或机器。信宿是接收通信系统中的目标设备或系统,接收并处理从信道中传输的信号。信道是信息传输经过的物理媒介或逻辑路径,负责发送和接收设备之间的信息传输。

在信息系统中,编码器和译码器起着重要的作用。编码器将信源产生的数据转换成数字信号以实现消息的传送,而译码器则将编码后的信号还原为原始的非编码形式。编码器和译码器的设计对整个网络系统的效能和可信度具有重要影响。

信息论是基于概率论的理论,以信源符号和通道噪声的概率特征为基础,提出了一系列规律,例如信息熵和信息容量。信息可以分为语法信息和语义信息,前者指信源产生字符的结构和排列方式,后者指字符的意义和语言环境。在信息传输中,语法信息比语义信息更为实用。

**3.理论基础**

我们要区分消息和信息。两者不同之处在于:消息是信息的形式,信息是消息的内容;消息是信息的载荷者,信息是包含在消息中的抽象量;消息是具体的,信息是抽象的。

信息论是一种探讨消息传播规律的学问,它通过传统方式来探究消息的获得、传递和转换,以及如何有效地处理消息,从而提高消息传递的效率和准确性。它是一个基础理论,可以帮助我们更好地理解消息的传播机制,并为决策提供依据。信源编码和信道编码是信息科学的核心研究课题。

要学习信息论,首先要清楚以下几个概念:

**信息**:从信息论的角度来看,消息、资料、数据、情报和指令都可以被视为信息。然而,香农将信息定义为“消除不确定性的东西”。

**信息量**:为了更好地诠释“信息”的概念,香农提出了“信息量”的概念。信息量就是把某种不确定度趋向确定的一种量度,信息量的单位被称为“比特”(bit)。

信息量可以分为自信息的信息量、联合信息的信息量和信息序列的信息量。

1)自信息的信息量

“自信息”(Self-information)的概念亦由香农提出,用来衡量单一事件发生时所包含的信息量多少,它的单位是比特(bit)。

自信息的信息量为

$$I(A)=\log_2\frac{1}{P(A)}=-\log_2 P(A),P(A)\neq 0$$

例:某车间生产的一批产品,其次品率为10%,若随机取出一件,则拿到次品的自信息量是多少?

解:

$$I=-\log_2\frac{1}{10}=\log_2 10=3.32(\text{bit})$$

注:①定义当$P(A)=0$时,$I(A)=0$,此时$A$为不可能事件。

②由对数运算法则可知,当$P(A)$越小时,$I(A)$越大。也就是说,当事件$A$越不可能发生时,它包含的信息量也就越多。

③对任意可能的消息$A$,都有当且仅当$P=1$或$P=0$时等号成立。对于任意可能发生的事件$A$,都有$I(A)\geqslant 0$。并且当$P(A)$越接近0时,$I(A)$越大,表示信息量越多;当$P(A)$越接近1时,$I(A)$越小,表示信息量越少。当且仅当$P=1$或$P=0$时等号成立,表示该事件并不含有任何信息。

香农在论文《通信的数学理论》中给出了计算自信息量的这条公式,并且他用决策论的方法来解释公式为何以2为底数。

另外,信息量具有可加性。设$A$、$B$为同时发生的两个相互独立的信息,则有

$$I(AB)=I(A)+I(B)$$

例:某会议室共八排八列,甲以等概率坐在任一位置。消息$A$:甲在第五排;消息$B$:甲在第六列;消息$C$:甲在第五排第六列。求消息$C$的信息量。

解:

$$P(A)=P(B)=\frac{1}{8}$$

$$P(C=AB)=\frac{1}{64}$$

$$I(C)=\log_2 64=6(\text{bit})$$

$$\text{或 } I(C)=I(A)+I(B)=3+3=6(\text{bit})$$

2)联合信息的信息量

联合信息是用来描述多个事件之间相互依赖的信息量。通俗地讲,联合信

息是多个随机变量同时发生带给我们的信息量。联合信息可以帮助衡量多个事件发生后组合成的信息量,以此来衡量它们之间的关联性和相关程度。联合信息的信息量可以用以下公式进行计算:

$$I(A,B)=\log_2\frac{1}{P(A,B)}=-\log_2 P(A,B),P(A,B)\neq 0$$

例:假设在一个学生群体中,有男女两种性别和学科成绩及格和不及格两种成绩水平,现在对于这两个事件(性别和成绩)的联合信息量进行计算,每个事件发生的概率如下:

$$P(\text{男},\text{及格})=0.5,P(\text{男},\text{不及格})=0.15,$$
$$P(\text{女},\text{及格})=0.25,P(\text{女},\text{不及格})=0.1$$

根据联合信息量的计算公式,可以计算出每个事件之间的联合信息量,如下所示:

$$I(\text{男},\text{及格})=-\log_2(0.5)=1,I(\text{男},\text{不及格})=-\log_2(0.15)=2.74,$$
$$I(\text{女},\text{及格})=-\log_2(0.25)=2,I(\text{女},\text{不及格})=-\log_2(0.1)=3.32$$

可以看出,每个事件之间的联合信息量大小与其发生的概率有关。两个事件同时发生的概率越小,联合信息量就越大,说明它们之间的联系越紧密。反之,概率越大,联合信息量就越小,联系越弱。

3)信息序列的信息量

设有包含 $n$ 条可能消息 $x_1,x_2,\cdots,x_n$ 的集合 $X=(x_1,x_2,\cdots,x_n)$,分别以概率 $P_1,P_2,\cdots,P_n$ 即 $P=(P_1,P_2,\cdots,P_n)$随机地发生,形成一个包含 $N$ 个消息的序列,则消息序列的总信息量为:

$$I_{\text{总}}(X)=-\sum P_i\log_2 P_i$$

例:(掷硬币问题)设 $P(x_1)=0.5,P(x_2)=0.5$,则

$$I(x_1)=-\log_2 0.5=1,I(x_2)=-\log_2 0.5=1$$
$$I_{\text{总}}(X)=-0.5\times\log_2 0.5-0.5\times\log_2 0.5=1(\text{bit})$$

此外,信息是有价值的一种客观存在。信息技术主要为解决信息的采集、加工、存储、处理、计算、传输、转换、表现等问题而不断繁荣发展。信息只有流动起来,才能体现其价值,因此信息的传输技术(通常指通信、网络等)是信息技术的核心。香农提出了一种基于这种传输模式的信息传输方法,它可以有效地实现信息的传输和交换。图 3.2 所示为香农建立的信息传输模型。

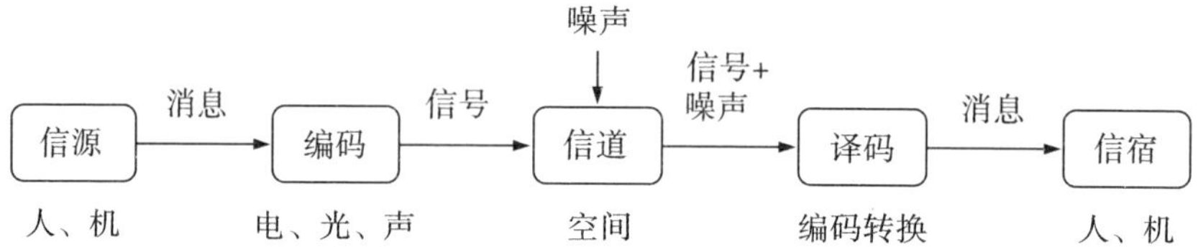


图 3.2 信息传输模型

4.信息论的发展

随着信息技术的迅猛发展,信息论已经超越了传统的通信领域,渗透到了更多的学科领域中。信息论是一门综合性的应用数学学科,它包含了通信、信息熵、数据压缩与传输、加密解密技术等。信息论的研究范围极为广泛,一般把信息论分成三种不同类型。

1)狭义信息论

狭义信息论是一门基于数理统计学的科学,研究对象是从一个发送方发送到一个接收方的信息通信系统,其中重要的概念包括信息熵、信息传输速率、信噪比等。狭义信息论为现代通信技术和信息技术的发展提供了理论基础。

2)一般信息论

一般信息论不仅仅是探究通信问题,它还涉及噪音基础理论、信号过滤和预报、调控以及信息管理等多个领域。一般信息论在多个领域中有广泛应用,如电子、信息、计算机、通信等。

3)广义信息论

广义信息论将信息的范畴扩展到了广义的感性信息和知识信息上,涉及社会科学、人文科学等多个领域。广义信息论的研究对象包括社会心理学、文字学、神经心理学、语意学等,为人们认知世界提供了新的视角。

## 3.2 系统科学经典理论

### 3.2.1 耗散结构论

1.历史背景

普利高津(I. Prigogine)是耗散结构理论的开创者。1969 年,他在一次国际会议上发表了《结构、耗散和生命》一文,正式提出耗散结构理论。长期以来,物理学家们一直在探索非均衡体系的秩序稳定性构造,但是随着研究,他们发现,如果体系本身处在一个混沌不规则的非均衡环境中，那么它就不可能表现出一个稳定有序的构造。

普利高津明确提出了“耗散结构”这一概念，指出一个远离平衡态的开放系统通过不断地与外界交换物质、能量和信息，在外界条件变化达到一定阈值时，可以通过内部各部分的作用产生自组织现象，使系统从原来的无序状态自发地转变为时空上和功能上的宏观有序状态，形成新的、稳定的有序结构。这种非平衡态下的新的有序结构就是耗散结构。这一理论为开放系统的发展提供了一条新的思路，使其能够从无序状态转换为有序状态，普利高津据此于 1977 年获得了诺贝尔化学奖。

在这里需要解释“有序结构”的概念。有序结构可以分为两类：一类是处于平衡状态的，如晶体、机械、无机系统等，它们在宏观整体上是静止的，不会与外部产生任何交互。另一类是处于非平衡状态的，如有机体系、现代社会体系、国民经济体系等，它们通常与时间无关，是一种活动的结构，也可以称为耗散结构。这类体系的结构和演化过程受到物质、能量和信息交流的限制，一旦脱离这种自然环境，它们就不再稳定。因此，要想维持这种非平衡状态，必须建立一种有效的机制来保持体系的稳定性和可持续性。此外，随着时间的推移，这种结构会发生巨大的变化。

**2.理论基础**

耗散结构论指出，系统形成耗散结构必须满足以下几个条件：

1）系统必须为开放系统

开放系统是一种依赖于外部环境的系统，它受外界物质、能量和信息的影响，开放是系统向有序发展的必然条件。

理解熵的变化是理解系统有序程度变化的前提。根据耗散结构理论，任何系统的总熵变 $dS$ 由两部分组成：第一部分是系统通过与外界交换物质、能量和信息引起的熵流 $deS$，第二部分是系统内部自发产生的熵变 $diS$。即

$$dS = deS + diS \text{（普利高津总熵变公式）}$$

孤立系统是与环境熵交换为零的系统，因此，$deS=0$。

热力学第二定律要求系统内部熵的产生 $diS \geqslant 0$，而外部输入的熵交换 $deS$ 可为正、负或零。当开放系统外部输入的熵流 $deS$ 为负，且足以抵消系统内部的熵增量 $diS$，使系统的总熵减小，由此系统进入相对有序的状态，形成耗散结构。

若 $deS>0$，通过与环境交换，系统的熵不断增大，加快无序化进程，系统更加无序。

若 $deS<0$，且 $deS<diS$，则有 $dS=deS+diS>0$。这时，通过开放系统可以减缓无序化的进程，但不能改变走向无序的趋势，因此不可能发生有序演化。

若 $deS<0$，且 $deS>diS$，则有 $dS=deS+diS<0$。系统的熵不断减少，从而使系统发生有序演化。

开放系统依靠与外部进行交换获取外部输入的负熵，从而使其形成和维持相对稳定的耗散结构。例如城市系统需要外界的人、物、能量的持续输入才能维持正常运转。一旦开放系统停止从外界吸入负熵，内部的正熵越积越多，将使系统走向无序。

2)系统内各个要素存在着非线性的相互作用

系统内的各个要素存在着非线性相互作用，而只有通过这种非线性相互作用，系统才能从无序状态演化为有序状态。这种非线性相互作用主要体现在系统要素之间以及系统要素与结构组件之间存在着反馈机制，包括正反馈和负反馈。正反馈机制放大或强化系统的初始输入，而负反馈机制则起到消除偏差、使系统趋于稳定的作用。这两种反馈机制在不同的阶段发挥着不同的作用，使系统转向稳定有序的状态，并形成和维持耗散结构。在某些情况下，微小的涨落会通过正反馈作用被放大，推动系统发生突变并进一步演化。而负反馈机制则可以抑制和调节系统的波动，并将其引导回稳定状态。负反馈机制在系统接近稳态时发挥着特别重要的作用，使系统能够消除不稳定性并维持有序结构的稳定性。

3)系统必须远离平衡态

普利高津强调，开放体系是耗散结构产生的必要条件，但并不能唯一确定耗散结构的形成。只有当"远离平衡"的条件得到满足时，才有机会实现耗散结构。"非均衡是秩序之源"是普利高津研究问题的一项重要基础，它指出体系在非平衡状态下，若具有线性特征则表明体系处于稳定或趋于稳定，若具有非线性特征则表明体系处于不稳定状态，才能够演化成耗散结构。因此为了维持耗散结构，系统必须远离平衡态或近平衡态，进入不稳定状态，从而系统会自发组织而形成有序结构，以满足物质、能量和信息的交换需求。

在这里，需要强调的是，耗散结构和平衡构造是完全不同的两种构造。耗散结构是一个动态的稳定性状况，可以在开放和非平衡的环境中保持稳定。而平衡构造则是一个静止的稳定性构造，它不受外界影响，只能将整个系统与外部隔离，才能保持稳定。

4)涨落导致有序

普利高津强调了耗散结构形成过程中涨落的重要性，涨落是由系统内部大量微观粒子的随机运动引起的。它导致系统的实际状态与理论状态之间存在微小偏差。通常情况下，涨落相对于系统的平均值来说非常小，可以忽略不计。然而，对于处于稳态临界点附近的系统，涨落成为驱动系统由原来的状态演化为新状态的最初动力，并且对演化过程具有决定性影响。在这种情况下，这些微小的涨落由于系统中的非线性相互作用和连锁效应而迅速扩大，从而使系统发生突变。由于系统与外界的持续交换，系统能够走向新的稳定有序状态。

从另一个角度来看，系统的发展方向可以看作是关于时间的多分支函数。那些能够被迅速放大的涨落实际上是在分支点附近的涨落，这些涨落对系统的演化起到关键性的作用，不断驱动系统趋于平均值。

3.耗散结构论的发展

耗散结构论在系统科学中具有重要的地位和意义。耗散结构论能够为有序、涨落、失稳、分支等复杂系统问题提供一种普适的方法论，它为系统自组织理论的发展提供了重要的理论支撑。

其中，管理耗散是一种复杂的组织运行机制。它要求组织内各单位不断交流事物、能力和资源，从而使小组有序度高于紊乱度，构成新的结构，并生成新的能力。这种运行机制可以有效地优化组织机构的运行状态，提升组织机构运行的效率和效果。

公司管理实质上是一个负熵的过程。要想保证企业激励效能的持续不衰，就需要利用科学合理的公司评估手段和分析方法，即通过对抗熵增能力，进一步改善管理耗散结构的形成条件，提升管理耗散的效率和效果，实现企业的可持续发展。这样，企业的激励机制将能够持续发挥作用并不断得到增强。

具体而言，公司在成长中，如果不开展技术和制度创新，就会变得相对封闭。根据耗散结构理论和熵理论，这种情况会导致公司的发展受到限制，企业具备的技术熵和制度熵就会逐渐增加。因此，当公司同时进行技术和制度创新时，其总熵会达到最低，这将有助于实现公司的连续性和发展性；而当公司只开展技术或制度创新时，总熵处于最大值和最小值之间，企业的成长性和持续性也处于最坏和最好之间。如果公司不采取技术和制度创新的措施，或者只进行技术创新，或者只进行制度创新，那么它的生命周期将会变得非常狭窄，最终可能会衰败。但是，如果公司能够将这两种创新有机结合起来，就可以打破这种狭窄的生命周期，使其变成一个开放的生命周期。因此，对企业而言，技术和制度创新的有机结合不仅是保持生命周期的关键，也是实现持续开放和成功发展的必备策略。

### 3.2.2 协同学

**1.历史背景**

协同学也被称为“协同论”，它是一种关于平衡系统的自组织理论。1969年，赫尔曼·哈肯(H. Haken)首次提出“协同学”这一名称。哈肯教授在研究激光的过程中，发现其中呈现许多合作现象，提出了在一个开放系统中存在子系统独立运动和各子系统协同运动两种形式，而且在一定条件下，一个表面上看起来各子系统相互竞争的系统可以呈现出一种协调一致的运动状态。1971年，他和他的学生兼合作者格雷厄姆(Graham)在*Umschau*杂志上发表文章《协同学：一门协作的学说》，第一次正式表述协同学的主要概念和思想。1972年，在联邦德国埃尔姆召开第一届国际协同学会议，本次国际会议论文集《协同学》于1973年出版，协同学随之诞生。1977年以来，协同学进一步研究从有序到混沌的演化规律。

**2.理论基础**

协同学研究开放系统如何自动地形成秩序组织或运动现象，而不仅仅关注系统是否能达到平衡状态。它指出开放系统从无序到有序的转化不仅取决于系统的平衡状态，还取决于各个部分之间的协同相互作用。在特定环境下，开放系统能够同时处于非平衡态和稳定态，实现秩序转化，并呈现出宏观的有序结构。协同学是建立在以下原理基础之上的：

1)自组织原理

自组织原理是协同学理论的核心，它揭示了复杂性体系在进化过程中，通过内在各基本要素的协调作用，实现宏观秩序的客观规律。自组织现象可分为三类过程：一是从无序状态到有序状态的演化；二是由低层次到高层次的组织程度跃升的过程演化；三是在相同组织层次上由简单到复杂的演化过程。

自组织现象是系统依靠内部能量，在相对稳定的状态下，将物质、能量和信息不断向结构化、有序化、多功能化方向发展的系统构建及演化现象。它是多个子系统之间非线性作用产生的整体现象和整体效应。

协同学强调自组织系统的演化动力来自两种相互作用：竞争和协同。竞争使系统趋于非平衡，而协同则在非平衡条件下使子系统中的某些运动趋势联合起来并放大，从而在系统整体的演化中占据优势地位。

协同学理论认为，只要一个系统能根据外界命令自动形成有序结构，并具有内在性和自主性，它就是受外界影响较大的系统。相反，如果一个系统没有受到外界命令的影响，而是根据互相默契的规定，各尽其责，相互协调地自动形成有序结构，那么它就是一种自组织的系统。

协同学强调自组织现象的普遍存在性和其在自然界和人类生活中的重要性。它提供了一种研究自组织现象的有效方法，认为通过注入外部能源流和其他物质流，系统会在大部分子体系相互协同的驱动下，产生新的空间结构形式，从而实现自组织的目的。

因此，协同学的理论围绕着“内部协同，自发有序”的核心观点展开。通过深入研究竞争和协同作用对系统演化的影响，协同学理论提供了一种理解和解释自组织现象的有力框架，丰富了我们对复杂系统行为和演化的认识。

2）序参量原理

描述一个复杂系统的相互作用及发展变化往往需要无限多个状态参量，需要列出数目巨大的方程，显然这是不现实的。为了更好地理解体系的宏观整体状况、内部结构和活动，哈肯提出了“序参量”这一概念，它可以帮助我们从众多宏观和微观变量中找到最重要、最有效、最具决定性的参数。

序参量是宏观系统的基础，它们控制着各类微观部分及其参数的出现和行为，直接影响着整个体系的秩序状况、组织功能及其秩序度的改变。整个体系的行动受到序参量的控制，序参量使得整个体系各部分及其参数能够有条不紊地运行。

序参量是自组织状态的描述，它并非凭空想象，而是系统参量中的一员。然而，在外部因素作用下，序参量从与其他参量的平等竞争中，取得了支配其他参量的地位。序参量与其他参量相互影响，彼此存在着相互依赖的关系。

一般来说，系统不止一个序参量，而是由多个序参量协同控制宏观结构和功能。序参量之间的关系相当复杂，可以是竞争、合作或共存的关系。随着系统的复杂程度提高，序参量的数量也会增加。

通过序参量原理，我们可以从复杂的系统中提取出最重要、最具决定性的参数，从而更好地理解系统的整体行为和演化过程。序参量在协同学中具有重要的地位，它们帮助我们理解和描述复杂系统的自组织特征和动力学行为。

3）支配原理（伺服原理）

根据自组织理论，在系统内部各要素的反复较量中，有的发展壮大了，有的衰弱消亡了，最后在系统中建立起支配—服从的格局，即整体的宏观结构。这样系统才算是完成了新旧结构的更替。这就是哈肯所提出的支配原理。

支配原理解释了“系统在自组织过程中，什么种类的要素或部分能够最终取得支配地位”的问题。在系统运动远离临界点的过程中，被压制的矛盾和不平衡被非线性放大和释放出来，并以慢变量支配快变量、不稳定模式支配稳定模式、长寿命分系统支配短寿命分系统的方式迅速区分出来，通过远离平衡态的激烈相互作用，最终形成这种支配宏观格局。

支配原理以序参数为基础。子系统总是存在自发的无规则的独立运动，同时又受到其他子系统对它的共同作用——存在着子系统之间关联而形成的协同运动。在临界点前，子系统之间的关联弱到不能束缚子系统独立运动的程度，因此子系统本身无规则的独立运动起着主导作用，系统呈现无序状态。随着控制参量的不断变化，当系统靠近临界点时，子系统之间所形成的关联便逐渐增强，当控制参量达到阈值时，子系统之间的关联作用超过各子系统的独立运动的影响，从而由非主导地位转变为主导地位。因此，在系统中便出现了由关联所决定的子系统之间的协同运动，出现了宏观的结构或类型。

通过支配原理，我们可以了解在系统自组织的过程中，哪些要素具有支配地位，并控制着整体的行为和结构。支配原理有助于理解自组织系统的复杂动力学行为和形成的宏观特征。

4)不稳定性原理

稳定性是一种保守的因素或趋势，它可以帮助系统维持稳定。不稳定性则可能会带来极大的挑战，甚至可能会导致系统的崩溃。然而，这两种因素都是必不可少的，它们对于系统的生存和发展都起着重要的作用。

随着系统的演变和发展，不稳定性已经成为一种重要的革命性因素，具有积极的影响力。对于任何一个系统，稳定性是一种保守因素或趋势，稳定性的破坏即不稳定性的出现则代表一种激进的、变革的、有时是破坏性的因素或趋势。一种既存的结构框架或行为模式如果没有失去稳定性，新的框架或模式就无法建立。当一种陈旧的框架或模式已经变得不利于系统存续和发展时，就需要出现一种激进的力图变革的力量，把系统推向失稳点，才可能创建有利于系统存续发展的新框架、新模式。这就是协同学不稳定性原理的基本含义，哈肯称之为“弃旧图新”。

从这个原理来看，不稳定性并非只是带来困难和威胁，而是为系统演化和创新提供了机遇。稳定性和不稳定性是系统演化所必需的两种因素，它们共同构成了系统发展的动力学过程。通过合理平衡这两种因素，我们能更好地理解和应对系统的演化和变化。

图3.3刻画了协同学理论作用过程。协同学通过控制参量、序参量形成的放大涨落效应，即自组织过程，来促使系统从低级有序向高级有序转化。

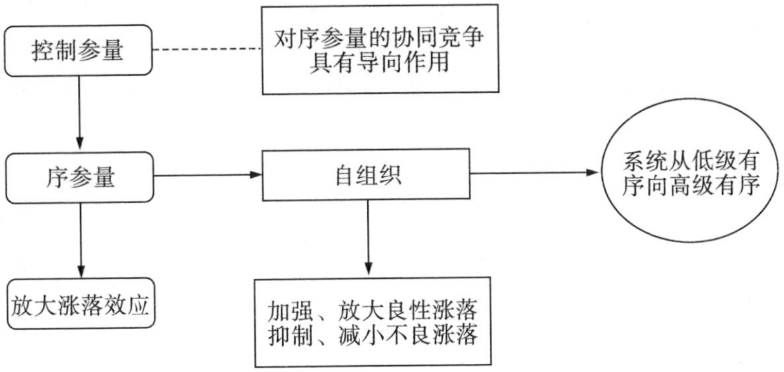


图 3.3 协同学理论作用过程

3.协同学的发展

协同学建立在耗散结构理论的基础上,但协同学与耗散结构理论也存在一些区别。在耗散结构理论中,系统的总熵变等于系统与外界交换物质、能量和信息引起的熵流与系统内部自发产生的熵变之和,用一种线性关系模型描述系统的自组织过程。然而,在复杂系统中,要素之间具有紧密联系和作用,无法简单用线性模型描述。协同学理论构建了一个具有微观基础的宏观模型,无论是微观系统还是宏观系统,在一定条件下,都会呈现出非平衡的有序结构,弥补了耗散结构理论的不足之处。

管理体系是由人、机构和自然环境等多种要素组成的复杂系统,其中包含许多次级元素,其内部结构呈现出复杂的非线性特征。协同学强调系统与系统之间的复杂关系和配合,因此其在管理学领域的应用十分广泛。从以下两方面我们可以看到协同学在企业管理方面的影响。

1)基于协同理论的企业能力整合

产业选择力、资源控制力、技术创新力、制度激励力以及市场拓展力是企业持续发展能力要素的基本构成,企业可持续发展能力的形成过程是企业系统内部各个要素的协同运动过程,是它们相互影响、相互协作的结果。

2)基于协同理论的企业供应链整合

基于协同理论的供应链整合管理是以实现供应链的交互式协同运作为根本目标,以供应链动态联盟为组织对象,实施全球网络供应链资源整合的一种组织管理形式。它与纵向一体化不同。纵向一体化是上下游企业在所有权上的纵向合并,涉及产权关系问题;而供应链的整合集成是横向一体化,通过在各企业之间建立战略性的合作伙伴关系，或者达成某种合作意向的激励或约束性契约关系，并通过过程重组、组织整合、文化整合、信息整合、功能重组及战略资源重组等过程，努力实现各节点企业之间的无缝连接，以提升供应链整体竞争力。

协同学还可以构建一种具有自我组织能力的学习型组织。学习型组织鼓励团队合作和学习，强调联合、聚集、沟通和协调，以实现更高效的协同效果。它强调以人性化的管理方式激发员工潜力，让他们拥有自主决策的权利，与以强制手段来管理员工的方式具有极大的不同。

### 3.2.3 突变论

**1.历史背景**

突变论是一种用于解释不连续性变化现象的理论，由法国数学家勒内·托姆(R. Thom)提出。传统的数学分析方法，如微积分和微分方程，主要适用于描述连续和光滑的变化。然而，随着科学的进步，人们遇到了越来越多的突变现象，例如物质的相变、天然灾害的发生以及社会事件的爆发等。这些不连续的突变现象无法通过传统的理论框架来解释，突变论的出现正是为了填补这一空白。

勒内·托姆从20世纪60年代开始研究突变现象及其过程。他首先将突变论应用于胚胎学的研究，随后在1967年发表了《形态发生动力学》，提出了突变论的基本思想。1969年出版的《生物学中的拓扑模型》为突变论奠定了基础。最终，在1972年出版的《结构稳定性与形态发生学》这部奠基性著作中，他系统地阐述了突变论的概念和原理，标志着突变论的正式诞生。突变论实际上是一门基于拓扑学方法的新的数学学科，通过建立数学模型来描述不连续的变化。

**2.理论基础**

突变论是一门研究非线性系统的学科，专注于探索从一种稳定状态到另一种稳定状态的突变过程和规律。其核心目标是建立统一的模型，以便定义、预测和操控系统的转变和跨越。

突变论通过总结经验，构建了一套可以解释和描述质变的各种形式的模型。质变既可以通过飞跃的方式实现，也可以通过渐变的方式实现。飞跃是指系统以突然、迅速的方式从一种状态跳跃到另一种状态，而渐变则是指系统在较长时间内逐渐变化。系统的行为能够根据控制条件的改变而发生转化，具有灵活性。一个飞跃过程可以通过调整外界条件，逐渐减小跳跃幅度，转化为渐变过程；反之亦然。

突变论的研究不仅关注系统的行为，还深入探索系统的稳定性、变化机制和影响因素。突变论为我们提供了理解和解释系统变化的能力、预测和干预系统转变的方式，推动了整个系统科学的发展。

突变论以结构稳定性理论和形态发生理论为基础。一方面，结构稳定性理论表达的是系统的稳定性，即系统的微小扰动(涨落)所产生的活动方式可以与系统原先的活动方式进行竞争。如果新的活动方式不能自行建立，则该系统结构是稳定的。稳定机制是事物的普遍特征之一。例如，在拆一堵墙时，如果从上面开始一块块地把砖头拆下来，整个过程就是结构稳定的渐变过程。但如果从底部开始拆墙，拆到一定程度，就会破坏墙的结构稳定性，墙就会“哗啦”一声倒塌下来。这种结构不稳定性就是突变、飞跃过程。

另一方面，形态发生理论源自生物学，它是由图灵(A. M. Turing)提出的。他用数学建模系统来解释譬如老虎条纹这种不均匀的重复图案是如何从自然、均匀的状态逐渐演变成形的。简单地说，图灵的模型表明了这种图案是在一对相当于催化剂和抑制剂的成形素的共同作用下产生的。形态发生理论可以表示创造形态或消失形态的任一过程，而不考虑该形态之基质的特性。它研究事物形态以及形态发生和形成规律。

3.突变论的发展

突变论在自然科学方面的应用成果十分显著。在物理学方面，可用来研究相变和弹性梁的弯曲状态，还可以用来研究一些其他现象等；在生物学方面，科学家已开始用突变论建立心跳的数学模型，研究刺激在神经内的传播、原胚胎的形成等。此外，还有科学家利用突变模型来描述各种自然现象，如火山爆发、生物进化过程中的突变等。它为研究者提供了一种探索自然界变化规律的有效方法。

突变论用形象而准确的数学模型描述和预测事物的连续性中断的质变过程。这一理论的成功使长期以来研究质变不能定量化的历史宣告结束，实现了定性与定量研究相结合。但是突变论还处于兴起的阶段，目前只能对力学和物理学的一些突变论模型进行精确的定量计算，并能应用定量的规律知识作出一定的预测。但在生物学和社会科学中的模型尚处于经验性和解释性的水平，不能达到严格量化的程度。

突变论与耗散结构、协同学一起，共同推动着系统科学不断发展。三者相互配合，可从有序与无序的转化机制上把系统的形成、结构和发展联系起来，说明自然界和社会的统一性，促进整个科学技术的进步与发展。

## 3.3 系统科学前沿理论

### 3.3.1 介科学理论

**1.背景概述**

随着科学研究的进步，人们逐渐发现一些单纯用宏观经典物理学或微观量子力学无法解释的现象，从而应运而生了一个介于宏观和微观之间的新领域——介尺度。介尺度由范卡梅伦(N. G. Van Kampen)于1976年在其一篇关于物理和化学上的随机过程的文章中首次提到，并于1981年被明确定义为介乎于微观和宏观之间的一种尺度。从物理意义上讲，该尺度是与相位相干长度①接近的电子系统。而我们所说的“介尺度”不是指绝对的物理尺寸，而是一个相对的概念，指的是任何介于单元尺度与系统尺度之间的尺度范围。这种介尺度可以存在于不同的层次，因而具体尺寸可以十分多样。物理学通常谈及的“介观”尺度仅仅是介尺度的一例。

现实世界的复杂性和多样性总是体现在介尺度上，这也是很多学科研究的重点、难点。基于此，李静海院士提出“理论、实验、计算应当都聚焦于介尺度现象”的观点。这也就需要一门科学，用以解决不同领域中介尺度上存在的问题，推动不同领域在理论、计算、实验方面的革命性进步，因此催生了“介科学”。图3.4给出了介尺度上的复杂性及相关概念。

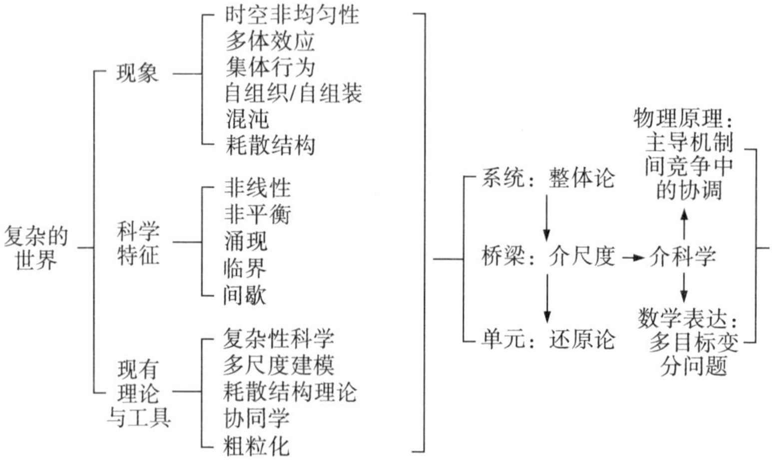


图3.4 介尺度上的复杂性及相关概念

① 相位相干长度：电子在拥有确定的相位记忆的前提下所能运动的最大距离。

2.主要内容

介科学(Mesoscience)指的是“描述不同层次上介尺度现象原理的科学”或“竞争中协调的科学”。介科学是研究介观体系的一种科学,在系统研究或建模中以宏观可测量的尺度概念描述事物的微观特征来进行观测。首先,需要建立相关理论来描述介尺度上出现的复杂多变的结构与现象,并通过多目标变分方法求解多尺度动态结构。其次,需要通过实验得到多尺度数据,通过数据利用定量化的方法(如介尺度建模等)探索介尺度上的主导机制。最后,通过计算进行多尺度建模,借用其中的逻辑、结构开发相似的软硬件,实现“虚拟现实”。

在介科学共性原理的提炼中,由于介尺度上结构的复杂性,很难直接推导出介科学的共性原理,因此需要采用从特殊到一般的归纳法,即从大量的具体问题中总结、提炼其中的规律,最终形成介科学共性原理。

介科学涉及的领域十分广泛,包括能源、材料、生命科学、天文、工程、智能科学和大数据等。在考虑介尺度这一概念时,所采取的观察角度与传统对多尺度研究所应用的方法不同,更需要将不同的学科中的传统知识与方法集成起来,尤其包括介尺度理论中涉及的原理。所有研究领域都可以在相应的层次上贡献各自的具体知识,以揭示支撑介科学的共性原理。

基于介科学的概念解决不同领域的问题,可以推动学科交叉的发展。在自然科学、物质加工科学、生命科学、社会科学四类科学中,研究对象是多层次、多尺度的,在尺度之间的介尺度上也存在着复杂的问题,这些问题也是认知系统的瓶颈。但根据近年来的研究,李静海院士研究团队发现:尽管所有的介尺度问题呈现多样性和复杂性,但它们之间存在着一些共同特征。这些介尺度结构都具有非均匀性、动态、分相等特征,甚至很有可能具有共同的支配原理。

工程技术体系的结构和逻辑所涉及的科学知识范畴都是相同的,区别只是用这些知识解决问题的表现方式不同而已,而且有望从解决具体问题的工程技术之中归纳出共性的规律。从这个层面上看,科学与技术的界限逐渐变得模糊,工程技术也必然呈现多层次、多尺度的特征,并且能够与知识体系融合。

3.介尺度和介科学的发展

随着介尺度科学研究的日趋深入,包括生物、化学等学科在内的部分领域已经结合介科学实现了相关理论问题的解决推进与探索性应用。介科学的概念产生于对化学工程中若干复杂系统的研究。首先是气—固流态化系统,随后是湍管流,近几年又在多相催化、蛋白质折叠等实例中得到进一步证实。然而,由于介尺度问题的复杂性和多样性,介科学的普适性仍需进一步验证。通过对各类复杂系统中不同介尺度问题的研究,从具体问题中归纳共同规律,寻找进一步的实证，是进一步发展介科学的有效途径。

不难发现，现有理论的实证探索主要集中于物质技术、工业工程等领域，对于社会科学的探索应用还尚未有显著进展。相对于工程科学更加的具象化、具有可测度，社会科学的抽象性对于理论与实践的应用结合提出了更高的要求。而管理学作为社会科学中的典型代表，具有鲜明的介尺度复杂性。管理学在众多细分学科中意义重大，性质特殊，从内在的知识体系与逻辑结构来看，管理学具有多层次性与复杂性，把握管理学的整体思想同众多其他学科相关思想间的介尺度是能否进一步深化管理学知识体系建构，发展介尺度科学的关键之所在。

尽管介尺度问题的复杂性和多样性使得介科学的普遍性受到了挑战，但是经过对各种复杂性体系中各种介尺度问题的研究，从中提炼出共同特征变化规律，并结合实证分析，可以有效地推动介科学的发展。现阶段工程技术的介尺度理论实证探索在为理论的进一步发展不断助力，但实现学科间的进一步融合发展，推进管理学的介尺度科学应用发展，还有很长的路要走。

### 3.3.2 复杂适应系统理论

#### 1.背景概述

在美国新墨西哥州有一座小城圣菲城，在西北郊外有一个大平房，这里汇集了一批不同领域的科学家，试图通过跨学科研究找出各种不同的系统之间的一些共性。圣菲研究所的学术领头人、诺贝尔物理学奖获得者盖尔曼（M. Gell-Mann）提及圣菲研究所的研究宗旨：现代科学的一个重大挑战是沿着阶梯从基本粒子物理学和宇宙学到复杂系统领域，探索兼具简单性与复杂性、规律性与随机性、有序与无序的混合性事件。

复杂适应系统（Complex Adaptive System，CAS）理论是 1994 年美国霍兰（J. Holland）教授在圣菲研究所成立十周年时，在多年研究复杂系统的基础上提出来的。复杂适应系统理论的提出为人们认识、理解、控制、管理复杂系统提供了新的思路。复杂适应系统理论包括宏观和微观两个方面。在宏观方面，这些主体构成的体系将会经历错综复杂的演化过程，从分化到涌现，从而实现主体之间的相互作用。在微观方面，复杂适应系统理论的最基本的概念是具有适应能力的、主动的个体，简称主体。这种主体在与环境的交互作用中遵循一般的刺激—反应模型，能够根据行为的效果修改自己的行为规则，以便更好地在客观环境中生存。

2.主要内容

复杂适应系统理论指出，体系演变的动力源自体系内部结构，微观主体之间的作用产生了宏观的复杂化表现，因此“自下而上”的研究方向被采纳。它不仅仅是对客观事件的叙述，而且更加深入地探索了客观事件的产生根源及其演变过程。对于复杂适应系统的思考问题，其科学研究方法与传统方法有着显著的差别，是定性判断与定量计算相结合，微观分析与宏观综合相结合，还原论与整体论相结合，科学推理与哲学思辨相结合。

复杂适应系统理论的核心思想为适应性产生复杂性，可以概述如下：

将系统中的成员称为具有适应性的主体(Adaptive Agent)，简称为“主体”。所谓“具有适应性”，就是指它能够与环境以及其他主体进行交互作用。主体在这种持续不断的交互作用的过程中，不断地“学习”或“积累经验”，并且根据学到的经验改变自身的结构和行为方式。整个宏观系统的演变或进化，包括新层次的产生，分化和多样性的出现，新的、聚合而成的、更大的主体的出现等等，都是在这个基础上逐步派生出来的。个体与环境之间这种主动的、反复的交互作用可以用“适应”一词加以概括。

适应性产生复杂性，可以从以下几个方面进行理解。

1)共同演化

适应性主体从所得到的正反馈中加强它的存在，也给其延续带来了机会，它可以从一种多样性统一形式转变为另一种多样性统一形式，这个具体过程就是主体的演化。但适应性主体不只是演化，而且是共同演化。共同演化产生了无数能够完美地相互适应并能够适应于其生存环境的适应性主体，就像花朵靠蜜蜂的帮助来受精繁殖、蜜蜂靠花蜜来维持生命。共同演化是任何复杂适应系统突变和自组织的强大力量，并且共同演化都永远导向混沌的边缘。

2)趋向混沌的边缘

复杂适应系统具备将秩序与混乱融合的功能，其均衡点位于混乱的边界，即系统中的元素不断变化，使整体系统朝着混乱的边界演变。想要实现这一目标，各个适应性参与者均会强化与对方的配合，以便更好地通过其他参与者的行为来调节自身，使整体体系在不断变化的过程中保持稳定。混沌的边缘不仅仅是一个界限，它可以让整体体系自我发展，进入一个特殊的领域，在这里，体系会出现各种新的现象，进而形成一个完整的体系。

3)产生涌现现象

涌现现象是复杂适应系统最本质的特征之一,涌现结构通过合作与竞争形成。例如,每辆车的驾驶行为相对简单,受驾驶员的决策和交通规则的约束,而在大量车辆组成的交通流中,会出现交通拥堵、交通波等现象。这些现象在单辆车层面是不存在的,而是通过车辆之间的相互作用(如跟车、超车、刹车等)自然出现的。涌现现象体现了两个重要特性:内部模型和积木。内部模型是每个主体具备的复杂内部机制,通过对外界环境的预测和反应来调整自身的结构。积木是一种以相对简单的构件为基础,通过改变构件的组合方式来实现自我调节的系统。通过重复和演化,内部模型和积木使得复杂适应系统能够实现层次化和模块化的功能。

**3.复杂适应系统的发展**

复杂适应系统理论在复杂适应系统的发展中发挥了重要作用。1987 年,圣菲研究所的研究人员亚瑟和霍兰共同开发了一套电子计算机程序,模拟人工股票市场的交易环境,以分析股票交易市场的泡沫增加和崩盘情况,这标志着复杂适应系统理论正式被运用于国民经济调节方面。他们以一种心理或认知的视角来描述财务系统,包括各类信心、预估、期待和理解,以及根据这种信心和期待的政策、规划和行为。这种方法可以协助我们更好地理解经济管理系统,因为每个市场经济人的行为和抉择都是出于他们对未来价值、竞争对手未来行为或是对社会未来特性的预期,而当这种预期积累起来后,就会影响到经济管理系统的效率。这项计算机试验的结果,不仅解决了新古典经济学无法解释的一系列难题,包括股票交易行业中的技巧操作、市场心理学和流行效果,而且也为霍兰指出的复杂适应系统基础理论提供了有力的支持,进而推动了复杂适应系统理论在管理领域的应用研发。

随着复杂适应系统理论在其他方面的成功应用和表现出的巨大发展潜力,复杂适应系统理论在国内公司经营方面的研究工作也日益受到重视。

在当前的经济环境下,企业的生存与发展不仅取决于企业自身制定的战略,更取决于与其他企业和组织之间的作用关系以及应对环境变化的能力。因而,适应性成为企业生存与发展的一个重要能力,企业如何增强其适应性能力已成为当前管理领域研究的热点。复杂性科学的发展,尤其是复杂适应系统理论的提出,正好满足了管理科学对这些问题研究的需要。现在管理科学发展的一个趋势,就是将企业管理作为一个复杂系统的管理来研究,探讨复杂环境条件下企业管理的原理与方法。因此,复杂适应系统理论在管理领域的应用具有广阔的前景。

## 3.4 思考题

(1)系统科学理论是如何演进的?

(2)一般系统论是如何产生与发展的?

(3)耗散结构理论与协同学的区别与联系是什么?

(4)什么是介科学理论?

# 第4章　系统方法论

学习目标

(1)了解系统方法论的分类标准。

(2)熟悉系统方法论的适用情境。

(3)掌握系统方法论的逻辑步骤。

系统工程方法论(Methodology of Systems Engineering)是解决系统工程实践中的问题所应遵循的步骤、程序和方法。系统工程方法论体系的基础就是运用系统思想和各种数学方法、科学管理方法、经济学方法、控制论方法以及电子计算机等技术和工具,实现系统的模型化和最优化,进行系统分析和系统设计。系统工程方法论中影响力较大的有"霍尔三维结构方法论""切克兰德方法论""东方系统方法论"。除此之外,还有当今时代正在不断发展和完善的现代系统方法论,即基于模型的系统工程(MBSE)方法论。这些方法论均有广泛的应用性,并逐渐深入到了管理领域。

## 4.1　硬系统方法论

### 4.1.1　基本概念

霍尔三维结构方法论是由美国系统工程专家学者霍尔(A. D. Hall)等人于1969年创立的,旨在解决复杂的工程系统问题,并清晰展示系统工程各项工作过程的三维结构。该方法论以分层次的树状体系展现工程科学研究的架构,将科学研究方法、技术应用和组织管理工作等维度有机结合,具备整体性、知识性、时间性和逻辑性等特征,可有效指导系统工作。霍尔三维结构方法论属于系统工程方法论的一种,适用于处理规模巨大、结构复杂、原因众多的大规模项目管理问题。后来,人们将其与软系统方法论(Soft System Methodology,SSM)对比,称之为硬系统方法论(Hard System Methodology,HSM)。

### 4.1.2 方法步骤

霍尔三维结构体系是由时间维、逻辑维和知识维组成的一个立体的跨学科的体系,如图 4.1 所示。

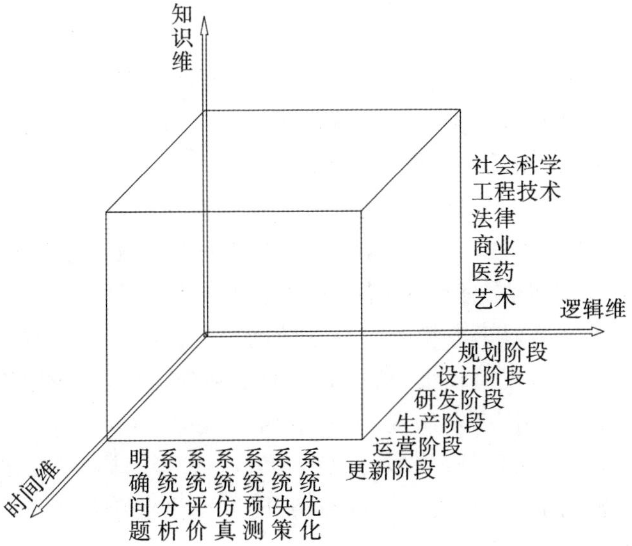


图 4.1 霍尔三维结构模型

**1.时间维——时间进程**

时间维体现了各项工作之间的相互依赖关系以及在时间上的先后顺序。一个项目可以被划分为六个阶段:规划、设计、研发、生产、运营和更新,具体内容如下:

(1)规划阶段。根据总体方针和发展战略制定详细的规划。

(2)设计阶段。根据规划提出具体的计划方案。

(3)研发阶段。确定系统的开发方案,分析、制订出较为详细而具体的生产计划。

(4)生产阶段。统筹各类资源及生产系统所需要的全部“零件”,并提出详细而具体的实施和“安装”计划。

(5)运营阶段。系统投入运营,为预期用途服务。

(6)更新阶段。改进或取消旧系统,建立新系统。

**2.逻辑维——工作步骤**

逻辑维是指系统工程每阶段工作所应遵从的逻辑顺序和工作步骤,一般分为以下七步。

(1)明确问题。同提出任务的单位对话,明确所要解决的问题及其确切要求,全面收集和了解有关问题的历史、现状和发展趋势的资料。

国内外学者在问题的设定方面提出了许多行之有效的方法,主要有以下四种:

①直观的经验方法。比较知名的有头脑风暴法、5W1H法和KJ法等(详见第5章),这些方法在日本被称为创造工程法。其特点是通过对大量经验进行总结和分析,整理出系统要解决的问题。

②预测法。系统要分析的问题常常与技术发展趋势和外部环境的变化有关,其中有许多未知因素,这些因素可采用打分的办法或者主观概率法来处理。预测法主要有德尔菲法、交叉影响法、时间序列法等(详见第5章)。

③结构模型法。对于大型的复杂系统问题,可以采用逐步分解的方法,得到若干个相互关联且规模较小、结构简单的子问题,然后使用网络图来直观地展现问题。比较常用的方法是解释结构模型法(Interpretative Structural Modeling Method),简称ISM法(详见第6章)。解释结构模型法的应用十分广泛,从能源问题等国际性问题到地区经济开发、企事业单位甚至个人范围的问题等都有涉猎。

④多变量统计分析法。统计理论方法所得的多变量模型通常为非物理模型,适用于非结构或半结构对象。统计分析法中,常用的有因子分析法(即从变量群中提取共性因子的统计技术)和主成分分析法等,成组分析和正则相关分析亦属于此范畴。

此外,可以利用行为科学、社会学、一般系统理论和模糊理论等单一或综合方法来分析问题,使之明确化。

(2)系统分析。在明确问题之后,需要针对问题选择合适的目标,并对系统进行全面分析。在此基础上,用系统评价等方法构建评价体系。评价体系要回答以下问题:评价指标如何定量化?评价中的主观成分和客观成分如何分离?如何进行综合评价?如何确定价值观问题?具体构建方法包括效用理论、费用/效益分析法、风险估计、价值工程等。

①效用理论。将决策者的主观偏好转化为可量化的效用值,实现主客观评价的统一。主要解决价值观冲突协调与主观指标量化的问题,例如在公共政策

制定中，不同群体对“公平”与“效率”的权重差异可通过效用函数表达。

②费用/效益分析法。将系统的投入（费用）与产出（效益）统一为货币价值，实现经济性评价。包括全生命周期成本核算、直接与间接效益量化、净现值（NPV）计算三个关键步骤，其中对于非经济价值的量化可以通过引入影子价格来实现。

③风险估计。识别系统实施中的不确定性因素，量化风险对目标达成的影响。具体包括风险识别、风险分级评估、蒙特卡罗预测三个步骤。

④价值工程。以最低全生命周期成本实现系统必要功能，追求“价值＝功能/成本”最大化。区分基本功能与附加功能之后，通过头脑风暴寻找更经济的功能实现方式，最后对比功能提升幅度与成本变动幅度来计算价值系数，筛选优化方案。

(3)系统评价。系统评价是在给定条件下，找出达到预期目标的手段或系统结构。此过程常需人员参与，计算机辅助设计（CAD）和系统仿真技术可辅助系统综合，通过人机交互，结合多人经验知识，赋予系统推理和联想功能。近年来，知识工程和模糊理论已成为系统评价的有力工具。

①知识工程。通过结构化表示、存储与运用领域知识，将碎片化的人类经验转化为机器可处理的逻辑规则，从而提升系统评价的智能化水平。例如核电系统中，知识工程平台集成数千条故障处理规则，知识工程辅助工程师快速定位异常原因，诊断复杂系统故障。

②模糊理论。通过隶属度函数量化模糊概念（如“高可靠性”“用户满意度良好”），将人类语言中的不确定性转化为数学可处理对象，弥补传统二值逻辑（0/1）在复杂系统评价中的局限性。

(4)系统仿真。系统仿真是通过构建数字模型模拟真实系统行为的技术手段，其核心价值在于预演系统全生命周期表现，为方案比选与优化提供数据驱动的决策依据。具体而言，系统仿真是针对系统的具体结构和方案类型建立分析模型，并初步分析系统各种方案的性能、特点、对预定任务能实现的程度，以及在目标和评价指标体系下的优劣次序。该过程不仅需要精准刻画系统结构与运行逻辑，还需深度融合多学科分析方法，以应对复杂系统的动态性、非线性与不确定性挑战。具体包括以下四个实施流程：

①模型构建阶段。基于系统设计方案，拆解核心组件及其交互关系来进行结构解析，区分离散事件与连续过程，选择适配的建模范式。在软件选择上，离散事件常用 Arena 等，连续事件常用 MATLAB 等，混合建模常用 FlexSim 等。

②参数化与验证阶段。参数化过程不加赘述，而对于数据驱动的校准，常

用历史数据拟合关键参数，此外，也常用敏感性分析试别高影响力参数。

③仿真实验阶段。基于系统特性设计与之相适应的场景，并将所观测的系统特性与表现进行指标量化，如吞吐量、资源利用率等效率类指标，服务达标率、客户满意度等质量类指标，投资回报率、全生命周期成本等竞技类指标。

④结果分析阶段。常用的方法有通过帕累托前沿识别非劣解集合和通过TOPSIS法计算各方案与理想解的贴近度，生成各方案的优劣排序。此外，本阶段还可通过蒙特卡罗模拟和风险热力图实现风险可视化。

(5)系统预测。在评价目标体系的基础上，生成并选择各项政策、活动、控制方案和整个系统方案，力求达到最优、次优或至少合理且令人满意的水平。所谓“系统预测”，就是在约束条件规定的可行域内，从多种可行方案或替代方案中得出最优解或满意解。实践中，需根据问题的特点选用适当的最优化方法，目前，应用最广的仍是线性规划和动态规划，非线性规划的实用性尚有待改进，大系统优化已开发了分解协调的算法。组合优化适用于离散变量，整数规划中的分枝定界法、逐次逼近法等的应用也很广泛。多目标优化问题的最优解处于目标空间的非劣解集上，可采用人机交互的方法处理所得的解，最终得到满意解。

(6)系统决策。在系统分析和系统综合的基础上，人们可根据主观偏好、主观效用和主观概率作决策。决策的本质反映了人的主观认识能力，因此，就必然受到人的主观认识能力的限制。近年来，决策支持系统受到人们的重视，系统分析者将各种数据、条件、模型和算法放在决策支持系统中，该系统甚至包含了有推理演绎功能的知识库。这使得决策者在作出主观决策后，能迅速从系统中获取效果反馈，力求主观判断与客观效果相符。然而，真实决策中常涉及众多不确定因素及难以描述的现象，决策支持系统仍具有局限性。群决策有助于减少个人决策中主观判断的失误，但决策过程较长。

(7)系统优化。系统优化并非一次性终点，而是贯穿系统工程全生命周期的闭环迭代过程。其核心在于基于前期分析、仿真与评价结果，持续修正系统设计、资源配置与执行策略，形成“建模—验证—优化—再建模”的增强回路。这一过程需深度融合反馈控制理论、多目标优化算法及组织学习机制，确保系统在动态环境中保持最优或满意性能。它是系统工程中的“永动机”，通过持续迭代将静态方案转化为动态进化能力。其成功依赖于四重融合：数据驱动与专家经验的融合、确定性与模糊性方法的融合、局部优化与全局协同的融合、技术升级与组织学习的融合。唯有如此，复杂系统才能在VUCA(易变、不确定、复杂、模糊)时代实现韧性增长。具体包括以下四个实施流程：

①迭代优化机制。对比预期目标与实际性能指标，使用鱼骨图或5W1H分析法实现偏差溯源与根因分析。识别刚性约束与弹性约束，通过拉格朗日乘数法调整约束权重，拓展解的空间边界，进行约束条件动态松弛。

②制定执行计划。从策略设计到实际执行需要高效衔接，这个过程可以采用资源—能力匹配矩阵、WBS(工作分解结构)等方法进行优化方案可执行性的增强设计，也可以采用JIRA、Microsoft Project等工具实现任务派发—进度跟踪—文档共享一体化，部署数字化协同平台，确保跨部门信息传达快速透明。

③动态调整策略。通过在线监测等方式，实现系统的实时反馈驱动的自适应优化。

④实现知识沉淀与迁移。将优化案例录入知识库，生成系统优化通用规则。

**3.知识维——专业知识和技术**

知识维涵盖了完成各个阶段和步骤所需的专业技能和知识(如社会科学知识、运筹学、控制论、管理科学等)，也可反映系统工程的专门应用领域(如企业管理系统工程、社会经济系统工程、工程系统工程等)。

霍尔三维结构方法论强调明确目标，核心内容是最优化，认为现实问题都可归纳为工程一类的问题，应用定量分析的手段，求得最优解。该方法论具有研究方法上的整体性(三维)、技术应用上的综合性(知识维或专业维)、组织管理上的科学性(时间维与逻辑维)和系统工程工作的问题导向性(逻辑维)等突出特点。

## 4.2 软系统方法论

### 4.2.1 基本概念

随着系统工程在不同领域的应用日益广泛，其方法论亦在不断演进与创新之中。20世纪40～60年代初，系统工程主要解决战术层面问题，如优化策略的寻找和大规模工程项目的组织管理。然而，自70年代以来，系统工程愈发注重探讨社会经济发展战略和复杂组织管理议题。为了适应这种趋势的变化，自20世纪70年代中期开始，学者们在霍尔三维结构模型的基础上，提出了软系统工程的新理论。其中，在80年代中前期由英国兰卡斯特大学的切克兰德(P. Checkland)教授提出的方法比较具有代表性。

切克兰德方法论认为,人类活动系统中的问题不像人造系统中的问题那样是“公众的知识”,“什么是问题”本身成了一个问题。因此,硬系统方法论的第一个阶段(明确问题)变成了有关的人对问题情境进行感知;第二个阶段(系统分析)变成了定义相关系统;运用系统方法论的过程也由寻优过程变成了学习过程,结果是有关的人感到问题情境有所改进而不是问题的解决。切克兰德认为,软系统方法论的这些特点是由于人的“维特沙”(Weltanschauung,德文中世界观、价值观之意)的普遍存在且不相统一,进而导致活动系统中存在边界模糊、难以定义、结构不良的“软问题”,这些问题应该用软系统方法论来处理,而非传统的硬系统方法论思想。

相对于优化解决方案的硬系统方法论而言,切克兰德的软系统方法论思想是全新的,其基本思想是通过试误法,反复比较系统理论构思与现实世界的问题情境,以不断改善系统。软系统方法论包含感知、判断、比较、决策四种智力活动,构成连贯的学习系统。

### 4.2.2 方法步骤

切克兰德提出的软系统工程方法论的主要内容和工作过程如图 4.2 所示。

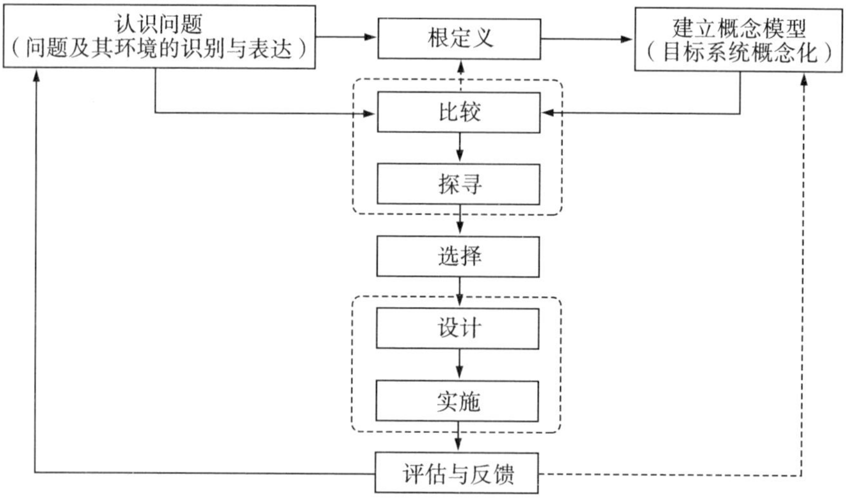


图 4.2 切克兰德方法论过程

1.认识问题

收集与问题有关的信息，表达问题现状，寻找构成或影响因素及其关系，以便明确系统问题的结构、现存过程及其相互之间的不适应之处，确定有关的行为主体和利益主体。

2.根定义

根定义是该方法中较具特色的阶段。其目的是弄清系统问题的关键要素，为系统的发展及其研究确立各种基本的看法，并尽可能地选择最合适的基本观点。根定义所确立的观点要能经得起实际问题的检验。我们用根定义来分析当前的人员、过程和环境对当前形势、问题所产生的影响后，用软系统方法论来解决才能发挥最好的作用。把这些影响要素用清单来表示，就是CATWOE，如表4.1所示。

**表4.1 CATWOE的定义**

| 字母表示 | 词义 | 源含义 |
|---|---|---|
| C | Customer—顾客 | 指转变过程/行为的干系人，包括受益人和可能的受害人 |
| A | Actor—行为者 | 指那些实施转变过程的人 |
| T | Transformation—转变过程 | 指系统能够实现的转变过程，即经过系统的主要活动而达到系统的目标 |
| W | Weltanschauung—世界观 | 使系统的存在具有意义的对世界的看法 |
| O | Ownership—所有权 | 指系统的所有者，他可以控制转变过程的实现 |
| E | Environment—环境/系统约束 | 指系统以外的影响因素或系统存在所给定的外部条件 |

我们用CATWOE方法来拓宽思维，进行深思熟虑后，确定核心问题，再制定解决方案与执行计划。通过剖析目标问题的CATWOE要素——顾客、行为者、转变过程、世界观、所有权及环境/系统约束，我们能够保持开阔的视野，从多个维度审视问题。

3.建立概念模型

概念模型是来自根定义、通过系统化语言对问题抽象描述的结果，其结构及要素必须符合根定义的思想，并能实现其要求。

4.比较及探寻

将第一步所明确的现实问题（主要是归纳的结果）和第三步所建立的概念

模型(主要是演绎的结果)进行对比。有时通过比较,也需要对根定义的结果进行适当修正。

**5.选择**

针对比较的结果,考虑有关人员的态度及其他社会、行为等因素,选择现实可行的改善方案。

**6.设计与实施**

通过详尽和有针对性的设计,形成具有可操作性的方案,并使得有关人员乐于接受和愿意为方案的实现竭尽全力。

**7.评估与反馈**

根据在实施过程中获得的新认识,修正问题描述、根定义及概念模型等。

切克兰德方法论的核心是"比较"与"探寻",它强调从"理想"模式(概念模型)与现实状况的比较中探寻改善现状的途径,从而对社会经济等问题进行分析研究。

### 4.2.3 方法论比较

前文已介绍了霍尔三维结构方法论和切克兰德方法论两种不同的系统工程方法论,下面将对这两种方法论展开横向比较。

相同点:二者均以问题为起点,具有相应的逻辑过程。首先对问题进行识别和描述,提出相应的系统目标;然后建立概念模型,对研究对象进行详细的建模分析;接着通过比较发现现实世界与模型之间的偏差,寻找改善途径和最优方案;最后实施决策。

不同点:在研究对象上,霍尔三维结构方法论针对工程类系统,而切克兰德方法论更适合社会经济和社会管理等"软"系统问题的研究;在研究核心上,霍尔三维结构方法论核心是最优化,而切克兰德方法论核心是比较和学习;在研究方法上,霍尔三维结构方法论一般采用定量分析的方法,而切克兰德方法论强调定性或定性与定量有机结合的方法。

在实际问题中,两种系统方法论都有其特点和适用范围,应根据具体情况选择合适的方法论。

## 4.3 东方系统方法论

系统工程方法论一直是系统工程研发及应用的核心内容,近 20 年来不断创新发展,逐渐受到高度重视。鉴于东方传统文化强调整体观念与事物间的相互联系，适用于系统研究，一些国内系统科学家逐渐将东方的理论与思想融入系统方法论中，从而诞生了紧密贴合我国实际国情与发展的东方系统方法论。东方系统方法论主要包括综合集成方法论与 WSR 方法论。

### 4.3.1 综合集成方法论

中国科学家钱学森等学者针对开放复杂巨系统问题，于 20 世纪 90 年代初提出了从定性到定量的综合集成系统方法论。这一方法论的实质在于将专家群体(各种有关的专家)、数据和各种信息与计算机技术有机结合起来，把各种学科的科学理论和人的经验知识结合起来。这三者共同构成了一个系统，其成功应用的关键在于发挥系统的整体和综合优势。

综合集成方法论是还原论和整体论的统一，强调从整体上分析解决问题，也就是按从整体出发、分解综合、迭代循环的思路解决问题，目的是寻求系统的整体功能的涌现性，具有宏观视角、整体切入的观察特点。在思维模式上，强调形象思维与逻辑思维的统一；在认识过程上，要求感性认识与理性认识相结合；在研究方式上，要求科学方法与思辨方法两者并用，通过建模、仿真、试验等手段来完成从定性到定量的综合集成。该方法论以对社会系统、人体系统、地理系统三类复杂巨系统的研究实践为基础，形成一套完整体系，其主要特点如下：

(1)根据开放的复杂巨系统的复杂机制和变量众多的特点，把定性研究与定量研究有机结合起来，从多方面的定性认识上升到定量认识。

(2)按照人—机结合的特点，整合专家团队的知识、数据和计算机技术，形成高效的协作模式。

(3)考虑到系统的复杂构造，将理论知识与经验智慧相结合，以求全面理解现象并攻克问题。

(4)根据系统思想，推动多个学科间的交叉融合研究。

(5)根据复杂巨系统的层次结构，把宏观研究与微观研究统一起来。

(6)强调知识工程、数据挖掘和相关技术手段的运用。

钱学森提出的综合集成方法论的工作流程如图 4.3 所示。

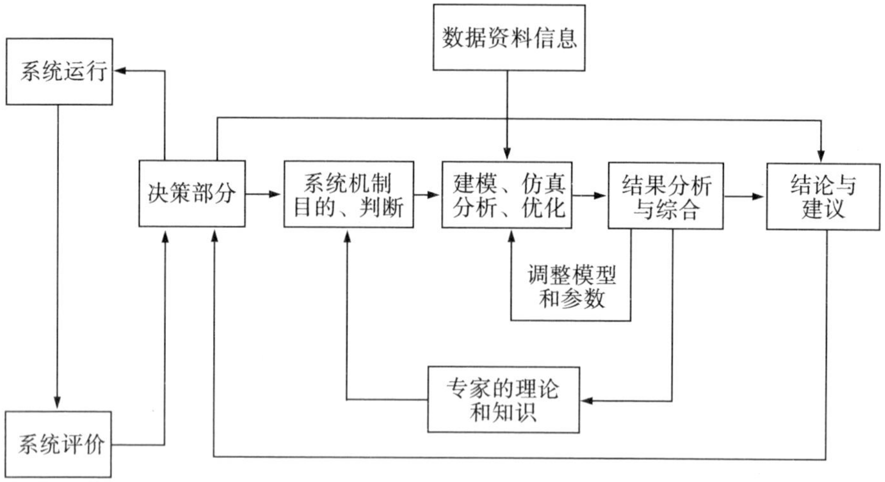


图 4.3　综合集成方法论工作流程

该方法论在社会、经济系统工程等领域的成功应用通常是将科学理论、经验知识和专家判断力相结合，提出经验性假设，其中这些经验性假设多为定性认识，可用经验性数据和资料以及含有数十至数百上千个参数的模型进行验证。这些模型需基于经验和对系统的实际理解，经定量计算与反复对比后得出结论。此结论是我们现阶段认识客观事物所能达到的最佳结论，是从定性上升到定量的认识。其实质是将专家、统计数据、信息资料三者有机结合，构成高度智能化的人机交互系统，集成各类知识，实现从感性到理性、从定性到定量的转化。

### 4.3.2　WSR 系统方法论

#### 1.基本概念

20 世纪 90 年代中期，中国系统工程学会理事长、中国科学院系统科学研究所顾基发研究员和英国的华裔学者朱志昌博士提出了物理—事理—人理系统方法论，简称“WSR 系统方法论”。WSR 系统方法论是具有东方文化传统的系统方法论，已获国际学者广泛认同。在 WSR 系统方法论中，“物理”主要涉及物质运动的机理，通常要用到自然科学知识，主要回答这个“物”是什么，追求真实性。“事理”是做事的道理，主要解决如何去安排这些事物，通常用到管理科学方面的知识，主要回答怎样去做。“人理”是做人的道理，强调人的参与和判断，通常要用到人文社会科学的知识，主要回答应当如何做。表 4.2 详细阐述了

WSR 系统方法论的基本内容。

表 4.2 WSR 系统方法论内容

| 要素 | 物理 | 事理 | 人理 |
|---|---|---|---|
| 道理 | 物质世界法则、规则的理论 | 管理和做事的理论 | 人、纪律、规范的理论 |
| 对象 | 客观物质世界 | 组织、系统 | 人、群体、关系、智慧 |
| 着重点 | 是什么(功能分析) | 怎样做(逻辑分析) | 应当怎样做(人文分析) |
| 原则 | 诚实、真理、尽可能正确 | 协调、有效率、尽可能平滑 | 人性、有效果、尽可能灵活 |
| 需要的知识 | 自然科学 | 管理科学、系统科学 | 人文知识、行为科学 |

在运用 WSR 系统方法论的过程中,需要遵循下列原则:

(1)综合原则。在运用 WSR 方法论时,需综合技术方法和吸收渠道两个维度,广泛运用各类知识,充分考虑各种因素,并吸纳多种建议和意见。

(2)参与原则。在整个项目运转过程中,除了系统工程人员之外,领导和其他工作者都要积极参与进来,以促进有效沟通、意见交换,保证整个过程的一致性和正确性。

(3)可操作原则。可操作性涉及技术、伦理、道德等多个维度。在选择方法时,应紧密结合实际,确保结果能为用户所用。

(4)迭代原则。人们的认识流程是一种复杂的、不断变化的、学习的流程,从目标到策略、方案到结果的实施,都需要实践者不断地思考、评估、妥协等,这是一种不断迭代的流程。

**2.方法步骤**

WSR 系统方法论包括以下六个步骤。

(1)理解意图。接收者对于信息传输需要从多角度思考,进行合理的界定,涉及意图的接受、明确、深化、修改、完善等工作。

(2)调查分析。这是一个物理分析过程,需在专家和广大群众的配合下深入实际,此阶段开展的工作是分析可能的资源、约束和相关的意图等。

(3)形成目标。目标可能与领导初衷有出入,经后续分析与考虑可能有所调整。

(4)建立模型。这里的模型是比较广义的,除数学模型外,还可以是物理模型、概念模型以及运作步骤、规则等。一般通过与相关领域的主体讨论、协商,在思考的基础上形成。

(5)协调关系。由于知识、立场、利益、价值观和认知的差异,不同人对同一问题、目标和方案可能有不同看法,因此往往需要协调。在这一阶段,可能会出现一些新的关注点和议题,工作重点是相关主体的认知、利益协调。这个步骤体现了东方系统方法论的特色,属于人理的范围。

(6)提出建议。在综合了物理、事理、人理之后,应该提出解决问题的建议。建议需可行,并尽量使相关主体满意,最终由领导全面权衡是否采纳。

这些步骤不一定严格依照顺序循环,比如,协调关系始终贯穿于整个过程。协调关系不仅是人与人之间的协调,还需调和每一步实践中的物理、事理、人理关系,协调意图、目标、现实、策略、方案、构想间的关系,以及系统实践的投入、产出与成效关系。所有协调均由人完成,方法和着眼点因协调对象而异。该方法论已在水资源管理、商业标准体系制定、海军武器系统评价、高技术开发区评价、飞行器安全性等系统分析问题中得到应用。

## 4.4 基于模型的系统工程

### 4.4.1 基本概念

在系统工程初期阶段,系统产生的信息均是以文档的形式来描述和记录。然而,随着系统规模和复杂度的提升,传统基于文档的设计方法缺陷日显,如信息表示不准确、容易产生歧义、难以从海量文档中查找所需信息、无法与其他工程领域的设计相衔接等。针对基于文档的系统设计方法的缺点和不足,国际系统工程协会(INCOSE)提出了基于模型的系统工程(Model-Based Systems Engineering,MBSE),定义如下:支持以概念设计阶段开始,并持续贯穿于开发和后期的生命周期阶段的系统需求、设计、分析、验证和确认活动的正规化建模应用。MBSE提出后,得到很多系统工程领域专家的认可,逐渐成为复杂系统设计的基础。

MBSE是用数字化建模代替写文档进行系统方案设计,把设计文档中描述系统结构、功能、性能和规格需求的名词、动词、形容词、参数全部转化为数字化模型表达。在数字建模环境中,MBSE提供了基于文档的系统工程所无法比拟的优势。例如,在基于文档的方法中,许多文档由不同的作者生成,以从各种利益相关者的观点(如系统行为、软件、硬件、安全或其他学科)中捕获系统的设计。而数字建模方法则为系统构建了单一的真相来源,使用相同的模型元素创建系统的特定学科视图。简单来说，MBSE 是一种系统工程理论的方法论，如图 4.4 所示，它可以用 V 模型来描述其是如何定位系统工程活动的，并摒弃了传统的基于文档的设计方法，转而统一采用基于模型的设计方法。在系统工程中，系统模型是 MBSE 方法论的核心工件，贯穿整个设计制造活动的生命周期。因此，如何建立准确的系统模型成为 MBSE 方法论的关键。

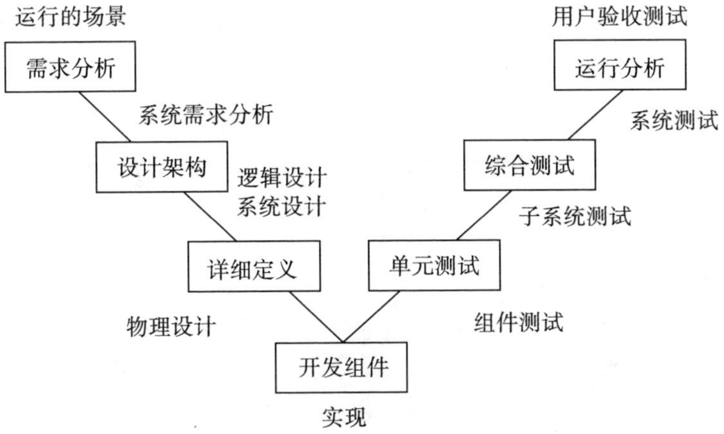


图 4.4 使用 V 模型定位系统工程活动

## 4.4.2 方法步骤

系统模型作为 MBSE 的主要工件，是系统详细说明、设计、分析和验证信息的根源，维持这些信息之间的可追踪性。一旦需求或设计发生任何更改，这些变化都会直接反映在系统模型中。模型提供了一个框架，将系统工程中的各个部分集成在一起，实现顶层模型与各学科领域模型的连接，确保相关设计信息的一一映射，并通过集成工具实现参数的自动导入与导出。为了建立系统模型，一套专业的建模工具必不可少。目前，SysML 系统建模语言是应用最广泛的工具之一。以下以 SysML 建模语言为例，阐述建立系统模型的大致流程。

**1.明确利益相关者的期望、任务目标和任务约束**

当我们接到一个任务时，首先要做的是明确利益相关者的期望、任务目标和任务约束。这通常通过面谈来实现。面谈后，我们合并明确下来的每个利益相关者的期望(包括利益相关者目标和设计约束)，获得缺失的信息，并协调不同要求之间的矛盾，最终形成一套完整的运行要求。

2.需求分析

在明确了利益相关者的要求后,为了进行系统设计,我们需要对这些要求进行细化和形式化定义,转化为系统要求。不同于利益相关者要求,系统要求使用面向工程的技术语言表示,因为其明确的、一致的、连贯的、详细的和可验证的表示方式,系统要求对于架构设计非常有用。需求分析便是将利益相关者提出的需求和约束转化成设计者所能理解的语言,进而确定系统所要求的功能和约束,为后续的系统方案设计奠定理论基础。

3.系统方案与模型分析设计

系统方案分析旨在通过客观的定量评价来生成工程数据,并选择最有效的系统架构。在工程设计过程中,每个技术选择或决策都需要经过评价,以确保系统满足需求。没有一种方案能同时拥有最佳性能、最高质量和最低成本。

在 MBSE 方法中,系统工程过程的每一步产生的不再是文本文档,而是利用系统建模语言构建的模型。例如,要求分析步骤会生成要求图、用例图及包图,功能分析与分配步骤则产生顺序图、活动图及状态机图,设计综合阶段则生成模块定义图、装配图及参数图等。通过在不同系统层次反复应用此建模过程,我们能够深入系统最底层的元素,并将这些元素的模型整合,从而形成一个完整的系统架构模型。在支持 SysML 的软件中,框图所代表的系统设计相关数据存储在数据库中。同时,相关文档可自动生成,供决策者使用。

### 4.4.3 发展前沿

随着技术的发展,信息系统从依靠文件逐渐转向依靠建模。图形化的标准化语言不仅易于理解和使用,还具备共通的语言、图像和理解能力,这大大加强了不同学科间的沟通,促进了多学科的综合应用。通过应用 MBSE 进行架构设计,我们可以在项目初期就全面审视整体系统,并进行数字领域的功能分析和需求综合,这样就能够更早地发现问题,降低项目风险和潜在负面影响,同时提升应对措施的效果。此外,MBSE 还推动了工业发展,实现了从传统的“设计—制造—实验”模式向“设计—虚拟实验—制造”模式的转变,从而推动了复杂系统需求的正向生成和研发过程的正向设计。

尽管 MBSE 具有许多优势,但也存在一些不容忽视的劣势。很多人错误地认为 MBSE 只是一个简单的按钮,按下之后就会自动产生好的结果。实际上,MBSE 并不能减轻创建系统架构所需的繁重工作。首先,应用 MBSE 需要大量的投入,无论是模型还是仿真方法,都需要购置昂贵的软件系统。其次,除了对技术人员进行培训外,还需要引导长期从事 MBSE 工作的人转变思维方式,这可能会带来一些挑战。最后，初期应用 MBSE 可能不会立即产生明显的效果，需要经历一个漫长而复杂的过程。

## 4.5 思考题

(1)说明硬系统方法论与软系统方法论的主要区别。

(2)阐述切克兰德软系统方法论的一般程序和步骤。

(3)阐释基于模型的系统工程方法论的优势与劣势。

# 第5章　管理系统分析

## 学习目标

(1)了解管理系统分析的产生与发展。

(2)掌握系统分析的定义与内涵、要素与准则。

(3)理解系统分析一般流程以及其中的重点与难点。

## 5.1　系统分析概述

### 5.1.1　系统分析的产生

系统分析(Systems Analysis)是20世纪40年代末美国兰德公司首先提出的概念。最初,系统分析被用于武器系统的分析研究,随后被应用于国防战略及国家安全政策的制定。直到20世纪60年代,系统分析才开始逐渐被行政及企业单位采用。随着科学技术的发展,系统分析的应用范围逐渐扩大,包括政策制订、组织体制、物流、信息流等方面的分析,并逐渐转向经济领域、生态领域等。

系统分析的形成与发展有着继承和创新的一面,与传统科学管理有一脉相承之处,但在学科目标、内容和技术工具等方面与传统的科学管理相比有着不同的发展。在其几十年的发展过程中,系统分析经历了三个阶段。

第一阶段为20世纪40年代及以前的系统分析早期阶段。在此阶段,科学家和工程技术人员将他们已有的科学知识和处理问题的观点、技艺应用于管理和决策问题。当时系统分析主要用于军事部门,例如对护航舰的最优护舰策略的探索、对新式武器的效能进行评估和预测等。这一时期的系统分析聚焦于发现系统运行中的规律并赋予科学的解释。所用的技术工具主要是统计推断、微分方程、搜索理论、控制论、排队论和存储论等。

第二阶段为 20 世纪 50 年代的系统分析发展阶段。此阶段最重要的贡献是融合了运筹学中的线性规划，这是一种在若干约束条件下使目标函数取最优解的数学模型，具有重大的实践和理论意义。线性规划可以概括生产和存储控制、军事、农业、交通等领域中的广泛问题。此外，计量经济模型、微观经济学和仿真技术也取得了进展。到了 50 年代中期，运筹学学科的注意中心从军事运用转移到了医疗、教育、交通、住房和社会服务等方面的公共政策问题方面。

值得注意的是，经济学家在这一阶段表现出越来越重要的作用。他们开始对早期运筹学的某些错误概念提出批评，主要是关于评价标准不当、追求不合理的局部优化问题等。例如，二战中，制定护航舰队防潜策略时，错误地以敌我损失比例最大为评价标准，忽视了赢得战争的总目标，未考虑战争全局因素，导致系统分析被误用和滥用，引发质疑。

第三阶段是 20 世纪 60 年代末至今的全面系统分析与决策阶段。在这一阶段，系统分析融合了运筹学与经济学、管理学、信息学等多学科交叉的思想和方法。系统分析的研究对象从一开始的物理系统、经济系统扩展到了社会系统、生态系统等更为复杂的系统。与此同时，系统分析方法出现了新的发展趋势，如多目标决策、风险分析、不确定性的处理等。在这一阶段，系统分析不仅关注系统的分析和改进，更强调决策制定和优化过程，并注重多方面的利益权衡。

系统分析的历史背景与其发展密切相关。从最初的军事领域应用到后来的各个领域的广泛应用，系统分析逐渐演变为一个跨学科的科学方法，在问题解决和决策制定过程中发挥重要作用。随着科技的进步和社会的发展，系统分析的方法和工具也在不断地更新和迭代，以适应越来越复杂的系统和问题。

### 5.1.2 系统分析的内涵

系统分析的定义有广义和狭义之分。在广义上，系统分析被视为系统工程的核心内容，与系统工程本身的重要性相等。而狭义上，系统分析只是系统工程中的一个步骤，是处理各种系统尤其是大系统问题时必不可少的基本过程，它利用数据资料和管理科学的技术和方法来研究特定问题，寻求解决方案和决策优化。

兰德公司认为，系统分析是一个研究策略，它能够在不确定的情况下确定问题的本质和起因，明确咨询目标，找出各种可行方案，并通过一定标准对这些方案进行比较，帮助决策者在复杂的问题和环境中作出科学抉择。

根据汪应洛教授的观点，系统分析是一个有目的、有步骤的探索过程。它的目的是为决策者提供直接判断和确定最优方案所需的信息和资料。其步骤是使用科学方法对系统的目的、功能、环境、效益等进行充分的调查研究，将试验、分析、计算的结果与预期的目标进行比较，最终整理成完整、正确、可行的综合资料，成为决策者选择最佳方案的主要依据。

根据《新学科新知识词典》的定义，系统分析是一门技术，由定性和定量方法组成，旨在为决策者提供正确决策和选择系统最优方案所需的信息和资料。它从整体最优的观点出发，对系统的目的、功能、环境、费用、效益等进行充分的调查，收集、分析和处理相关数据和信息，并建立若干方案和必要的模型，进行大量的仿真计算。在定量分析的基础上，综合考虑一些未能和无法纳入模型的因素，全面评估各个备选方案，形成正确、可行的报告，为决策者付诸实施做好准备。

系统分析通过明确问题、设定目标、拟订方案、建立模型、评价方案，并最终提出决策建议，为决策者提供有力的参考依据，以推动系统的改进，并实现其所带来的社会效益和经济效益。系统分析的基本要素主要包括问题、目标、方案、模型、标准、数据。六大要素在系统分析的作用机理如图 5.1 所示。

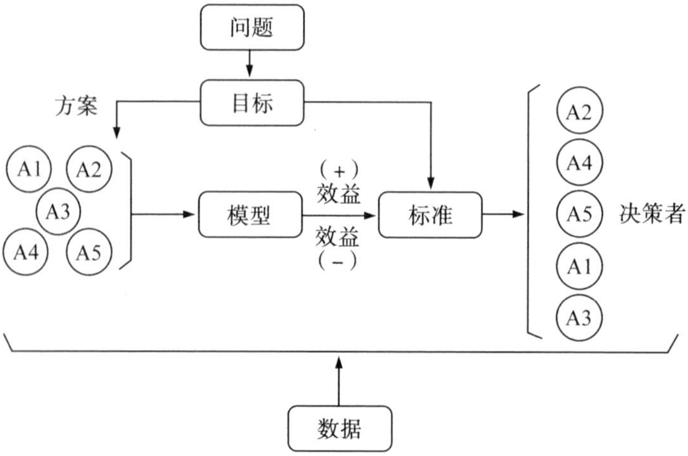


图 5.1　系统分析结构

1.问题

问题分析是系统分析的核心环节之一，也是决策者和系统分析人员共同探讨的重要内容。在进行问题分析时，首先需要明确系统中存在的问题并寻找其根本原因。通过深入分析，获取关于问题的数据和信息，诊断出问题的实质。在诊断后，系统分析人员需要提出解决问题的最可行方案，这也是问题分析的另一个重要内容。

问题分析的关键在于准确界定问题的范围和影响程度，并对问题的时间和环境进行充分说明。此外，还需要详细描述问题的症状和可能的原因，这将有助于进一步了解问题的本质。问题不仅代表了研究的对象系统，同时也反映了现实系统与目标系统之间的偏差。这种偏差为人们寻找改进系统的线索提供了重要的依据。因此，问题分析的目标既是明确问题的本质和范围，也是为了找到改进系统的方案。

总之，问题分析在系统分析中具有重要意义，它帮助人们理解和解决系统中存在的问题。系统分析人员应该注重问题的准确界定，全面说明问题的实质和背景，并结合现实系统与目标系统的偏差，为系统改进提供有效的方案。通过问题分析，人们可以实现系统效能的提升和问题的解决。

**2.目标**

系统的目的是对系统的总要求进行概括性的描述，而目标则是对系统目的的具体化，是系统所希望达到的结果或完成的任务。目的具有整体性和唯一性，而目标则具有属性特征和多样性。在进行系统分析时，明确系统的目的和目标是非常重要的，因为这是分析的前提和出发点。

在系统分析中，目标分析是关键一环，它的任务是分析和确定系统的目的及其目标，分析和确定为达到系统目标所必须具备的系统功能和技术条件。目标的正确性和准确性对于系统分析和设计的成功至关重要。只有全面、正确地理解和掌握所建系统的目标和要求，才能够制定替代方案，并进行全面的系统评价。如果目标的规划存在偏差，就很容易造成系统分析的失误。

因此，在分析和确定系统的目标时，需要充分了解决策者对系统的期望和意图，同时需要明确系统要达到的功能和技术条件。这将有助于为系统分析和设计提供明确的方向和目标。只有在明确系统目标和要求的基础上，才能进行系统的深入分析，并制定全面的解决方案。

**3.方案**

方案是系统分析中初步拟订的可行方案，拟订可供选择的多种备选方案是系统分析的基础。在多个备选方案中进行好与坏、优与劣的对比分析，是系统分析的重要步骤。只有提供一定数量和质量的备选方案，才能进行分析、比较、评价和选优。拟订供选择用的各种可行方案可以说是系统分析的基础，多种情况下需成立常设的咨询系统，专门设计和拟订各种可行方案。对于简单的问题，可以很快地设想出几个备选方案，这些方案的内容一般比较简单。但对于复杂的问题，就很难立即设计出详细具体的备选方案，一般要分为两个步骤：第一步先提出轮廓设想，第二步再进行精确的设计计算。

轮廓设想旨在通过不同角度和途径提出多样化的方案构想，为系统分析人员拓宽思路。其核心在于发散思维与大胆创新，优势在于能暂时忽略细节，减少对创意的束缚。然而，此阶段所得方案较为粗略，需后续精心设计方能具备实用价值。

备选方案的拟订一般要遵循以下原则：

(1)方案的可行性。决策方案最重要的是建立在切实可行的有科学根据的基础之上。古今中外一些重大决策的失误就在于违反客观规律，对决策的可行性问题研究不周，应引以为戒。在重大决策制定之前，要特别强调可行性研究。

(2)方案的多样性。重大的决策应全方位、多途径和多角度来制定各种方案。方案至少要有两个以上，以便进行对比，才能使决策趋于合理。

(3)方案的层次性。多种备选方案不能集中于某一层次、水平上，既要考虑宏观和微观，又要考虑近期与远期，多层次、多水平地对备选方案进行逻辑思考。

(4)方案的创新性。拟订备选方案要勇于开拓，善于创新，敢于冲破一切旧框框、旧习惯势力和社会环境压力的束缚。

(5)方案的优化性。决策是在对各种可行性方案进行评估，通过总体权衡、对比分析、科学判断，作出最优方案的选择。

4.模型

模型是以某种确定的形式对现实系统进行的抽象概括，用以刻画系统某一方面的本质属性。模型在系统分析中扮演着至关重要的角色。它不仅是系统分析和设计的基础，还是优化决策、预测未来和揭示系统内部机制的关键工具。通过构建模型，分析人员可以将复杂的系统简化为易于理解和分析的形式，从而更清晰地把握系统的本质和核心要素。模型不仅描述了系统的外部表现，还揭示了系统内部的相互作用和因果关系。通过分析模型，系统分析人员可以更深入地了解系统的运行机制，发现潜在的问题和改进点，为系统的优化和改进提供指导。模型可以形成一个反馈循环，使系统分析人员能够不断评估系统的性能、识别问题并采取措施进行改进。这种持续改进的过程有助于推动系统的不断优化和创新。在系统分析中，可以通过根据需要建立起来的模型对各个可行方案进行分析、模拟、预测，从而得出实施方案的性能、费用和效益，以利于对各个可行方案的分析和比较。

5.标准

在系统分析中，评价是衡量分析结果与既定目标、需求和性能一致性的过程，也是评估设计和开发过程中提出的解决方案效果的重要步骤。系统评价需要设置评价标准，研究人员需要根据实际系统的具体情况确定一套统一的评价标准。评价标准的选择必须恰当，并且易于度量。恰当的评价标准应该与系统目标密切相关，并能较好地反映出备选方案的优劣。同时，评价标准也必须具备可操作性和可度量性，以便能够实际应用。在企业经营管理中，常用的指标包括劳动生产率指标、成本指标、时间指标、质量和品种改善指标、劳动条件改善指标以及特定效益指标等。使用这些指标可以对备选方案进行客观的评估和比较。总之，标准是系统分析中的重要组成部分。通过选取合适的评价指标，客观地评估备选方案的优劣，从而辅助决策者作出正确的决策。在评价时，应该综合考虑系统目标、实际情况和可行性等因素，以确保评价标准的有效性和实用性。

6.数据

数据是事实或观察的结果，是对客观事物的逻辑归纳，是用于表示系统的未经加工的原始素材。数据在系统分析中发挥着至关重要的作用。它不仅为决策提供了有力的支持，还帮助优化系统性能、洞察市场趋势、支持数据挖掘和机器学习以及促进持续改进和创新。在商业和管理领域，数据是指与企业运营相关的所有信息，包括客户信息、销售数据、市场趋势等。这些数据对于企业的决策、规划和执行至关重要。数据是信息的表现形式和载体，可以是符号、文字、数字、语音、图像、视频等。在大数据的语境下，数据不仅指传统的结构化数据，还包括半结构化或非结构化的数据，如社交媒体帖子、电子邮件、日志文件等。大数据的特点是数据量巨大、类型多样、处理速度快。数据和信息是不可分离的，数据是信息的表达，信息是数据的内涵。数据本身没有意义，数据只有对实体行为产生影响时才成为信息。

### 5.1.3 系统分析的准则

系统分析的准则是系统工程中的重要指导原则和方法。通过坚持问题导向与方法导向相结合、外部因素与内部因素相结合、当前利益与长远利益相结合、局部利益与整体利益相结合以及定性分析与定量分析相结合，人们能够更好地开展系统分析工作。

1.问题导向与方法导向相结合

系统分析就是对特定的问题，利用数据资料和有关管理科学的技术和方法进行研究，以解决方案和决策的优化问题的方法和工具。找到解决方案必须得以问题为导向，在问题的指引下找到合适的方法。紧密围绕在目的周围，对系统的各种方案进行分析并作出选择，从系统整体的全局观念出发，寻求总体的最优，切忌背离问题而盲目追求先进的方法技术。

2.外部因素与内部因素相结合

系统的功能和发展同时受外部因素与内部因素的影响与作用。为了系统更好地生存与运行，对系统的分析必须充分了解其外部环境和内部条件并结合起来综合考虑。对外部环境进行分析研究在于弄清系统目前与将来所处的环境状况，从而把握系统发展的有利条件与不利因素。分析研究内部因素可以有助于提高对系统自身的理解和把握，便于下一步的改善优化。通常的处理方法是，把内部因素选为决策变量，把外部因素作为约束条件，用一组联立方程式来反映它们之间的关系。

3.当前利益与长远利益相结合

在对系统进行分析时，不仅要衡量当前的利益，还要考虑未来长远的利益。当前利益与长远利益并非孤立存在，而是相互联系、相互影响的。因此，我们需要寻求两者之间的动态平衡，确保在满足当前利益的同时，也为未来的发展奠定坚实基础。系统分析是一个持续的过程，我们需要不断地根据新的信息和数据进行调整和优化。在这个过程中，既要关注当前利益的实现情况，也要根据长远利益的指引进行必要的调整和完善，为系统的可持续发展提供有力保障。

4.局部利益与整体利益相结合

系统的局部会对整体起到制约作用，每个子系统可以分解为更小的子系统，每个子系统都有最优的局部利益，局部利益最优而且能够构成整体最优，当然是最理想的，但是在现实中局部最优往往并不意味着整体的最优。所以在系统分析中，要重视整体的利益。一方面，局部利益要服从于整体利益，以整体利益作为系统分析的最终目标；另一方面，整体利益也要照顾局部利益，充分发挥局部的活力。

5.定性分析与定量分析相结合

定性分析是对研究对象运用归纳与演绎、分析与综合以及抽象与概括等对照方法，认识其本质并揭示内在规律。定量分析是对社会现象的数量特征、数量关系与数量变化的分析。在系统分析中，要做到“定性分析定量化”和“定量分析定性化”，使两种不同的分析方法优势互补。分析中应当明确定性分析是定量分析的基础，定量分析是定性分析的量化与具体化，遵循“定性—定量—定性”分析思路，使两者有机结合，才能取得满意的分析结果。

## 5.2 系统分析过程

系统分析是一个有目的、有步骤的探索和分析过程，为决策者提供直接判断和决定最优系统方案所需的信息和资料，从而成为系统工程的一个重要程序和核心组成部分。系统分析以系统的整体最优为目标，对系统的各个方面进行定性和定量分析，其具体内容包括研究领导者意图、明确问题、确定目标、开发可行方案、建立系统模型、进行定性与定量相结合的分析、综合评价和优化可行方案，从而为领导者的决策提供可靠的依据。按照系统分析的定义、内容及要素，参照系统工程的基本工作过程，可将系统分析的基本过程归结为图 5.2 所示的几个步骤。

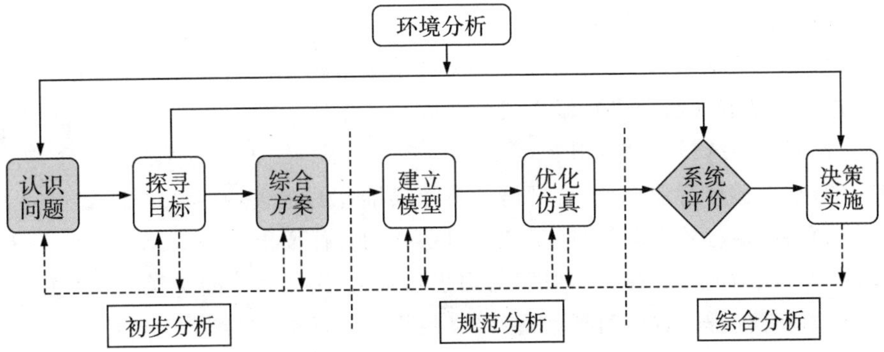


图 5.2 系统分析的基本过程

### 5.2.1 系统分析的程序

系统分析依次通过初步分析、规范分析、综合分析对分析对象作出最优决策，环境分析伴随全过程。

**1.初步分析**

认识问题、探寻目标及综合方案构成了系统的初步分析。在初步分析阶段，为了尽快明确问题的总体框架，通常围绕 5W1H 六个方面的问题展开。

(1)What(对象)——研究什么问题，对象系统(问题)的要素是什么(问题与哪些因素有关)。

(2)Why(目的)——为什么要研究该问题，目的或希望的状态是什么。

(3)Where(地点)——系统边界和环境如何。

(4)When(时间)——分析的是什么时候的情况。

(5)Who(人员)——决策者、行动者、所有者等关键主体是谁(问题与谁有直接关系)。

(6)How(方法)——如何实现系统的目标状态。

这些既是使系统分析走上正轨的过程,又是使系统分析人员与决策者一起进入"角色"的过程。

### 2.规范分析

规范分析是指以一定的价值判断为基础,提出某些分析处理问题的标准,并研究如何才能符合这些标准,然后建立合适的模型进行分析、模拟、预测。在进行系统分析时,规范性审查分析是判断系统应该如何有效运作的过程。区别于描述性分析的实际状况记录,规范性审查分析针对创建系统应遵循的标准或指导方针,以期实现系统的最佳性能。这样的分析赋予系统理论上的最优化路径,搭建了一个基于目标、行业标杆和关键绩效指标分析确定的框架标准。

进行规范性分析要进行以下关键步骤:

(1)明确系统目标和提升标准。

(2)整合适用行业规范、合规需求及业界推荐的做法。

(3)与利益相关者合作,明确他们对系统的具体要求。

(4)对比当前系统操作和既定的理想状态,识别提升空间。

(5)设计流程、策略和监管机制以满足规定的标准。

(6)在系统的策划、设计及实施过程中始终以规定标准为基础。

### 3.综合分析

综合分析是对规范分析得出的优劣排序进行解释和评价。若满足目标与预期,决策者会正式实施方案;若不满足预期,分析人员则重新对问题进行阐明与分析。

### 4.环境分析

环境分析几乎贯穿于系统分析的全过程,具有重要的作用。第一,在认识问题阶段,只有正确区分各种环境要素,才能划定系统边界;第二,在探寻目标阶段,要根据环境对系统的要求建立系统的目标结构,以求得系统对环境的最优输出;第三,在综合方案阶段,要考虑到环境条件及其变化对方案可行性的影响,选择出能适应环境变化的切实可行的行动方案;第四,在模型化及其分析阶段,要充分而正确地考虑到各主要环境条件(如人、财、物、政策等)对系统优化的约束;第五,在评价与决策阶段,要通过灵敏度分析和风险分析等途径,"减少"环境变化对最佳决策方案的影响,提高政策与策略的相对稳定性和环境适用性。

### 5.2.2 系统分析的步骤

系统分析从系统的观点出发，识别系统问题，确定系统目标，并充分分析系统环境以及系统要素的互相影响，从而提出合理可行的解决方案。其主要步骤有以下几个方面。

**1.认识问题**

进行系统分析，首先要认识问题，明确问题性质，划定问题范围。一般来说，问题是在一定的外部环境作用和系统内部发展的需要中产生的。它不可避免地带有一定的本质属性和存在范围。只有明确了问题的性质和范围，系统分析才有可靠的起点。其次，要进一步研究问题所包含的因素，以及因素间的联系和外部环境的联系，进一步划清问题界限。比如一个企业长期亏损，涉及产品的品种、质量、销售价格、领导管理、技术水平等多方面的要素。

**2.探寻目标**

为了解决问题，要探寻具体的目标。目标通过指标表达，指标是衡量目标达到的尺度。系统分析是针对所提出的具体目标展开的，由于实现系统的功能需要靠多方面的因素来保证，因此系统目标也必然有若干个。比如经营管理系统的目标就包括品种、产量、质量、成本、利润等。而一项目标本身可能由更小的目标集组成。比如利润是一个综合性目标，要增加利润，就要扩大盈利产品的销售量和降低单位产品成本，而要增加销售又要做好广告、组织网点、服务等工作，采取正确的销售策略等。在多项目标情况下，要考虑各项目标的协调，防止发生抵触或顾此失彼。在探寻目标过程中，还要注意目标的整体性、可行性和经济性。

**3.综合方案**

综合方案在系统分析中是一项关键环节，它包括多个可行性方案的提出与比对，旨在找出最佳解决方案。在这个过程中，分析人员需收集和研究大量相关信息，对不同的解决方案进行详尽考量，通常包括技术可行性、经济合理性、项目可行性等关键指标。重点在于对所有可能的选择进行彻底、综合的评估，以确保所选方案不仅在理论上可行，而且在实际操作中能达到预期目标。综合方案的制定是一个动态调整和连续改进的过程，其目标是确保系统分析的成果能够满足组织的需求和期望。

**4.建立模型**

首先，要找出说明系统功能的主要因素及其相互关系，即系统的输入、输出、转换关系以及系统的目标、约束等。其次，利用收集的资料及数据建立分析模型。根据表达方式和方法的不同，系统分析模型有原样模型、相似模型、图形模型、数学模型等多种形式。模型可以表示全部系统，也可以表示系统的一部分。可以量化的因素必须列入模型，不可以直接定量的因素，可以设法间接定量后列入模型，或不列入模型但在系统综合时加以考虑。针对研究对象不同或同一对象的不同要求建立若干模型，可以用几个模型同时解决一个问题，也可以用一个模型解决多个问题。投入产出模型、计量经济模型、系统动力学模型、经济控制论模型都是社会经济系统中常用的模型。分析人员可以根据系统分析要解决的问题，选用、改进或创造相应的模型。

5.优化仿真

在系统分析中，优化分析致力于找到最佳方案，而仿真分析则重在理解系统行为并预测其在特定条件下的表现。优化分析是指通过数学模型和算法来发现使系统性能指标达到最优状态的解决策略。其核心目的是识别最有效率的方法来配置和运营系统资源。这通常涉及各种参数的调整，以达到最低成本、最高效益或其他关键性能指标的最佳水平。仿真分析则是使用计算模型来重现系统的运行环境，以便于分析在不同条件和假设下系统的响应和表现。它允许分析人员在不干扰实际系统的情况下进行实验和评估。通过仿真，预测系统在各种潜在情况下的行为，可以帮助分析人员评估各种策略和决策的影响。

6.系统评价

系统评价是系统分析领域的一个关键步骤，它对现有或新提出系统方案的性能、效率、成本和符合度等多个方面进行全面的审查和评估。该过程可以帮助分析人员判断某一系统或方案是否满足既定需求和目标，同时确定其潜在价值和可能存在的问题。具体来说，系统评价通常包括需求满足度、成本效益分析、可靠性和可用性、可维护性和可扩展性等。

系统评价能够为决策者提供决策的依据，确保系统的设计和实施符合商业目标和用户需求。通过评价，识别各个方案的优点和不足，提出改进建议，确保系统在实际运行中能够高效、稳定地工作。

7.决策实施

在系统分析的背景下，决策指的是决策者基于对系统详尽分析结果的理解和评估，选择最优策略或行动方案的过程。它涵盖了系统需求确定、解决方案选择、资源配置以及对潜在风险的管理方法等多个方面。系统分析中的决策旨在确保所选方案能够高效满足用户的预期目标，并优化系统的整体性能。对于复杂的系统，系统分析并非进行一次即可完成。为完善修订方案中的问题，有时需要根据分析结果对提出的目标进一步探讨，甚至重新划定问题的范围。

还需要指出的是，上述分析步骤仅是一般的方法框架，并不是所有实际的系统分析过程都必须完全履行图5.2所示的环节。在实践中，往往是根据实际问题的需要处理，有些项目可平行进行，有些项目可改变顺序，有些只执行其中的某些步骤，应根据问题的性质和特点有所侧重或只涉及其中的一部分环节。但认识问题、综合方案、系统评价等过程都是必不可少的。

### 5.2.3 系统分析的方法

系统工程作为一门综合技术，用于组织和管理社会经济等大规模复杂系统，其工作过程体现了综合创造的特点。系统分析的方法是系统工程的基础，也是评价决策的先决条件。在谋划备选方案时，创新思维和方法起到关键作用。系统分析人员的核心能力就在于提供具有创造性和价值的解决方案。

如果将系统工程理解为设计，那么它与常规设计有所不同，更加适用于研究和开发新产品与系统。如果将其应用于管理，就需要不断探索和改进管理系统与工作程序，以提高效率。因此，系统工程需要高度的创造性。多年来，人们总结出关于创造活动的规律，提出了各种创造活动模式。在现代创造性思维和活动中，与工程技术和系统管理相适应的创造性思维过程占有重要地位。该过程通常由明确问题、确定目标、探索方案、系统综合、验证和实施等六个阶段构成。在这个过程中，对系统目标的确定和对方案的探索及综合是现代创造活动的主要环节，常常需要进行循环迭代。因此，系统思维和系统分析方法是现代创造性思维和活动的重要基础，创造性思维和活动的过程正是系统分析的过程。

在20世纪80年代，钱学森提倡进行思维科学的研究，将思维分为逻辑思维、形象思维、灵感思维和社会思维。创新思维是智慧的源泉，而逻辑思维和形象思维则是实现创新思维的手段。系统工程与其他学科的不同之处在于，系统工程坚持“综合创造”的理念，而其他学科则注重“发明创造”。发明创造是有限的，而系统化的创新则是无限的。通过综合已有的发明创造，构建能够解决问题的新方法，这是系统工程独特的思维方式。

随着发明学、创造工程、系统工程和管理科学的发展，人们已经提出了100多种具体的创造性技术，其中大约有20种常用技法。系统分析没有一套适用于所有情况的通用技术方法，具体方法的选择取决于分析的对象和问题。这些方法可以分为定量和定性两大类。定量方法适用于系统结构清晰、信息准确、可以建立数学模型等情况，例如投入产出分析法、效益成本分析法等。如果问题涉及的系统结构不明确，信息收集不太准确，或者因评价者偏好不一致而难以形成常规数学模型时,可以采用定性的系统分析方法,包括头脑风暴法等创新方法。将定性和定量思维与手段相结合,很大程度上实现了系统分析与管理科学的有效结合,具有较强的实际意义。

在这里,选择了最典型和常用的综合创造技术进行简要介绍,包括提问法、头脑风暴法、德尔菲法。同时,还介绍了几种相关的应用方法,如目标—手段分析法、因果分析法("鱼骨分析法")和 KJ 法,这些方法在管理科学领域具有广泛应用。

1.提问法

提问法是针对需要研究的对象,列出有关的问题,形成检核表,然后一个个来核对讨论,从而发掘出解决问题的大量设想的创造性技术。提问法按检核表内容的抽象程度和适用范围可分为两类:一类是对各种场合及各种对象普遍适用的提问法,主要是 5W1H 法;另一类是针对某种特定要求制定的检核表法,如新产品设计用检核表法,降低成本用检核表法等。

1)5W1H 法

5W1H 法是对某件事情从目的(Why)、对象(What)、时间(When)、地点(Where)、人员(Who)、方法(How)等六个方面提出问题,看其是否合理,并找出改进之处的方法。5W1H 法是美国陆军提出的方法。由于对任何事物都可以从这六个方面发问(如初步的系统分析),因此 5W1H 法至今被广泛应用。例如工程部要开发一个新的产品,开发前期用 5W1H 的分析方法进行了相关的分析讨论,形成了下面的表格(见表 5.1)。左侧是 5W1H 共 6 个方面,右侧表示每个方面又可以分几个层次来展开。

**表 5.1 工程部开发新产品的 5W1H 分析**

| 分析要素 | | 现状 | 为什么 | 如何改善 |
|---|---|---|---|---|
| | | What | Why | How |
| What | 对象 | 什么项目? | 为什么要投入这个项目? | 有没有更合适的项目?到底做什么? |
| Why | 目的 | 什么目的? | 为什么是这个目的? | 有没有别的目的?应该是什么目的? |
| Where | 场所 | 在哪里做? | 为什么在那里做? | 能否在别的地方做?应该在哪里做? |
| When | 时间 | 何时开始? | 为什么在那个时间段开始? | 能否其他时间做?应该什么时候做? |

续表

<table>
<tr><td colspan="2" rowspan="2">分析要素</td><td>现状</td><td>为什么</td><td>如何改善</td></tr>
<tr><td>What</td><td>Why</td><td>How</td></tr>
<tr><td>Who</td><td>人员</td><td>谁来负责?</td><td>为什么是他来负责?</td><td>别人能不能做?应该由谁来做?</td></tr>
<tr><td>How</td><td>方法</td><td>怎么做?</td><td>为什么用那种方式做?</td><td>有无其他办法?应该用什么办法?</td></tr>
</table>

2)检核表法

用于生产设计的检核表种类较多,其中最著名的是奥斯本提出的检核表法。该方法根据对象的特征提出相关问题,将其组合成检核表,然后逐一加以讨论,以发现解决问题的可能性。奥斯本检核表法能够激发思维,打破旧有的思维框架,拓展创新的思路。然而,使用该方法时需要将其与实际知识经验相结合,奥斯本提供的只是思考的基本框架,需要人们进行具体的思考。同时,也可以设计大量问题来提出新颖的想法,从而获得更有创意的解决方案。

利用奥斯本检核表进行创新性思维拓展,核心重点在于多思考、多观察,提出有深度的问题,进行结构化思考,进而打破思维瓶颈。例如,当设计师团队要开发一款新的智能手表时,他们可以利用奥斯本检核表方法来激发创新思维,打破思维定式,增加设计多样性。他们可以列出一个问题清单,包括手表的功能、外观设计、用户体验、材料选择等方面的问题。然后,团队成员可以逐一回答这些问题,并通过讨论,发掘出多种不同的设计设想和解决方案。在功能方面,他们可以提出以下问题:手表是否可以支持心率监测、GPS定位等功能;在外观设计方面,可以询问关于表盘形状、表带材质等问题。通过这样的逐一检核和讨论,设计团队可以得到更多有创意的设计方案,并在这些创意基础上进一步完善和创新智能手表的设计。

**2.头脑风暴法**

头脑风暴法也称智力激励法,是奥斯本提出的一种创造性技术。头脑风暴(Brain Storming)原是精神病理学上的术语,指精神病患者精神错乱时的胡思乱想;这里指无拘无束、自由奔放地联想。具体地说,头脑风暴法是针对一定问题,召集由有关人员参加的小型会议,在融洽轻松的会议气氛中,与会者敞开心扉,各抒己见,自由联想,畅所欲言,互相启发,互相激励,使创造性设想产生连锁反应,从而获得众多解决问题的方法。

这种会议由十个左右有关人员参加,设一名记录员。主持人应对要解决的问题十分了解,并口齿清晰,思路敏捷,作风民主,既善于营造活跃的气氛,又善于启发诱导。其他人当中最好有几名知识面广、思想活跃的人，以防止会议气氛沉闷。会议时间一般不超过一小时。布置会场要考虑到光线、噪声、室温等因素，做到环境适宜，给人以轻松舒适的感觉。会议结束后，将提出的设想分析整理，分别进行严格的审查和评价，从中筛选出有价值的提案。

头脑风暴法分为直接头脑风暴法和质疑头脑风暴法。前者是参加者尽可能激发创造灵感，产生尽可能多的设想的方法，后者则是对前者提出的设想、方案逐一质疑，分析其现实可行性的方法。头脑风暴法在人员选择方面往往遵循以下原则：

(1)如果参加者相互认识，要从同一职位(职称或级别)的人员中选取，领导人员不应参加，否则可能对参加者造成某种压力。

(2)如果参加者互不认识，可从不同职位(职称或级别)的人员中选取。这时不应宣布参加人员职称，不论成员的职称或级别的高低，都应同等对待。

(3)参会者的专业应力求与所论及的决策问题相一致，这并不是会议组成员的必要条件，但是，会议组中最好包括一些学识渊博，对所论及问题有较深理解的其他领域的专家。

与会者要严格遵守下述规则：

(1)讨论的问题不宜太小，不得附加各种约束条件。

(2)强调提新奇设想，越新奇越好。

(3)提出的设想越多越好。

(4)鼓励结合他人的设想提出新设想。

(5)不允许私下交谈。

(6)与会者不分职务高低，一律平等相待。

(7)不允许对提出的创造性设想作判断性结论。

(8)不允许批评或指责别人的设想。

(9)不得以集体或权威意见的方式妨碍他人提出设想。

(10)提出的设想不分好坏，一律记录下来。

头脑风暴法有四条基本原则：

(1)自由畅谈，鼓励参与者摒弃所有的限制和偏见，尽可能地自由表达自己的想法，无论想法多么荒诞、非传统或是未经考证，都允许被提出。

(2)追求数量，人们越是提出更多的设想，就越有可能走上解决问题的轨道。

(3)禁止批评，为了保持创意的流动和参与者的积极参与，头脑风暴过程中明确禁止任何形式的批评和负面评价，这一原则有助于创造一个安全和支持的环境，让每个人都感到他们的贡献是受欢迎和有价值的。

(4)推迟判断，即不要过早地下断言、作结论，避免束缚人的想象能力，熄灭创造性思想的火花。

3.德尔菲法

头脑风暴法有一个缺陷来自它的假设条件，即“与会者不分职务高低，一律平等相待”。事实上，在小组讨论过程中，与会者的地位往往是不平等的，成员中会有权威的存在。由于采取面对面的讨论方式，与会者间的等级差别会影响到讨论的结果。为了避免集体讨论存在的屈从于权威或盲目服从多数的缺陷，20世纪60年代初美国兰德公司开发出德尔菲法，以改善由于与会者地位不同而给讨论带来的负面影响。

德尔菲法为消除成员间的相互影响，运用匿名方式反复多次征询专家的意见和进行背靠背的交流，以充分发挥专家们的智慧、知识和经验，最后汇总得出一个能比较反映群体意志的预测结果。因此，德尔菲法有专家匿名表示意见、多次反馈和统计汇总等特点。德尔菲法的基本原则有如下几个方面：

(1)匿名原则：所有参与的专家，均以个人身份发表意见，遵守匿名原则。

(2)循环往复原则：由主持人收集参与者的意见并加以公开，如此循环往复四次，允许参与者在参考别人判断的资料之后修正自己原先的看法。

(3)控制反馈原则：让参与者回答事先设计的问卷，并使其对收集归纳出的判断和论证作出总体的衡量。

(4)团体回答原则：对所有参与者的意见进行综合判断时，必须考虑总数、趋势等情况。

(5)专家共识原则：主要目的是使专家达成共识，得出最终的预测结果。

德尔菲法的一般工作程序如下：

(1)确定调查目的，拟订调查提纲。咨询主题应明确，使熟悉该专题的专家能清晰地理解问题的性质内容和范围。然后拟订出要求专家回答问题的详细提纲，并同时向专家提供有关的背景材料，包括预测目的、期限、调查表填写方法及其他要求等。

(2)选择一批经验丰富而又熟悉该专题的专家，一般10～20人，包括理论和实践等各方面的专家，这一点尤为重要。很多人在使用德尔菲法时，由于在专家选择环节上过于草率而导致分析结果价值不大。

(3)以通信的方式向选定的各个专家发出调查表，征询意见。专家通过匿名的方式单独表态，以免使其他人受权威意见影响而改变自己的意见。

(4)经过一轮德尔菲活动后，把原始资料或专家意见汇总成图表反馈给参加咨询的专家。在一定期限内回收意见，再进行汇总分析，然后转入下一轮活动。经过多次反复，可为专家提供了解舆论和修改意见的机会。对返回的意见进行归纳综合、定量统计分析后再寄给有关专家。如此往复，经过三四轮，意见比较集中后进行数据处理与综合并得出结果。

德尔菲法主要消除了头脑风暴法面对面式讨论带来的害怕权威、随声附和或固执己见，或因顾虑情面而不愿与他人有意见冲突等弊端。它虽然是背靠背的方式，但由于其特殊的处理方法，又兼有会议讨论的效果，因此可以使大家发表的意见较快地收敛，参加者也易于接受结论，具有一定程度综合意见的客观性。其缺点是由于专家时间紧，他们的回答往往比较草率；同时由于预测主要依靠专家，因此归根到底仍属专家们的集体主观判断。此外，在选择合适的专家方面也较困难。征询意见的时间较长，对于需要快速判断的预测难以适用。

4.目标—手段分析法

目标—手段分析法就是将要达到的最终目标和所需要的手段按照系统展开，一级手段等于二级目标，二级手段等于三级目标，以此类推，便产生了层次分明、相互联系又逐渐具体化的分层目标系统。在分解过程中，要注意使分解的分目标与总目标保持一致，分目标的集合一定要保证总目标的实现；分目标之间可能一致，也可能不一致，甚至是矛盾的，这就需要不断调整，使之在总体上保持协调。将总目标分解为若干个阶层的分目标，需要有很大的创造性和掌握丰富的科学技术知识与实践经验。目标分解需反复地进行，直到认为满意为止。“析”即是用斧头将木头劈开，“分析”一词带有“拆解”的意思，也就是把大目标拆成一堆小目标，把大的行为拆成一堆具体的小行为。目标—手段分析法的基本流程如下：

(1)确定总目标。

(2)比较初始状态和目标状态，提出第一个子目标，即一级目标。

(3)确定完成第一个子目标的方法或操作，即一级手段。

(4)将一级手段作为第二个子目标，即二级目标。

(5)确定完成第二个子目标的方法或操作，即二级手段。

(6)如此反复，直至问题解决。

假设一个公司的总体目标是提高产品质量。使用目标—手段分析法，可以将这一总体目标分解为具体的步骤和手段。首先，公司可以确定第二级总体目标，比如提高生产线效率、优化原材料选取和改进产品设计等。然后，针对提高生产线效率这一目标,可以进一步拆分为具体的手段,比如引入智能生产设备、优化生产流程和加强员工培训等。以提高产品质量为总体目标,通过目标—手段分析法,公司可以清晰地了解到达到这一目标所需的各个步骤和手段,帮助实现总体目标并指导具体的操作和决策。这样,公司在实施具体措施时将更加有针对性和系统化,从而更有效地提高产品质量。

5.因果分析法

因果分析就是分析因素之间的因果关系。因果分析法,又称为"鱼骨分析法",是利用因果分析图(鱼骨图)来分析影响系统的因素,并从中找出产生某种结果的主要原因的一种定性分析方法。系统某一行为(结果)的发生,不会是一种或两种原因所造成的,而往往是由于多种复杂因素的影响所致。这种方法是在图中用箭头表示原因与结果之间的关系。分析的问题越复杂,这种方法越能发挥其长处,因为它把人们头脑中所想问题的结果与其产生的原因结构图形化、条理化。在集体讨论一个问题时,这种方法便于把各种不同意见加以综合整理,从而使整体对问题的看法趋向一致。

鱼骨图有三种类型:第一种是问题整理型,主要用于事前分析,帮助分析者更好地认清影响问题的全部要素,此类型鱼骨图的"鱼头"与各分支间没有原因关系,而是用图形的方式来整理问题结构。图 5.3 采用问题整理型鱼骨图展示了健康生活的内容。

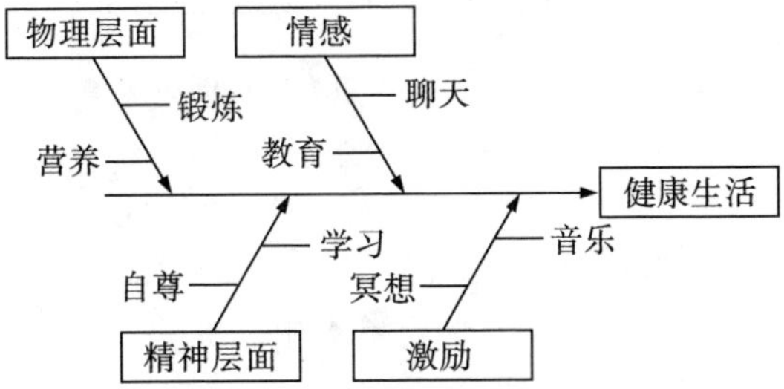


图 5.3　问题整理型鱼骨图示例

第二种是原因型,用于事后分析,"鱼头"代表结果,通常在右侧,原因在左侧,一般用"为什么……"来开头。图 5.4 展示了为什么要学习管理系统工程。

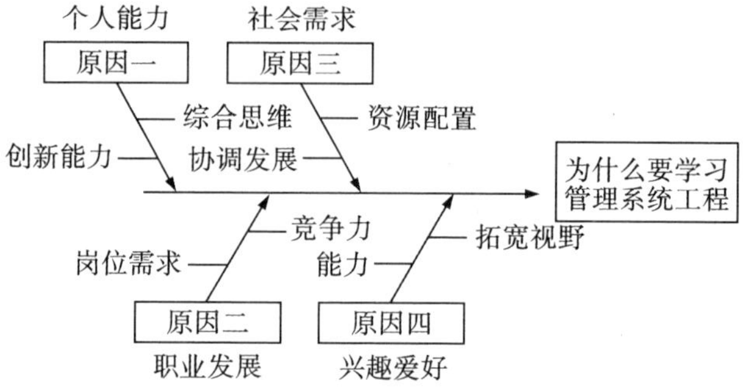


图 5.4 原因型鱼骨图示例

第三种是对策型,主要用于罗列解决问题的方法,“鱼头”通常在左侧,对策在右侧,开头通常以“如何提高/改善……”来写。图 5.5 展示了如何提高企业竞争力。

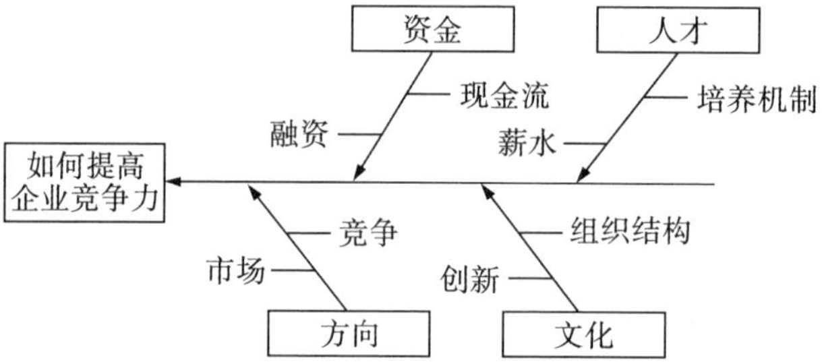


图 5.5 对策型鱼骨图示例

6.KJ 法

KJ 法也被称为“亲和图法”或“A 型图解法”(Affinity Diagram),是一个直接的分析方式,由日本东京工业大学的川喜田二郎(Kawakita Jiro)教授研发。该方法将搜集到的大量不同语言、文本资源,如史实、建议和构想,根据它们的相似性,归纳合并成卡片,并探索它们之间的内在联系,通过比较分类的方式,求得创新的结果。通过图形分析方法,人们可以将思维能力和直觉能力有机结合起来,从而找到解决问题的方法。这些方法不仅简单易行,而且可以帮助个人或团体快速解决复杂问题,是一项有效的解决方案。图 5.6 展示了如何开一家受欢迎的快餐店的 KJ 图。

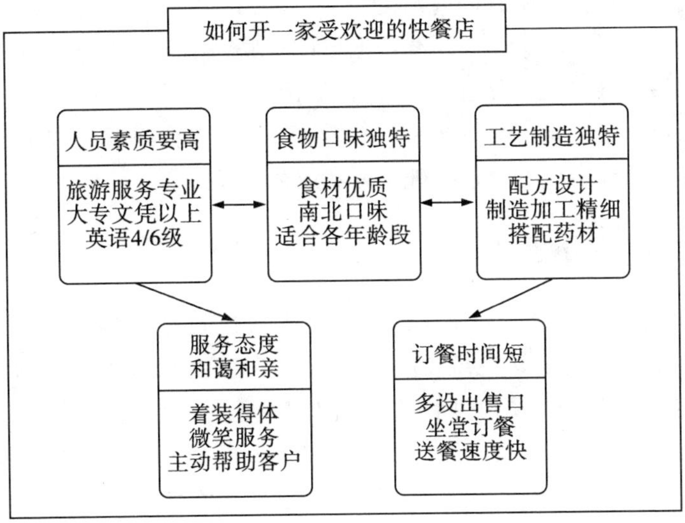


图 5.6 KJ 图示例

KJ 法的实施按下列步骤进行：

(1)准备。主持人和与会者 4～7 人，准备好黑板、粉笔、卡片、大张白纸、文具等。

(2)会议。主持人请与会者提出 30～50 条设想，将设想依次写到黑板上，尽量广泛地收集与问题可能有关的信息。

(3)制作卡片。主持人同与会者将设想用关键的语句简洁地表达出来，一个信息对应一张卡片，称为“基础卡片”。卡片上的标题记载要简明易懂。如果是团体实施，则要在记载前充分协商好内容，以防误解。

(4)分成小组。把卡片摊在桌子上通观全局，充分调动人的直觉能力，把有“亲近性”的卡片集中到一起作为一个小组。不能归类的卡片，每张自成一组。给小组取个新名称，这个小组是由小项目(卡片)综合起来的，应把它作为子系统来登记。

(5)并成中组。将每个人所写的小组标题卡和自成一组的卡片都放在一起。把小组(卡片)放在桌子上进行移动，经与会者共同讨论，根据小组间的类似关系、对应关系、从属关系和因果关系等将内容相似的小组卡片归在一起，设定适当标题，用笔写在一张卡片上，称为“中组标题卡”。不能归类的自成一组。

(6)归为大组。经讨论再把中组标题卡和自成一组的卡片中内容相似的归纳成大组，加一个适当的标题，用笔写在一张卡片上，称为“大组标题卡”。

(7)编排卡片。将所有分门别类的卡片,以其隶属关系,按适当的空间位置贴到事先准备好的大纸上,并用线条把彼此有联系的联结起来。如编排后发现不了有何联系,可以重新分组和排列,直到找到联系。

(8)确定方案。将卡片分类后,就能分别找出解决问题的方案或显示出最佳设想,经讨论或会后专家评判确定方案或最佳设想。

## 5.3 系统环境分析

系统环境是指存在于系统之外的系统无法控制的自然、经济、社会、技术、信息和人际关系的总称。系统大多是存在于环境之中的,系统与环境之间存在着密切的联系,系统和环境之间不断产生物质、能量和信息的交换。一方面,环境直接影响系统的运行,促使系统适应环境的不断变化;另一方面,系统不只是被动地为环境所支配,在适应环境的同时也会影响系统环境的各项因素。这种系统与环境之间的相互依存、相互影响的动态平衡关系要求人们在不断变化的环境中了解环境因素的本质及其特征,以提升分析决策效果。

### 5.3.1 系统环境分析特点

1.差异性

系统处于各不相同的环境之中,系统的多样性决定了系统环境的差异性。每个系统中能与环境发生相互作用的要素由于其目标、资源、社会文化等有所差异,使不同系统的环境分析的目标、模型、评价标准等都会有一定的区别。

2.复杂性

系统环境分析各因素的影响不尽相同又会产生相互联系。系统环境因素是由多方面组成的,这些因素既会单独对系统产生影响,又会彼此发生联系而对系统分析产生综合影响。同时,系统环境并不是一成不变的,各种因素是相互依存、相互制约的,任何一个因素的变化都会直接或间接地引起其他因素的变化。

3.波动性

系统环境因素时常发生变化且难以预测以致分析随之波动。系统环境因素处于不断变化中,其复杂性致使环境因素不可准确预测,系统环境分析也将随之持续地进行改善优化。

4.整体性

系统分析首先把所研究的事物、现象和过程看作是一个整体系统,确定给定系统的边界范围,把它从周围的系统中划分出来,同时鉴定该系统的组成部分,必要时逐级划分确定各子系统。任何给定系统都需要贯彻系统方法的整体性原则。这种整体性认识有助于人们在公共政策活动中树立全局观念,贯彻全面性,这是唯物辩证法的重要思想之一。

### 5.3.2 系统环境因素分类

从系统观点看,系统环境因素共分为三大类。

**1.技术资源因素**

系统的本质特征及其相互关联性以及系统分析中的方法性因素构成了影响系统性能的重要因素。在知识经济不断兴起和科技创新迅速发展的时代背景下,技术环境对各个系统的影响无疑是巨大的。然而,这种影响既可能是有益的,也可能是破坏性的。因此,系统分析应准确了解现行系统的现状指标,衡量技术标准,在系统现有资源技术的条件下,预测技术发展,做好系统研究、评价与优化。

**2.经济管理因素**

经济管理因素即影响系统的经济效益和经营管理的因素。经济运行环境是影响系统行为的重要因素,它涉及收入水平、居民消费成本、产业结构、国民经济增长速度、主要货币供给、商业银行利息、政府部门开支等,也牵涉到整个国民经济体系的运行机制。因此,在系统分析中,必须充分考虑这些因素,并熟悉我国和地方发布的各种相关法令和规定,以便更好地把握系统的运行规律。

**3.社会文化因素**

社会文化因素源于社会和人文的因素,包括社会因素和个体因素。它会潜移默化地影响和制约人们的行为方式,对系统的运行和发展产生影响。社会环境是指一个国家或地区人们共同的生活方式、文化传统、宗教信仰等各个方面。对系统分析而言,社会文化环境具有复杂性和历史性,不易辨认,同时又直接影响系统分析的效率与目标。因此,对各系统的社会文化因素进行认识和考虑是进行系统总体的优化研究中不可或缺的内容。

### 5.3.3 企业系统环境分析

系统环境分析具有深刻的现实意义,管理背景下企业系统环境分析已然发展成为系统环境分析重要的应用方向。针对管理领域内企业经营发展思路,对系统环境的分析通常可以分为宏观环境分析、竞争环境分析(中观层面)、战略环境分析(微观层面)三个层次,图 5.7 展示了企业系统环境分析结构。

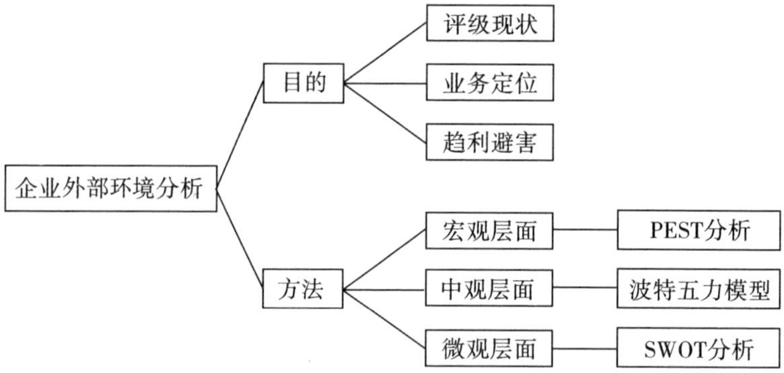


图 5.7　企业系统环境分析结构

1.系统宏观环境分析

PEST 分析模型是系统的宏观环境分析基础上较为成熟的应用形态之一，是战略咨询顾问用来帮助企业检阅其外部宏观环境的一种方法。对宏观环境因素作分析，不同行业和企业根据自身特点和经营需要，分析的具体内容会有差异，但一般都应对政治（Political）、经济（Economic）、社会（Social）和技术（Technological）这四大类影响企业的主要外部环境因素进行分析。进行 PEST 分析需要掌握大量的、充分的相关研究资料，并且对所分析的企业有着深刻的认识，否则，此种分析很难进行下去。

政治要素是指对组织经营活动具有实际与潜在影响的政治力量和有关的法律、法规等因素。当政治制度与体制、政府对组织所经营业务的态度发生变化时，当政府发布了对企业经营具有约束力的法律、法规时，企业的经营战略必须随之作出调整。

经济要素是指一个国家的经济制度、经济结构、产业布局、资源状况、经济发展水平以及未来的经济走势等。企业是处于宏观大环境中的微观个体，经济环境影响和决定其自身战略的制定，经济全球化还带来了国家之间经济上的相互依赖性，企业在各种战略的决策过程中还需要关注、搜索、监测、预测和评估本国以外其他国家的经济状况。

社会要素是指组织所在社会中成员的民族特征、文化传统、价值观念、宗教信仰、教育水平以及风俗习惯等因素。每一种文化都是由许多亚文化组成的，它们由共同语言、共同价值观念体系及共同生活经验或生活环境的群体所构成，不同的群体有不同的社会态度、爱好和行为，从而表现出不同的市场需求和不同的消费行为。

技术要素不仅仅包括那些引起革命性变化的发明，还包括与企业生产有关的新技术、新工艺、新材料的出现和发展趋势以及应用前景。

有时也会用到 PEST 分析的扩展变形形式，如 SLEPT 分析、STEEPLE 分析，STEEPLE 是以下因素英文单词的缩写：社会/人口（Social/Demographic）、技术（Technological）、经济（Economic）、环境/自然（Environmental/Natural）、政治（Political）、法律（Legal）、道德（Ethical）。此外，地理因素（Geographical Factor）有时也可能会有显著影响。

2.系统竞争环境分析

1979 年，经济学家迈克尔·波特（M. Porter）在《哈佛商业评论》发表了《竞争力量如何塑造战略》（*How Competitive Forces Shape Strategy*）一文，这是他在《哈佛商业评论》上发表的第一篇文章，此文点燃了战略研究领域的一场革命。在此后的几十年里，波特将他在经济研究领域卓绝的严谨态度，带到了企业、地区、国家，以及最近的医疗保健和慈善事业等领域的竞争战略研究中。在他 1980 年出版的《竞争战略》一书中，波特将分析中的三个关键区域——行业结构分析、竞争者分析和行业演化分析整合为一个新的分析竞争行业的模型，这个模型就是广为人知的波特五力模型。波特五力模型影响了整整一代人的学术研究和商业实践。2008 年，波特再次更新和扩充了那篇经典文章，写出了《五力模型如何塑造战略》（*The Five Competitive Forces That Shape Strategy*）。在这篇新作中他还指出了人们的常见误区，并深入分析了五力模型对当今企业战略的重要意义，为模型使用者提供了实践指导。

根据波特的观点，一个行业中的竞争不仅存在于现有竞争对手之间，还存在着五种基本的竞争力量。这五种基本竞争力量的状况和综合强度决定了行业的竞争激烈程度，从而影响了行业中最终的获利潜力以及资本向该行业的流向程度。这些因素最终决定了企业保持高收益的能力。这五个力量分别是新进入者威胁、供应商议价能力、买方议价能力、替代品威胁、现有竞争对手之间的对抗。

1）新进入者威胁

新进入某行业的企业总会带来新的产能，并意欲获得一定的市场份额，这就给价格、成本以及投资比率这些竞争必要元素带来了压力。尤其是当新进入者通过多元化战略从其他市场进入这个市场时，它们很可能利用现有能力和现金流来重塑竞争格局。

一个行业的进入威胁有多大，取决于现有的进入壁垒有多高，以及进入者对现有企业所作反应的判断。如果进入壁垒很低，而且新进入者认为现有竞争者不会采取什么报复行为，那么进入威胁就大，行业获利能力也不会太高。由此可见，制约行业获利能力的是进入威胁，倒未必是真的有新的竞争者进入。

进入壁垒是指现有企业相对于新进入者的优势，它主要来自七个方面：①供应方规模经济，②需求方规模效应，③客户转化成本，④资本需求，⑤与规模无关的现有优势，⑥无可比拟的分销渠道资源，⑦限制性政府政策。

2)供应商议价能力

强势供应商可以收取更高的价格、限定质量或服务标准，或者将成本转嫁给行业参与者，从而为自己获取更多的价值。强势供应商，包括劳动力提供者，可以从某些行业中榨取利润，而这些行业却无法将所增成本转移到定价中。例如，微软就通过提高操作系统的价格，削弱了个人电脑制造商的获利能力。个人电脑制造商对客户的争夺是非常强烈的，客户可以轻易更换供应商，因此制造商没有多少提价的空间。

3)买方议价能力

强势客户，即强势供应商的对立面，他们可以压低价格，要求供应商提高质量或提供更多服务(这将导致供应商成本提高)，并挑动行业参与者互相竞争，从而削弱行业获利能力，为自己获取更多价值。如果买方比行业参与者拥有更强的谈判能力，尤其是如果买方对价格敏感，并利用自己的影响力迫使供应商降价，买方则更为强势。

4)替代品威胁

替代品以不同的方式发挥着与某个行业产品相同或相似的作用。如果替代品威胁大，行业获利能力就会受到影响。替代产品或服务带来了价格上限，从而限制了行业的获利潜力。如果一个行业没有通过产品性能、营销等手段与替代品拉开距离，其获利能力就会受到影响，增长潜力往往也会受到制约。替代品不仅会在平稳时期削减行业利润，也会在经济景气时降低行业可以收获的利润。

5)现有竞争对手之间的对抗

竞争对手之间的激烈对抗也会制约一个行业的获利能力。竞争对手之间的对抗会将一个行业的获利潜力削弱到什么程度，首先取决于企业竞争的激烈程度，其次取决于企业竞争的基础。

如果每个竞争者能够利用价格、产品、服务、特性或品牌标志的不同组合，来满足不同客户细分市场的需求，那么竞争对抗也可能带来正和，甚至提高一个行业的平均获利能力。这样的竞争不仅能够支持更高的平均获利能力，而且能够扩大行业规模，因为将有更多客户群体的需求得到满足。在为不同客户群体服务的行业中，出现正和竞争的机会会更大。清楚了解了企业竞争的结构基础之后，战略制定者有时可以采取措施改变竞争性质，使其朝更有利的方向发展。

3.系统战略环境分析

SWOT分析法是聚焦于企业自身发展战略的重要微观系统环境分析工具。具体内容包括分析企业的优势（Strengths）、劣势（Weaknesses）、机会（Opportunities）和威胁（Threats），实际上是将企业内外部各方面条件进行综合和概括，进而分析组织的优劣势、面临的机会和威胁的一种方法。

1）优势与劣势分析（SW）

优势与劣势分析是一种评估组织内部因素的方法，帮助组织了解其竞争优势和不足之处。明确组织的优势和劣势，可以发展出有效的战略和决策。

优势是指组织在特定领域中相对于竞争对手具备的有利条件。这些条件可以是技术专长、品牌声誉、高质量的产品或服务、独特的市场定位等。通过识别和发展优势，组织可以利用其独特性来取得竞争优势和市场份额。劣势则是指组织在特定领域中相对于竞争对手存在的不利条件。这些条件可以是技术滞后、品质问题、高成本结构、营销策略等。通过识别和改善劣势，组织可以减少其对竞争优势的影响，并提高自身的竞争力。

企业是一个整体，由于竞争优势来源的广泛性，在进行优劣势分析时必须从整个价值链的每个环节上，将企业与竞争对手作详细的对比，如产品是否新颖，制造工艺是否复杂，销售渠道是否畅通，以及价格是否具有竞争性等。如果一个企业在某一方面或几个方面的优势正是该行业企业应具备的关键成功要素，那么，该企业的综合竞争优势也许就强一些。需要指出的是，衡量一个企业及其产品是否具有竞争优势，只能站在现有潜在用户角度上，而不是站在企业的角度上。

2）机会与威胁分析（OT）

机会是指那些可能有助于实现目标或带来积极影响的外部因素。这些因素可以是市场趋势、技术进步、政策变化、竞争对手的困境等。通过识别机会，组织可以利用这些因素来推动增长、创新和竞争优势。威胁则是指那些可能对实现目标产生负面影响的外部因素。这些因素可以是市场变化、政策调整、竞争加剧、技术落后等。通过评估威胁，组织可以制定相应的风险管理策略，减少潜在的损失或负面影响。

3)整体分析

SWOT 分析可分为 SW 和 OT 两个方面,分别用于研究内部环境和外部环境。企业高层管理人员应综合考虑内外部因素,并应用杠杆效应、抑制性、脆弱性和问题性四个基本观点,全面评估企业的发展状况。

杠杆效应(优势+机会,SO):杠杆效应产生于内部优势与外部机会相互一致和适应时。在这种情形下,企业可以凭借自身内部优势撬起外部机会,使机会与优势充分结合来发挥作用。

抑制性(劣势+机会,WO):抑制性意味着妨碍、阻止、影响与控制。当环境提供的机会与企业内部资源优势不相适应时,企业的优势再大也将得不到发挥。在这种情形下,企业就需要提供和追加某种资源,以促进内部资源劣势向优势方面转化,从而迎合或适应外部机会。

脆弱性(优势+威胁,ST):脆弱性意味着优势的程度或强度的降低。当环境状况对公司优势构成威胁时,优势就得不到充分发挥,出现优势不优的脆弱局面。在这种情形下,企业必须克服威胁,以发挥优势。

问题性(劣势+威胁,WT):当企业内部劣势与外部威胁相遇时,企业就面临着严峻挑战,如果处理不当,可能直接威胁到企业的生存。

根据 SWOT 分析,可以将问题按轻重缓急分类,明确哪些是急需解决的问题,哪些是可以稍微拖后一点儿的事情,哪些属于战略目标上的障碍,哪些属于战术上的问题,并将这些研究对象列举出来,依照矩阵形式排列,然后用系统分析的思想,把各种因素相互匹配起来加以分析,从中得出一系列相应的结论,有利于领导者和管理者作出较正确的决策和规划。

## 5.4 思考题

(1)何谓系统分析?它和系统工程有何关系?

(2)系统分析的组成要素包括哪些?各要素之间是如何关联的?

(3)系统分析包括哪些工作环节?请画出系统分析的步骤流程图。

# 第6章 管理系统建模

学习目标

(1)理解管理系统建模的基本步骤与方法。

(2)熟知系统结构模型的建模方法与解析技术。

(3)掌握状态空间模型和系统网络模型的建模方法。

## 6.1 系统建模概述

### 6.1.1 系统模型定义

**1.系统模型的概念**

模型是对于实际问题或客观事物、规律进行抽象后的形式化表达方式。系统模型以文字、图表、实物或数学公式等形式,描述现实系统的本质属性,揭示其功能与作用,并提供系统知识。系统模型是现实系统的替代物,它应准确地反映系统的主要组成部分、各部分之间的相互作用,以及在运行条件下的因果作用和相互关系。

系统模型是人类认识和改造世界的有用工具,也是系统工程中的常用方法。因为它不受约束,可以灵活操作,可以模拟,可以优化,从而节约大量的人力、财力、物力和时间。对于大型、复杂或带有危险性的系统,如社会、经济、战争、载人航天等,模型化技术可以确保社会稳定和人身安全。然而,系统模型并非系统本身,无法涵盖所有属性和关系。过于详尽的模型不仅不利于问题解决,还可能使问题复杂化,并掩盖重点。因此,建立模型必须抓住系统的本质要素及要素间的关系,从实际出发,并能充分体现同类系统的共性。

2.系统模型的特征

系统模型是对实际系统的抽象或模仿,与实际系统存在区别,但具有同类系统的共同特征。一个系统模型应该具备以下三个特征。

(1)模型应该是对现实世界的部分进行抽象或者模仿。它应该捕捉到实际问题分析所必需的因素,但又不需要包含所有细节。适度的抽象可以更好地理解和描述系统的主要特征。

(2)模型应该由与分析问题紧密相关的因素构成。在建立模型时,需要明确哪些因素对于解决特定问题是重要的,以及它们之间的相互关系。这有助于人们准确地刻画系统的行为和特性。

(3)模型应该能够展示因素之间的相互关系。在实际系统中,各个因素之间存在着复杂的相互作用和影响。一个好的模型应该能够准确地反映这些相互关系,帮助人们理解系统中的因果关系和反馈机制等相互关系。

3.系统模型的组成

任何模型都是由三个部分组成的,即目标、变量和关系。

1)目标

目标是模型开发和使用首要考虑的因素,需要明确、清晰且合理。只有确定了模型的目标,才能进一步确定影响这一目标的各种关键变量,并推导出各变量之间的关系。目标的明确定义将有助于模型的有效应用和系统特性的深入理解。

2)变量

变量是用于表示系统中各组成部分状态、属性或特征的符号或名称。通常分为输入变量、输出变量和状态变量三种类型。在建立系统模型时,变量的具体定义应当根据实际情况进行,需要具体、准确且可操作。同时,应重视和深入分析变量之间的相互关系及其对系统模型的作用。通过对变量的设计和分析,更好地理解和掌握系统的特性和行为规律,从而提高系统的管理效率并优化业务流程。

3)关系

在确定了模型的目标和影响目标的变量后,需要进一步研究和确定各变量之间的关系。在确定变量之间的关系时,需要小心谨慎地判断什么是原因,什么是结果。同时,变量之间的相互关系和作用也是系统模型中需要特别关注和深入分析的重要内容。在现实生活中,表面上看来是因果关系的情况,并不一定是真正的因果关系,因此需要谨慎处理。

4.系统模型的分类

由于分类视角的不同,系统模型可能存在不同的分类方式,其中常用的有两种分类方式。

1)按照模型代替原型的方式分类

按此分类方式,模型一般可粗略分为形象模型(物质模型)和抽象模型(理想模型)两大类,如图 6.1 所示。

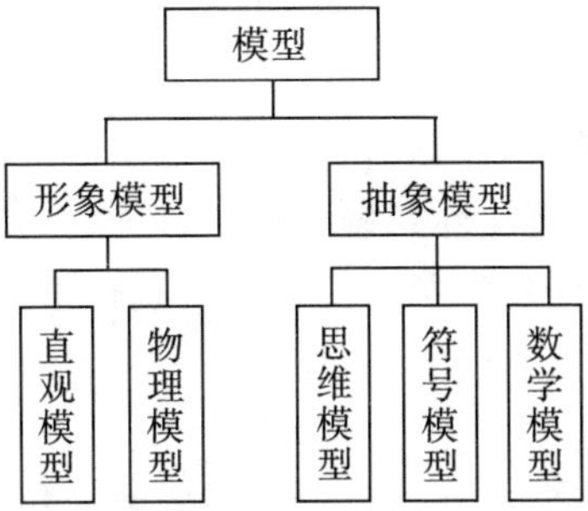


图 6.1 模型的分类

形象模型由具体的有形的实体材料构成,一般包括直观模型和物理模型两种。

(1)直观模型

直观模型是以原型的功能和构造作为模型的组成要素,其尺寸可放大或缩小,变成与实际系统本身相似的模型,如地球仪、作战沙盘、建筑模型、飞机的风洞试验模型、实验工厂及环境模型等。

(2)物理模型

物理模型是科技工作者为了一定目的而根据相似原理构造的模型,旨在通过易于控制或求解的系统去模拟另一系统。例如,用电路模拟机械系统的运动,或模拟水力系统、经济系统的运动规律。模拟计算机就是一种用电子部件组成的模拟系统,可模拟电网运行特性、化工生产过程,以及建筑物在受到震动和动态负载时的状况。

抽象模型是由纯信息而非实体材料构成的模型。其中包括思维模型、符号模型和数学模型等。

(1)思维模型

思维模型是人们将对原型的知识以经验的形式储存在人脑中而形成的模型,简单来说,能解决问题的有效策略都可以叫作思维模型。

思维模型具有广泛的应用，其中简洁明了的模型能显著提升人们识别、分析和解决问题的能力。例如，在学习过程中，无论是哪个学科，老师都会采用口诀、短诗等形式，帮助学生记忆和解决问题。小到乘法口诀，大到微积分公式，都是用了思维模型的方法去简化和压缩庞杂的信息。

(2)符号模型

符号模型是在一定的约定下通过专门的符号来描述原型的模型，符号可以是文字、语言、电码、数学符号、化学符号、交通标志等。

(3)数学模型

数学模型是使用数学公式/图形/算法描述实际对象的定量规律的模型，即运用数学的表达形式来描述实际系统的组成部分、系统结构以及系统与环境的相互作用。原则上讲，现代数学所提供的一切表达形式，包括几何图形、代数结构、拓扑结构、序结构、分析表达式等，均可作为一定的数学模型。

2)按照构造模型的功能分类

按此分类方式，模型可分为解释模型、预测模型和规范模型。

(1)解释模型

解释模型是对实体系统的行为特征和运行演化规律进行解释的一类模型，进一步可分为结构模型和功能模型。

(2)预测模型

基于系统的组成部分、结构、环境和现在的行为，能够对系统的未来行为特性作出预测的模型是预测模型。它本质上也是一种解释模型，因为预测是一种特殊的解释。

(3)规范模型

规范模型的功能在于提供影响和改变系统行为特性的思路和方式，进一步可分为评价模型、规划模型与计划模型。

当然，模型分类的方式还有很多，例如按照系统属性之间的性质，模型可分为定性模型、定量模型、定性定量相结合的模型，这里不再一一列举。

5.系统模型的作用

经济、方便、快速、重复性好等是模型研究的重要特点。这些特点使得模型能够模拟那些不便于进行实验的系统(如社会、经济系统)，从而快速、低成本地展示它们在各种条件下的长期响应过程，并允许重复演示和研究，更便于洞察系统行为。模型在系统工程工作中的作用有以下几点。

(1)有利于促进对系统的理解。由于模型抽象地反映了系统主要的原理和规律，因此通过模型可以使人们容易了解和认识系统。

(2)有利于进行系统分析。对于难以或无法直接实验、测定或修改方案的系统(如大型技术装置、社会经济系统),可以在模型上进行相关分析。

(3)有利于开发人员与用户之间的沟通。模型捕捉了系统的本质,便于从整体上进行研究讨论,促进了开发人员与用户双方更流畅的沟通。

系统模型的作用如图 6.2 所示。

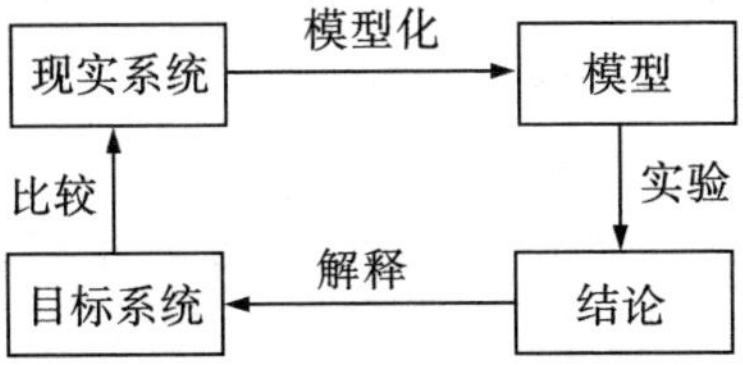


图 6.2　系统模型的作用

然而,这种模型的性质也带来了一些局限性。虽然它能够提供对实际系统的抽象描述,但它并不能完全取代对目标系统内容的深入研究。单纯依靠模型本身,很难全面理解系统的复杂性和内在机制。只有将模型与对目标系统内容的详细研究相结合,才能充分发挥模型在问题解决中的作用。

深入研究目标系统,可以获取与实际情况密切相关的数据和信息,揭示系统中的特殊性和具体因素。这些详细研究成果是模型构建的输入,也是模型验证的依据,确保模型在抽象化过程中不丢失重要的细节和特征。同时,借助对目标系统的研究,能够验证模型的准确性和可靠性,并根据具体情况对模型进行适当的调整和改进。

因此,将模型与对目标系统的深入研究结合起来,可以形成一种相辅相成的关系。模型提供了对系统的整体抽象视图,帮助人们理解系统的概貌和内在关系;而对目标系统的研究则提供了对系统的细致探索,帮助人们捕捉系统的具体特征和动态性。只有综合运用这两者,才能在解决实际问题的过程中更加全面、准确地把握系统的本质,进而提升解决实际问题的效果。

### 6.1.2　系统建模步骤

**1.模型化的定义**

模型化过程始于对现实世界的观察,人们从中获得概念,形成认识,进而通过信息载体表达这种认识。一旦模型被确定为行动方案,它将转化为产品和服务,融入现实世界。因此,模型化是利用信息载体外在展现人们对现实事物的认识，以及客观事物的状态和变化。它反映了人们对客观事物认识的思维过程，是思维形式的外在体现。模型化方法的核心是将实际问题的复杂过程和关系简化为若干关键要素，通过图形、符号等工具抽象出这些要素的作用、地位及其相互关系，构建出理想化的“模型”。这些模型可以是图示或数学形式，通过研究这些模型，我们能够有效地解决实际问题。

建立模型可以将实际问题的复杂过程和相互关系简化为更容易理解和处理的形式，从而为问题的研究和解决提供便利。模型的构建过程中，需要选择合适的符号和图形来表示要素的特性，以及它们之间的相互作用和变化规律。这样就可以对模型进行深入研究，通过分析和推理，获取有关实际问题的重要信息。

通过模型的研究，人们可以运用各种研究方法和技术来解决实际问题。无论是定性分析还是定量推导，模型都提供了一个统一的框架和切入点，使人们能够更加系统地探索问题的本质。通过对模型的分析，人们可以预测系统的行为和结果，评估各种决策和方案的有效性，甚至进行优化和改进。

**2.建模的一般逻辑**

人们的认识不是一次性完成的，它是一个由此及彼、由表及里、由浅入深、由片面到全面，不断反复深化与展开的过程。因此，建模过程有可能是一次性的，但更多的则是多次的，在建模过程中经常伴随着对被研究系统的重新认识与学习，其过程可用图 6.3 来表示。

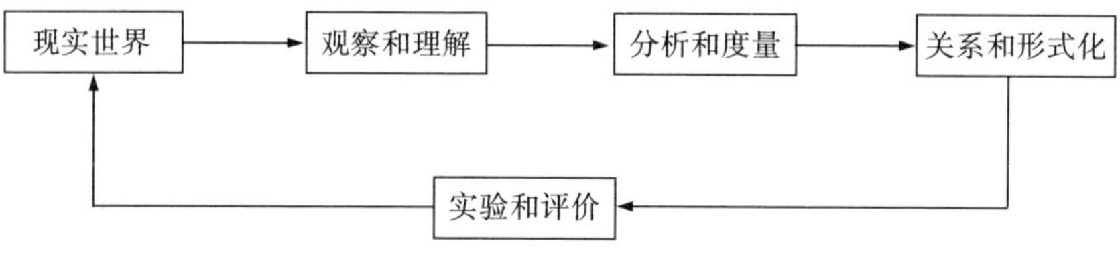


图 6.3　建模的逻辑

1)观察和理解

在全面的、深入细致的调查和研究的基础上，要对实际问题的历史背景和内在机理有更深刻的了解。先要明确所要解决问题的目的和要求，据此搜索各种信息，确定主要资源的限制并提出概念性的方案。

2)分析和度量

分析解决问题的多种途径和设想，明确系统和环境的各种因素，分析它们的性质(是否为常量、变量、可控制量等),据此推断所需数据,建立效能评价准则。

3)关系和形式化

判定问题性质,找出重要影响因素,研究各主要因素之间的关系并将其简化,随后选择合适的模型并制作。

4)实验和评价

根据模型得出结论,将所得结论与实际系统相对照,验证模型是否"真实"地描述了系统的本质属性和演化规律。构造模型常常是一个不断深化的过程,需要引入适当的反馈策略来改进模型的质量,直至满足要求。

**3.构造模型的原则**

构建模型的原则非常关键,它直接影响模型的实用性和有效性。以下是构建模型的一般原则。

1)兼顾现实性和易处理性

模型应该既与现实相关,又易于处理。模型描述现实世界的物质或现象,因而必须在一定程度上反映现实;但由于其抽象性,它应该高于实际。因此,在构建模型时,需要关注其现实性和易处理性。为了保持现实性,模型必须能够反映现实世界的主要元素;同时为了简化处理,需要采用一些理想化的手段,适度简化模型的元素和元素间的关系。优秀的模型必须兼顾现实性和易处理性,偏向任何一方都不能被称为优秀的模型。

2)信息相关性

模型应仅包含与研究目标紧密相关的信息,剔除无关信息以简化模型。例如,在开发某生产线仿真系统的过程中,主要研究的是产品制造流程,因此,在调查分析时重点收集与制造流程有关的产品、工艺、设备、时间等信息,不考虑出现在系统中的弱相关信息,如生产线的噪声、照明等信息,避免模型变得更复杂。因此,在处理信息时,建议剔除模型中的弱相关冗余信息,确保模型的高效与准确。

3)准确性

建模时,需确保信息准确性以保证建模的可靠性。例如,在构建优化产品组合的线性规划模型时,对于所收集的产品成本和利润信息、市场需求信息、制造资源的能力约束信息都要力求准确,以保障最优决策的可靠性。

4)操作适应性

在选择模型形式时,应综合考虑其处理和计算的便捷性,优先选取易于操作且计算简便的模型,以提高操作适应性。

5)结集性

建模时,需考虑实体分区的粒度,即系统的聚合程度。例如,图 6.4 所描述的某公司系统,实体划分的粒度较大、结集程度较高,适合于研究企业层面的系统问题,如各部门之间的集成作用与协调关系,而不适合研究部门层面的系统问题,如各部门内部如何提高运作效率。

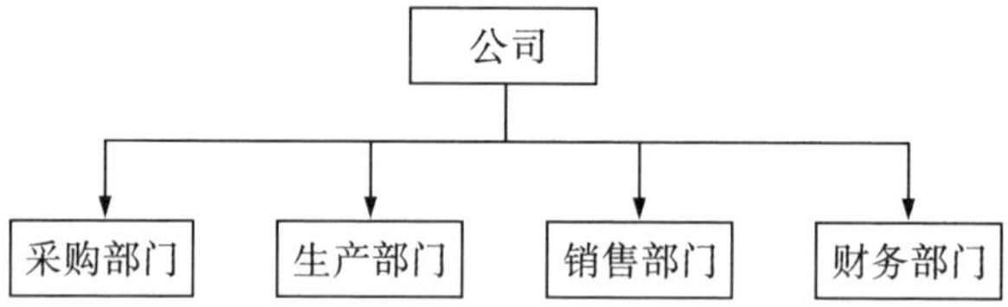


图 6.4　某公司系统

**4.常用建模方法**

1)分析法

分析法注重深入研究对象系统的细节(如结构形式、功能关系等),通过逻辑演绎从公理和规律中推导出系统模型。当研究的问题比较简单又足够明确时,可以根据物理的、化学的、经济的规律,通过一般的推理直接分析得出模型。

2)实验法

实验法是基于实验结果的观察记录和研究分析,以及运用公式和定律,再利用逻辑归纳的方法,推导出系统模型。其中,数学模型法是实验法的典型代表。实验法通常分为三种:模拟法、统计数据分析法和实验分析法。模拟法通过构建数学模型或利用计算机模拟来研究系统行为;统计数据分析法则基于已有数据进行统计分析,探索其中的关联性和趋势;实验分析法则是通过实验操作来观察和验证假设。

3)综合法

综合法强调理论与实验数据的融合,既重视高度抽象、精炼的理论价值,也关注实验中收集的数据,确保建模中理论与数据的结合。理论与实践紧密相连,实验为理论奠定基础,而理论指导实验数据的有效应用。在实践中,综合法被广泛运用。首先,利用演绎法由已知定理推导模型,对于不明确之处,则通过实验方法补充数据;其次,借助归纳法从实验数据中理清关系,构建模型。

例如,在经济学中,由投入的劳动(劳动数或工时)$L$ 和资本投入(固定资产或生产资金)$K$ 可以得出工业总产值 $Y$,即 $Y=F(K,L)$,这一步即是由理论推出模型结构。假设是相加(广义)关系,则 $Y=A(t)L^{\alpha}K^{\beta}$。这里 $A(t)$为综合技术水平，$\alpha$ 是劳动力产出的弹性系数，$\beta$ 是资本产出的弹性系数，均为未知系数，利用统计数据就可以得出 $A(t)$、$\alpha$、$\beta$ 的值来，得到一个柯布-道格拉斯（Cobb-Douglas）生产函数模型。

4）经验法

经验方法有许多种，其中最主要的是德尔菲法。对于复杂的系统，特别是有人参与的系统，利用以上方法建模是十分困难的。因为人们对这样的系统了解不足，所以必须采用德尔菲等方法。通过专家间的启发式讨论，逐步深入对系统的认识，从而构建模型。这种方法适用于复杂的有人参与的系统，通过集中专家的认识及经验，可以取得较好的效果。

5）辩证法

辩证法的基本观点是：系统是一个对立统一体，由矛盾的两个方面组成，矛盾双方的相互转化和统一是普遍现象。因此，在建立分析模型时，需要考虑两个相反的方面，以更全面地理解和解释数据。同样的数据可以用两种对立的模型来解释。这种对未来的描述和预测是两种对立模式解释辩证发展的结果。因此，辩证法能避免片面性，其分析效果优于单一视角。

**5.建模的基本步骤**

建模是将现实世界的问题抽象为数学模型或计算机模型的过程，通常包括以下基本步骤：

**步骤 1**：根据系统的目的，提出建立模型的目的。建立模型必须明确目的，该步骤需回答“为什么建立模型？”等问题。比如，如果仅需了解系统与外界的相互作用关系，那么可以建立一个以输入与输出为主的系统外部行为模型；而若希望了解系统的内在活动规律，就要设法建立一个描述系统输入、输出及状态之间关系的内部结构状态模型。

**步骤 2**：根据建立模型的目的，提出要解决的具体问题，构思所要建立的模型系统，对系统进行一般语言描述。该步骤应明确回答“能解决哪些问题？”“建什么样的模型？”“模型之间的关系是什么？”等问题，也就是将建模目的具体化，解决所提出的问题。该阶段是一个反复修正的过程，提出问题是构思模型系统的基础，而构思的模型系统又可进行问题补充，系统的语言描述又可进一步确定模型结构，经过多次反馈，能使提出的问题更全面、模型的结构更合理。

**步骤 3**：弄清系统中的主要因素（变量）及其相互关系（结构关系和函数关系）。该步骤中的变量与参数一般要用一组符号表示，并整理成数据表和参数表的形式，应回答“需要哪些变量和参数？”“变量之间有什么样的关系？”等问题，以便使模型准确表示现实系统。

**步骤 4**:进一步确定模型的结构,估计模型的参数,将模型具象化。将变量和参数按变量之间的关系和模型之间的关系连接起来,并用规定的形式进行描述。该阶段确定了模型定量方面的内容,并用数量来表示系统中的因果关系,应回答“模型的形式是什么?”等问题。

**步骤 5**:实验研究,检验模型的正确性。模型的实验研究旨在确认模型是否准确反映实际系统的运行情况,该步骤应回答“模型正确吗?”这类问题。检验模型的正确性应先从各模型之间的关系来研究所构成的模型体系是否能实现建模目的,然后研究每个模型是否正确地反映了所提出的问题。一般的检验方法是试算,若试算不正确,则应重新审查所构思的模型系统,并从中找出问题。因此,这一步骤与构思模型阶段又构成反馈关系。

**步骤 6**:必要修改。根据实验结果,对模型作必要的修改。

6.模型的简化

在建立模型的过程中,由于现实世界的复杂性,往往会涉及大量数据、变量和问题,为了方便建模和求解,需要对模型进行简化。以下是一些简化模型的常用方法。

(1)抽象化:将问题的具体细节和不必要的信息剔除,仅保留与问题相关的部分,抽象出问题中的核心要素,从而降低模型的复杂度。

(2)变量归并:将相似或高度相关的变量归并为一个变量,减少模型中无关因素带来的影响。

(3)参数化:将某些固定值、常数或者占据大部分权重的数据视作参数,将其设定为常量或固定值,减少模型中需要求解的未知变量数目。

(4)等价替换:找出与原始变量等价的变量或表达式,替换原始变量或表达式,简化模型求解过程。

(5)假设简化:在问题分析时,为降低计算复杂度,可适当缩减或简化假设条件,但需注意这可能导致误差,需依据具体情况判断。例如,在物理中研究碰撞时,常常假设物体为刚性并忽略形变损失的能量。

(6)模型分解:将整个问题分解成几个相对独立的子问题,逐个求解,然后组成原始解。

以上是一些简化模型的方法,实际建模过程中可以根据具体情况进行选择,综合运用。模型简化可以提高效率、减少计算量,但也会导致模型精度下降,需要权衡和处理。

### 6.1.3 系统建模分类

本章主要介绍两类系统模型，即系统结构模型和状态空间模型，它们在系统分析和设计中扮演着不同的角色。

1）系统结构模型（Structured Model）

系统结构模型是一种概念模型，它通过模块化的方式来组织和描述系统的结构和行为。这种模型强调系统的层次结构和模块间的接口，通常用于软件工程和系统工程中，以便于系统的分析、设计和维护。

模块化：系统被分解为独立的模块，每个模块负责一组特定的功能。

层次结构：模块间呈现出明确的层次结构。

接口：模块间的交互通过定义良好的接口进行。

2）状态空间模型（State Space Model）

状态空间模型是一种数学模型，用于描述系统随时间演变的状态变化。它通常由状态方程和观测方程组成，可以捕捉系统的动态行为和内在结构。状态空间模型被广泛应用于控制理论、信号处理和经济学等领域。

状态方程：描述系统内部状态如何随时间演变。

观测方程：描述系统输出与状态之间的关系。

综上所述，系统结构模型侧重于系统的组织结构和模块化设计，便于系统的管理和理解。状态空间模型侧重于系统的动态行为和状态变化，通常用于动态系统的控制和预测。这两种模型各自适用于不同的系统分析和设计场景，它们提供了从不同角度理解和处理系统问题的方法。在实际应用中，这两种模型可以相互补充，共同为系统工程提供支持。

## 6.2 系统要素分析

在探讨系统建模的两类系统模型前，本节先介绍两种关键的系统要素分析技术：主成分分析和要素聚类分析。这两种技术在系统的降维和模式识别方面发挥着至关重要的作用。

### 6.2.1 系统主成分分析

主成分分析（Principal Component Analysis，PCA）是一种统计方法，它通过正交变换将一组可能存在相关性的变量转换为一组线性不相关的变量，这组新的变量被称为主成分。主成分分析的主要目的是数据降维，即减少数据集的维度，同时尽可能保留原始数据的重要信息(如方差)。

主成分分析是一种强大的数据降维技术，广泛应用于各个领域，如金融、生物统计、社会科学等。通过主成分分析，我们可以更加高效地处理和分析高维数据。其工作原理有五步骤。

**步骤1**：原始数据标准化。对原始数据进行标准化处理，使得每个特征的均值为0，标准差为1。这一步是为了确保所有特征在分析中具有相同的重要性。

**步骤2**：协方差矩阵。计算标准化数据的协方差矩阵。协方差矩阵能够反映特征之间的相关性。

**步骤3**：特征值和特征向量。对协方差矩阵进行特征分解，得到一系列的特征值和对应的特征向量。特征值表示了每个特征向量方向上的数据方差，而特征向量则定义了主成分的方向。特征值的大小反映了原始数据在对应主成分方向上的方差贡献，也就是数据在该方向上的变化程度。

**步骤4**：选择主成分。根据特征值的大小，选择最重要的几个特征向量。通常，较大的特征值对应的特征向量方向上的数据方差较大，因此这些方向被认为更重要。选择的主成分数量可以基于保留的方差比例，或者直接设定一个数量。

**步骤5**：数据转换。将原始数据投影到选定的主成分上，得到降维后的数据。

当我们提到 $R_0$ 时，如果将其与主成分分析联系起来，可能是指第一个主成分(即特征值最大的那个成分)，它捕捉了数据中最大的方差。在主成分分析中，通常选择那些具有较大特征值的主成分来进行数据降维，因为这些成分包含了大部分的数据信息。

例如，如果有一组特征值 $\{\lambda_1,\lambda_2,\cdots,\lambda_n\}$，它们是从大到小排序的，那么 $R_0$(在这里作为第一个最大特征值)就是这个序列中的第一个值 $\lambda_1$。对应的特征向量 $\boldsymbol{e}_0$ 定义了第一个主成分的方向。在实际应用中，我们可能会选择前 $k$ 个最大的特征值及其对应的特征向量来构建新的降维数据集，这样做可以保留尽可能多的原始数据信息，同时减少数据的维度。

**1.主成分的定义、性质及计算**

1)主成分的定义

如果将描述系统的 $n$ 个指标看作是 $n$ 维空间的 $n$ 个随机变量(由于运行情况不断变化，故其取值是随机的)，则有如下的主成分定义：

设 $\boldsymbol{a}=(a_1,a_2,\cdots,a_n)$ 为 $n$ 维空间 $R$ 的单位向量，并记所有单位向量集合为

$$R_0=\{\boldsymbol{a}\mid \boldsymbol{a}\boldsymbol{a}^{\mathrm{T}}=1\}$$

即 $n$ 个线性相关的随机变量为

$$\boldsymbol{X}=(X_1,X_2,\cdots,X_n)^{\mathrm{T}}$$

记 $D(X_i)$为 $X_i$ 的方差，$z_i=a_i\boldsymbol{X}$，$a_i\in R_0$，则有如下定义：

若 $D(z_1)=\max\limits_{a_i\in R_0}\{a_i\boldsymbol{X}\}$，称 $z_1$ 为 $\boldsymbol{X}$ 的第一主成分，记为：$z_1=\beta_1\boldsymbol{X}$，$\beta_1\in R_0$。

一切形如 $\boldsymbol{Z}=\boldsymbol{a}\boldsymbol{X}$，且与 $z_1$ 不相关，使方差达到极大值者，称为 $\boldsymbol{X}$ 的第二主成分，记为：$z_2=\beta_2\boldsymbol{X}$，$\beta_2\in R_0$。

类似地，假设前 $k-1$ 个主成分已知，一切形如 $\boldsymbol{Z}=\boldsymbol{a}\boldsymbol{X}$，且与 $z_1,z_2,\cdots,z_{k-1}$ 不相关，使方差达到最大值者，称为 $\boldsymbol{X}$ 的第 $k$ 个主成分，记为：$\boldsymbol{z}_k=\boldsymbol{\beta}_k\boldsymbol{X}$，$\boldsymbol{\beta}_k\in R_0$ $(k=1,2,\cdots,n)$。

定义中 $\boldsymbol{X}$ 的第 $k$ 个主成分 $\boldsymbol{z}_k=\boldsymbol{\beta}_k\boldsymbol{X}$ 的线性系数如何确定呢？这由下面的定理来回答：

**定理：**设 $E(\boldsymbol{X})=0$，$E(\boldsymbol{X}\boldsymbol{X}^{\mathrm{T}})=\boldsymbol{\sigma}$（可以证明 $\boldsymbol{\sigma}$ 是实对称的非负定的 $n$ 阶协方差矩阵）；$\boldsymbol{\sigma}$ 的 $n$ 个不同的特征根记为 $\lambda_1\geqslant\lambda_2\geqslant\cdots\geqslant\lambda_n\geqslant 0$，则 $\boldsymbol{X}$ 的第 $k$ 个主成分 $\boldsymbol{z}_k=\boldsymbol{\beta}_k\boldsymbol{X}$ 的线性系数 $\boldsymbol{\beta}_k$ 为 $\lambda_k$ 的单位化特征向量（证明略）。

至此，$n$ 维空间的 $n$ 个主成分已定义。为了便于理解，下面仅以二维空间为例，直观地说明主成分的含义。

设两个随机变量取值的一组样本如图 6.5 所示，在二维空间内，根据这组样本可以确立两个主成分：$z_1$ 和 $z_2$。$z_1$ 为第一主成分，其指标取值（样本）沿 $z_1$ 方向分布范围最大，即方差最大。此时沿 $z_1$ 方向对样本的区分能力最大，即 $z_1$ 可在很大程度上综合由原来 $X_1$、$X_2$ 两个指标反映的信息。与 $z_1$ 不相关（即垂直）且使沿该方向样本分布范围最大者为 $z_2$，故 $z_2$ 为第二主成分。

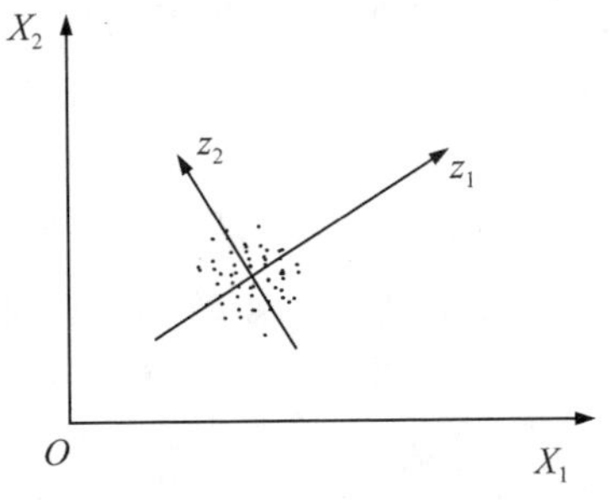


图 6.5　二维空间的主成分示意图

2)主成分的计算

设 $\boldsymbol{X}$ 为 $n$ 维空间的随机变量,且 $E(\boldsymbol{X})=0$,$\boldsymbol{\sigma}=E(\boldsymbol{X}\boldsymbol{X}^T)$,则

$$\boldsymbol{\sigma}=E(\boldsymbol{X}\boldsymbol{X}^{\mathrm{T}})=E(\boldsymbol{X})E(\boldsymbol{X}^{\mathrm{T}})+\operatorname{cov}(\boldsymbol{X}\boldsymbol{X}^{\mathrm{T}})=\operatorname{cov}(\boldsymbol{X}\boldsymbol{X}^{\mathrm{T}})$$

即 $\boldsymbol{\sigma}$ 为一实对称的 $n$ 阶协方差矩阵,可以证明 $\boldsymbol{\sigma}$ 具有 $n$ 个大于零的特征根,记为:$\lambda_1>\lambda_2>\cdots>\lambda_n>0$,则 $\boldsymbol{X}$ 的第 $k$ 个主成分 $\boldsymbol{z}_k=\boldsymbol{\beta}_k\boldsymbol{X}$ 的线性系数 $\boldsymbol{\beta}_k$ 为 $\boldsymbol{\sigma}$ 的第 $k$ 个特征根 $\lambda_k$ 的单位化特征向量,如此可求得 $n$ 个主成分。

3)样本的主成分计算

设 $n$ 个随机变量($n$ 个指标)取得的一组样本如表 6.1 所示。

**表 6.1　$n$ 个指标取值的一组样本数据**

| 样本 | 指标 | | | |
|---|---|---|---|---|
| | $X_1$ | $X_2$ | … | $X_n$ |
| 1 | $Y_{11}$ | $Y_{12}$ | … | $Y_{1n}$ |
| 2 | $Y_{21}$ | $Y_{22}$ | … | $Y_{2n}$ |
| … | … | … | … | … |
| $m$ | $Y_{m1}$ | $Y_{m2}$ | … | $Y_{mn}$ |

(1)对样本进行标准化处理。其计算式为

$$X_{ij}=\frac{Y_{ij}-\overline{Y}_j}{S_j}\quad(j=1,2,\cdots,n)$$

其中

$$\overline{Y}_j=\frac{1}{m}\sum_{i=1}^{m}Y_{ij}$$

$$S_j^2=\frac{1}{m-1}\sum_{i=1}^{m}(Y_{ij}-\overline{Y}_j)^2\quad(j=1,2,\cdots,n)$$

标准化处理的作用有:①消除原来各指标的量纲,使各指标之间具有可比性;②使标准化后的样本满足 $E(\boldsymbol{X})=0$。可以证明,标准化后的样本满足 $E(\boldsymbol{X})=0,D(\boldsymbol{X})=1$。

(2)利用标准化后的样本估计 $\boldsymbol{\sigma}$。由 $\boldsymbol{\sigma}=E(\boldsymbol{X}\boldsymbol{X}^{\mathrm{T}})=\operatorname{cov}(\boldsymbol{X}\boldsymbol{X}^{\mathrm{T}})$ 可知,此处的工作就是通过样本估计总体的协方差矩阵。可以证明下述两种估计都是无偏估计。

$$\sigma_{ij}=\frac{1}{m-1}\sum_{k=1}^{m}X_{ki}X_{kj}\quad(i,j=1,2,\cdots,n)$$

$$\sigma_{ij}=\frac{\sum_{k=1}^{m}X_{ki}X_{kj}}{\sqrt{\sum_{k=1}^{m}X_{ki}^{2}\sum_{k=1}^{m}X_{kj}^{2}}}\quad(i,j=1,2,\cdots,n)$$

于是，得到一个实对称的协方差矩阵 $\boldsymbol{\sigma}$。

(3)计算各主成分。根据前面得到的协方差矩阵 $\boldsymbol{\sigma}$ 即可得到 $n$ 个非负特征根 $\lambda_1>\lambda_2>\cdots>\lambda_n>0$，从而得到 $n$ 个单位化特征向量，构成一个正交矩阵，记为 $\boldsymbol{a}$，则

$$\boldsymbol{a}=\begin{pmatrix}a_{11}&a_{12}&\cdots&a_{1n}\\a_{21}&a_{22}&\cdots&a_{2n}\\\vdots&\vdots&&\vdots\\a_{n1}&a_{n2}&\cdots&a_{nn}\end{pmatrix}$$

$a_{ij}$ 中的 $i$ 为第 $i$ 个主分量，$j$ 为第 $j$ 个主分量。

对于 $m$ 个样本中的第 $k$ 个样本，根据 $Z_k=a_kX$，则可得到如下 $n$ 个主成分：

$$\begin{pmatrix}Z_{k1}\\Z_{k2}\\\vdots\\Z_{kn}\end{pmatrix}=\begin{pmatrix}a_{11}&a_{12}&\cdots&a_{1n}\\a_{21}&a_{22}&\cdots&a_{2n}\\\vdots&\vdots&&\vdots\\a_{n1}&a_{n2}&\cdots&a_{nn}\end{pmatrix}\begin{pmatrix}X_{k1}\\X_{k2}\\\vdots\\X_{kn}\end{pmatrix}$$

对于全部的 $m$ 个样本，则有

$$\begin{pmatrix}Z_{11}&Z_{12}&\cdots&Z_{m1}\\Z_{12}&Z_{22}&\cdots&Z_{m2}\\\vdots&\vdots&&\vdots\\Z_{1n}&Z_{2n}&\cdots&Z_{mn}\end{pmatrix}=\begin{pmatrix}a_{11}&a_{12}&\cdots&a_{1n}\\a_{21}&a_{22}&\cdots&a_{2n}\\\vdots&\vdots&&\vdots\\a_{n1}&a_{n2}&\cdots&a_{nn}\end{pmatrix}\begin{pmatrix}X_{k1}\\X_{k2}\\\vdots\\X_{kn}\end{pmatrix}$$

即

$$Z_0^{\mathrm{T}}=aX_0^{\mathrm{T}}$$

整理得

$$Z_0=X_0a^{\mathrm{T}}$$

式中，$Z_0$ 为样本主成分，$X_0$ 为标准化的样本。

至此，可以把研究 $X_0$ 的问题转化为研究 $Z_0$ 的问题，并且 $Z_0$ 中的各主成分是线性无关的。但是 $Z_0$ 只是将原来的线性相关的一组随机变量转化为线性无关的随机变量，其主成分仍为 $n$ 个，并没有减少指标的数量。下面介绍如何减少主成分的个数，将多指标分析转化为少数指标分析的问题，并且在研究少

数指标的变化规律后，再通过这少数几个指标将原始样本的 $n$ 个指标计算出来，达到分析的目的。

2.样本主成分选择及原指标对主成分的回归

1)主成分选择

为了合理地选择少数几个主成分来有效地描述原来 $n$ 个指标所构成的一组样本，要引入主成分贡献率的概念及其计算方法。

若 $\lambda_i$ 为协方差矩阵 $\boldsymbol{\sigma}$ 的第 $i$ 个特征根，则 $\lambda_k / \sum_{i=1}^{n} \lambda_i$ 为第 $k$ 个主成分的贡献率；$\sum_{i=1}^{r} \lambda_i / \sum_{i=1}^{n} \lambda_i$ 为第 $r$ 个主成分的累计贡献率。

样本前 $r$ 个主成分的累计贡献率表明了前 $r$ 个主成分能够反映原样本信息量的程度。当其达到一定水平时，说明采用前 $r$ 个主成分来描述原样本所包含的信息量已经可以达到要求。例如，当 $n=5$，$\lambda_1=3.0$，$\lambda_2=1.5$，$\lambda_3=0.3$，$\lambda_4=0.15$，$\lambda_5=0.05$ 时，

$$(\lambda_1+\lambda_2) / \sum_{i=1}^{5} \lambda_i=(3.0+1.5)/(3.0+1.5+0.3+0.15+0.05)=0.9$$

说明前两个主成分即能反映原来 5 个指标 90%的信息量，从而在一定水平下可将多个指标转换成用少数几个指标来分析、研究、预测和评价的工作，并得到有关总体的结论。但是有时运用这个研究结果时，还必须知道它们所对应的原始的 $n$ 个指标的取值，因此，还要给出根据已知主成分求原始指标的方法。

2)原指标对主成分的回归

设 $\boldsymbol{X}$ 为原指标列向量，$\boldsymbol{Z}$ 为主成分列向量，则原指标对主成分的回归问题即为 $\boldsymbol{X}=\boldsymbol{BZ}$ 中如何确定回归系数矩阵 $\boldsymbol{B}$ 的问题。

由 $\boldsymbol{Z}=\boldsymbol{aX}$ 可得 $\boldsymbol{a}^{\mathrm{T}}\boldsymbol{Z}=\boldsymbol{a}^{\mathrm{T}}\boldsymbol{aX}$，因 $\boldsymbol{a}$ 为正交矩阵，故 $\boldsymbol{a}^{\mathrm{T}}=\boldsymbol{a}^{-1}$，即 $\boldsymbol{a}^{\mathrm{T}}\boldsymbol{a}=\boldsymbol{a}^{-1}\boldsymbol{a}=\boldsymbol{I}$，所以上式变为 $\boldsymbol{X}=\boldsymbol{a}^{\mathrm{T}}\boldsymbol{Z}$，即回归系数矩阵 $\boldsymbol{B}=\boldsymbol{a}^{\mathrm{T}}$，于是可以根据主成分反求原指标。

当取其前 $r$ 个主成分时，$\boldsymbol{X}=\boldsymbol{a}^{\mathrm{T}}\boldsymbol{Z}$ 为

$$\begin{pmatrix} X_1 \\ X_2 \\ \vdots \\ X_n \end{pmatrix}=\begin{pmatrix} a_{11} & a_{21} & \cdots & a_{r1} \\ a_{12} & a_{22} & \cdots & a_{r2} \\ \vdots & \vdots & & \vdots \\ a_{1n} & a_{2n} & \cdots & a_{rn} \end{pmatrix}\begin{pmatrix} Z_1 \\ Z_2 \\ \vdots \\ Z_r \end{pmatrix}$$

综上所述，将多个线性相关的随机变量转换成少数线性无关的随机变量来研究，可以使被研究的问题简化而实用，且又能根据研究结果推算原指标的取值。

### 3.主成分分析的应用

例 6.1:为了全面分析某城市制造类企业的经济效益,选择了 8 个不同的利润指标以及 14 家企业。这些企业关于这 8 个指标的统计数据如表 6.2 所示,为了评估各企业效益高低,试进行主成分分析。

**表 6.2 14 家企业利润指标的统计数据**

| 利润指标<br>企业序号 | 净产值利润率/%<br>$x_{i1}$ | 固定资产利润率/%<br>$x_{i2}$ | 总产值利润率/%<br>$x_{i3}$ | 销售收入利润率/%<br>$x_{i4}$ | 产品成本利润率/%<br>$x_{i5}$ | 物耗利润率/%<br>$x_{i6}$ | 人均利润/(千元/人)<br>$x_{i7}$ | 流动资金利润率/%<br>$x_{i8}$ |
|---|---|---|---|---|---|---|---|---|
| 1 | 40.4 | 24.7 | 7.2 | 6.1 | 8.3 | 8.7 | 2.442 | 20.0 |
| 2 | 25.0 | 12.7 | 11.2 | 11.0 | 12.9 | 20.2 | 3.542 | 9.1 |
| 3 | 13.2 | 3.3 | 3.9 | 4.3 | 4.4 | 5.5 | 0.578 | 3.6 |
| 4 | 22.3 | 6.7 | 5.6 | 3.7 | 6.0 | 7.4 | 0.176 | 7.3 |
| 5 | 34.3 | 11.8 | 7.1 | 7.1 | 8.0 | 8.9 | 1.726 | 27.5 |
| 6 | 35.6 | 12.5 | 16.5 | 16.7 | 22.8 | 29.3 | 3.017 | 26.6 |
| 7 | 22.0 | 7.8 | 9.9 | 10.2 | 12.6 | 17.6 | 0.847 | 10.6 |
| 8 | 48.4 | 13.4 | 10.9 | 9.9 | 10.9 | 13.9 | 1.772 | 17.8 |
| 9 | 40.6 | 19.1 | 19.8 | 19.0 | 29.7 | 39.6 | 2.449 | 35.8 |
| 10 | 24.8 | 8.0 | 9.8 | 8.9 | 11.9 | 16.3 | 0.789 | 13.7 |
| 11 | 12.5 | 9.7 | 4.2 | 4.2 | 4.6 | 6.2 | 0.874 | 3.9 |
| 12 | 1.8 | 0.6 | 0.7 | 0.7 | 0.8 | 1.1 | 0.056 | 1.0 |
| 13 | 32.3 | 13.9 | 9.4 | 8.3 | 9.8 | 13.3 | 2.126 | 17.1 |
| 14 | 38.5 | 9.1 | 11.3 | 9.5 | 12.2 | 16.5 | 1.327 | 11.6 |

解:样本均值向量为

$$\bar{\boldsymbol{x}}=(27.979 \quad 10.950 \quad 9.100 \quad 8.543 \quad 11.064 \quad 14.614 \quad 1.552 \quad 14.686)^{\mathrm{T}}$$

样本协方差矩阵为

$$
\boldsymbol{S}=\begin{pmatrix}
168.333 & 60.357 & 45.757 & 41.215 & 57.906 & 71.672 & 8.602 & 101.620 \\
 & 37.207 & 16.825 & 15.505 & 23.535 & 29.029 & 4.785 & 44.023 \\
 & & 24.843 & 24.335 & 36.478 & 49.278 & 3.629 & 39.410 \\
 & & & 24.423 & 36.283 & 49.146 & 3.675 & 38.718 \\
 & & & & 56.046 & 75.404 & 5.002 & 59.723 \\
 & & & & & 103.018 & 6.821 & 74.523 \\
 & & & & & & 1.137 & 6.722 \\
 & & & & & & & 102.707
\end{pmatrix}
$$

由于 $\boldsymbol{S}$ 中主对角线元素差异较大，因此从样本相关矩阵 $\boldsymbol{R}$ 出发进行主成分分析。样本相关矩阵 $\boldsymbol{R}$ 为

$$
\boldsymbol{R}=\begin{pmatrix}
1 & 0.76266 & 0.70758 & 0.64281 & 0.59617 & 0.54426 & 0.62178 & 0.77285 \\
 & 1 & 0.55341 & 0.51434 & 0.51538 & 0.46888 & 0.73562 & 0.71214 \\
 & & 1 & 0.98793 & 0.9776 & 0.97409 & 0.68282 & 0.78019 \\
 & & & 1 & 0.98071 & 0.9798 & 0.69735 & 0.77306 \\
 & & & & 1 & 0.99235 & 0.62663 & 0.78718 \\
 & & & & & 1 & 0.6303 & 0.72449 \\
 & & & & & & 1 & 0.62202 \\
 & & & & & & & 1
\end{pmatrix}
$$

矩阵 $\boldsymbol{R}$ 的特征值及相应的特征向量如表 6.3 所示。

**表 6.3　矩阵 *R* 的特征值及相应的特征向量**

| 特征值 | 特征向量 | | | | | | | |
|---|---|---|---|---|---|---|---|---|
| 6.1766 | 0.32113 | 0.29516 | 0.38912 | 0.38472 | 0.37955 | 0.37087 | 0.31996 | 0.35546 |
| 1.0421 | −0.4151 | −0.59766 | 0.22974 | 0.27869 | 0.31632 | 0.37151 | −0.27814 | −0.15684 |
| 0.43595 | −0.45123 | 0.10303 | −0.039895 | 0.053874 | −0.037292 | 0.075186 | 0.77059 | −0.42478 |
| 0.22037 | −0.66817 | 0.36336 | −0.22596 | −0.11081 | 0.14874 | 0.069353 | −0.13495 | 0.55949 |
| 0.15191 | −0.038217 | 0.62435 | 0.12273 | −0.036909 | 0.15928 | 0.21062 | −0.43006 | −0.58105 |
| 0.0088274 | −0.10167 | 0.13584 | −0.15811 | 0.86226 | −0.25204 | −0.34506 | −0.13934 | −0.026557 |
| 0.0029624 | 0.1596 | −0.061134 | −0.53966 | 0.046606 | 0.7609 | −0.27809 | 0.06203 | −0.13126 |
| 0.0012238 | 0.19295 | −0.031987 | −0.64176 | 0.11002 | −0.25397 | 0.68791 | −0.006045 | −0.0054031 |

$\boldsymbol{R}$ 的特征值及贡献率如表 6.4 所示。

**表 6.4 $\boldsymbol{R}$ 的特征值及贡献率**

| 特征值 | 贡献率 | 累计贡献率 |
|---|---|---|
| 6.1766 | 0.76708 | 0.76708 |
| 1.0421 | 0.13027 | 0.89734 |
| 0.43595 | 0.054494 | 0.95184 |
| 0.22037 | 0.027547 | 0.97938 |
| 0.15191 | 0.018988 | 0.99837 |
| 0.0088274 | 0.0011034 | 0.99948 |
| 0.0029624 | 0.0003703 | 0.99985 |
| 0.0012238 | 0.00015297 | 1 |

前 3 个标准化样本主成分累计贡献率已达到 95.184%，故只需取前三个主成分即可。前 3 个标准化样本主成分中各标准化变量 $x_i^* = \dfrac{x_i - \bar{x}_i}{\sqrt{S_{ii}}}(i=1, 2,\cdots,8)$前的系数即为对应的特征向量，由此得到 3 个标准化样本主成分为

$$\begin{cases} y_1 = 0.32113x_1^* + 0.29516x_2^* + 0.38912x_3^* + 0.38472x_4^* + 0.37955x_5^* + \\ \qquad 0.37087x_6^* + 0.31996x_7^* + 0.35546x_8^* \\ y_2 = -0.4151x_1^* - 0.59766x_2^* + 0.22974x_3^* + 0.27869x_4^* + 0.31632x_5^* + \\ \qquad 0.37151x_6^* - 0.27814x_7^* - 0.15684x_8^* \\ y_3 = -0.45123x_1^* + 0.10303x_2^* - 0.039895x_3^* + 0.053874x_4^* - 0.037292x_5^* + \\ \qquad 0.075186x_6^* + 0.77059x_7^* - 0.42478x_8^* \end{cases}$$

须注意到，$y_1$ 近似是 8 个标准化变量 $x_i^* = \dfrac{x_i - \bar{x}_i}{\sqrt{S_{ii}}}(i=1,2,\cdots,8)$，变量前即为对应的等权重之和，是反映各企业总效益大小的综合指标。$y_1$ 的值越大，则企业的效益越好。由于 $y_1$ 的贡献率高达 76.708%，故若用 $y_1$ 的得分值对各企业进行排序，能从整体上反映企业之间的效益差别。将 $S$ 中 $S_{ii}$ 的值、$\bar{x}$ 中各 $\bar{x}_i$ 的值以及各企业关于 $X_i$ 的观测值代入 $y_1$ 的表达式中，可求得各企业 $y_1$ 的得分及其按得分由小到大的排序结果，如表 6.5 所示。

表 6.5 企业效益得分

| 企业序号 | 得分 | 企业序号 | 得分 |
|---|---|---|---|
| 12 | −0.97354 | 5 | 0.016879 |
| 4 | −0.64856 | 8 | 0.17711 |
| 3 | −0.62743 | 13 | 0.18925 |
| 11 | −0.48558 | 1 | 0.29351 |
| 10 | −0.21949 | 2 | 0.65315 |
| 7 | −0.189 | 6 | 0.85566 |
| 14 | −0.004803 | 9 | 0.96285 |

所以,第 9 家企业的效益最好,第 12 家企业的效益最差。

### 6.2.2 系统要素聚类分析

"物以类聚,人以群分"这句话揭示了事物之间基于相似本质属性的内在联系。按照事物属性的内在联系规律和一定的要求,对事物进行分类研究的方法被称作聚类分析。聚类分析可将样本或变量按亲疏的程度进行分类。描述亲疏程度通常用两种方法:一是把样本或变量看成 $p$ 维空间的一个点,定义点与点之间的距离;另一种是用样本间的相似系数来描述其亲疏程度。有了距离和相似系数就可定量地对样本进行分组,根据分类函数将差异最小的两类归成一组,组和组之间再按分类函数进一步归类,直到所有样本归成一类为止。

在聚类分析过程中,首先应对原始数据进行处理。样本的不同指标一般有不同量纲和数量级,因此,在比较时先要对数据进行变换处理。

设样本数为 $n$,变量数为 $m$,则原始观测数据 $x_{ij}$ 表示第 $i$ 个样本的第 $j$ 个指标变量,用矩阵 $\boldsymbol{x}$ 表示样本矩阵,则有

$$\boldsymbol{x}=\begin{pmatrix} x_{11} & x_{12} & \cdots & x_{1m} \\ x_{21} & x_{22} & \cdots & x_{2m} \\ \vdots & \vdots & & \vdots \\ x_{n1} & x_{n2} & \cdots & x_{nm} \end{pmatrix}$$

对原始数据进行标准化变换,即取

$$x'_{ij}=\frac{x_{ij}-\bar{x}_j}{S_j}\ (i=1,2,\cdots,n;j=1,2,\cdots,m)$$

其中

$$\bar{x}_j = \frac{1}{n}\sum_{i=1}^{n} x_{ij}$$

$$S_j = \sqrt{\frac{1}{n-1}\sum_{i=1}^{n}(x_{ij} - \bar{x}_j)^2} \quad (j = 1, 2, \cdots, m)$$

如用 $d_{ij}$ 表示第 $i$ 个样本和第 $j$ 个样本间的距离，则 $d_{ij}$ 有多种表示方式，常用的是闵可夫斯基(Minkowski)距离，即

$$d_{ij}(q) = \sqrt[q]{\sum_{k=1}^{m}(x_{ik} - x_{jk})^q}$$

当 $q=2$ 时，得欧氏距离，即

$$d_{ij}(2) = \sqrt{\sum_{k=1}^{m}(x_{ik} - x_{jk})^2} \quad (i, j = 1, 2, \cdots, n)$$

欧式距离在聚类分析中有着广泛的应用。下面通过实例来说明聚类分析的过程。

例 6.2：世界各国资源分布很不均匀，通过调查 22 个国家的森林和草原等分布状况，可用 4 个指标变量来进行聚类分析。其原始数据如表 6.6 所示。

**表 6.6 原始数据**

| 序号 | 国别 | 森林面积/万 ha | 森林覆盖率/% | 林木蓄积量/亿 $m^3$ | 草原面积/万 ha |
|---|---|---|---|---|---|
| 1 | M1 | 11978 | 12.5 | 93.5 | 31908 |
| 2 | M2 | 28446 | 30.4 | 202.0 | 23754 |
| 3 | M3 | 2501 | 67.2 | 24.8 | 58 |
| 4 | M4 | 732 | 29.4 | 10.5 | 475 |
| 5 | M5 | 210 | 8.6 | 1.5 | 1147 |
| 6 | M6 | 1458 | 26.7 | 16.0 | 1283 |
| 7 | M7 | 635 | 21.1 | 3.6 | 514 |
| 8 | M8 | 32613 | 32.7 | 192.8 | 2385 |
| 9 | M9 | 10700 | 13.9 | 10.5 | 45190 |
| 10 | M10 | 92000 | 41.1 | 841.5 | 37370 |
| 11 | M11 | 296 | 27.3 | 3.5 | 124 |
| 12 | M12 | 458 | 35.8 | 8.9 | 168 |

续表

| 序号 | 国别 | 森林面积/万 ha | 森林覆盖率/% | 林木蓄积量/亿 $m^3$ | 草原面积/万 ha |
|---|---|---|---|---|---|
| 13 | M13 | 868 | 27.8 | 11.4 | 405 |
| 14 | M14 | 161 | 17.4 | 2.5 | 129 |
| 15 | M15 | 929 | 36.4 | 1.4 | 640 |
| 16 | M16 | 634 | 26.7 | 11.3 | 447 |
| 17 | M17 | 385 | 34.7 | 2.5 | 200 |
| 18 | M18 | 6748 | 20.5 | 29.0 | 1200 |
| 19 | M19 | 12180 | 84.0 | 33.7 | 1200 |
| 20 | M20 | 1490 | 16.1 | 0.8 | 2090 |
| 21 | M21 | 4850 | 24.6 | 32.6 | 7450 |
| 22 | M22 | 57500 | 67.6 | 238.0 | 15900 |

经标准化处理后，可得出每列数据的均值为 0、方差为 1 的变换数据(见表 6.7)。由于进行了标准化处理，不同量纲和不同数量级的原始数据可放在一起进行比较，并且数据分布具有一定的稳定性。

**表 6.7　标准化变换后的结果**

| 序号 | 1 | 2 | 3 | 4 |
|---|---|---|---|---|
| 1 | −0.0085 | −1.0303 | 0.0678 | 1.7454 |
| 2 | 0.7152 | −0.0810 | 0.6572 | 1.1523 |
| 3 | −0.4250 | 1.8707 | −0.3053 | −0.5712 |
| 4 | −0.5027 | −0.1340 | −0.3830 | −0.5408 |
| 5 | −0.5257 | −1.2372 | −0.4319 | −0.4920 |
| 6 | −0.4708 | −0.2772 | −0.3531 | −0.4817 |
| 7 | −0.5070 | −0.5742 | −0.4205 | −0.5380 |
| 8 | 0.8983 | 0.0410 | 0.6072 | −0.4019 |
| 9 | −0.0647 | −0.9561 | −0.3830 | 2.7114 |
| 10 | 3.5082 | 0.4865 | 4.1309 | 2.1426 |
| 11 | −0.5219 | −0.2454 | −0.4210 | −0.5664 |
| 12 | −0.5148 | 0.2054 | −0.3917 | −0.5632 |

续表

| 序号 | 1 | 2 | 3 | 4 |
|---|---|---|---|---|
| 13 | −0.4968 | −0.2189 | −0.3781 | −0.5459 |
| 14 | −0.5278 | −0.7704 | −0.4265 | −0.5660 |
| 15 | −0.4941 | 0.2319 | −0.3781 | −0.5288 |
| 16 | −0.5070 | −0.2772 | −0.3787 | −0.5429 |
| 17 | −0.5180 | 0.1471 | −0.4265 | −0.5608 |
| 18 | −0.2383 | −0.6060 | −0.2825 | −0.4881 |
| 19 | 0.0004 | 2.7617 | −0.2570 | −0.4881 |
| 20 | −0.4694 | −0.8394 | −0.4357 | −0.4234 |
| 21 | −0.3218 | −0.3886 | −0.2630 | −0.0335 |
| 22 | 1.9921 | 1.8919 | 0.8527 | 0.5811 |

求取以上 22 个样本的欧氏距离，可得 $d_{ij}(2)=d_{ji}(2)$，因此，距离矩阵是对称矩阵，而且 $d_{ii}(2)=0$。故距离矩阵的计算结果可用表 6.8 列出。

$d_{ij}(2)$的数值越大，表明 $i$ 样本和 $j$ 样本的差别越大。例如 M10 的林木资源最丰富，因此，表 6.8 中第 9 行第 5 列的数值相对较大，最大距离是 $d_{9,5}(2)$，表明 M10 与 M5 的差别最大。表 6.8 中的最小元素为 0，表明相比较的两个国家这一指标无差别，可归为一类。然后由小到大逐步归类，这是一种有效的聚类方法。

聚类分析不仅可用于对样本进行分类，而且可用于对指标变量进行分类，后者又可表示变量间的亲疏程度。不论是对样本还是对变量，均可用相关系数表示。例如要研究变量 $i$ 和 $j$ 的相似程度，如前所述，可用相关系数公式表示为

$$r_{ij}=\frac{\sum_{k=1}^{n}(x_{ki}-\bar{x}_i)(x_{kj}-\bar{x}_j)}{\left[\left(\sum_{k=1}^{n}(x_{ki}-\bar{x}_i)^2\right)\left(\sum_{k=1}^{n}(x_{kj}-\bar{x}_j)^2\right)\right]^{1/2}}$$

式中分子表示两个指标变量的协方差，分母为两个变量的标准差的积。$r_{ij}$ 不受量纲的影响，而且 $r_{ij}(i=j)=1$，即 $r$ 为自相关系数。$r_{ij}(i\neq j)$的取值为 0～1，相关系数又称相关相似系数。

用相关相似系数分析表 6.8 中的 22 个样本的相似程度，结果如表 6.9 所示。

**表 6.8　距离矩阵的计算结果**

| 1 | 2 | 3 | 4 | 5 | 6 | 7 | 8 | 9 | 10 | 11 | 12 | 13 | 14 | 15 | 16 | 17 | 18 | 19 | 20 | 21 |
|---|---|---|---|---|---|---|---|---|---|---|---|---|---|---|---|---|---|---|---|---|
| 2.12 | | | | | | | | | | | | | | | | | | | | |
| 4.09 | 9.01 | | | | | | | | | | | | | | | | | | | |
| 6.58 | 5.43 | 4.03 | | | | | | | | | | | | | | | | | | |
| 5.57 | 6.77 | 9.69 | 1.22 | | | | | | | | | | | | | | | | | |
| 5.92 | 5.14 | 4.63 | 0.03 | 0.93 | | | | | | | | | | | | | | | | |
| 5.91 | 5.76 | 6.00 | 0.20 | 0.44 | 0.10 | | | | | | | | | | | | | | | |
| 6.87 | 2.47 | 5.96 | 2.99 | 4.75 | 2.90 | 3.43 | | | | | | | | | | | | | | |
| 1.15 | 4.89 | 18.90 | 11.44 | 10.56 | 10.82 | 10.50 | 12.59 | | | | | | | | | | | | | |
| 31.33 | 21.17 | 44.43 | 44.05 | 47.00 | 43.41 | 45.15 | 25.90 | 35.55 | | | | | | | | | | | | |
| 6.56 | 5.67 | 4.50 | 0.01 | 0.99 | 0.02 | 0.11 | 3.18 | 11.46 | 44.84 | | | | | | | | | | | |
| 7.32 | 5.64 | 2.79 | 0.12 | 2.09 | 0.24 | 0.61 | 3.05 | 12.27 | 44.04 | 0.20 | | | | | | | | | | |
| 6.45 | 5.44 | 4.38 | 0.01 | 1.04 | 0.01 | 0.13 | 3.01 | 11.34 | 44.10 | 0.00 | 0.18 | | | | | | | | | |
| 5.92 | 6.17 | 7.00 | 0.41 | 0.22 | 0.26 | 0.04 | 3.79 | 10.99 | 45.98 | 0.28 | 0.95 | 0.31 | | | | | | | | |
| 7.20 | 5.46 | 2.70 | 0.13 | 2.16 | 0.26 | 0.65 | 3.96 | 12.09 | 43.55 | 0.23 | 0.00 | 0.20 | 1.01 | | | | | | | |
| 6.35 | 5.48 | 4.63 | 0.02 | 0.93 | 0.01 | 0.09 | 3.07 | 11.25 | 44.25 | 0.00 | 0.23 | 0.00 | 0.25 | 0.26 | | | | | | |
| 7.21 | 5.68 | 2.99 | 0.08 | 1.92 | 0.19 | 0.52 | 3.11 | 12.13 | 44.40 | 0.15 | 0.00 | 0.14 | 0.84 | 0.01 | 0.18 | | | | | |
| 5.34 | 4.76 | 6.18 | 0.31 | 0.50 | 0.19 | 0.09 | 2.51 | 10.40 | 41.63 | 0.24 | 0.75 | 0.23 | 0.14 | 0.78 | 0.19 | 0.67 | | | | |
| 9.47 | 12.12 | 0.98 | 8.66 | 16.40 | 9.47 | 11.41 | 8.96 | 24.08 | 43.66 | 9.35 | 6.82 | 9.15 | 12.79 | 6.66 | 9.51 | 7.14 | 11.40 | | | |
| 5.21 | 5.66 | 7.39 | 0.52 | 0.17 | 0.33 | 0.09 | 3.73 | 10.01 | 45.02 | 0.38 | 1.12 | 0.40 | 0.02 | 1.16 | 0.33 | 0.99 | 0.14 | 13.22 | | |
| 3.78 | 3.42 | 5.41 | 0.37 | 1.00 | 0.24 | 0.35 | 2.57 | 7.94 | 39.48 | 0.37 | 0.69 | 0.34 | 0.50 | 0.67 | 0.32 | 0.63 | 0.26 | 10.23 | 0.41 | |
| 14.51 | 5.89 | 8.51 | 13.11 | 18.93 | 13.35 | 15.20 | 5.65 | 18.41 | 17.46 | 13.83 | 11.99 | 13..43 | 16.49 | 11.68 | 13.73 | 12.29 | 13.65 | 7.10 | 16.19 | 12.18 |

**表 6.9　22 个样本间的相关相似系数矩阵**

| 1 | 2 | 3 | 4 | 5 | 6 | 7 | 8 | 9 | 10 | 11 | 12 | 13 | 14 | 15 | 16 | 17 | 18 | 19 | 20 | 21 |
|---|---|---|---|---|---|---|---|---|---|---|---|---|---|---|---|---|---|---|---|---|
| 0.886 | | | | | | | | | | | | | | | | | | | | |
| 0.585 | 0.876 | | | | | | | | | | | | | | | | | | | |
| 0.690 | 0.921 | 0.919 | | | | | | | | | | | | | | | | | | |
| 0.486 | 0.784 | 0.970 | 0.800 | | | | | | | | | | | | | | | | | |
| 0.630 | 0.797 | 0.723 | 0.929 | 0.556 | | | | | | | | | | | | | | | | |
| 0.011 | 0.112 | 0.339 | 0.109 | 0.508 | 0.007 | | | | | | | | | | | | | | | |
| 0.217 | 0.019 | 0.044 | 0.006 | 0.000 | 0.075 | 0.329 | | | | | | | | | | | | | | |
| 0.934 | 0.707 | 0.356 | 0.522 | 0.249 | 0.555 | 0.023 | 0.398 | | | | | | | | | | | | | |
| 0.073 | 0.310 | 0.651 | 0.401 | 0.770 | 0.202 | 0.820 | 0.446 | 0.001 | | | | | | | | | | | | |
| 0.731 | 0.929 | 0.882 | 0.995 | 0.749 | 0.950 | 0.072 | 0.000 | 0.583 | 0.333 | | | | | | | | | | | |
| 0.630 | 0.907 | 0.986 | 0.971 | 0.916 | 0.822 | 0.236 | 0.028 | 0.420 | 0.557 | 0.945 | | | | | | | | | | |
| 0.739 | 0.913 | 0.837 | 0.983 | 0.691 | 0.970 | 0.042 | 0.000 | 0.613 | 0.277 | 0.996 | 0.912 | | | | | | | | | |
| 0.204 | 0.470 | 0.761 | 0.490 | 0.887 | 0.248 | 0.819 | 0.221 | 0.044 | 0.942 | 0.425 | 0.658 | 0.362 | | | | | | | | |
| 0.610 | 0.895 | 0.990 | 0.963 | 0.927 | 0.807 | 0.255 | 0.036 | 0.397 | 0.582 | 0.934 | 0.999 | 0.899 | 0.679 | | | | | | | |
| 0.705 | 0.850 | 0.745 | 0.943 | 0.581 | 0.994 | 0.009 | 0.002 | 0.624 | 0.197 | 0.967 | 0.839 | 0.986 | 0.260 | 0.823 | | | | | | |
| 0.617 | 0.900 | 0.993 | 0.958 | 0.934 | 0.795 | 0.265 | 0.033 | 0.401 | 0.586 | 0.929 | 0.999 | 0.892 | 0.690 | 1.000 | 0.813 | | | | | |
| 0.013 | 0.194 | 0.529 | 0.355 | 0.599 | 0.221 | 0.612 | 0.674 | 0.012 | 0.910 | 0.291 | 0.471 | 0.248 | 0.740 | 0.494 | 0.194 | 0.490 | | | | |
| 0.615 | 0.881 | 0.987 | 0.869 | 0.983 | 0.643 | 0.391 | 0.026 | 0.371 | 0.651 | 0.831 | 0.955 | 0.781 | 0.797 | 0.959 | 0.676 | 0.967 | 0.483 | | | |
| 0.573 | 0.854 | 0.987 | 0.856 | 0.992 | 0.625 | 0.423 | 0.041 | 0.330 | 0.691 | 0.813 | 0.950 | 0.761 | 0.825 | 0.957 | 0.655 | 0.964 | 0.525 | 0.998 | | |
| 0.962 | 0.750 | 0.421 | 0.501 | 0.350 | 0.442 | 0.002 | 0.368 | 0.933 | 0.021 | 0.545 | 0.453 | 0.553 | 0.126 | 0.434 | 0.521 | 0.443 | 0.002 | 0.470 | 0.428 | |
| 0.605 | 0.461 | 0.291 | 0.205 | 0.332 | 0.083 | 0.156 | 0.254 | 0.478 | 0.079 | 0.211 | 0.251 | 0.190 | 0.253 | 0.246 | 0.131 | 0.262 | 0.000 | 0.391 | 0.364 | 0.719 |

用相关相似系数进行聚类的步骤如下：

(1)找出相关相似系数矩阵中非对角线上的最大元素 $R_{pq}$，即

$$R_{pq}=\max_{x_i\in G_p,x_j\in G_q} r_{ij}$$

式中，$G_p$、$G_q$ 为样本中选出的两个最相似类。

(2)将 $G_p$ 和 $G_q$ 归为一类，记为 $G_r$。

$$G_r=\{G_p,G_q\}$$

(3)计算新类 $G_r$ 与其他类的相关相似系数，求新的聚类。新的聚类系数可用下式求取：

$$R_{rk}=\max_{x_r\in G_r,x_j\in G_k} r_{rj}=\max\{R_{pk},R_{qk}\}$$

式中，$G_k$ 为尚未聚类的样本。

$R_{pk}$、$R_{qk}$ 有两种选法：一种选法是按最相似值取，即

$$R_{pk}=\max_{x_i\in G_p,x_j\in G_k} r_{ij}$$

$$R_{qk}=\max_{x_i\in G_q,x_j\in G_k} r_{ij}$$

另一种选法是保留相关相似系数小的值，即取

$$R_{pk}=\min_{x_i\in G_p,x_j\in G_k} r_{ij}$$

$$R_{qk}=\min_{x_i\in G_q,x_j\in G_k} r_{ij}$$

两种选法所得聚类结构相同，只是各类间的相似值不同。由 $G_r$ 和 $G_k$ 构成新的相似矩阵 $\boldsymbol{R}_1$。

(4)对 $\boldsymbol{R}_1$ 再进行上述步骤得到 $\boldsymbol{R}_2$，继续进行聚类，直到所有样本归为一类为止。以上方法同样可对变量进行归类。表 6.6 中有 4 个变量：森林面积、森林覆盖率、林木蓄积量和草原面积。变量间的相关相似系数在 $-1$ 到 $+1$ 间取值，$+1$ 表示变量变化关系一致，$-1$ 表示相反。由于变量相似矩阵也是对称矩阵，因此只需标出下三角矩阵即可，即

$$\boldsymbol{R}_0=\begin{matrix} & x_1 & x_2 & x_3 & x_4 \\ x_1 & \left(\begin{matrix}1 & & & \\ 0.334 & 1 & & \\ 0.950 & 0.217 & 1 & \\ 0.597 & -0.117 & 0.569 & 1\end{matrix}\right. & & & \\ x_2 & & & & \\ x_3 & & & & \\ x_4 & & & & \end{matrix}$$

可以看出，$\boldsymbol{R}_0$ 的最大元素 $R_{pq}=R_{31}=0.950$，于是可先将 $x_3$、$x_1$ 归为一类，称之为 $G_5$，用第二种算法计算 $x_2$、$x_4$ 与 $G_5$ 的最小相似值，即

$$R_{52}=\min\{r_{12},r_{23}\}=\min\{0.334,0.217\}=0.217$$

$$R_{54}=\min\{r_{14},r_{34}\}=\min\{0.597,0.569\}=0.569$$

可得到新的相似系数矩阵

$$\boldsymbol{R}_1=\begin{matrix} & G_5 & G_2 & G_4 \\ G_5 & 1 & & \\ G_2 & 0.217 & 1 & \\ G_4 & 0.569 & -0.117 & 1\end{matrix}$$

在 $\boldsymbol{R}_1$ 中找到最大元素 0.569，于是将 $G_4$ 和 $G_5$ 归为一类得 $G_6$，再求出 $x_2$ 和 $G_6$ 的相关相似系数最小值，即

$$R_{62}=\min\{r_{25},r_{42}\}=-0.117$$

于是得到新的相似系数矩阵

$$\boldsymbol{R}_2=\begin{matrix} & G_6 & G_2 \\ G_6 & 1 & \\ G_2 & -0.117 & 1\end{matrix}$$

最后将 $G_2$ 和 $G_6$ 合并得 $G_7$。这样得到的聚类谱系图如图 6.6 所示。从变量的含义来看，森林面积和林木蓄积量样本的相似性最大，即相关性最强，这是符合实际规律的。重视森林保护的国家，也常常重视草原建设，其相关性次之。然而，森林覆盖率与草原面积则呈现出相反的趋势，表现为矛盾关系。因此，相关相似系数出现负值，在聚类谱系图中，它们是被最后归类的变量。

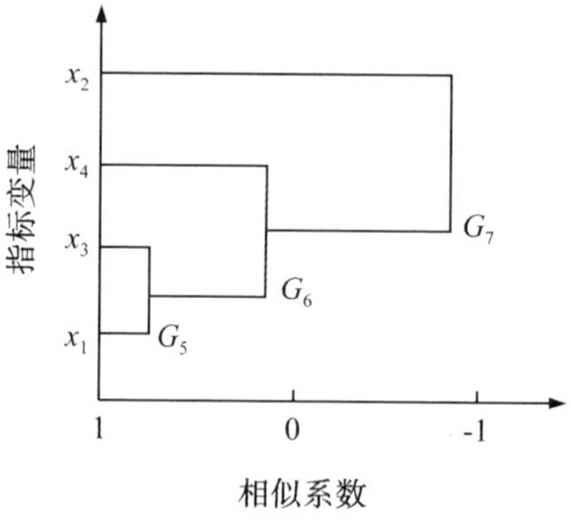


图 6.6 聚类谱系图

## 6.3 系统结构模型

系统是以一定的结构形式存在的,系统结构化模型是人们认识系统、分析系统的重要途径。系统结构模型化是结构分析的基本内容,结构分析是实现系统结构模型化并加以解释的过程。

### 6.3.1 系统结构模型概述

#### 1.系统结构模型定义

系统结构模型(System Structure Model)是定性描述系统构成要素及其之间存在的本质上相互依赖、相互制约和关联情况的模型。它展示了子系统(或元素)如何相互关联以构成整体系统的关系,通常是定性模型。结构模型特别适用于系统开发的初始阶段,可以直观地反映系统的情况。

系统结构模型化技术是建立系统整体结构的决策技术,它基于各种创造性技术,通过探索系统构成要素、定义要素间关联的意义,给出以二元关系为基础的具体关系,并将其整理成图、矩阵等直观、易于理解和便于处理的形式,逐步建立起复杂系统的结构模型。

在开发或改造一个系统的时候,首先要了解系统中各要素间存在怎样的关系,也就是要了解和掌握系统的结构,或者说是建立系统的结构模型。如图 6.7 所示,系统结构分析具体内容包括:①系统要素集分析:根据系统目的和功能,选取系统构成要素;②要素相关性分析:分析要素间的联系;③要素层次性分析:分析要素间的层次关系;④系统整体性分析:确定系统的整体结构并进行解释。

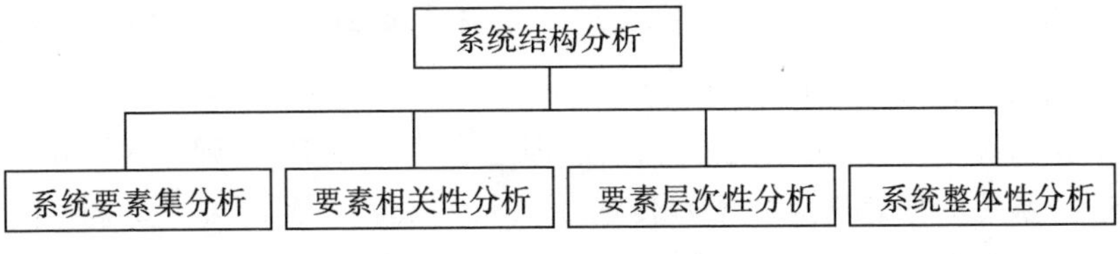


图 6.7 系统结构分析内容

#### 2.系统结构的常用表达方法

系统的要素及其关系形成系统的特定结构,在通常情况下,可采用集合、有向图和矩阵三种相互对应的方式来表达系统的某种结构。将集合、有向图、矩阵各自的特点总结至表 6.10。

**表 6.10 结构分析的常见表达方法**

| | 优点 | 缺点 |
|---|---|---|
| 集合 | 系统的数学表现；概念清楚，在各种表达方式中处于基础地位 | 相对有向图而言不够直观，且难以直接进行数学运算 |
| 有向图 | 展示系统的形象，直观描写；易于理解 | 无法直接用于数学分析 |
| 矩阵 | 便于通过逻辑运算，用数学方法对系统结构进行分析处理；可存入计算机，做计算机辅助处理 | 不够直观，对初学者而言理解困难 |

结构模型利用集合、有向图、矩阵等工具为系统“关系学”的研究提供了形式化手段。需要强调的是，系统、集合、有向图、矩阵之间的对应关系，对研究大规模复杂系统结构非常有用。系统工程要从总体上研究系统与子系统、子系统与子系统、系统与环境间的相互关系，这是研究大规模系统内外部错综复杂关系的“关系学”，而结构模型恰好提供了这一研究的形式化手段。

1)集合表达

设系统由 $n$（$n \geqslant 2$）个要素（$S_1, S_2, \cdots, S_n$）所组成，其集合为 $S$，则有$S=\{S_1, S_2, \cdots, S_n\}$。

系统的多个要素相互关联，一般基于两个要素之间的二元关系。二元关系是指系统中的两个要素（$S_i$，$S_j$）之间存在的关系 $R_{ij}$（简记为 $R$），例如影响关系、因果关系、包含关系、隶属关系等。在结构分析中，二元关系是讨论系统构成要素间基本关系的重点，通常有三种情况：①$S_i$ 与 $S_j$ 间具有某种二元关系 $R$，即 $S_iRS_j$；②$S_i$ 与 $S_j$ 间不具有某种二元关系 $R$，即 $S_i\bar{R}S_j$；③$S_i$ 与 $S_j$ 间的某种二元关系 $R$ 不明，即 $S_i\tilde{R}S_j$。

通常情况下，二元关系具有传递性，即若 $S_iRS_j$、$S_jRS_k$，则存在 $S_iRS_k$（$S_i$，$S_j$，$S_k$ 为系统的任意构成要素），传递性二元关系可以表达两个要素的间接联系。在一般情况下，若对系统的任意构成要素 $S_i$ 和 $S_j$ 来说，既有 $S_iRS_j$，又有 $S_jRS_i$，则这种相互关联的二元关系被称为“强连接关系”，具有强连接关系的各要素之间存在替换性。

为表达系统构成要素间的关联方式，以系统要素集合 $S$ 和二元关系的概念为基础，定义了系统中满足某种二元关系 $R$ 的要素 $S_i$、$S_j$ 的要素对（$S_i$，$S_j$）的集合，称为 $S$ 上的二元关系集合，记作 $R_b$。即有

$$R_b=\{(S_i,S_j)|S_i,S_j\in S,S_iRS_j,i,j=1,2,\cdots,n\}$$

在一般情况下，$(S_i,S_j)$和$(S_j,S_i)$表示不同的要素对。通过系统构成要素集合 $S$ 和在 $S$ 上确定的某种二元关系集合 $R_b$，就可以共同表示系统的某种基本结构。

例如，某系统由 7 个要素$(S_1,S_2,\cdots,S_7)$组成，经过两两判断认为：$S_2$ 影响 $S_1$，$S_3$ 影响 $S_4$，$S_4$ 影响 $S_5$，$S_7$ 影响 $S_2$，$S_4$ 和 $S_6$ 相互影响。这样，该系统的基本结构可用要素集合 $S$ 和二元关系集合 $R_b$ 来表达，其中

$$S=\{S_1,S_2,\cdots,S_7\}$$

$$R_b=\{(S_2,S_1),(S_3,S_4),(S_4,S_5),(S_7,S_2),(S_6,S_4),(S_4,S_6)\}$$

2)有向图表达

有向图($D$)是由节点和有向弧(箭线)组成的有向连接图，用来描述系统各要素之间的关系，节点表示系统的构成要素，有向弧表示要素之间的二元关系，这种关系根据系统的不同可理解为“影响”“先于”“需要”“取决于”“导致”等含义。从节点 $i(S_i)$到 $j(S_j)$的最小(少)的有向弧数被称为“通路长度”，即要素 $S_i$ 与 $S_j$ 间二元关系的传递次数。有向图中，从某个节点出发，沿着有向弧通过其他某些节点各一次后仍能回到该节点，则形成回路。呈现强连接关系的要素节点间存在双向回路。

可以借助图 6.8 描绘的地区发电、供电与工厂、人口、环境之间的有向图来理解地区供电系统结构。从图中可以观察到工厂数对用电量有直接影响，工厂数对职工数也有直接影响，而职工数又会影响人口数，进而影响用电量。前者是直接影响，后者是通过其他要素的间接影响。这样的有向连接图清晰地展现了复杂系统内部各元素的关系。

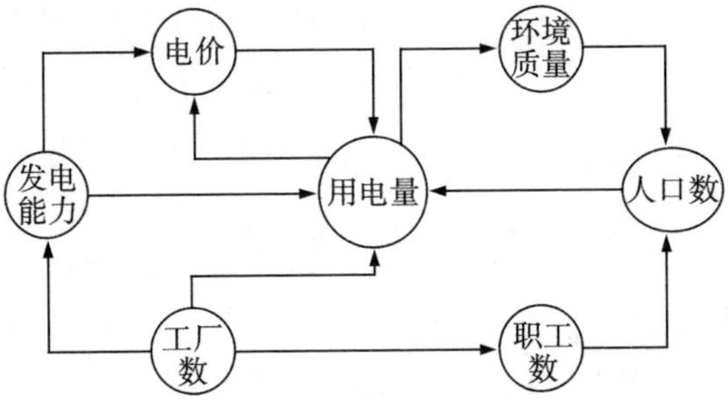


图 6.8 地区供电关系示意图

在“集合表达”一小节中给出的系统要素及其二元关系的有向图如图 6.9 所示。其中 $S_3$ 到 $S_5$、$S_3$ 到 $S_6$ 和 $S_7$ 到 $S_1$ 的路长均为 2。另外，$S_4$ 和 $S_6$ 间具有强连接关系，$S_4$ 和 $S_6$ 相互到达，在其间形成双向回路。

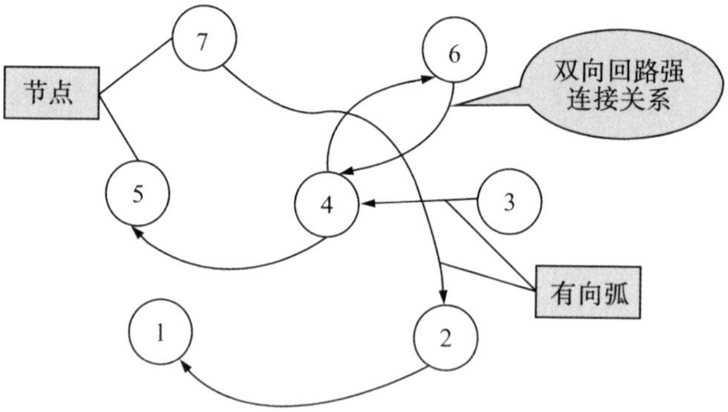


图 6.9　集合 $R_b$ 的有向图表达

3)矩阵表达

系统结构的矩阵表达以集合表达为基础，并且可以通过有向图的形式形象表达出来。用于表达系统结构的矩阵包括邻接矩阵、可达矩阵、缩减矩阵、骨架矩阵。

(1)邻接矩阵

邻接矩阵又称相邻矩阵，描述的是系统要素之间的连接状态或基本二元关系，即 $S_i$、$S_j$ 的关系，表现在有向图上，就是两个要素之间是否存在有向弧连接。若邻接矩阵 $\mathbf{A}=(a_{ij})_{n\times n}$，定义邻接矩阵元素 $a_{ij}$ 为

$$a_{ij}=\begin{cases}1, S_iRS_j \text{ 或}(S_i, S_j)\in R_b, R \text{ 表示可从 } S_i \text{ 到达 } S_j \\ 0, S_i\bar{R}S_j \text{ 或}(S_i, S_j)\notin R_b, \bar{R} \text{ 表示不可从 } S_i \text{ 到达 } S_j\end{cases}$$

此处的 1 与 0 是布尔值，用于描述二元关系。在邻接矩阵中，认为各元素对自身不存在直接二元关系，即 $a_{ii}=0, \forall i$。邻接矩阵与集合及有向图间有着一一对应的关系，有了表达系统结构的集合$(S_i, R_b)$或有向图$(D)$，就可以很容易地写出邻接矩阵 $\mathbf{A}$，反之亦然。

图 6.9 给出的系统结构，通过邻接矩阵可表述为

$$
A = \begin{array}{c} \\ 1 \\ 2 \\ 3 \\ 4 \\ 5 \\ 6 \\ 7 \end{array}
\begin{array}{c} \begin{array}{ccccccc} 1 & 2 & 3 & 4 & 5 & 6 & 7 \end{array} \\
\begin{pmatrix} 0 & 0 & 0 & 0 & 0 & 0 & 0 \\ 1 & 0 & 0 & 0 & 0 & 0 & 0 \\ 0 & 0 & 0 & 1 & 0 & 0 & 0 \\ 0 & 0 & 0 & 0 & 1 & 1 & 0 \\ 0 & 0 & 0 & 0 & 0 & 0 & 0 \\ 0 & 0 & 0 & 1 & 0 & 0 & 0 \\ 0 & 1 & 0 & 0 & 0 & 0 & 0 \end{pmatrix} \end{array}
$$

在邻接矩阵中，如果某一行全为 0，则认为该行对应的要素为输出要素（如矩阵 **A** 中的行 1 和行 5）；如果某一列全为 0，则认为该列对应的要素为输入要素（如矩阵 **A** 中的列 3 和列 7）。邻接矩阵描述了经过长度为 1 的通路后各节点两两之间的可达程度。

（2）可达矩阵

可达矩阵（**M**）就是表示有向图中各节点间经长度不大于 $n-1$ 的通路的可达情况的方阵。对于节点数为 $n$ 的图，最长的通路不能超过 $n-1$。若可达矩阵 $\boldsymbol{M}=(m_{ij})_{n\times n}$，且在无回路条件下的最大路长或传递次数为 $r$，有 $0\leqslant t\leqslant r$，定义可达矩阵元素 $m_{ij}$ 满足：

$$
m_{ij}=\begin{cases} 1, S_iR^tS_j（存在\ S_i\ 至\ S_j\ 路长最大为\ r\ 的通路） \\ 0, S_i\overline{R^t}S_j（不存在\ S_i\ 至\ S_j\ 的通路） \end{cases}
$$

$t=0$ 时，表示 $S_i$ 自身到达，也称反射性二元关系；$t=1$ 时，表示基本的二元关系，可达矩阵 **M** 即为邻接矩阵 **A**；$t\geqslant 2$ 时，表示传递性二元关系。

矩阵 **M** 和 **A** 的元素均为 0 或 1，为 $n$ 阶矩阵，且符合布尔运算法则，即 $0+0=0$，$0+1=1$，$1+0=1$，$1+1=1$，$0\times 0=0$，$0\times 1=0$，$1\times 0=0$，$1\times 1=1$。若在上述矩阵 **A** 上加一单位矩阵 **I**，即得 $\boldsymbol{A}+\boldsymbol{I}$。它描述了各点间经长度为 0 和 1（不大于 1）的通路后的可达情况。$(\boldsymbol{A}+\boldsymbol{I})^2=\boldsymbol{A}^2+\boldsymbol{A}+\boldsymbol{I}$ 则描述了各点间经长度不大于 2 的通路的可达情况，$(\boldsymbol{A}+\boldsymbol{I})^3=\boldsymbol{A}^3+\boldsymbol{A}^2+\boldsymbol{A}+\boldsymbol{I}$，显然是 3 步以内可达要素的矩阵表示，以此类推。

通过对邻接矩阵 **A** 的计算，可以得到可达矩阵 **M**，计算公式为 $(\boldsymbol{A}+\boldsymbol{I})^{r-2}\neq(\boldsymbol{A}+\boldsymbol{I})^{r-1}=(\boldsymbol{A}+\boldsymbol{I})^{r}=\boldsymbol{M}$，其中 $r\leqslant n-1$。**I** 为与 **A** 同阶的单位矩阵（对角线元素为 1）。

仍以图 6.9 的有向图为例，得

$$A_1=A+I=\begin{array}{c} \\ 1\\2\\3\\4\\5\\6\\7\end{array}\begin{array}{c}\begin{array}{ccccccc}1&2&3&4&5&6&7\end{array}\\ \begin{pmatrix}1&0&0&0&0&0&0\\1&1&0&0&0&0&0\\0&0&1&1&0&0&0\\0&0&0&1&1&1&0\\0&0&0&0&1&0&0\\0&0&0&1&0&1&0\\0&1&0&0&0&0&1\end{pmatrix}\end{array}$$

$A_1$ 描述了各节点经过长度不大于 1 的通路后的可达程度。但 $A+I$ 还不是可达性矩阵 $M$,因此要继续进行计算。

$$A_2=(A+I)^2=\begin{array}{c} \\ 1\\2\\3\\4\\5\\6\\7\end{array}\begin{array}{c}\begin{array}{ccccccc}1&2&3&4&5&6&7\end{array}\\ \begin{pmatrix}1&0&0&0&0&0&0\\1&1&0&0&0&0&0\\0&0&1&1&1&1&0\\0&0&0&1&1&1&0\\0&0&0&0&1&0&0\\0&0&0&1&1&1&0\\1&1&0&0&0&0&1\end{pmatrix}\end{array}$$

$A_2$ 描述了各节点经过长度不大于 2 的通路后的可达程度。

进一步计算发现,$(A+I)^3=(A+I)^2$,所以可达矩阵 $M=A_2=(A+I)^2$,最大传递次数(步长)$r=2$。

所以,对于图 6.9,经过计算,其可达矩阵是

$$M=A_2=\begin{array}{c} \\ 1\\2\\3\\4\\5\\6\\7\end{array}\begin{array}{c}\begin{array}{ccccccc}1&2&3&4&5&6&7\end{array}\\ \begin{pmatrix}1&0&0&0&0&0&0\\1&1&0&0&0&0&0\\0&0&1&1&1&1&0\\0&0&0&1&1&1&0\\0&0&0&0&1&0&0\\0&0&0&1&1&1&0\\1&1&0&0&0&0&1\end{pmatrix}\end{array}$$

观察有向图 6.9 不难发现,1 不可以到达任意一个点,2 可以到达 1,3 可以到达 4、5、6 三个点,4 可到达 5、6 两个点,5 不可以到达任意一个点,6 可以到达 4、5 两个点,7 可以到达 1、2 两个点,符合可达矩阵。在此例中,$(A+I)^3=(A+I)^2$,即 $M$ 在二次上已经收敛,也就是说,相通的各点在两步之

内均可到达。

(3)缩减矩阵

当可达矩阵中存在两个节点相应的行、列元素值分别完全相同时,说明这两个节点构成回路,此时,只要保留其中一个节点即可代表回路中的其他节点,删除满足可替换性的要素之一所在的行和列,即可以得到可达矩阵 $\boldsymbol{M}$ 的缩减矩阵 $\boldsymbol{M}'$。在图 6.9 中,4 与 6 为互达关系,若删除 6,则得到以{1,2,3,4,5,7}为代表要素的缩减矩阵 $\boldsymbol{M}'$:

$$\boldsymbol{M}'=\begin{array}{c} \\ 1\\2\\3\\4\\5\\7\end{array}\begin{array}{c}\begin{matrix}1&2&3&4&5&7\end{matrix}\\ \begin{pmatrix}1&0&0&0&0&0\\1&1&0&0&0&0\\0&0&1&1&1&0\\0&0&0&1&1&0\\0&0&0&0&1&0\\1&1&0&0&0&1\end{pmatrix}\end{array}$$

(4)骨架矩阵

对于给定系统,邻接矩阵 $\boldsymbol{A}$ 的可达矩阵 $\boldsymbol{M}$ 是唯一的,但实现某一可达矩阵 $\boldsymbol{M}$ 的邻接矩阵 $\boldsymbol{A}$ 可以有多个。把实现某一可达矩阵 $\boldsymbol{M}$、具有最小二元关系个数(元素"1"的个数最少)的邻接矩阵叫作 $\boldsymbol{M}$ 的最小实现二元关系矩阵,或称之为骨架矩阵,记作 $\boldsymbol{A}'$。

**3.系统结构分析的一般方法**

结构分析的方法,即系统结构模型化技术,是以各种创造性技术为基础的系统整体结构的决策技术。它采用"自顶向下,由外到内,逐层分解"的思想对复杂的系统进行分解化简,通过探索系统构成要素、定义要素间关联的意义,给出要素间以二元关系为基础的具体关系,并将其整理成图、矩阵等直观、易于理解和便于处理的形式,逐步建立起复杂系统的结构模型。

如图 6.10 所示,比较有代表性的系统结构分析方法包括关联树(如问题树、目标树、决策树)法、解释结构模型(ISM)方法、系统动力学(SD)结构模型化方法等。广义的结构模型化技术有静态和动态之分。静态的分析包括分类、分解、分层、架构、组成、组合等,其核心是研究事物的内部结构和组成,以全面了解事物的构成和组成要素。动态的分析包括阶段、流程、活动、步骤、方法、排序等,其核心是研究事物的生命周期和运行机制,全面了解事物发展过程在不同阶段下表现出来的状态特征。本章所研究的结构模型特指静态模型,研究系统内部的架构组成。在静态的结构化技术中,解释结构模型技术(ISM)是最基本和最具特色的系统结构模型化技术。在接下来的内容中,将对解释结构模型技术进行进一步介绍。图 6.10 对系统结构分析的代表性方法进行了分类。

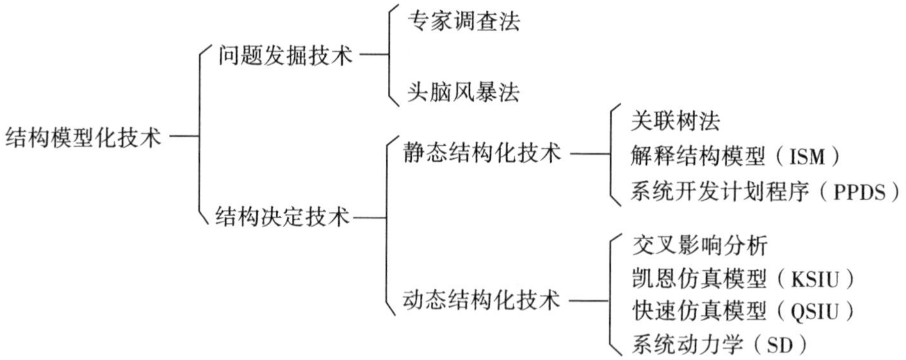


图 6.10　结构模型化技术

## 6.3.2　解释结构模型技术

### 1.定义

1976 年美国系统科学大师沃菲尔德(J. N. Warfield)在《社会系统:规划、政策和复杂性》(*Social Systems: Planning, Policy, and Complexity*)一书中首次运用解释结构模型(Interpretative Structural Modeling, ISM)技术揭示了复杂性的问题,标志着 ISM 方法的诞生。解释结构模型是一种以定性分析为主的静态模型,通过系统元素之间的相互关系和量化方式来探究系统结构,在不损失系统功能的前提下给出最简的、层次化的拓扑图。其中,所谓“最简”是指求解一般性骨架矩阵(骨干矩阵),而“层次化”则是通过多种层级抽取的方式得到。其作用在于研究系统结构关系情况,尤其适用于解决社会经济系统问题。解释结构模型方法的特点是通过提取系统的构成要素,借助有向图等工具处理要素及其相互间的关系,最后进行文字解释说明,将复杂的系统分解为若干个子系统,最终将系统构造成一个多级递阶的结构模型。

解释结构模型方法的核心在于对系统要素间的关系(尤其是因果关系)进行层次化处理,以帮助研究人员调查和分析问题的关键要素。因此,当已知各要素间的影响关系情况,并希望使用解释结构模型进行各种逻辑结构关系的梳理,比如找出各要素的层级关系情况时,就可以使用解释结构模型。

2.逻辑链条

图 6.11 展示了解释结构模型的逻辑链条,具体建模步骤如下:

**步骤** 1:明确所研究问题,并组织实施解释结构模型的小组。

**步骤** 2:有关专家与系统分析人员一起讨论,共同确定有关要素。

**步骤** 3:找出影响系统问题的主要因素,并寻求要素间的直接二元关系,初步构思系统模型。

**步骤** 4:建立邻接矩阵,并据此建立可达矩阵。

**步骤** 5:对可达矩阵进行分解、缩约、简化处理,得到反映系统递阶结构的骨架矩阵。

**步骤** 6:作出要素间的多级递阶有向图,得到递阶结构模型。作图过程为:①分区域逐级排列系统要素;②用从下到上的有向弧来显示逐级要素间的关系。

**步骤** 7:通过对要素的解释说明,建立解释结构模型。

**步骤** 8:将解释结构模型与意识模型比较,进行修正,得到启发性的结构分析结果。

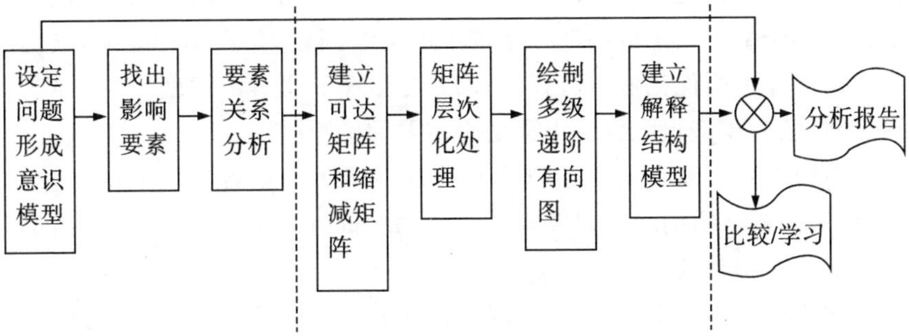


图 6.11　解释结构模型逻辑链条

对于一般工程系统来说,它由许多要素根据一定的工艺机理组合而成,因此系统的邻接矩阵相对容易获取。而对于社会经济系统来说,通常较易获取可达矩阵。根据人们的实践经验和直觉判断,一般会相对容易地判断要素 $n_i$ 与 $n_j$ 之间是否存在关系,至于这种关系是直接的还是间接的,则不需十分明确。在这种情况下,可以通过对话形式初步构建可达矩阵,然后经过简化和排序等处理即可得到结构模型。随后,可按照结构模型的要素填入相应的要素名称,即形成解释结构模型。

通过对可达矩阵的处理和分析，建立了系统问题的递阶结构模型，这是解释结构模型技术的核心内容。根据问题的规模和分析条件，可以采用不同的方法来完成这项工作。建立解释结构模型的方法分为规范方法和实用方法，其中实用方法可以直接应用于实际问题，而规范方法则用于验证实用方法的正确性，具体见下节介绍。

**3.解释结构模型的评价**

解释结构模型作为系统工程中的强大分析工具，具有广泛的适用性和实用性。它能够协助人们精准识别并解决系统中的问题，进而提升系统的效率和性能。解释结构模型在多个领域的应用推动了这些领域的发展，已成为系统工程中的重要工具之一。比如，在工程设计方面，解释结构模型被广泛应用于电子、机械、建筑等工程类型的系统架构分析，帮助设计师了解系统中的设计和生产问题，并提供解决方案。在金融投资方面，解释结构模型可以帮助投资者识别和管理投资风险，并基于市场数据提供投资建议。在操作管理方面，解释结构模型可用于对供应链、生产和产品管理流程的建模，并提供优化方案，帮助企业提高效率并降低成本。在营销分析方面，解释结构模型可用于市场营销策略的分析和优化，包括市场细分、需求识别、价格策略和消费者行为等。在医疗领域，解释结构模型可用于解决医疗系统中的复杂问题，如疾病诊断流程、药品管理等，帮助医疗机构优化业务流程，提高诊疗效率和患者满意度。

但解释结构模型也隐含着下面两个主要问题。

(1)系统各要素间有无关系以及具体的逻辑关系依赖于人们的经验判定，小组成员对问题认识的差异以及权威人士的倾向性意见，可能降低小组决策的质量，进而影响模型的有效性。

(2)在描述要素之间的关系时，隐含了级与级间不存在反馈回路的假设。但实际问题中，各级要素之间往往存在反馈回路，虽然解释结构模型法将反馈回路变成递阶关系，方便了问题的分析与处理，但是也在一定程度上影响了分析的准确性。

### 6.3.3　解释结构模型建模

**1.解释结构模型的规范方法**

解释结构模型的建立以可达矩阵为基础，依次进行区域划分、级别分解、骨架矩阵提取和多级递阶有向图绘制四个过程。

1)区域划分

受系统不同要素的相互关系影响，系统可以根据可达矩阵的行列变换划分为相互独立的几个子模块,即区域划分的过程。在划分区域之前,需要根据要素特点,将要素划分入几个不同的集合,根据要素在不同集合的位置,可以拆分原有的可达矩阵。下面为有关要素集合的定义:

(1)可达集合:表示由系统要素 $S_i$ 可以到达的所有要素的集合 $R(S_i)$,即可达矩阵第 $S_i$ 行中所有矩阵元素为1的列对应的要素集合,定义式为

$$R(S_i)=\{S_j \mid S_j \in S, m_{ij}=1, j=1,2,\cdots,n, i=1,2,\cdots,n\}$$

(2)先行集合:表示系统中可以到达系统要素 $S_i$ 的诸要素的集合 $A(S_i)$,即可达矩阵第 $S_i$ 列中所有矩阵元素为1的行对应的要素集合,定义式为

$$A(S_i)=\{S_j \mid S_j \in S, m_{ji}=1, j=1,2,\cdots,n, i=1,2,\cdots,n\}$$

(3)共同集合:表示可达集和先行集的交集,记为 $C(S_i)$,定义式为

$$C(S_i)=\{S_j \mid S_j \in S, m_{ij}=m_{ji}=1, j=1,2,\cdots,n, i=1,2,\cdots,n\}$$

(4)起始集合:表示只到达其他要素而不被其他要素到达的要素的集合 $B(S)$,定义式为

$$B(S)=\{S_i \mid S_i \in S, A(S_i)=C(S_i), i=1,2,\cdots,n\}$$

起始集合的性质是,满足先行集合等于共同集合的要素都在起始集合内。对于单个要素,当其先行集合为可达集合的子集时,说明它与可达集合的其他元素只有单向相通关系,而集合的交集部分为要素本身或其替换性要素,则满足了该要素不被其他要素到达或与替换性要素相互为起始,只有两者间的互达关系与到达其他元素的关系。

(5)终止集合:表示只被其他要素到达而不到达其他要素的集合 $E(S)$,定义式为

$$E(S)=\{S_j \mid S_j \in S, R(S_j)=C(S_j), j=1,2,\cdots,n\}$$

终止集合的性质是,满足可达集合等于共同集合的要素都在终止集合内。对终止集合的分析与起始集合是类似的,不再赘述。

判断系统是否可以划分为几个独立的子模块,只需要研究起始集合 $B(S)$ 中的要素及其可达集合要素能否分割或终止集合 $E(S)$ 中的要素及其先行集合要素是否相对独立。如果存在相互独立的多个起始点,则起始集合为各个起点本身,没有交集,同时各个起点的可达集合相互不交,自然是相互独立的模块。如果起始点之间本身具有互达关系(此时起始集合之间必然会有交集),或者可达集合存在交集,则系统是无法分离的。故用起始集合划分系统的规则是:取 $b_i, b_j \in B(S)$,若 $R(b_i) \cap R(b_j) \neq \phi$,则两要素以及其可达集合的要素同属一个区域。若对任两个要素都有这一结果,则 $S$ 不可分。若 $R(b_i) \cap R(b_j) = \phi$,则说明系统至少可以被划分为两个独立的区域。

同理，用终止集划分系统的规则是：判断“$A(e_i)\cap A(e_j)$”($e_i,e_j\in E(S)$)是否为空集。

下面结合案例帮助理解。若给定一个有向图 6.12，则其可达矩阵为

$$
M=\begin{array}{c} \\ 1\\2\\3\\4\\5\\6\\7\end{array}\begin{array}{c}\begin{array}{ccccccc}1&2&3&4&5&6&7\end{array}\\ \begin{pmatrix}1&0&1&0&1&0&0\\0&1&0&1&0&0&1\\0&0&1&0&0&0&0\\0&1&0&1&0&0&1\\0&0&1&0&1&0&0\\0&1&0&1&0&1&1\\0&0&0&0&0&0&1\end{pmatrix}\end{array}
$$

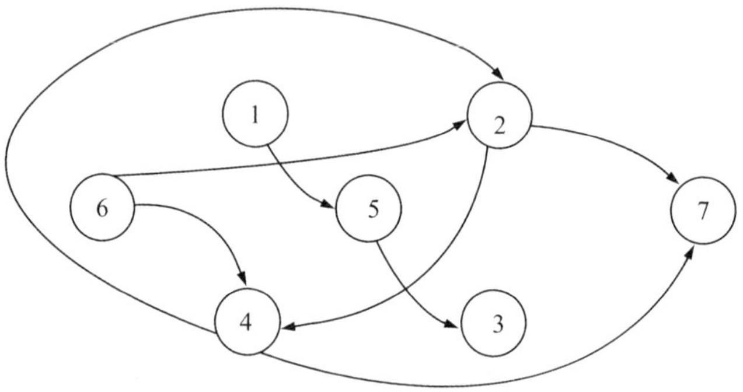


图 6.12　有向连接图

则先行集合 $A(S_i)$、可达集合 $R(S_i)$、共同集合 $C(S_i)$、起始集合 $B(S)$、终止集合 $E(S)$划分如表 6.11 所示。

**表 6.11　集合划分**

| $S_i$ | $A(S_i)$ | $R(S_i)$ | $C(S_i)$ | $B(S)$ | $E(S)$ |
|---|---|---|---|---|---|
| 1 | 1 | 1,3,5 | 1 | 1 | — |
| 2 | 2,4,6 | 2,4,7 | 2,4 | — | — |
| 3 | 1,3,5 | 3 | 3 | — | 3 |
| 4 | 2,4,6 | 2,4,7 | 2,4 | — | — |
| 5 | 1,5 | 3,5 | 5 | — | — |

续表

| $S_i$ | $A(S_i)$ | $R(S_i)$ | $C(S_i)$ | $B(S)$ | $E(S)$ |
|---|---|---|---|---|---|
| 6 | 6 | 2,4,6,7 | 6 | 6 | — |
| 7 | 2,4,6,7 | 7 | 7 | — | 7 |

通过起始集合分析，对于起始集合中的1，其可达集为{1,3,5}，对于起始集合中的6，其可达集为{2,4,6,7}，两集合是不交的。同理，通过终止集合分析，对于终止集合中的3，其先行集合为{1,3,5}，对于终止集合中的7，其先行集合为{2,4,6,7}。结合有向图，显然{1,3,5}是系统的一个独立子集，而{2,4,6,7}为系统的另一个独立子集。

对可达矩阵进行变换，将同一子模块的行与列分别移动在一侧：

$$\boldsymbol{M}(1)=\begin{array}{c} \\ 1\\2\\3\\4\\5\\6\\7 \end{array}\begin{array}{c} \begin{array}{ccccccc} 1 & 3 & 5 & 2 & 4 & 6 & 7 \end{array} \\ \begin{pmatrix} 1 & 1 & 1 & 0 & 0 & 0 & 0 \\ 0 & 0 & 0 & 1 & 1 & 0 & 1 \\ 0 & 1 & 0 & 0 & 0 & 0 & 0 \\ 0 & 0 & 0 & 1 & 1 & 0 & 1 \\ 0 & 1 & 1 & 0 & 0 & 0 & 0 \\ 0 & 0 & 0 & 1 & 1 & 1 & 1 \\ 0 & 0 & 0 & 0 & 0 & 0 & 1 \end{pmatrix} \end{array}$$

可达矩阵转化为块对角矩阵：

$$\boldsymbol{M}(2)=\begin{array}{c} \\ 1\\3\\5\\2\\4\\6\\7 \end{array}\begin{array}{c} \begin{array}{ccccccc} 1 & 3 & 5 & 2 & 4 & 6 & 7 \end{array} \\ \begin{pmatrix} 1 & 1 & 1 & 0 & 0 & 0 & 0 \\ 0 & 1 & 0 & 0 & 0 & 0 & 0 \\ 0 & 1 & 1 & 0 & 0 & 0 & 0 \\ 0 & 0 & 0 & 1 & 1 & 0 & 1 \\ 0 & 0 & 0 & 1 & 1 & 0 & 1 \\ 0 & 0 & 0 & 1 & 1 & 1 & 1 \\ 0 & 0 & 0 & 0 & 0 & 0 & 1 \end{pmatrix} \end{array}$$

2)级别分解

确定各个独立的子系统之后，需要通过区域内各要素的关系确定各要素所处的层次地位。区域内的级位划分是确定某区域内各要素所处层次地位的过程，是建立多级递阶结构模型的关键。

设级别分解的结果为 $P=L_1,L_2,\cdots,L_t$，则级别分解的方法为：

首先确定终止集合的各要素，其为最高级的要素集合。令 $L_1=$

$\{S_i | C_0(S_i)=R_0(S_i)\}(L_0 \neq \phi)$，则在去除上一级已经提取的要素之后，再在下一级提取剩余要素集合的最高级要素，

$$L_t=\{S_i | S_i \in P-L_0-L_1-L_2-\cdots-L_{t-1}, C_{k-1}(S_i)=R_{k-1}(S_i)\}$$

直到确定最低一级的要素集合 $L_t$。具体分解结果如表 6.12 所示。

**表 6.12　级别分解**

| 要素集合 | $S_i$ | $A(S_i)$ | $R(S_i)$ | $C(S_i)$ | $E(S)$ |
|---|---|---|---|---|---|
| $P-L_0$ | 2 | 2,4,6 | 2,4,7 | 2,4 | — |
| | 4 | 2,4,6 | 2,4,7 | 2,4 | — |
| | 6 | 6 | 2,4,6,7 | 6 | — |
| | 7 | 2,4,6,7 | 7 | 7 | 7 |
| $P-L_0-L_1$ | 2 | 2,4,6 | 2,4 | 2,4 | 2,4 |
| | 4 | 2,4,6 | 2,4 | 2,4 | 2,4 |
| | 6 | 6 | 2,4,6 | 6 | |
| $P-L_0-L_1-L_2$ | 6 | 6 | 6 | 6 | 6 |

对于{2,4,6,7}，如表 6.12 所示，其级别分解为 $S_7 \rightarrow \{S_2, S_4\} \rightarrow S_6$（高→低）。对于{1,3,5}，如表 6.13 所示，其级别分解为 $S_3 \rightarrow S_5 \rightarrow S_1$（高→低）。

**表 6.13　级别分解**

| 要素集合 | $S_i$ | $A(S_i)$ | $R(S_i)$ | $C(S_i)$ | $E(S)$ |
|---|---|---|---|---|---|
| $P-L_0$ | 1 | 1 | 1,3,5 | 1 | — |
| | 3 | 1,3,5 | 3 | 3 | 3 |
| | 5 | 1,5 | 3,5 | 5 | — |
| $P-L_0-L_1$ | 1 | 1 | 1,5 | 1 | — |
| | 5 | 1,5 | 5 | 5 | 5 |
| $P-L_0-L_1-L_2$ | 1 | 1 | 1 | 1 | 1 |

排序可达矩阵为类下三角矩阵：

$$
M(3)=\begin{matrix} & \begin{matrix}3 & 5 & 1 & 7 & 2 & 4 & 6\end{matrix} \\ \begin{matrix}3\\5\\1\\7\\2\\4\\6\end{matrix} & \begin{pmatrix}1 & 0 & 0 & 0 & 0 & 0 & 0\\1 & 1 & 0 & 0 & 0 & 0 & 0\\1 & 1 & 1 & 0 & 0 & 0 & 0\\0 & 0 & 0 & 1 & 0 & 0 & 0\\0 & 0 & 0 & 1 & 1 & 1 & 0\\0 & 0 & 0 & 1 & 1 & 1 & 0\\0 & 0 & 0 & 1 & 1 & 1 & 1\end{pmatrix}\end{matrix}
$$

3)骨架矩阵提取

这一步是通过对可达矩阵的缩约和检出，建立起最小实现矩阵，即骨架矩阵。对于骨架矩阵的提取步骤如下：

(1)检查强连接要素，去除强连接要素所在的行和列。在此例中，2 与 4 存在强连接关系，因此去除 2 或 4 的行和列，得到下三角矩阵：

$$
M(4)=\begin{matrix} & \begin{matrix}3 & 5 & 1 & 7 & 2 & 6\end{matrix} \\ \begin{matrix}3\\5\\1\\7\\2\\6\end{matrix} & \begin{pmatrix}1 & 0 & 0 & 0 & 0 & 0\\1 & 1 & 0 & 0 & 0 & 0\\1 & 1 & 1 & 0 & 0 & 0\\0 & 0 & 0 & 1 & 0 & 0\\0 & 0 & 0 & 1 & 1 & 0\\0 & 0 & 0 & 1 & 1 & 1\end{pmatrix}\end{matrix}
$$

(2)去除缩减矩阵中已具有邻接二元关系的要素间的越级二元关系，得到进一步简化的新矩阵。越级二元关系指的是有中介要素的间接关系。在本例中，存在 5-3、1-5 和 1-3 以及 2-7、6-7 和 6-2 的间接关系，因此要将对应元素改为 0。

$$
M(5)=\begin{matrix} & \begin{matrix}3 & 5 & 1 & 7 & 2 & 6\end{matrix} \\ \begin{matrix}3\\5\\1\\7\\2\\6\end{matrix} & \begin{pmatrix}1 & 0 & 0 & 0 & 0 & 0\\1 & 1 & 0 & 0 & 0 & 0\\0 & 1 & 1 & 0 & 0 & 0\\0 & 0 & 0 & 1 & 0 & 0\\0 & 0 & 0 & 1 & 1 & 0\\0 & 0 & 0 & 0 & 1 & 1\end{pmatrix}\end{matrix}
$$

(3)进一步去除矩阵中自身到达的二元关系,也即将矩阵主对角线中的元素全部改为0,最终简化为具有最小二元关系的骨架矩阵 $\boldsymbol{A}'$。

$$\boldsymbol{A}'=\begin{array}{c} \\ 3 \\ 5 \\ 1 \\ 7 \\ 2 \\ 6 \end{array}\begin{array}{c} \begin{array}{cccccc} 3 & 5 & 1 & 7 & 2 & 6 \end{array} \\ \begin{pmatrix} 0 & 0 & 0 & 0 & 0 & 0 \\ 1 & 0 & 0 & 0 & 0 & 0 \\ 0 & 1 & 0 & 0 & 0 & 0 \\ 0 & 0 & 0 & 0 & 0 & 0 \\ 0 & 0 & 0 & 1 & 0 & 0 \\ 0 & 0 & 0 & 0 & 1 & 0 \end{pmatrix} \end{array}$$

4)多级递阶有向图绘制

根据骨架矩阵 $\boldsymbol{A}'$绘制多级递阶有向图。首先,分区域按矩阵中的层级关系从上到下排列系统的各要素(要素用节点,关系用有向弧);其次,在同级上加入之前去除的强连接关系以及构成的回路,则构成该系统的多级递阶有向图,如图6.13所示。

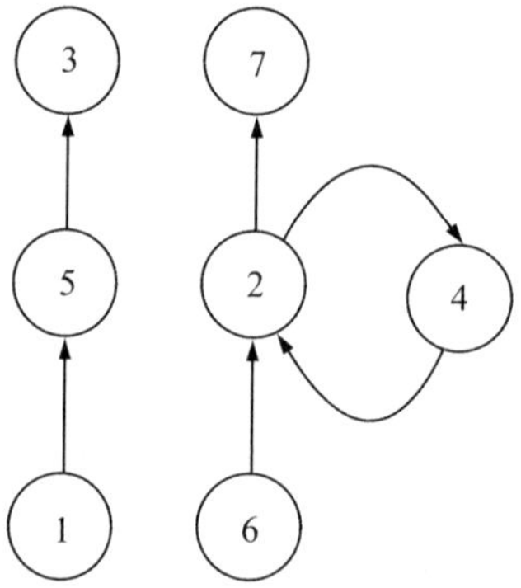


图6.13　多级递阶有向图

2.解释结构模型的实用方法

1)通过方格图确定可达矩阵

在确定系统问题时,系统工作者确定与问题相关的各个要素后,可以制作表达要素之间关系的方格图,并且标注各个要素的序号(名称)。根据解释结构模型的规范方法案例中给出的系统结构分析问题,绘制出方格图(见图6.14)。

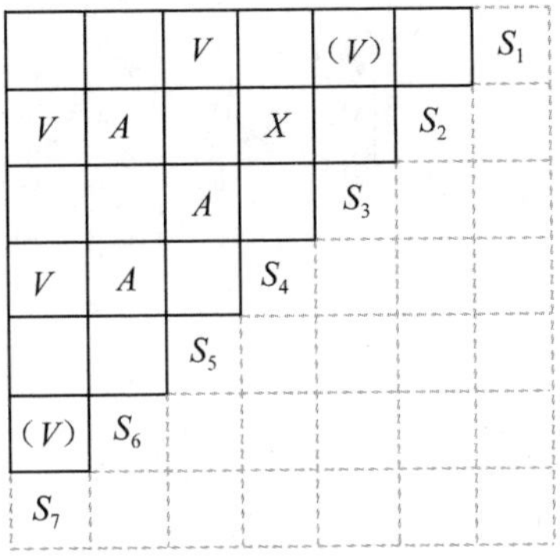


图 6.14 方格图

如图 6.14 所示，二元关系通过三类符号 $V$、$A$、$X$ 来表示。其中，$V$ 表示方格图中行要素对列要素的直接影响，如 $S_1$ 影响 $S_5$；$X$ 表示强连接关系（相互影响），如 $S_2$ 与 $S_4$；$A$ 表示列要素对行要素有直接影响，如 $S_6$ 影响 $S_2$。带有括号的符号表示越级的关系。

基于二元关系的传递性，可以通过方格图推断出系统的可达矩阵。例如对于图 6.14，其可达矩阵是

$$\boldsymbol{M}=\begin{array}{c} \\ 1\\2\\3\\4\\5\\6\\7 \end{array}\begin{array}{c} \begin{array}{ccccccc}1&2&3&4&5&6&7\end{array}\\ \begin{pmatrix} 1&0&1&0&1&0&0\\ 0&1&0&1&0&0&1\\ 0&0&1&0&0&0&0\\ 0&1&0&1&0&0&1\\ 0&0&1&0&1&0&0\\ 0&1&0&1&0&1&1\\ 0&0&0&0&0&0&1 \end{pmatrix}\end{array}$$

2)层次化处理缩减矩阵

去除可达矩阵中强连接关系要素的行与列之后可以得到缩减矩阵。对于上述可达矩阵，去除具有强连接的要素 $S_2$ 和 $S_4$ 中的 $S_4$，即去除可达矩阵中"4"所对应的行和列，得到其缩减矩阵为

$$
\boldsymbol{M}(1)=\begin{array}{c}\\1\\2\\3\\5\\6\\7\end{array}\begin{array}{c}\begin{array}{cccccc}1&2&3&5&6&7\end{array}\\\begin{pmatrix}1&0&1&1&0&0\\0&1&0&0&0&1\\0&0&1&0&0&0\\0&0&1&1&0&0\\0&1&0&0&1&1\\0&0&0&0&0&1\end{pmatrix}\end{array}
$$

对缩减矩阵 $\boldsymbol{M}(1)$，根据每行“1”元素的多少，由少到多进行排序，调整其行与列的顺序关系，从而分解出对角线上各个最大阶数的单位阵，进而划分出系统的层次，得到 $\boldsymbol{M}(2)$。

$$
\boldsymbol{M}(2)=\begin{array}{c}\\3\\7\\2\\5\\1\\6\end{array}\begin{array}{c}\begin{array}{cccccc}3&7&2&5&1&6\end{array}\\\begin{pmatrix}1&0&0&0&0&0\\0&1&0&0&0&0\\0&1&1&0&0&0\\1&0&0&1&0&0\\1&0&0&1&1&0\\0&1&1&0&0&1\end{pmatrix}\end{array}
$$

行中只有一个“1”元素的，为输入要素，即为终止级要素。可见，该例中要素分为三个层次：$S_3$ 和 $S_7$ 属第一层次，$S_2$、$S_4$ 和 $S_5$ 属第二层次，$S_1$ 和 $S_6$ 属第三层次。这样就可以绘制出相应的多级递阶有向图。

### 6.3.4 解释结构模型应用

识别大学生学习投入的主要影响因素及其作用机制，有助于高校管理部门制定科学的干预措施来提高课堂教学质量，推动高等教育高质量发展。在实际应用中，可采用解释结构模型法对大学生学习投入影响因素及作用机制进行分析，系统梳理大学生学习投入影响因素并筛选出主要因素，运用解释结构模型法进行层次结构分析并构建整体框架模型。

**1.大学生学习投入影响因素的确定**

通过在数据库中进行文献检索，提取出 13 项大学生学习投入的影响因素，汇总至表 6.14。

表 6.14 大学生学习投入的影响因素

| 编码 | 影响因素 | 描述 |
|---|---|---|
| 1 | 学校支持 | 学校为促进学生学习所提供的一切硬件环境、奖励政策和制度保障等 |
| 2 | 教师支持 | 学生感知教师的教学方法、评价标准及师生关系等 |
| 3 | 同伴互动 | 学习中同伴之间的讨论、互评、展示等交互行为 |
| 4 | 成就目标定向 | 个体在成就情境中追求的目的和原因 |
| 5 | 积极的学业情绪 | 个体在学习中所体验到的愉悦感、希望、幸福感等 |
| 6 | 学业自我效能 | 个体对自己组织和执行能力在多大程度上能达到期望学业水平的估计与判断 |
| 7 | 学校归属感 | 学生将自己归属于学校,并对其产生亲切自豪的情绪体验 |
| 8 | 专业认同 | 个体对所学专业的接受与认可程度 |
| 9 | 专业承诺 | 大学生认同所学专业并愿意付出努力的态度和行为 |
| 10 | 学习态度 | 学生学习具体课程的反应和准备状态 |
| 11 | 学习满意度 | 个体对自己一段时期学习质量的主观评价 |
| 12 | 学习动机 | 引发与维持学生的学习行为,使之指向一定学业目标的动力倾向 |
| 13 | 学习兴趣 | 个体对学习的积极认识倾向与情绪状态 |

### 2.大学生学习投入影响因素关系的确定

影响因素提取后,要对因素间的作用关系进行判定。经判定,大学生学习投入影响因素方格图如图 6.15 所示。

| 变量 | 13 | 12 | 11 | 10 | 9 | 8 | 7 | 6 | 5 | 4 | 3 | 2 | 1 |
|---|---|---|---|---|---|---|---|---|---|---|---|---|---|
| 1 | | | | | *V* | | *V* | | | | | *X* | |
| 2 | *V* | *V* | | *V* | *V* | | *V* | *V* | *V* | *V* | *V* | | |
| 3 | | *A* | | | *V* | | | | *V* | *V* | | | |
| 4 | | *V* | | *V* | | | | *A* | *V* | | | | |
| 5 | *A* | | *A* | *V* | *V* | *A* | *A* | *A* | | | | | |
| 6 | *V* | *V* | | *V* | *V* | | | | | | | | |
| 7 | | *V* | | | *V* | *A* | | | | | | | |
| 8 | *V* | *V* | | *V* | *V* | | | | | | | | |
| 9 | *A* | *A* | | *V* | | | | | | | | | |
| 10 | *A* | *A* | *V* | | | | | | | | | | |
| 11 | | | | | | | | | | | | | |
| 12 | *A* | | | | | | | | | | | | |
| 13 | | | | | | | | | | | | | |

图 6.15　方格图

### 3.构建邻接矩阵及其可达矩阵

基于二元关系的传递性，可以通过方格图推断出系统的邻接矩阵。

$$
\mathbf{A}=\begin{array}{c}
 \\ 1\\2\\3\\4\\5\\6\\7\\8\\9\\10\\11\\12\\13
\end{array}
\begin{array}{c}
\begin{array}{ccccccccccccc}1&2&3&4&5&6&7&8&9&10&11&12&13\end{array}\\
\begin{pmatrix}
0&1&0&0&0&0&1&0&1&0&0&0&0\\
1&0&1&1&1&1&1&0&1&1&0&1&1\\
0&0&0&1&1&0&0&0&1&0&0&0&0\\
0&0&0&0&1&0&0&0&0&1&0&1&0\\
0&0&0&0&0&0&0&0&1&1&0&0&0\\
0&0&0&1&1&0&0&0&1&1&0&1&1\\
0&0&0&0&1&0&0&0&1&0&0&1&0\\
0&0&0&0&1&0&1&0&1&1&0&1&1\\
0&0&0&0&0&0&0&0&0&1&0&0&0\\
0&0&0&0&0&0&0&0&0&0&1&0&0\\
0&0&0&0&1&0&0&0&0&0&0&0&0\\
0&0&0&0&0&0&0&0&1&1&0&0&0\\
0&0&0&0&1&0&0&0&1&1&0&1&0
\end{pmatrix}
\end{array}
$$

通过对邻接矩阵 $\boldsymbol{A}$ 的计算，可以得到可达矩阵 $\boldsymbol{M}$。

$$
\boldsymbol{M}=\begin{array}{c}
\\ 1\\ 2\\ 3\\ 4\\ 5\\ 6\\ 7\\ 8\\ 9\\ 10\\ 11\\ 12\\ 13
\end{array}
\begin{array}{c}
\begin{array}{ccccccccccccc}1&2&3&4&5&6&7&8&9&10&11&12&13\end{array}\\
\left(\begin{array}{ccccccccccccc}
1&1&1&1&1&1&1&0&1&1&1&1&1\\
1&1&1&1&1&1&1&0&1&1&1&1&1\\
0&0&1&1&1&0&0&0&1&1&1&1&0\\
0&0&1&1&1&0&0&0&1&1&1&1&0\\
0&0&0&0&1&0&0&0&1&1&1&0&0\\
0&0&1&1&1&1&0&0&1&1&1&1&1\\
0&0&1&1&1&0&1&0&1&1&1&1&0\\
0&0&1&1&1&0&1&1&1&1&1&1&1\\
0&0&0&0&1&0&0&0&1&1&1&0&0\\
0&0&0&0&1&0&0&0&1&1&1&0&0\\
0&0&0&0&1&0&0&0&1&1&1&0&0\\
0&0&1&1&1&0&0&0&1&1&1&1&0\\
0&0&1&1&1&0&0&0&1&1&1&1&1
\end{array}\right)
\end{array}
$$

**4. 建立可达矩阵的缩减矩阵，并对缩减矩阵进行层次化处理**

根据要素级位划分的思想，去除可达矩阵中强连接关系要素的行与列之后可以得到缩减矩阵。对于上述可达矩阵，在 $S_1$ 与 $S_2$ 中去除 $S_2$，在 $S_3$、$S_4$ 与 $S_{12}$ 中去除 $S_3$ 和 $S_4$，在 $S_5$、$S_9$、$S_{10}$ 与 $S_{11}$ 中去除 $S_5$、$S_9$ 和 $S_{10}$，得到其缩减矩阵 $\boldsymbol{M}(1)$ 为

$$
\boldsymbol{M}(1)=\begin{array}{c}
\\ 1\\ 6\\ 7\\ 8\\ 11\\ 12\\ 13
\end{array}
\begin{array}{c}
\begin{array}{ccccccc}1&6&7&8&11&12&13\end{array}\\
\left(\begin{array}{ccccccc}
1&1&1&0&1&1&1\\
0&1&0&0&1&1&1\\
0&0&1&0&1&1&0\\
0&0&1&1&1&1&1\\
0&0&0&0&1&0&0\\
0&0&0&0&1&1&0\\
0&0&0&0&1&1&1
\end{array}\right)
\end{array}
$$

对缩减矩阵 $\boldsymbol{M}(1)$，根据每行“1”元素的多少，由少到多进行排序，调整其行与列顺序关系，进而划分出系统的层次，得到 $\boldsymbol{M}(2)$。

$$M(2)=\begin{array}{c} \\ 11 \\ 12 \\ 7 \\ 13 \\ 6 \\ 8 \\ 1 \end{array}\begin{array}{c} \begin{array}{ccccccc} 11 & 12 & 7 & 13 & 6 & 8 & 1 \end{array} \\ \begin{pmatrix} 1 & 0 & 0 & 0 & 0 & 0 & 0 \\ 1 & 1 & 0 & 0 & 0 & 0 & 0 \\ 1 & 1 & 1 & 0 & 0 & 0 & 0 \\ 1 & 1 & 0 & 1 & 0 & 0 & 0 \\ 1 & 1 & 0 & 1 & 1 & 0 & 0 \\ 1 & 1 & 1 & 1 & 0 & 1 & 0 \\ 1 & 1 & 1 & 1 & 1 & 0 & 1 \end{pmatrix} \end{array}$$

可见，可以将大学生学习投入的影响因素划分为五层，其中第一层的影响因素集合为 $L_1=\{5,9,10,11\}$，即第一层级因素包含积极的学业情绪、专业承诺、学习态度、学习满意度，第二层的影响因素集合为 $L_2=\{3,4,12\}$，第三层至第五层的影响因素集合分别为 $L_3=\{7,13\}$、$L_4=\{6,8\}$、$L_5=\{1,2\}$。

5.绘制多级递阶有向图

依据层次划分结果，将变量符号转换为所有对应元素，构建大学生学习投入影响因素解释结构模型(见图 6.16)。可以看出，大学生学习投入影响因素被分为五个层级，不同层级之间的影响因素相互传递，呈现出各影响因素间的作用关系。

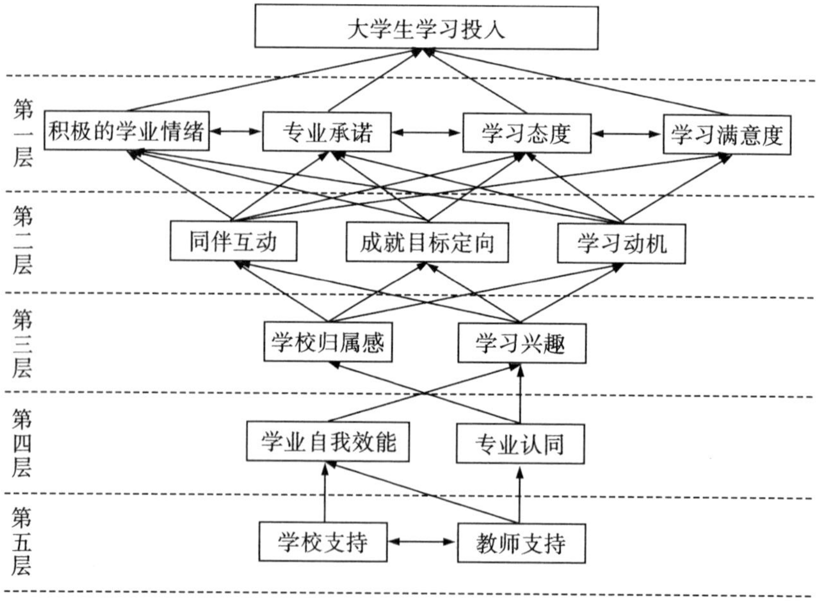


图 6.16　大学生学习投入影响因素递阶结构模型

图 6.16 清晰展示了大学生学习投入影响因素的层级结构。其中,学校支持和教师支持处于层级结构最底端,没有被其他因素影响,却能间接影响大学生的学习投入水平,因此,管理这两个因素,最容易操作和最容易收到效果。学校支持指为满足大学生在校学习所提供的各种支持服务,主要包括学校硬件设施、教学资源、文化氛围、课程设置特点等,这些服务不直接影响学习投入,但通过学生自我效能感等心理感知因素对学习投入产生间接影响。教师支持是与学生不断互动的教学过程中提供的一切技术支持,教学过程中,教师要善于利用先进教学条件开展教学,采用多样教学手段以调动学生学习积极性,设置合理的评价方式增强学生的学习动机,促使学生深度学习的发生。学校支持和教师支持与学生的行为、认知和情感投入存在重要影响关系。高校教育系统中,要充分发挥学校支持和教师支持因素,持续改进它们之间的耦合关系,提升系统功能,最终提高大学生学习投入水平。

## 6.4 系统状态空间模型

在现实生活中,系统总是处在运动和变化状态之中,平衡和静止只是暂时的、相对的。当系统及其组成部分处于运动、变化状态时,系统中的各个变量都随着时间不断变化,或者说是时间的函数。在研究复杂动态系统(如人口系统、生态系统、社会经济系统等)的行为特征及其时空演化规律时,传统意义上的静态模型(如解释结构模型等)在应用时会遇到困难。因此,建立相应的系统动态模型是研究系统运动规律的基础。

状态空间模型是描述系统动态行为特征的数学模型,它以隐含的时间为自变量,属于动态时域模型。作为一个基本的数学模型,状态空间方程在系统控制中发挥了至关重要的作用。在这一章节,将重点介绍状态空间方程的基本概念以及基础应用。

### 6.4.1 系统状态空间模型概述

1.状态

动态系统的状态,粗略地说,指一个系统从始至终的所有运动状态。精确地说,状态是表示系统运行的特征属性的变量,而这些变量是随时间变化的。

如图 6.17 所示,小车这一系统的运动状态便是其在每一时刻的位移($y$)或者速度($v$)。图中 $F$ 为作用在小车上的力,大小为 $ky$,$k$ 是一个常数。$M$ 是小车的质量。举一个更为平常的例子,地球绕着太阳转动,要描述其状态,需要用到角速度、加速度、速度等变量。

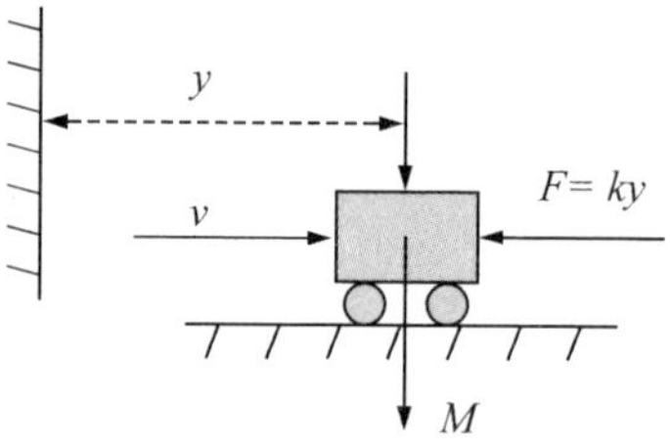


图 6.17　小车运动

2.状态变量

(1)时间响应,即一个输入量的规定变化引起输出量随时间的变化,系统中任何响应均可表示成状态变量及输入的线性组合。

(2)状态变量,是指足以完全确定系统运动状态的最小一组变量。在连续情况下,系统的数学模型一般是一个微分方程,在离散情况下一般为差分方程。一个拥有 $n$ 个独立变量且全部时间响应的 $n$ 阶微分方程的系统,也就明确了它的运动状态。这里的 $n$ 个独立变量就是它的状态变量。

$n$ 阶动态系统在 $t(t_0 \leqslant t \leqslant \infty)$ 时刻的状态 $x_1(t), x_2(t), \cdots, x_n(t)$ 是由其在 $t=t_0$ 时刻的初始状态和 $t \geqslant t_0$ 时刻所受到的作用力决定的,而 $t_0$ 时刻的状态与输入无关。如图 6.17 所示,只要知道小车在 $t=t_0$ 时的速度($v_0$)和位移($y_0$),以及 $t \geqslant t_0$ 时作用于小车的力,其运动状态就被完全确定了。上面所满足的两个条件便是系统输入。

对一个系统而言,状态变量的选择不是唯一确定的,但是状态变量的数量与微分方程的阶数是一样的,并且必须相互独立。一般选取模型中如下的变量为状态变量:

①系统中输出的量:位移、人口、收入等;如图 6.17,位移便是输出变量。

②系统输出及其各阶导数;如图 6.17 中,速度的导数,即加速度是状态变量。

③能使系统状态方程转化为特定标准形式的变量。

考虑到实际情况,状态变量通常选取易于测量的变量。

(3)状态向量。将状态变量推广到 $n$ 阶情形,通过构建状态向量,可以将带有物理意义的状态变量转化为 $n$ 维空间的一个坐标,便于观察状态变量随时间的变化规律。

同理,将状态变量推广到 $n$ 阶的情形,此时可用状态向量来描述系统的运动。因此，有如下概念：如果完全描述一个系统的动态行为需要 $n$ 个状态变量，那么这 $n$ 个状态变量 $x_1(t),x_2(t),\cdots,x_n(t)$ 作分量所构成的向量就叫作该系统的状态向量，可以用矩阵(列向量)来简便地表示它，记作

$$\underline{\boldsymbol{x}}(t)=\begin{pmatrix} x_1(t) \\ x_2(t) \\ \vdots \\ x_n(t) \end{pmatrix} \quad \text{或者} \quad \underline{\boldsymbol{x}}(t)=(x_1(t) \quad x_2(t) \quad \cdots \quad x_n(t))^{\mathrm{T}}$$

3.状态空间方程与方程组

状态与观测模型共同组成状态空间模型。其中，状态方程表示从目前状态向下一个时刻状态转换的关系，而观测方程反映观测序列与系统状态的内在关系。

根据不同的分类标准，状态空间模型有不同的分类形式：

(1)根据所受影响因素的不同，分为确定性状态空间模型与随机性状态空间模型。

(2)根据数值形式，分为离散空间状态模型与连续空间状态模型。

(3)根据系统的复杂程度，分为单输入—单输出系统与多输入输出系统(复杂系统)。

以状态变量 $x_1(t),x_2(t),\cdots,x_n(t)$ 为坐标所构成的 $n$ 维空间被称为状态空间。任何状态，都可以用状态空间中的一个点来表示，即在特定时刻 $t$，状态向量 $\underline{\boldsymbol{x}}(t)$ 在状态空间中是一点。已知初始时刻 $t_0$ 的 $\underline{\boldsymbol{x}}(t_0)$，就得到状态空间中的一个初始点。随着时间的推移，$\underline{\boldsymbol{x}}(t)$ 将在状态空间中描绘出一条轨迹，称为状态轨线。显然，这一轨线的形状，完全由系统在 $t_0$ 时刻的初始状态和 $t \geqslant t_0$ 的输入以及系统的动态特性唯一决定。状态向量的状态空间表示则将向量的代数结构和几何概念联系了起来。

下面引入状态方程的相关概念。

1)状态方程

描述系统状态变量与系统输入之间关系的一阶微分方程组被称为状态方程。

如图 6.18 所示，由质量块、弹簧和阻尼器组成的振动系统中，设物体的质量为 $M$，位移为 $x$，阻尼系数为 $B$，弹簧的刚度系数为 $k$，则速度为 $\dfrac{\mathrm{d}x}{\mathrm{d}t}$，加速度为 $\dfrac{\mathrm{d}^2x}{\mathrm{d}t^2}$。

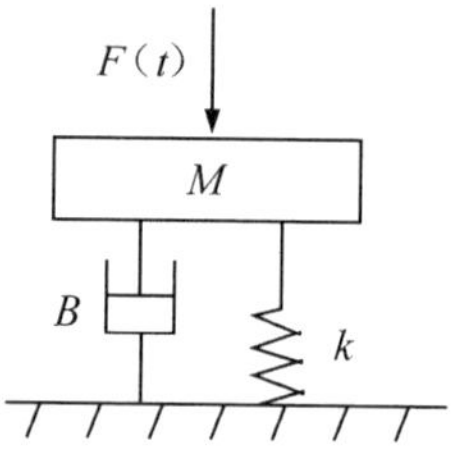


图 6.18　振动装置

根据振动理论,可以建立状态方程:

$$M\frac{\mathrm{d}^2x}{\mathrm{d}t^2}+B\frac{\mathrm{d}x}{\mathrm{d}t}+kx=F(t)$$

因为 $\frac{\mathrm{d}^2x}{\mathrm{d}t^2}=-\frac{B}{M}\frac{\mathrm{d}x}{\mathrm{d}t}-\frac{k}{M}x+\frac{1}{M}F(t)$,所以 $x$ 和 $\frac{\mathrm{d}x}{\mathrm{d}t}$ 是完全描述系统行为的最小集合,即为系统的状态。令 $x_1(t)=x$, $x_2(t)=\frac{\mathrm{d}x}{\mathrm{d}t}$, $x_1(t)$、$x_2(t)$ 为此系统的一组状态变量。整理可得

$$\begin{cases}\dot{x}_1(t)=x_2(t)\\ \dot{x}_2(t)=-\frac{B}{M}\frac{\mathrm{d}x}{\mathrm{d}t}-\frac{k}{M}x+\frac{1}{M}F(t)\end{cases}$$

转化为矩阵形式,形成如下的系统状态方程:

$$\begin{pmatrix}\dot{x}_1(t)\\ \dot{x}_2(t)\end{pmatrix}=\begin{pmatrix}0 & 1\\ -\frac{k}{m} & -\frac{B}{M}\end{pmatrix}\begin{pmatrix}x_1(t)\\ x_2(t)\end{pmatrix}+\begin{pmatrix}0\\ \frac{1}{M}\end{pmatrix}F(t) \qquad (*)$$

式(*)即为该系统的状态方程,并且可以简写为 $\dot{\boldsymbol{x}}=\boldsymbol{A}\boldsymbol{x}+\boldsymbol{B}\boldsymbol{u}$。$\boldsymbol{A}$ 为描述系统的状态转移矩阵,$\boldsymbol{B}$ 为输入矩阵,$\boldsymbol{u}$ 为系统的输入向量。

2)输出方程

描述系统的状态变量与输出变量关系的一组代数方程被称为输出方程。

在图 6.18 中,指定位移为系统的输出,则有

$$y=x_1 \text{ 或者 } \boldsymbol{y}=(1\quad 0)\begin{pmatrix}x_1\\ x_2\end{pmatrix} \qquad (**)$$

式(**)即为该系统的输出方程,简写成 $\boldsymbol{y}=\boldsymbol{C}^{\mathrm{T}}\boldsymbol{x}$。

状态方程和输出方程一道构成一个系统动态的完整描述,被称为系统的状态空间表达式。如式(*)和式(**)就是图 6.18 系统的状态空间表达式。

通过上面的例子可以总结出一般的状态空间方程组，根据连续或离散状态，可以分类出以下两种状态空间方程组。

1)线性连续型系统

$$\begin{cases}\dot{\boldsymbol{X}}=\boldsymbol{AX}+\boldsymbol{BU}\text{（状态方程）}\\ \boldsymbol{Y}=\boldsymbol{CX}+\boldsymbol{DU}\text{（输出方程）}\end{cases}$$

其中，$\boldsymbol{A}$ 为状态转移矩阵，$\boldsymbol{B}$ 为输入分配矩阵，$\boldsymbol{C}$ 为输出系数矩阵，$\boldsymbol{D}$ 为输出分配矩阵，$\boldsymbol{U}$ 为外界对系统的输入。

按照系统的复杂程度进行分类，又可以分为单输入—单输出系统以及多输入—多输出系统（复杂系统）。

对于单输入—单输出系统而言，其状态方程与输出方程为

$$\begin{cases}\dot{x}_1=a_{11}x_1+a_{12}x_2+\cdots+a_{1n}x_n+b_1u\\ \dot{x}_2=a_{21}x_1+a_{22}x_2+\cdots+a_{2n}x_n+b_2u\\ \cdots\\ \dot{x}_n=a_{n1}x_1+a_{n2}x_2+\cdots+a_{nn}x_n+b_nu\end{cases}$$

$$y=c_1x_1+c_2x_2+\cdots+c_nx_n$$

即 $\boldsymbol{Y}=\boldsymbol{CX}$。

对于复杂系统而言，它有 $r$ 个输入，$m$ 个输出，其状态方程和输出方程为

$$\begin{cases}\dot{x}_1=a_{11}x_1+a_{12}x_2+\cdots+a_{1n}x_n+b_{11}u_1+\cdots+b_{1r}u_r\\ \dot{x}_2=a_{21}x_1+a_{22}x_2+\cdots+a_{2n}x_n+b_{21}u_1+\cdots+b_{2r}u_r\\ \cdots\\ \dot{x}_n=a_{n1}x_1+a_{n2}x_2+\cdots+a_{nn}x_n+b_{n1}u_1+\cdots+b_{nr}u_r\end{cases}$$

$$\begin{cases}y_1=c_{11}x_1+c_{12}x_2+\cdots+c_{1n}x_n+d_{11}u_1+\cdots+d_{1r}u_r\\ y_2=c_{21}x_1+c_{22}x_2+\cdots+c_{2n}x_n+d_{21}u_1+\cdots+d_{2r}u_r\\ \cdots\\ y_m=c_{m1}x_1+c_{m2}x_2+\cdots+c_{mn}x_n+d_{m1}u_1+\cdots+d_{mr}u_r\end{cases}$$

简写为矩阵形式如下：

$$r\text{ 维输入向量 }\underline{\boldsymbol{u}}=\begin{pmatrix}u_1\\ u_2\\ \vdots\\ u_r\end{pmatrix},m\text{ 维输出向量 }\underline{\boldsymbol{y}}=\begin{pmatrix}y_1\\ y_2\\ \vdots\\ y_m\end{pmatrix},$$

状态转移矩阵 $\boldsymbol{A}=\begin{pmatrix} a_{11} & a_{12} & \cdots & a_{1n} \\ a_{21} & a_{22} & \cdots & a_{2n} \\ \vdots & \vdots & & \vdots \\ a_{n1} & a_{n2} & \cdots & a_{nn} \end{pmatrix}$，输入分配矩阵 $\boldsymbol{B}=\begin{pmatrix} b_{11} & b_{12} & \cdots & b_{1r} \\ b_{21} & b_{22} & \cdots & b_{2r} \\ \vdots & \vdots & & \vdots \\ b_{n1} & b_{n2} & \cdots & b_{nr} \end{pmatrix}$，

输出系数矩阵 $\boldsymbol{C}=\begin{pmatrix} c_{11} & c_{12} & \cdots & c_{1n} \\ c_{21} & c_{22} & \cdots & c_{2n} \\ \vdots & \vdots & & \vdots \\ c_{m1} & c_{m2} & \cdots & c_{mn} \end{pmatrix}$，输出分配矩阵 $\boldsymbol{D}=\begin{pmatrix} d_{11} & d_{12} & \cdots & d_{1r} \\ d_{21} & d_{22} & \cdots & d_{2r} \\ \vdots & \vdots & & \vdots \\ d_{m1} & d_{m2} & \cdots & d_{mr} \end{pmatrix}$。

2)离散型系统

离散型变量问题和连续型变量问题有不同的处理方法，但一些连续型变量问题可以转化为离散问题，从而达到简化计算过程的效果。离散形式的状态方程可以通过差分方程的形式表示，其求解难度小于连续形式的微分方程，可以通过逐步迭代求解。

### 6.4.2 系统状态空间方程应用

#### 1.人力资源招聘模型

考虑某企业人才系统，基年也就是观测年，有技术员 600 人，助理工程师 800 人，工程师 200 人，高级工程师 20 人。各类人员每年平均离职率，包括退休、调离、自然死亡等，分别为 5%、6%、10%和 9%。每年不同的人员之间有一个递进的晋升关系，技术员每年有 30%的概率晋升为助理工程师，助理工程师每年有 20%的概率晋升为工程师，而工程师每年则有 5%的概率晋升为高级工程师。据此预测五年后各类人员的数量。方程构建如下：

假设每年招聘的大学生入职时为技术员，且每年所招聘的人员数量固定。

$$x_1(1)=600, x_2(1)=800, x_3(1)=200, x_4(1)=20$$

$$\boldsymbol{X}(k+1)=\begin{pmatrix} x_1(k+1) \\ x_2(k+1) \\ x_3(k+1) \\ x_4(k+1) \end{pmatrix}=\begin{pmatrix} 0.65 & 0 & 0 & 0 \\ 0.3 & 0.74 & 0 & 0 \\ 0 & 0.2 & 0.85 & 0 \\ 0 & 0 & 0.05 & 0.91 \end{pmatrix}\boldsymbol{X}(k)+\begin{pmatrix} 1 \\ 0 \\ 0 \\ 0 \end{pmatrix}\boldsymbol{U}(k)$$

依次取 $k=1,2,3,4$ 可得未来第五年各类人才的数量。

#### 2.市场模型

经济学中常见的结论就是商品的需求和消费者的需求都是价格的某类函数，而生产者的供应量也是价格的函数。假设需求和供给分别是线性函数：

$$d(p)=d_0-ap$$
$$s(p)=s_0+bp$$

其中，$a$ 和 $b$ 为正数。供需平衡时两者会交于一点，代表平衡价格为$p_0=\dfrac{d_0-s_0}{a+b}$。

建立其动态方程，即为如下两式：

$$d(k+1)=d_0-ap(k+1)$$
$$s(k+1)=s_0+bp(k)$$

商品销售完毕时，满足

$$p(k+1)=-\frac{b}{a}p(k)+\frac{d_0-s_0}{a}$$

经无数次迭代后可以得到

$$p(k)=\left(-\frac{b}{a}\right)^k p(0)+\frac{(d_0-s_0)\left(1-(-\frac{b}{a})^k\right)}{a+b}$$

$b<a$ 时，趋近于平衡价格，否则价格会波动失稳。

**3.宏观经济模型**

此处用一类简化的宏观经济模型描述系统中国民收入($Y$)、消费($C$)、投资($I$)与政府开支($G$)的关系(假设政府开支是稳定的)。

假设国民收入由本年的消费、投资和政府开支组成，且第二年的消费与上一年的国民收入有关，参数为 $m$，第二年的投资与本年消费与上年消费的差分有关，参数为 $n$，则有：

$$\begin{cases}Y(k)=C(k)+I(k)+G(k)\\C(k+1)=mY(k)\\I(k+1)=n[C(k+1)-C(k)]\end{cases}$$

这一套方程组用矩阵的方式可以表示为：

$$\begin{pmatrix}Y(k)\\C(k+1)\\I(k+1)\end{pmatrix}=\begin{pmatrix}0&1&1\\0&m&m\\0&n(m-1)&nm\end{pmatrix}\begin{pmatrix}Y(k-1)\\C(k)\\I(k)\end{pmatrix}+\begin{pmatrix}g(k)\\0\\0\end{pmatrix}$$

本例为结构较为简单的差分方程，可以通过迭代等方法得到数值解。

## 6.5 思考题

(1)管理系统建模的本质是什么？

(2)已知下面系统的可达矩阵,用规范化的分析方法建立其递阶结构模型。

$$M=\begin{pmatrix}1&0&0&0&1&0&1\\0&1&0&0&0&0&0\\0&0&1&0&1&1&0\\0&1&0&1&0&0&0\\0&0&0&0&1&0&0\\0&0&1&0&1&1&0\\0&0&0&0&1&0&1\end{pmatrix}$$

(3)下图为描述系统基本结构的有向图,建立系统的邻接矩阵 **A**、可达矩阵 **M** 和缩减矩阵 **M′**。

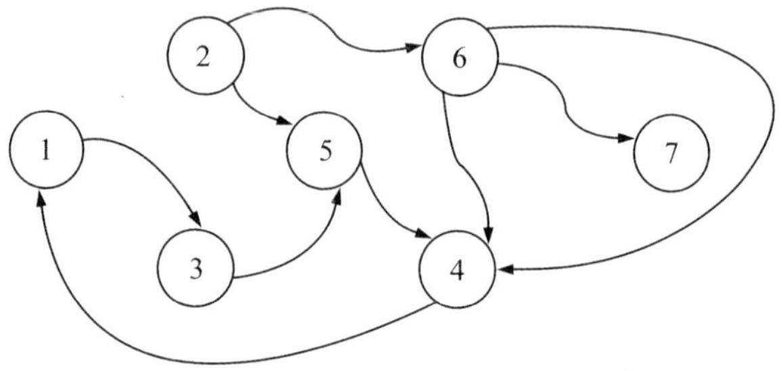

# 第 7 章　管理系统评价

## 学习目标

(1)了解管理系统评价的特征和原则。

(2)熟悉系统评价的基本步骤和流程。

(3)掌握系统评价指标体系的构建。

(4)熟练系统评价方法的综合运用。

## 7.1　系统评价概述

### 7.1.1　系统评价的特征

**1.系统评价的重要性**

在系统开发过程中,不仅需要提出多个可行方案,还需要运用系统评价技术从中选择出最优方案。由于一个系统可能有多个目标,这些目标具有多种属性,“最优”的定义并不明确,并且会随评价者的立场和时间变化而变化。因此,系统评价是一项艰巨而重要的工作。

过去,城市交通系统的评价主要关注交通工具的技术性能和经济成本。然而,随着社会发展,评价标准需综合考虑使用要求,如及时性、方便性、舒适性、安全性、美观性,环境保护和公共利益方面的需求以及国家政策方面的要求等。因此,进行系统评价需要综合考虑多种因素,评价标准也应随评价者和时间的变化而不断更新。在评价过程中,需要利用系统工程思想和方法,对各个方面的因素进行综合分析和权衡,以找到最优方案。

2.系统评价的复杂性

系统评价就是全面评定系统的价值，而价值通常被理解为评价主体根据其效用观点，对于评价对象满足某种需求的认识，它与评价主体、评价对象所处的环境状况密切相关。因此，系统评价问题是由评价对象（What）、评价主体（Who）、评价目的（Why）、评价时期（When）、评价地点（Where）及评价方法（How）要素（5W1H）构成的问题复合体，体现了六个方面的复杂性。

评价对象（What）涉及对系统内在和外在特征的准确把握，包括对系统的功能、性能、结构、可靠性、安全性等方面的综合评估。

评价主体（Who）是指进行系统评价的具体实施者或参与者，可能涵盖系统开发者、使用者、管理者、决策者、利益相关者等多方利益主体。

评价目的（Why）明确了进行系统评价的根本动机和目标，可能包括提高系统性能、优化资源配置、降低成本、提高用户满意度、确保安全性等方面。

评价时期（When）考虑了系统评价的时间范围和时序要求，可能涉及系统设计、开发、运行、维护等不同阶段。

评价地点（Where）指定了系统评价活动所发生的具体位置或环境，可能包括实验室、现场、虚拟环境等不同场景。

评价方法（How）则涉及了系统评价的具体技术手段和方法，可能包括定性分析、定量分析、模拟仿真、实验测试、问卷调查、专家评审等多种评价方法的综合应用。

这些要素充满复杂性，相互交织、相互影响，决定了系统评价问题的综合性和挑战性。另外，系统评价的复杂性还表现为多目标情况下的评价困难。当评价系统仅有一个目标时，评价相对简单。但在多目标情境中，评价难度显著加大。例如：选出一个最大的苹果和一个最甜的苹果相对容易，但要同时选出一个最大且最甜的苹果就不容易了。而且，系统工程常涉及多目标问题，这进一步增加了系统评价的复杂性和困难性。具体而言，系统评价困难主要体现在两个方面：一是部分指标难以量化，同时评价者的主观性较强；二是不同方案各有所长，随着评价指标的增多，方案数量增加，问题变得更加复杂，方案的选择也变得更加困难。为了解决这些难题，编者将在本章详细介绍系统评价方法，特别是指标量化和归一化。

### 7.1.2 系统评价的原则

系统评价的原则是为了确保评价工作的准确性和可靠性，以下是一些必须遵守的基本原则。

**1.保证评价的客观性**

评价的客观性关乎决策的有效性和可信度。为此，要注意以下几个方面：首先，在收集评价资料时，应采用多种途径和来源，确保数据的全面性和可靠性。其次，评价人员要广泛代表各利益相关者，并确保评价过程中的公正性和中立性。此外，评价方法要基于科学原理和权威方法，以确保评价的客观性和可靠性。

**2.保证方案的可比性**

确保各可行方案的比较具有可比性和一致性是评价的关键。这要求在选择方案时，不能仅关注某一个方面而忽视其他方面，也不能出现“陪衬”方案的倾向。通过确保方案的可比性，可以更好地确定最佳解决方案，并为决策提供依据。

**3.正确、合理地制定评价指标体系**

评价指标体系应全面反映系统各项目标要求，避免指标重复使用，确保评价的全面性和权衡性。制定评价指标体系时，需考虑到不同目标的重要性和业务需求，并采用合适的统计和分析方法，以确保评价结果的准确性和可信度。并且评价指标必须与国家方针、政策、法规的要求相一致。

**4.遵循定性—定量—定性原则**

系统评价方法的应用过程注重先定性、再定量、再定性的原则，这是基于对评价目的的需求、数据的可获得性以及评价结果的可解释性和可应用性等因素的权衡。此原则旨在让评价者充分了解和把握待评价系统的本质和特征，并在定量测量时确保数据的可靠性和有效性，以便在评价结果中找到潜藏的问题和机会，为后续决策提供有力支持。

### 7.1.3 系统评价的分类

在系统工程领域，系统评价可根据不同的标准和角度进行分类。以下是对系统评价类型的详细阐述。

**1.按照评价的时间来分**

**事前评价**：即预先评估，是系统工程过程中的一个重要环节。旨在预先评估方案的可行性。其目的是提前发现和解决潜在问题，确保系统在投入运行之后能够有效地工作,并达到预期的效果和目标。

**事中评价**:在方案实施过程中进行的评价称为事中评价。重点是对环境中的重大变化进行评估,例如政策和竞争条件的变化。通过事中评价,检查方案是否仍然能够满足要求,并分析各种变化对方案的影响。

**事后评价**:事后评价是在方案实施完成后进行的评估。通过将实施结果与设定目标和决策者的意图进行对比,评估实施结果是否符合预期目标和要求。目的是总结经验教训,为今后的系统工程过程提供参考。

**跟踪评价**:指项目运行一段时间后,对项目的目的、实施过程、效益、作用和影响进行系统、客观的评价。跟踪评价也称"后评价",旨在通过对项目实施和运行状况的全面分析,确定项目的预期目标是否达到,项目计划是否合理有效,项目要求的效益指标是否实现;通过分析成败原因,总结经验教训,并提供及时的信息反馈,为未来新项目的决策和管理方法提供科学依据;同时,跟踪评价还会提出改进建议,以提高投资效益。

2.按照评价的内容来分

**经济评价**:评估系统工程项目对企业、地区或整体宏观经济的影响。

**技术评价**:关注项目的技术先进性、适用性、可靠性、可维护性和安全性。

**环境评价**:评估项目实施和使用后对环境的影响。

**社会评价**:考虑项目对社会的影响,包括就业、财富分配和公共卫生等。

此外,还可以进行文化等方面的评价。

3.按照评价使用的方法和工具来分

**分析计算型评价**:利用数学模型和计算方法进行评价,这种方法在工程技术和财务决策中得到广泛应用,并在许多规划设计著作中有详尽介绍。

**经验直觉型评价**:适用于复杂系统开发过程。由于复杂系统的目标多样化且人的主观标准不同,很难用精确的描述进行评价。因此,经验丰富的专家常被请来进行宏观评价。

## 7.2 系统评价步骤

### 7.2.1 系统评价的基本步骤

一个完整的系统评价过程通常包括八个阶段,涵盖从认识评价问题到进行决策,具体内容如图 7.1 所示。

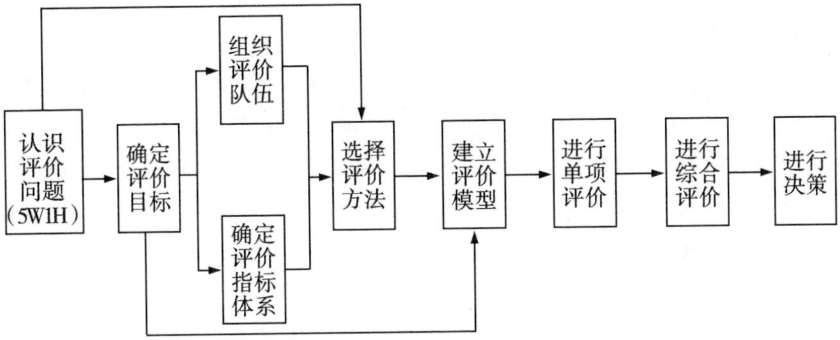


图 7.1 系统评价步骤

1.认识评价问题

认识评价问题是系统评价的关键起点。在分析评价问题时,可以运用5W1H 等要素对问题进行全面的思考和定位。问题分析是确立评价目标的基础,深入了解评价面临的问题,并通过分析问题的本质、范围、原因、影响等因素,为后续的评价工作奠定基础。(结合第 5 章系统分析的要素部分,可以发现前两个要素组成了系统评价的前两个步骤)

2.确定评价目标

确定评价目标是进行系统评价的关键一步。不同的评价环节针对不同的对象,因此每次评价需要明确目标。评价目标应该与系统需求分析完成后制定的系统目标相一致,并根据系统的结构、层次、类型和特点来制定。

3.组织评价队伍并确定评价指标体系

组织评价队伍并确定评价指标体系是系统评价的重要环节。合理安排专业人员参与评价,最好能有局外人员参与,以保证评价的客观性和独立性。评价指标体系需要根据系统目标和因素进行设计。在制定评价指标时,需要注意权重的设定,并且在最终确定后,还需要进行整体调整以保证评价指标体系的一致性和合理性。

4.选择评价方法

在确定评价目标和评价指标的基础上,需要针对不同的评价对象选择适合的评价方法。常用方法包括层次分析法(AHP)、模糊综合评价法、灰色综合评价法等。不同评价对象和场景要求选择不同的方法,因此需要根据评价目的和具体场景进行选择。同时,定性与定量相结合的方法能够在一定程度上弥补单一方法的不足,增强评价的全面性和准确性。本章第 3 节会对这部分内容展开详细介绍。

5.建立评价模型

根据确定的评价目标,使用合适的方法建立系统评价模型。建立模型需将评价对象的各个因素分解为子系统或评价指标,并采用图形化、数学模型或规则表达式进行表达。当前,人工智能技术也被广泛地应用于评价模型构建,如基于神经网络或深度学习的自适应模型和基于决策树的评价模型。这些技术通过数据挖掘和模式识别等方法,提高了评价模型的精度。

6.进行单项评价

单项评价是针对每个子系统或评价指标进行独立的评价。通过单项评价,我们可以全面了解被评价系统在不同方面的情况,但单项价值测定不能直接解决最优方案选择问题。为此,需要整合单项价值测定的结果,并进行综合分析,制定系统的最优方案。此时,应结合专家经验和系统模型,采用多目标优化等技术,在不同的因素之间取得平衡,并得到符合实际的最终方案。

7.进行综合评价

综合评价是对系统整体表现的量化和分析,以得出总体评价结果和价值。在进行综合评价时,评价者需要将各大类指标的评价结果加权综合,考虑不同指标之间的相互影响和相互关联,以确保评价结果客观准确。

在综合评价过程中,评价者可能需要调整各指标的权重,以反映各指标对整体价值的重要程度。同时,还需要考虑到不同指标之间的相关性,避免出现评价结果与实际情况不符。通过综合评价,评价者可以全面了解系统的表现,发现系统存在的问题和改进空间,为后续的系统优化提供参考。

8.进行决策

系统评价的目的是为决策提供科学合理的判断和建议。评价结果应准确可信,易读易懂,并包括各方面的权重和分析报告,帮助决策者选择最优决策方案,提升决策效果。

### 7.2.2 系统评价的指标体系

1.确定评价指标的基本原则

在进行系统评价时,评价指标的建立是非常重要的一步。指标设计需要遵循一定的原则,以保证评价结果的准确性、可靠性和有效性。基本原则包括以下几点。

1)整体性原则

整体性原则是评价指标确定的基本原则之一。指标集应该涵盖为达到评价目的所需的基本内容，全面反映评价对象的性质、特点和实际情况。这个原则的重要性在于确保评价指标具有代表性和可靠性，能够全面反映评价对象的真实情况。

2）简要性原则

简要性原则要求指标集层次分明，简明扼要。评价指标的设置应该注意突出主要问题，同时删除重复和不必要的指标。这个原则的重要性在于能够让评价指标简单易懂，便于评价者理解和应用。

3）导向性原则

导向性原则要求指标集体现政策导向。评价指标的设置应该符合其所属领域和行业的政策要求和发展方向，确保与实际需求一致。这个原则的重要性在于提高评价指标的实际应用价值。

4）可比性原则

可比性原则要求采用相对指标，以便于对不同对象进行对比。相对指标的优势在于使各评价对象具备可比性，便于进行横向和纵向比较，更有效地反映实际情况。

5）均匀性原则

均匀性原则要求，在确定开发周期较长或时间滞后较大的指标时，应采用三年平均值。这个原则的重要性在于避免指标值大起大落，确保评价指标的稳定性和可靠性。

6）可操作性原则

可操作性原则要求评价指标易于采集和统计，尽可能从现有统计指标中产生，少量需要重新统计的指标应是确定的且易于采集的。这一原则的重要性在于能够保证评价指标数据的实际可采集性，从而为评价的有效性提供保障。

7）实际性原则

实际性原则要求评价指标应从我国现状出发，避免简单照搬发达国家的指标集。这个原则的重要性在于确保评价指标的实际适用性和可操作性，更好地适应我国的国情和实际发展需求。

**2.确定评价指标体系的一般方法**

评价指标体系是对某个系统或方案进行评价的一组指标的集合，包括关键性能和次要性能指标，用于定量和定性分析、比较评估和综合判断。确定评价指标体系是系统评价的关键步骤，对评价结果的准确性和全面性具有重要影响。以下是确定评价指标体系的一般方法。

第一，明确评价目标。评价目标应与系统评价的目的和要求相一致，涉及性能、效果、可靠性、安全性等方面。明确的评价目标将有助于确定评价指标体系所覆盖的范围。

第二，收集专家知识。基于明确的评价目标，收集相关领域的专家知识和经验，获得评价指标的可行性、适用性和重要性等方面的宝贵信息。

第三，进行文献调研。了解该领域已有的评价指标研究成果和经验。文献调研能够帮助评价者了解当前业界对于评价指标体系的讨论和应用情况，从而避免重复和遗漏，提高评价指标的科学性和前瞻性。

第四，制定初步指标体系。基于评价目标和专家知识，制定初步的指标体系，包括主指标和子指标的确定，以及它们之间的关系和权重。在指标选择的过程中，需要综合考虑指标的可测性、可行性、代表性和权重分配。需要考虑经济指标、技术指标、环境指标、社会指标、时间指标和用户指标等，以确保指标体系的全面性和可比性，其中：

(1)经济指标是指评估系统的经济性，包括成本效益分析、投资回报率、运营成本等指标，旨在评估系统的经济效益和可持续性。

(2)技术指标是指评价系统的技术实现和性能，包括系统可靠性、可用性、安全性、兼容性、灵活性等指标，旨在评估系统的技术水平和可行性。

(3)环境指标是指考虑系统对环境的影响，包括能源消耗、废物排放、生态破坏等指标，旨在评估系统的环境友好性和可持续性。

(4)社会指标是指评估系统对社会的影响，包括工作机会创造、社会福利提升、公平性等指标，旨在评估系统的社会效益和可接受性。

(5)时间指标是指考虑系统的时间性能，包括响应时间、生命周期等指标，旨在评估系统的效率和时效性。

(6)用户指标是指评估系统对用户的满意度和体验，包括用户界面友好性、易用性、用户参与度等指标，旨在评估系统的用户价值和可接受性。

第五，进行评价指标的优化与验证。通过与相关专家和利益相关者的交流，以及实际案例的应用和实验，优化和验证评价指标体系的可行性和有效性。

第六，细化指标体系和制定测量方法。通过三个步骤，明确不同指标的计算方法。其一，需要选择适合的指标以确保指标体系的全面性、可量化性和可比性。其二，制定合适的测量方法和数据收集方式，以确保数据的准确性和可靠性。其三，细化指标的评价标准和得分体系，以确保评价结果的科学性和可操作性。

在实际构建评价指标体系时，需优先确定综合评价方法，并在此基础上构建适用的指标集。实践是验证真理的唯一标准，评价指标体系需要在实践中逐步完善。维持一致性有助于确保其可比性，不同类型的指标需要统一处理方式，包括正向指标、反向指标、定量指标以及定性指标的量化处理。归一化处理对于确保指标属性值的一致性和可比性至关重要。对定性指标进行量化处理有助于充分利用其信息，确保与其他指标同等使用。此外，对定量指标进行无量纲化处理有助于消除单位和数量级差异的影响，又称评价指标的标准化。下面介绍几种常用的指标标准化方法。

设有 $n$ 个评价指标 $f_j(1\leqslant j\leqslant n)$，$m$ 个评价方案 $a_i(1\leqslant i\leqslant m)$，$m$ 个方案 $n$ 个指标构成的矩阵 $\boldsymbol{X}=(x_{ij})_{m\times n}$，称为评价矩阵。

1)向量归一化法

在评价矩阵 $\boldsymbol{X}=(x_{ij})_{m\times n}$ 中，令 $y_{ij}=\dfrac{x_{ij}}{\sqrt{\sum\limits_{i=1}^{m}x_{ij}^2}}(1\leqslant i\leqslant m,1\leqslant j\leqslant n)$，则矩阵 $\boldsymbol{Y}=(y_{ij})_{m\times n}$ 称为向量归一标准化矩阵。显然，矩阵 $\boldsymbol{Y}$ 的列向量的模等于1，即 $\sum\limits_{i=1}^{m}y_{ij}^2=1$。

经过向量归一化处理后，正、反向指标的方向没有发生变化。即正向指标归一化变换后仍是正向指标，反向指标归一化变换后仍是反向指标。

2)线性比例变换法

在评价矩阵 $\boldsymbol{X}=(x_{ij})_{m\times n}$ 中，对于正向指标，取 $x_j^*=\max\limits_{1\leqslant i\leqslant m}x_{ij}\neq 0$，则 $y_{ij}=\dfrac{x_{ij}}{x_j^*}(1\leqslant i\leqslant m,1\leqslant j\leqslant n)$。对于反向指标，取 $x_j^*=\max\limits_{1\leqslant i\leqslant m}x_{ij}$，则 $y_{ij}=\dfrac{x_j^*}{x_{ij}}(1\leqslant i\leqslant m,1\leqslant j\leqslant n)$。矩阵 $\boldsymbol{Y}=(y_{ij})_{m\times n}$ 称为线性比例标准化矩阵。

经过线性比例变换后，标准化指标满足 $0\leqslant y_{ij}\leqslant 1$，并且正、反向指标均化为正向指标，最优值为1，最劣值为0。

3)极差变换法

在评价矩阵 $\boldsymbol{X}=(x_{ij})_{m\times n}$ 中，对于正向指标，取 $x_j^*=\max\limits_{1\leqslant i\leqslant m}x_{ij}$，$x^0=\min\limits_{1\leqslant i\leqslant m}x_{ij}$，则 $y_{ij}=\dfrac{x_{ij}-x_j^0}{x_j^*-x_j^0}(1\leqslant i\leqslant m,1\leqslant j\leqslant n)$；对于反向指标，取 $x_j^*=\min\limits_{1\leqslant i\leqslant m}x_{ij}$，$x_j^0=\min\limits_{1\leqslant i\leqslant m}x_{ij}$，则 $y_{ij}=\dfrac{x_j^*-x_{ij}}{x_j^0-x_j^*}(1\leqslant i\leqslant m,1\leqslant j\leqslant n)$。矩阵 $\boldsymbol{Y}=(y_{ij})_{m\times n}$ 称为极差变换标准化矩阵。

经过极差变换之后，均有 $0\leqslant y_{ij}\leqslant 1$，并且正、反向指标均化为正向指标，最优值、最劣值分别为1、0。

4)定性指标量化处理方法

在系统评价中,有的指标只能作定性描述,例如“可靠性”“灵敏度”“员工素质”。需要对定性指标作量化处理,常用的方法是将这些指标划分为若干级别,分别赋予不同的量值。一般划分为五个级别,最优值为 10 分,最劣值为 0 分,其余级别赋予适当分值。

3.评价指标权重的确定

在进行综合评价时,多个指标的作用和重要程度在评价对象中是不一致的。为了准确反映各个评价指标的重要性和地位,需要在确定指标体系之后,对每个指标赋予不同的权重系数。权重系数是一种数量化表达方式,用于比较和衡量评价对象中各因素的相对重要程度。同样的指标数值在不同的权重系数下可能导致完全不同甚至相反的评价结果。因此,确定权重是综合评价中一个具有挑战性的问题,对于评价和决策具有重要的意义。

通常,指标间的权重差异主要由以下三个原因引起:

(1)评价者对各个指标的重视程度不同,反映评价者之间的主观差异。

(2)各个指标在评价中的作用不同,反映指标之间的客观差异。

(3)各指标的可靠性不同,反映各指标提供的信息可信程度不同。

既然指标间的权重差异主要由上述三个原因引起,确定指标权重时应该从这三个方面进行考虑。其中,第三个方面已经在前面确定指标体系时进行了考虑。

为确保评价结果的准确性和科学性,有多种方法可以确定评价指标的权重。依据原始数据的来源,权重确定方法可分为主观赋权法和客观赋权法。主观赋权法依赖专家的经验判断,具有一定的客观性,但也存在主观性。客观赋权法则不依赖专家意见,使得权重系数更加客观,但有时可能与指标实际重要程度不符。需要明确的是,主观赋权法同样是一种科学的方法,因为指标重要程度的估计通常来自客观实际。下面介绍几种确定评价指标权重的常用方法。

1)相对比较法

相对比较法是一种主观赋权法,构建一个正方形的表,将所有评价指标按行和列排列。根据三级比例标度,指标两两比较进行评分,记入相应位置,再将各指标评分值按行求和,得到各指标评分总和。最后,进行归一化处理,求得各指标的权重系数。

设有 $n$ 个评价指标 $f_1,f_2,\cdots,f_n$,按三级比例标度,指标两两比较进行评分,其分值设为 $a_{ij}$。三级比例标度的含义是

$$a_{ij}=\begin{cases}1,\text{当 } f_i \text{ 比 } f_j \text{ 重要时}\\0.5,\text{当 } f_i \text{ 与 } f_j \text{ 同样重要时}\\0,\text{当 } f_i \text{ 比 } f_j \text{ 不重要时}\end{cases}$$

评分值构成矩阵 $\mathbf{A}=(a_{ij})_{m\times n}$，显然，$a_{ii}=0.5$，$a_{ij}+a_{ji}=1$。指标 $f_i$ 的权重系数

$$\omega_i=\frac{\sum_{j=1}^{m}a_{ij}}{\sum_{i=1}^{n}\sum_{j=1}^{m}a_{ij}}\quad(i=1,2,\cdots,n)$$

应该注意，使用相对比较法时任意两个指标之间相对重要程度要有可比性，这种可比性在主观判断评分时，应满足比较的传递性，例如 $f_1$ 比 $f_2$ 重要，$f_2$ 比 $f_3$ 重要，则 $f_1$ 比 $f_3$ 重要。如果主观评分中发现某些指标间不满足传递性，要及时对评分值进行适当的调整。

2)连环比率法

连环比率法也是一种主观赋权法，这种方法以任意顺序排列指标，按此顺序从前到后，相邻两指标相对比较其重要性，依次赋予比率值，并赋予最后一个指标分值 1，从后到前，按比率值依次求出各指标的修正评分值。最后，归一化处理得到各指标的权重。

该方法的过程是，首先将 $n$ 个指标以任意顺序排列，分别设为 $f_1,f_2,\cdots,f_n$。从前到后，依次赋予相邻两指标相对重要程度的比率值，指标 $f_i$ 与 $f_{i+1}$ 比较赋予比率值 $r_i$，通常比率值 $r_i$ 以三级标度赋值，即

$$r_i=\begin{cases}3,\text{当 } f_i \text{ 比 } f_{i+1} \text{ 重要时}\\2,\text{当 } f_i \text{ 与 } f_{i+1} \text{ 同样重要时}\\1,\text{当 } f_i \text{ 比 } f_{i+1} \text{ 不重要时}\end{cases}$$

并赋以 $r_n=1$。计算各指标的修正评分值，赋予 $f_n$ 的修正评分值 $k_n=1$，根据比率值 $r_i$ 计算各指标的修正评分值 $k_i=r_ik_{i+1}(i=1,2,\cdots,n-1)$。最后归一化处理，求出各指标的权重系数值，即 $\omega_i=\dfrac{k_i}{\sum_{j=1}^{n}k_i}$。

3)熵值法

熵值法是一种客观赋值法，通过各指标所含信息量的大小确定指标权重，避免了主观随意性。设有 $m$ 个方案，$n$ 个指标，$x_{ij}(1\leqslant i\leqslant m,1\leqslant j\leqslant n)$表示第 $i$ 个方案第 $j$ 个指标值。熵是信息论中测度不确定性的量，信息量越大，不确定性就越小，熵也越小；反之，信息量越小，不确定性越大，熵也越大。

该方法的过程是，首先，将 $x_{ij}$ 作正向化处理，并计算第 $i$ 个指标下第 $j$ 个方案数值所占的比重 $p_{ij}=\dfrac{x_{ij}}{\sum\limits_{i=1}^{m}x_{ij}}(1\leqslant i\leqslant m,1\leqslant j\leqslant n)$。其次，计算第 $j$ 个指标的熵值 $e_j=-k\sum\limits_{i=1}^{m}p_{ij}\ln p_{ij}(1\leqslant j\leqslant n)$，其中，$k>0,e_j\geqslant 0$。再次，计算第 $j$ 个指标的差异系数 $g_j=1-e_j(1\leqslant j\leqslant n)$。对于第 $j$ 个指标，指标值 $x_{ij}$ 的差异越大，对方案评价的作用越大，熵值就越小；反之，差异越小，对方案评价的作用越小，熵值就越大。最后，确定第 $j$ 个指标的权重为 $\omega_i=\dfrac{g_i}{\sum\limits_{j=1}^{n}g_i}(1\leqslant j\leqslant n)$。

4)专家咨询法

目前确定评价指标权重的方法由专家咨询的经验判断法逐渐转向专家集体决策，以提高权重的准确性和科学性。每位专家使用定性分析给出定量答案，小组领导统计这些答案，通常采用算术平均数代表集体意见。经过归一化处理，结果更符合人们的认知与习惯，最终反映专家们的集体意见。

## 7.3 系统评价方法

### 7.3.1 评价方法概述

在系统评价中，评价方法的种类繁多。本节选取了几个有代表性且常用的评价方法进行介绍，具体脉络可参考图 7.2。

德尔菲法逻辑最简单，往往作为其他评价方法的基础，比如说确定灰色综合评价法和模糊综合评价法的权数。德尔菲法在本书的第 5 章有详细的介绍，因此这里不再赘述。关联矩阵法是在德尔菲法纯主观评价的基础上增加了一套规则来确定各评价指标的权重，即通过比较打分(分为逐对比较法和古林法)使评价过程更加简化和清晰。然而，关联矩阵法只能解决评价指标在同一层面上的系统评价问题，为解决多要素、多层次的系统评价问题，层次分析法(AHP)应运而生。

在层次分析法(AHP)中，关联到层次时出现两个新内容：一是通过分层次将多目标、多准则的决策问题分解为单目标问题；二是由于评价的非等比性质带来的不一致性，需进行一致性检验。层次分析法能够系统分解目标，逐步求解以及自我检验，但它存在较强的主观性。为克服层次分析法的这一局限，网络分析法(ANP)作为层次分析法的扩展被提出，它主要适用于决策问题中具有依赖性和反馈性的情况。网络分析法通过网络表示元素间的关系，允许元素间存在相互依赖和反馈,更加贴近实际的决策问题。

为了增强系统评价的客观性,结合客观数据对系统进行评价的方法应运而生。数据包络分析法(DEA)使用客观的输入和输出数据建立非参数的经济数学模型来开展项目评价,相当于一种事后评价,其应用面相对狭窄。模糊综合评价法和灰色综合评价法成为两种常用的方法。模糊综合评价法基于模糊数学,其核心在于隶属度的计算,即某个元素以某一程度隶属于某一集合。而灰色综合评价法则通过指标与最优指标的关联度来评估方案优劣。

系统评价方法的发展脉络历经了德尔菲法、关联矩阵法、层次分析法、网络分析法、数据包络分析法、模糊综合评价法和灰色综合评价法等方法,每种方法都有其优缺点,评价方法的选择应根据实际情况和决策目标进行合理的匹配。

下面就这些方法展开详细的介绍。

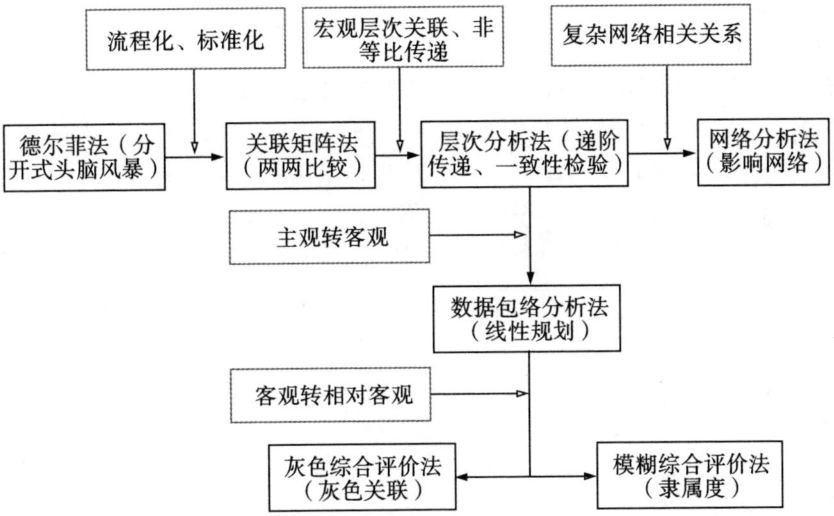


图 7.2 系统评价方法

### 7.3.2 关联矩阵法

**1.概述**

关联矩阵法是一种常用的综合评价方法,其基本原理是利用矩阵表示各方案的评价指标与其在具体指标上的评定量和重要度之间的关系。该方法有效结合了定性和定量评价的优点,并以矩阵形式命名。这种方法的关键在于根据每个评价因素在系统功能中的重要性分配相应的权重,对各替代方案的评价值进行加权求和，最终确定具有最大综合评价值加权和的方案。关联矩阵法提供了全面而准确的评价手段，可为管理系统工程决策提供可靠依据。

在使用关联矩阵法进行系统评价时，首先，需要明确评价指标，并根据其重要程度赋予相应的权重。其次，将各方案在不同指标上的评价值根据权重进行加权求和，得到每个方案的综合评价值。最后，通过对比各方案的综合评价值，确定具有最大值的方案作为最优选项。

需要注意的是，关联矩阵法在实际应用中存在局限性。例如，由于评价指标权重的主观赋值，可能存在主观性的影响。此外，该方法适用于同层次的系统评价问题，对于多要素、多层次的评价问题，需要结合其他方法进行综合评价。因此，在选择评价方法时，应根据具体情况和决策目标的需要进行合理的选择和组合。

**2.方法步骤**

应用关联矩阵法的一个重要前提是被评价的各可行方案相互之间无交叉影响，下面在这个前提的基础上对关联矩阵法进行详细介绍。

设 $A_1, A_2, \cdots, A_m$ 是评价对象的 $m$ 个可行方案（可替代且非劣的方案）；$X_1, X_2, \cdots, X_n$ 是该评价对象的 $n$ 个评价指标（准则、项目）；$W_1, W_2, \cdots, W_n$ 是 $n$ 个评价指标的权重；$V_{i1}, V_{i2}, \cdots, V_{in}$ 是第 $i$ 个可行方案 $A_i(i=1,2,\cdots,m)$ 关于第 $X_j(j=1,2,\cdots,n)$ 个评价项目的价值评定量，关联矩阵如表 7.1 所示。

**表 7.1　关联矩阵**

| | $X_1$ | $X_2$ | … | $X_n$ | $V_i$ |
|---|---|---|---|---|---|
| | $W_1$ | $W_2$ | … | $W_n$ | |
| $A_1$ | $V_{11}$ | $V_{12}$ | … | $V_{1n}$ | $V_1=\sum_{j=1}^{n}W_jV_{1j}$ |
| $A_2$ | $V_{21}$ | $V_{22}$ | … | $V_{2n}$ | $V_2=\sum_{j=1}^{n}W_jV_{2j}$ |
| … | … | … | … | … | … |
| $A_m$ | $V_{m1}$ | $V_{m2}$ | … | $V_{mn}$ | $V_m=\sum_{j=1}^{n}W_jV_{mj}$ |

综合评价主要解决两个关键问题：一是确定各评价指标的权重，二是对非量化指标进行综合评价。关联矩阵法是一种常用且有效的方法，通过建立评价指标与方案之间的关联矩阵，综合考虑各指标之间的影响，为决策者提供全面准确的评价手段。下面将介绍两个具体的方法来解决这些关键问题。

1)逐对比较法

首先,对各方案的评价指标进行两两对比来求出各指标的权重,即对两个指标主观判断重要程度并赋分,相对重要的指标得 1 分,相对不重要的得 0 分,再根据各指标的累计得分计算权重。

其次,由评价主体确定评价尺度,这是为了统一度量以便于求加权和。

最后,根据权重和评价尺度,计算方案最终得分,并对方案进行优劣排序。

逐对比较法存在一些缺陷,如 0-1 逐对比较过于绝对,缺乏中间地带,可能导致某些指标得分为 0;评价主体在确定评价尺度时缺乏依据。为了解决这些问题,古林法应运而生。

2)古林法

古林法在权重估计上相比逐对比较法有显著进步。它以某个指标作为基准,通过两两比较相邻指标的重要程度确定相对权重。相较于逐对比较法的 0-1比较尺度,古林法的相对权重计算更具灵活性和准确性。在归一化处理权重时,古林法也相对精确,提高了评价结果的准确性。然而,该方法需要评价者具备较丰富的专业知识和较强的能力,以准确判断不同方案或指标之间的数量关系。下面介绍古林法应用的大概步骤。

首先,确定评价指标的重要度 $R_j$,并用数值表示;其次,对 $R_j$ 作基准化处理得 $K_j$,即以最后一个指标为基准,从下往上计算各指标 $K$ 值;再次,对 $K_j$ 作归一化处理得权重 $W_j$,即各指标 $K$ 值除以 $K$ 值总和;最后,按照上述方法计算各方案 $R_{ij}$、$K_{ij}$ 并作归一化处理得出综合评价值 $V_{ij}$。

**3.具体应用**

为了减少交通事故的发生,市政部门有增加防事故栅栏、加装人行天桥和增加交通信号设备三种方案可以选择,下面对这三个可行方案进行评价。经过分析确定了五个评价项目:减少死亡人数、减少负伤者人数、减少经济损失、外观、实施费用。在实施三种方案后,五个评价项目的结果如表 7.2 所示。

**表 7.2 评价项目结果**

| | 减少死亡人数/人($X_1$) | 减少负伤者人数/人($X_2$) | 减少经济损失/百万元($X_3$) | 外观($X_4$) | 实施费用/百万元($X_5$) |
|---|---|---|---|---|---|
| 防事故栅栏($A_1$) | 5 | 10 | 10 | 差 | 20 |
| 人行天桥($A_2$) | 6 | 15 | 20 | 很好 | 100 |
| 交通信号设备($A_3$) | 3 | 8 | 5 | 一般 | 15 |

1)逐对比较法

用逐对比较法对各个指标两两比较打分,求出的各评价指标的权重如表 7.3 所示。

**表 7.3　用逐对比较法计算评价指标的权重**

| | 得分序号 | | | | | | | | | | 累计得分 | 权重 |
|---|---|---|---|---|---|---|---|---|---|---|---|---|
| | 1 | 2 | 3 | 4 | 5 | 6 | 7 | 8 | 9 | 10 | | |
| 减少死亡人数/人 | 1 | 1 | 1 | 1 | | | | | | | 4 | 0.4 |
| 减少负伤者人数/人 | 0 | | | | 1 | 1 | 1 | | | | 3 | 0.3 |
| 减少经济损失/百万元 | | 0 | | | 0 | | | 1 | 0 | | 1 | 0.1 |
| 外观 | | | 0 | | | 0 | | 0 | | 0 | 0 | 0.0 |
| 实施费用/百万元 | | | | 0 | | | 0 | | 1 | 1 | 2 | 0.2 |

然后由评价主体给出评价尺度,使量纲统一,便于求和,具体如表 7.4 所示。

**表 7.4　评价尺度**

| | 得分 | | | | |
|---|---|---|---|---|---|
| | 5 | 4 | 3 | 2 | 1 |
| 减少死亡人数/人 | 8 以上 | 6～7 | 4～5 | 2～3 | 1 以下 |
| 减少负伤者人数/人 | 30 以上 | 20～29 | 15～19 | 10～14 | 9 以下 |
| 减少经济损失/百万元 | 30 以上 | 20～29 | 15～19 | 10～14 | 0～9 |
| 外观 | 很好 | 好 | 一般 | 差 | 很差 |
| 实施费用/百万元 | 0～20 | 21～40 | 41～60 | 61～80 | 80 以上 |

根据评价项目结果和评价尺度,计算各个方案的综合评定值,具体结果如下所示。

$$V_1 = \sum_{j=1}^{5} W_j V_{1j} = 0.4 \times 3 + 0.3 \times 2 + 0.1 \times 2 + 0.0 \times 2 + 0.2 \times 5 = 3.0$$

$$V_2 = \sum_{j=1}^{5} W_j V_{2j} = 0.4 \times 4 + 0.3 \times 3 + 0.1 \times 4 + 0.0 \times 5 + 0.2 \times 1 = 3.1$$

$$V_3 = \sum_{j=1}^{5} W_j V_{3j} = 0.4 \times 2 + 0.3 \times 1 + 0.1 \times 1 + 0.0 \times 3 + 0.2 \times 5 = 2.2$$

以上计算结果可用表 7.5 表示。

表 7.5 关联矩阵表(逐对比较法)

| | 减少死亡人数($X_1$) | 减少负伤者人数($X_2$) | 减少经济损失($X_3$) | 外观($X_4$) | 实施费用($X_5$) | $V_i$ |
|---|---|---|---|---|---|---|
| | 0.4($W_1$) | 0.3($W_2$) | 0.1($W_3$) | 0.0($W_4$) | 0.2($W_5$) | |
| 防事故栅栏($A_1$) | 3 | 2 | 2 | 2 | 5 | 3.0 |
| 人行天桥($A_2$) | 4 | 3 | 4 | 5 | 1 | 3.1 |
| 交通信号设备($A_3$) | 2 | 1 | 1 | 3 | 5 | 2.2 |

由计算可知,建造人行天桥这个方案的综合评定值最大,是最优的方案。

2)古林法

古林法在对评价项目的重要程度进行定量估计时,比逐对比较法更为准确。古林法通过建立评价指标与权重之间的关联矩阵,能够更科学地量化各评价项目的重要程度,从而更准确地综合评估不同方案的优劣。仍然以市政交通安全问题为例,来介绍古林法的用法。

根据古林法两两比较的原则得到关联矩阵表,具体结果如表 7.6 所示。

表 7.6 关联矩阵表

| | 评价项目 | $R_j$ | $K_j$ | $W_j$ |
|---|---|---|---|---|
| 1 | 减少死亡人数 | 3.00 | 4.50 | 0.580 |
| 2 | 减少负伤者人数 | 3.00 | 1.50 | 0.194 |
| 3 | 减少经济损失 | 2.00 | 0.50 | 0.065 |
| 4 | 外观 | 0.25 | 0.25 | 0.032 |
| 5 | 实施费用 | — | 1.00 | 0.129 |
| 合计 | | | 7.75 | 1.000 |

算出各评价项目的权重后,可按同样的方法对各方案依次进行评价,原理与求评价指标权重的原理相同,计算结果如表 7.7 所示。

表 7.7　古林法求 $V_i$

| | 评价项目 | 替代方案 | $R_j$ | $K_j$ | $V_i$ |
|---|---|---|---|---|---|
| 1 | 减少死亡人数 | $A_1$ | 0.833 | 1.667 | 0.357 |
| | | $A_2$ | 2.000 | 2.000 | 0.429 |
| | | $A_3$ | — | 1.000 | 0.214 |
| 2 | 减少负伤者人数 | $A_1$ | 0.667 | 1.250 | 0.303 |
| | | $A_2$ | 1.875 | 1.875 | 0.455 |
| | | $A_3$ | — | 1.000 | 0.242 |
| 3 | 减少经济损失 | $A_1$ | 0.500 | 2.000 | 0.286 |
| | | $A_2$ | 4.000 | 4.000 | 0.571 |
| | | $A_3$ | — | 1.000 | 0.143 |
| 4 | 外观 | $A_1$ | 0.400 | 0.667 | 0.200 |
| | | $A_2$ | 1.667 | 1.667 | 0.500 |
| | | $A_3$ | — | 1.000 | 0.300 |
| 5 | 实施费用 | $A_1$ | 5.000 | 0.750 | 0.395 |
| | | $A_2$ | 0.150 | 0.150 | 0.079 |
| | | $A_3$ | — | 1.000 | 0.526 |

表 7.7 计算过程中有两点需要说明：

一是在计算实施费用时，评价主体期望实施费用越小越好，因此比例取倒数。

二是在计算外观时，没有办法获得客观数据，仍然借用专家给出的尺度表中的分数来进行计算。

综合表 7.6 和表 7.7 的结果，可以得到三个方案的综合评定值，详见表 7.8。

表 7.8　关联矩阵表(古林法)

| | 减少死亡人数($X_1$) | 减少负伤者人数($X_2$) | 减少经济损失($X_3$) | 外观($X_4$) | 实施费用($X_5$) | $V_i$ |
|---|---|---|---|---|---|---|
| | 0.580($W_1$) | 0.194($W_2$) | 0.065($W_3$) | 0.032($W_4$) | 0.129($W_5$) | |
| 防事故栅栏($A_1$) | 0.357 | 0.303 | 0.286 | 0.200 | 0.395 | 0.342 |

续表

| | 减少死亡人数($X_1$) | 减少负伤者人数($X_2$) | 减少经济损失($X_3$) | 外观($X_4$) | 实施费用($X_5$) | $V_i$ |
|---|---|---|---|---|---|---|
| | 0.580($W_1$) | 0.194($W_2$) | 0.065($W_3$) | 0.032($W_4$) | 0.129($W_5$) | |
| 人行天桥($A_2$) | 0.429 | 0.455 | 0.571 | 0.500 | 0.079 | 0.400 |
| 交通信号设备($A_3$) | 0.214 | 0.242 | 0.143 | 0.300 | 0.526 | 0.258 |

由表7.8可知,建造人行天桥这个方案的综合评定值最大,是最优的方案。

### 7.3.3 层次分析法

**1.概述**

评价问题涉及多样的评价对象属性和复杂的结构,无法仅凭定量方法或单一层次结构的评价项目进行优化分析和评价。因此,需要建立多要素、多层次的评价系统,并结合定性和定量方法,以解决复杂的评价问题。在这一背景下,美国运筹学家、匹兹堡大学教授萨迪(T. L. Saaty)于20世纪70年代初提出了层次分析法(Analytic Hierarchy Process, AHP)。该方法于1971年被首次应用于美国国防部研究所的“应急计划”分析,之后被逐渐应用于除方案排序之外的计划制订、资源分配、政策分析、冲突求解和决策预报等领域。

层次分析法是一种分析复杂系统并确定因素及其相互关系的方法,它将问题分解为不同要素并形成多层次分析结构模型。在每个层次上,按照规定的准则对要素进行逐对比较,生成判断矩阵以反映它们之间的相对重要性。计算判断矩阵的最大特征根及相应的特征向量,可以确定每个层次要素对准则的权重。这些权重可以被用来计算各个层次要素对总体目标的组合权重,进而评估不同方案的权重,为选择最优方案提供依据。层次分析法的优势在于能够综合定性因素的主观判断和定量分析,从而得出相对权重,提供更准确的决策依据。此外,层次分析法还能够将复杂的评价问题分解为易于理解和处理的层次结构,使决策过程更加系统化和可管理。然而,也需要注意到一些限制,比如比较矩阵中若存在较明显的数据不一致性,可能会导致不确定的结果;评价者的主观判断可能影响结果。因此,在应用层次分析法时,要充分考虑评价者的专业知识和经验,并进行合理的权重敏感性分析,以确保结果的可靠性和准确性。

**2.方法步骤**

1)建立评价问题的递阶结构模型

在使用层次分析法时,首先明确评价问题的范围和因素,确定它们之间的关系和层次结构。然后,将问题划分为多个层次,并建立层次分析结构模型。最高层是目标层,通常只有一个目标,即系统的总目标;中间层是准则层,包含实现目标所需的标准;最低层是方案层(或措施层),包含可行的解决方案。

若上层的每个因素都支配着下一层的所有因素,或被下一层所有因素影响,则称为完全层次结构,否则称为不完全层次结构。在构建完全层次结构模型时,每一层因素会完全支配下一层的因素,同时也被上一层的因素影响,这种关系比较清晰。因此,在构建时可以参考第6章管理系统建模的相关方法或者其他相关方法进行分析,确立指标的各层次之间的关系。而在不完全层次结构模型中,由于每层因素之间的影响关系不够明确,很难建立完整的层次结构,因此在构建时需要采用一些其他的方法,如灰色关联分析、模糊综合评价等,来处理模糊性和不确定性,并确定因素之间的关系和权重。

图7.3中所示结构即为完全层次结构,该图表示某工厂需要购买一台机器,目标是在功能多样、价格低廉和售后服务好之间找到合适的方案。图中最高层是目标层,即购买一台令人满意的机器;中间层是准则层,包括功能多样、价格低廉、售后服务好这三个衡量是否达成目标的判断准则;最低层是可供选择的A、B、C三个型号;层与层之间的连线表示各个元素之间的相关关系。

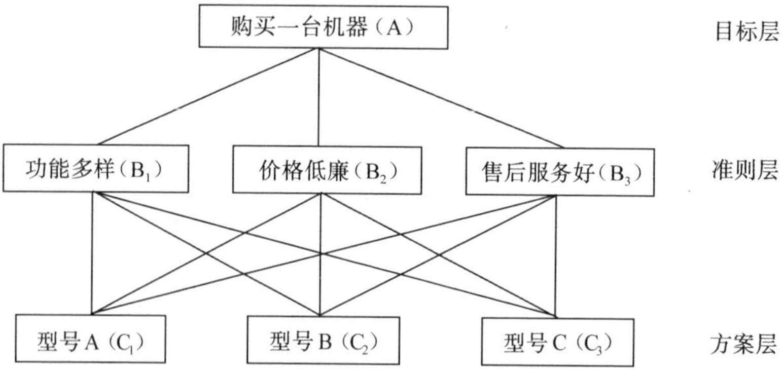


图7.3　机器购置问题的层次模型

2)构造判断矩阵

每一层中的节点对进行两两比较,建立判断矩阵,层次分析法采用1～9的判断尺度，其中 1 表示同等重要，9 表示绝对重要，具体如表 7.9 所示。

**表 7.9 判断尺度的定义及说明**

| 尺度 | 定义 | 说明 |
|---|---|---|
| 1 | 同等重要 | 对上层某元素而言，下层两元素同样重要 |
| 3 | 稍微重要 | 对上层某元素而言，下层某元素比另一元素稍微重要 |
| 5 | 明显重要 | 对上层某元素而言，下层某元素比另一元素明显重要 |
| 7 | 重要得多 | 对上层某元素而言，下层某元素比另一元素重要得多 |
| 9 | 绝对重要 | 对上层某元素而言，下层某元素比另一元素绝对重要 |
| 2、4、6、8 | 重要性在上述相邻各数的中间 | 须在上述两个尺度之间折中时的定量标准 |

仍以购买机器为例，假设工厂对机器的要求依次是：功能多样、价格低廉、售后服务好，则可构成准则层对目标层的判断矩阵：

$$\boldsymbol{G}=\begin{pmatrix} 1 & \frac{1}{3} & 2 \\ 3 & 1 & 5 \\ \frac{1}{2} & \frac{1}{5} & 1 \end{pmatrix}$$

在这里不再具体解释重要度判断，读者可以根据自己的理解重新比较各指标的重要性，构造判断矩阵。

3)层次单排序及其一致性检验

(1)层次单排序

一旦确立了判断矩阵，下一步就是从给定的矩阵中计算各要素的优先级向量，即计算出主特征向量后正交化，就可以得到优先级特征向量。最常用的计算方法是和积法和方根法。

**和积法：**

首先，将判断矩阵的每一列元素都进行归一化处理：

$$\bar{b}_{ij}=\frac{b_{ij}}{\sum\limits_{k=1}^{n} b_{ki}}(i,j=1,2,\cdots,n)$$

然后，将归一化的判断矩阵按行相加：

$$\overline{W}_i=\sum_{j=1}^{n}\bar{b}_{ij}(i=1,2,\cdots,n)$$

最后，对向量 $\overline{\boldsymbol{W}}=(\overline{W}_1,\overline{W}_2,\cdots,\overline{W}_n)^{\mathrm{T}}$ 归一化：

$$W_i=\frac{\overline{W}_i}{\sum_{j=1}^{n}\overline{W}_j}(i=1,2,\cdots,n)$$

所得的 $\boldsymbol{W}=(W_1,W_2,\cdots,W_n)^{\mathrm{T}}$ 就是特征向量，也叫层次单排序。

**方根法：**

首先，计算判断矩阵每一行元素的连乘积 $M_i$：

$$M_i=\prod_{j=1}^{n}b_{ij}(i=1,2,\cdots,n)$$

然后，计算 $M_i$ 的 $n$ 次方根 $\overline{W}_i$：

$$\overline{W}_i=\sqrt[n]{M_i}$$

最后，将向量 $\overline{\boldsymbol{W}}=(\overline{W}_1,\overline{W}_2,\cdots,\overline{W}_n)^{\mathrm{T}}$ 归一化：

$$W_i=\frac{\overline{W}_i}{\sum_{j=1}^{n}\overline{W}_j}(i=1,2,\cdots,n)$$

归一化后的向量 $\boldsymbol{W}=(W_1,W_2,\cdots,W_n)^{\mathrm{T}}$ 即为所求的特征向量，也就是层次单排序。

(2)层次单排序的一致性检验

在绩效评价中，专家的经验和知识可能导致判断矩阵中重要性等级的赋值出现非等比性和不一致的情况，特别是在判断矩阵的阶数较大时，构造一个满足一致性条件的矩阵就变得更加困难。如果出现“A 比 B 重要，B 比 C 重要，而 C 又比 A 重要”的情况，会引发质疑。因此，进行一致性检验是必要的，以验证判断矩阵的合理性和可行性。通常，采用特定的数学方法来计算一致性指标，如一致性比率(CR)和随机一致性指标(RI)等，以便对判断矩阵的一致性进行量化评估。只有在通过一致性检验后，才能确保判断矩阵的可接受性。

根据矩阵理论，当 $n$ 阶判断矩阵 $\boldsymbol{B}$ 具有完全一致性时，其具有唯一非零的最大特征根 $\lambda_{\max}=n$，而其他特征根均为零。然而，如果判断矩阵无法确保完全一致性，相应的特征值也会发生变化，即 $\lambda_{\max}>n$。因此，可以利用判断矩阵特征根的变化来检验判断的一致性程度。

设 $n$ 阶判断矩阵为 $\boldsymbol{B}$，则可用以下方法求出其最大特征根 $\lambda_{\max}$：

$$\boldsymbol{BW}=\lambda\boldsymbol{W}$$

其中，$\boldsymbol{W}=(W_1,W_2,\cdots,W_n)^{\mathrm{T}}$ 为 $\boldsymbol{B}$ 的特征向量。

$$\boldsymbol{\lambda}=\begin{pmatrix}\lambda_1 & 0 & \cdots & 0\\ 0 & \lambda_2 & \cdots & 0\\ \vdots & \vdots & & \vdots\\ 0 & 0 & \cdots & \lambda_n\end{pmatrix}$$

由此可得公式

$$\lambda_{\max}=\max_i\left\{\frac{(\boldsymbol{BW})_i}{\boldsymbol{W}_i}\right\}$$

用以下公式计算的一致性指标来检验判断的一致性(严格证明过程见有关参考书):

$$\mathrm{CI}=\frac{\lambda_{\max}-n}{n-1}$$

一致性检验是评价判断矩阵是否符合完全一致性的方法之一。其中,一致性指标 CI 会影响评价结果的可靠性。具体来说,当 CI 的值越大时,表明判断矩阵越难以达到完全一致性;而当 CI 的值越小时,则意味着判断矩阵越趋近于完全一致性。

对于多阶判断矩阵,在进行一致性检验时还需考虑平均随机一致性指标 RI 的引入。这可以缓解阶数增大所带来的一致性判断指标明显增大的问题。具体来说,通过引入 RI 来计算 CR 值,可以在一定程度上评估判断矩阵的一致性水平,进而确定是否需要进行调整。

表 7.10 列出了 1 至 10 阶判断矩阵的平均随机一致性指标,可以供实际应用中使用。

**表 7.10 平均随机一致性指标数值**

| $n$ | 1 | 2 | 3 | 4 | 5 | 6 | 7 | 8 | 9 | 10 |
|---|---|---|---|---|---|---|---|---|---|---|
| RI | 0 | 0 | 0.52 | 0.89 | 1.12 | 1.36 | 1.41 | 1.46 | 1.49 | 1.52 |

计算一致性比率(CR):

$$\mathrm{CR}=\frac{\mathrm{CI}}{\mathrm{RI}}$$

注意:当 $\mathrm{CR}<0.10$ 时,就可以认为判断矩阵具有满意的一致性,否则,就需要调整判断矩阵,使一致性满意。

4)层次总排序及其一致性检验

(1)层次总排序

经过对各层次优先级的分析,我们需要将这些因素综合考虑,以计算出总体优先级，从而作出正确的评价和决策。总排序结果可按表 7.11 右列的公式算出。

**表 7.11　层次总排序**

| | $B_1$ | $B_2$ | … | $B_m$ | 总排序结果 |
|---|---|---|---|---|---|
| | $a_1$ | $a_2$ | … | $a_m$ | |
| $C_1$ | $W_1^1$ | $W_1^2$ | … | $W_1^m$ | $\sum_{j=1}^{m} a_j w_1^j$ |
| $C_2$ | $W_2^1$ | $W_2^2$ | … | $W_2^m$ | $\sum_{j=1}^{m} a_j w_2^j$ |
| ⋮ | ⋮ | ⋮ | … | ⋮ | ⋮ |
| $C_n$ | $W_n^1$ | $W_n^2$ | … | $W_n^m$ | $\sum_{j=1}^{m} a_j w_n^j$ |

(2)层次总排序的一致性检验

层次总排序一致性指标 $\mathrm{CI}=\sum_{i=1}^{m} a_i \mathrm{CI}_i$，式中 $\mathrm{CI}_i$ 为与 $a_i$ 对应的 $B$ 层次中判断矩阵的一致性指标。

层次总排序平均随机一致性指标 $\mathrm{RI}=\sum_{i=1}^{m} a_i \mathrm{RI}_i$，式中 $\mathrm{RI}_i$ 为与 $a_i$ 对应的 $B$ 层次中判断矩阵的平均随机一致性指标。

层次总排序随机一致性比率 $\mathrm{CR}=\dfrac{\mathrm{CI}}{\mathrm{RI}}$。

同样，当 $\mathrm{CR}<0.10$ 时，可以认为层次总排序结果具有完全满意的一致性。

**3.具体应用**

仍然以某厂购买一台新机器为例，来详细介绍层次分析法的应用步骤，以便加深大家对此方法的理解。

1)建立该机器购买问题的层次结构模型

某厂拟增添一台新机器，希望设备功能多样、价格低廉、售后服务好。现有三种型号设备可供选择，通过分析，建立层次结构模型图(见图 7.3)。

2)构造判断矩阵，并进行单层次排序和一致性检验

判断矩阵构建、优先级计算以及一致性检验过程和计算结果如表 7.12、表 7.13、表 7.14、表 7.15 所示。

表 7.12 判断矩阵 1

| $A$ | $B_1$ | $B_2$ | $B_3$ | $W_i$ | $W_i^0$ | $\lambda_{mi}$ |
|---|---|---|---|---|---|---|
| $B_1$ | 1 | 1/3 | 2 | 0.874 | 0.230 | 3.002 |
| $B_2$ | 3 | 1 | 5 | 2.466 | 0.648 | 3.004 |
| $B_3$ | 1/2 | 1/5 | 1 | 0.464 | 0.122 | 3.005 |

$\lambda_{max}=3.004$，$CI=0.002<0.1$，$RI=0.52$，$CR=0.004<0.1$，满足一致性检验。

表 7.13 判断矩阵 2

| $B_1$ | $C_1$ | $C_2$ | $C_3$ | $W_i$ | $W_i^0$ | $\lambda_{mi}$ |
|---|---|---|---|---|---|---|
| $C_1$ | 1 | 1/3 | 1/5 | 0.405 | 0.105 | 3.042 |
| $C_2$ | 3 | 1 | 1/3 | 1.000 | 0.258 | 3.039 |
| $C_3$ | 5 | 3 | 1 | 2.466 | 0.637 | 3.039 |

$\lambda_{max}=3.040$，$CI=0.020<0.1$，$RI=0.52$，$CR=0.038<0.1$，满足一致性检验。

表 7.14 判断矩阵 3

| $B_2$ | $C_1$ | $C_2$ | $C_3$ | $W_i$ | $W_i^0$ | $\lambda_{mi}$ |
|---|---|---|---|---|---|---|
| $C_1$ | 1 | 2 | 7 | 2.410 | 0.592 | 3.014 |
| $C_2$ | 1/2 | 1 | 5 | 1.357 | 0.333 | 3.015 |
| $C_3$ | 1/7 | 1/5 | 1 | 0.306 | 0.075 | 3.011 |

$\lambda_{max}=3.013$，$CI=0.007<0.1$，$RI=0.52$，$CR=0.013<0.1$，满足一致性检验。

表 7.15 判断矩阵 4

| $B_3$ | $C_1$ | $C_2$ | $C_3$ | $W_i$ | $W_i^0$ | $\lambda_{mi}$ |
|---|---|---|---|---|---|---|
| $C_1$ | 1 | 3 | 1/7 | 0.754 | 0.149 | 3.080 |
| $C_2$ | 1/3 | 1 | 1/9 | 0.333 | 0.066 | 3.083 |
| $C_3$ | 7 | 9 | 1 | 3.979 | 0.785 | 3.080 |

$\lambda_{max}=3.081$，$CI=0.041<0.1$，$RI=0.52$，$CR=0.079<0.1$，满足一致性检验。

3)层次总排序及一致性检验

$C$ 层总排序的结果如表 7.16 所示。

**表 7.16 层次总排序**

| | $B_1$ | $B_2$ | $B_3$ | 总排序结果 |
|---|---|---|---|---|
| | 0.230 | 0.648 | 0.122 | |
| $C_1$ | 0.105 | 0.592 | 0.149 | 0.426 |
| $C_2$ | 0.258 | 0.333 | 0.066 | 0.283 |
| $C_3$ | 0.637 | 0.075 | 0.785 | 0.291 |

根据层次总排序表中的计算结果可知,方案 $C_1$ 的结果最大为 0.426,故应该购买型号 A 的机器。下面进行层次总排序的一致性检验。

$$\mathrm{CI}=0.230\times0.020+0.648\times0.007+0.122\times0.041=0.014<0.1$$

$$\mathrm{RI}=0.52$$

$$\mathrm{CR}=0.027<0.1$$

故层次总排序的一致性检验结果是可以接受的。

### 7.3.4 网络分析法

1.概述

层次分析法的核心在于系统的分层,仅考虑上层元素对下层元素的支配作用,并假设同一层次中的元素相互独立。然而,在实际问题中,许多系统涉及更高层次的要素与较低级别的元素之间的相互作用和依赖关系,导致无法进行层次构造,这使得层次分析法在分析某些系统特性时可能无法适用。为此,萨迪于 1996 年在层次分析法的基础上提出了网络分析法(ANP),即通过考虑要素之间的依赖和反馈关系来进行决策,允许人们考虑复杂动态系统中各要素的相互作用,更加符合实际决策问题的需求。

网络分析法的主要特点是可以处理不同层次间的复杂因果关系。它通过构建一个有向图模型来描述各要素之间的相互依赖关系,在决策过程中考虑了这种多个因素之间的复杂关联,特别适用于需要综合考虑多个因素相互影响的问题。然而,网络分析法的计算复杂性较高,需要充分收集和整理相关数据,合理选择各个因素间关系的权重。此外,对于复杂系统的分析,可能面临数据不确定和模型复杂的挑战。因此,在应用网络分析法时,需要慎重选择合适的模型和采用合理的数据处理方法,以确保分析结果的可靠性和准确性。

总体而言，网络分析法作为一种强大的决策方法，弥补了层次分析法的不足，能够更好地处理涉及复杂关联和相互作用的系统问题。通过考虑不同层次间的因果关系，网络分析法能够提供更全面和准确的决策支持，为管理系统工程的评价与决策提供更强大的工具和方法。

2.方法步骤

1）确定目标和准则

在进行决策评价时，首要任务是明确定义目标和准则。目标是所要实现的最终结果，准则是用于评估各个决策选项的标准。在确定目标和准则时，需要充分考虑利益相关方的需求，对子目标的可能结果进行描述和界定。

2）构建网络模型

基于目标和准则，构建控制层和网络层，反映各元素之间的相关关系，形成系统的网络模型（见图 7.4）。

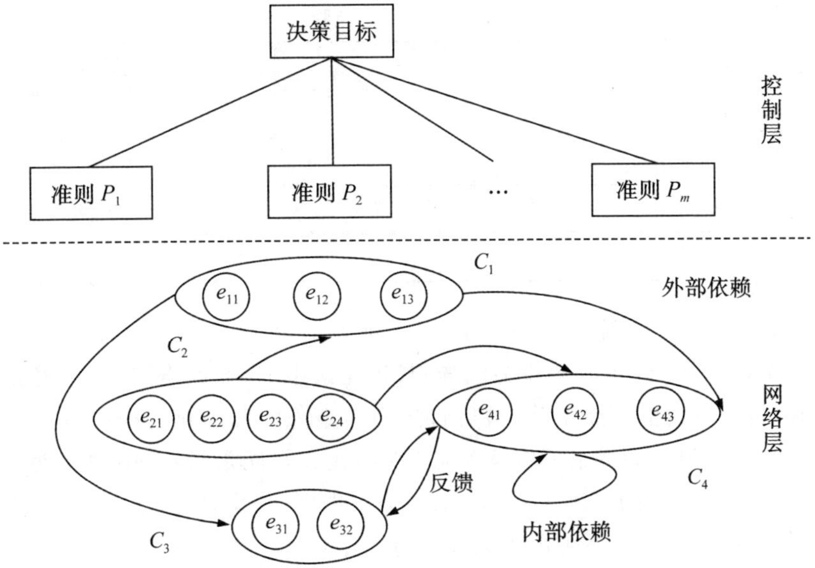


图 7.4 网络分析法的基本网络模型

控制层实际上是一个递阶层次结构，每个准则形成相互依存、反馈的网络。虽然控制层层次结构中的准则相互依赖，但它们又是相互独立的，下一个准则仅受上一个准则的支配。需要注意的是，对于每个控制层的准则，都需要深入考虑其对整个系统的影响，以确保系统的整体性和协调性。

网络层由多个元素集构成，这些元素集彼此既不隶属也不完全独立。影响网络反映了决策元素集的本质特征，即一个元素集对网络系统中的任何其他元素集都可能产生影响，反之亦然。构建这样的影响网络，能够更好地弥补层次分析法的不足，提升决策模型的准确性和适用性。

3)层次分析

设控制层有元素 $P_1,P_2,\cdots,P_m$，网络层有元素 $C_1,C_2,\cdots,C_N$，其中 $C_i$ 中有元素 $e_{i1},e_{i2},\cdots,e_{in_i}$，$i=1,2,\cdots,N$。

在构建的过程中，首先将构建网络时选取的准则 $P_S(S=1,2,\cdots,m)$ 作为主准则，以该网络中某一元素组 $C_j$ 中的元素 $e_{jl}(l=1,2,\cdots,n_j)$ 作为次准则，按照元素组 $C_i$ 中各元素对元素 $e_{jl}$ 的影响程度或按照元素 $e_{jl}$ 对元素组 $C_i$ 中各元素的影响程度构造判断矩阵，并求得归一化特征向量 $(w_{i1}^{jl},w_{i2}^{jl},\cdots,w_{in_i}^{jl})^{\mathrm{T}}$，得出如表 7.17 所示的判断矩阵。

**表 7.17　判断矩阵**

| $e_{jl}$ | $e_{i1},e_{i2},\cdots,e_{in_i}$ | 归一化特征向量 |
|---|---|---|
| $e_{i1}$ | — | $w_{i1}^{(jl)}$ |
| $e_{i2}$ | — | $w_{i2}^{(jl)}$ |
| $\vdots$ | — | $\vdots$ |
| $e_{in_i}$ | — | $w_{in_i}^{(jl)}$ |

4)确定初始超矩阵

依次将 $C_j$ 中的各元素作为次准则，将元素组 $C_i$ 与元素组 $C_j$ 中的元素两两比较，构造各自的判断矩阵，最后将各判断矩阵的归一化特征向量汇总到一个矩阵 $\boldsymbol{W}_{ij}$ 中，则该矩阵表示元素组 $C_i$ 中的元素与元素组 $C_j$ 中的元素之间的影响关系。如此，以 $P_S(S=1,2,\cdots,m)$ 为主准则，依次将各元素组元素之间的内外关系进行比较，最终可获得无权重超矩阵 $\boldsymbol{W}_S$。

$$\boldsymbol{W}_{ij}=\begin{pmatrix} W_{i1}^{j1} & W_{i1}^{j2} & \cdots & W_{i1}^{jn_j} \\ W_{i2}^{j1} & W_{i2}^{j2} & \cdots & W_{i2}^{jn_j} \\ \vdots & \vdots & & \vdots \\ W_{in_1}^{j1} & W_{in_2}^{j2} & \cdots & W_{in_j}^{jn_j} \end{pmatrix}$$

$$
\boldsymbol{W}_S=
\begin{array}{cc}
 & \begin{array}{cccc} C_1 & C_2 & \cdots & C_N \\ e_{11}e_{12}\cdots e_{1n_1} & e_{21}e_{22}\cdots e_{2n_2} & \cdots & e_{N1}e_{N2}\cdots e_{Nn_N} \end{array} \\
\begin{array}{cc}
C_1 & \begin{array}{c} e_{11} \\ e_{12} \\ \vdots \\ e_{1n_1} \end{array} \\
C_2 & \begin{array}{c} e_{21} \\ e_{22} \\ \vdots \\ e_{2n_2} \end{array} \\
\vdots & \vdots \\
C_N & \begin{array}{c} e_{N1} \\ e_{N2} \\ \vdots \\ e_{Nn_N} \end{array}
\end{array}
&
\begin{pmatrix}
\boldsymbol{W}_{11} & \boldsymbol{W}_{12} & \cdots & \boldsymbol{W}_{1N} \\
\boldsymbol{W}_{21} & \boldsymbol{W}_{22} & \cdots & \boldsymbol{W}_{2N} \\
\vdots & \vdots & & \vdots \\
\boldsymbol{W}_{N1} & \boldsymbol{W}_{N2} & \cdots & \boldsymbol{W}_{NN}
\end{pmatrix}
\end{array}
$$

5)确定各个元素的权重

通过计算各组元素的平均值,得到元素组的权重矩阵。以其他准则为主准则,分别构造无权重超矩阵 $\boldsymbol{W}_S$,该超矩阵不是列归一的,只是各个子块 $\boldsymbol{W}_{ij}$ 是列归一的。因此需要对元素组进行成对比较,以使得无权重超矩阵转化成为权重超矩阵后才能进行排序。那么就要以 $P_S$ 为主准则,对准则 $C_j$ 的重要性进行比较,再次构造判断矩阵,如表 7.18 所示。

**表 7.18 判断矩阵 $a_j$**

| $C_j$ | $C_1,C_2,\cdots,C_N$ | 归一化特征向量 |
|---|---|---|
| $C_1$ | — | $a_{1j}$ |
| $\vdots$ | — | $\vdots$ |
| $C_N$ | — | $a_{Nj}$ |

由此得权重矩阵 $\boldsymbol{A}_S$:

$$
\boldsymbol{A}_S=\begin{pmatrix}
a_{11} & a_{12} & \cdots & a_{1N} \\
a_{21} & a_{22} & \cdots & a_{2N} \\
\vdots & \vdots & & \vdots \\
a_{N1} & a_{N2} & \cdots & a_{NN}
\end{pmatrix}
$$

6)计算加权超矩阵

将初始无权重超矩阵乘以元素组的权重矩阵,得到加权超矩阵,即

$$
\boldsymbol{W}_S^W=\boldsymbol{A}_S\boldsymbol{W}_S
$$

7)计算极限超矩阵

在层次分析法中,元素之间相互独立,因此判断某一准则下两元素的优先

权时,只需对两元素直接比较即可确定。然而,在网络分析法中,由于引入了反馈和相互依赖关系,元素优先权的确定过程变得复杂,两个元素既可以进行直接比较,也可以进行间接比较,因此要通过求极限超矩阵的方法确定稳定的元素优先权。即

$$\boldsymbol{W}_S^l = \lim_{k \to \infty} \boldsymbol{W}^k$$

式中,$\boldsymbol{W}_S^l$ 为极限超矩阵,$\boldsymbol{W}^k$ 为权重超矩阵。

求极限超矩阵的过程类似于马尔科夫过程,是一个反复迭代并趋于稳定的过程。由于网络中的元素相互作用的形式不同,极限超矩阵可能存在两种结果:一种是矩阵的所有列数值一样;另一种是分块的极限循环矩阵。在极限超矩阵 $\boldsymbol{W}_S^l$ 中,每一列数值是在准则 $P_S$ 下各元素对该列所对应元素的极限相对优先权。

8)极限相对优先权的综合

对每个控制准则的极限向量进行加权求和,主要是为了对各可选方案的权重进行加总。

9)可选方案排序并决策

依据各可选方案的权重值排序,然后进行决策。

**3.具体应用**

下面以一个家庭在购车时选择美国车、日本车还是欧洲车为例,对如何应用网络分析法进行具体说明。

(1)首先,明确目标和准则,并在此基础上对该问题进行分析,得到网络模型,如图 7.5 所示。

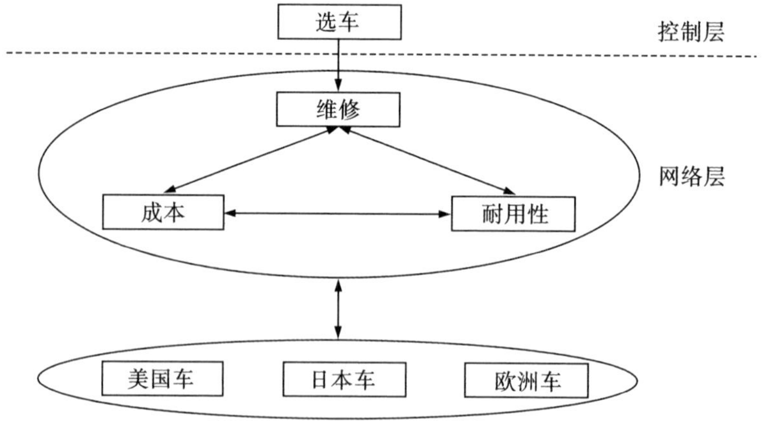


图 7.5 选车的网络模型

(2)其次,基于选车网络模型中要素间的关系,将各个元素进行两两比较。考虑成本、维修、耐用性与车类别之间的关系,得到如表 7.19 所示的判断矩阵。

**表 7.19 两两比较判断矩阵**

| 成本 | 美国车 | 欧洲车 | 日本车 | 特征向量 |
|---|---|---|---|---|
| 美国车 | 1 | 5 | 3 | 0.637 |
| 欧洲车 | 1/5 | 1 | 1/3 | 0.105 |
| 日本车 | 1/3 | 3 | 1 | 0.258 |
| CR=0.033 | | | | |
| 维修 | 美国车 | 欧洲车 | 日本车 | 特征向量 |
| 美国车 | 1 | 5 | 2 | 0.582 |
| 欧洲车 | 1/5 | 1 | 1/3 | 0.109 |
| 日本车 | 1/2 | 3 | 1 | 0.309 |
| CR=0.003 | | | | |
| 耐用性 | 美国车 | 欧洲车 | 日本车 | 特征向量 |
| 美国车 | 1 | 1/5 | 1/3 | 0.105 |
| 欧洲车 | 5 | 1 | 3 | 0.637 |
| 日本车 | 3 | 1/3 | 1 | 0.258 |
| CR=0.033 | | | | |
| 美国车 | 成本 | 维修 | 耐用性 | 特征向量 |
| 成本 | 1 | 3 | 4 | 0.634 |
| 维修 | 1/3 | 1 | 1 | 0.192 |
| 耐用性 | 1/4 | 1 | 1 | 0.174 |
| CR=0.008 | | | | |
| 欧洲车 | 成本 | 维修 | 耐用性 | 特征向量 |
| 成本 | 1 | 1 | 1/2 | 0.250 |
| 维修 | 1 | 1 | 1/2 | 0.250 |
| 耐用性 | 2 | 2 | 1 | 0.500 |
| CR=0.008 | | | | |
| 日本车 | 成本 | 维修 | 耐用性 | 特征向量 |
| 成本 | 1 | 2 | 1 | 0.400 |
| 维修 | 1/2 | 1 | 1/2 | 0.200 |
| 耐用性 | 1 | 2 | 1 | 0.400 |
| CR=0.000 | | | | |

(3)考虑成本、维修和耐用性这三个因素之间的相互作用,得到三者的权重矩阵如表 7.20 所示。

**表 7.20　权重矩阵**

| | 成本 | 维修 | 耐用性 |
|---|---|---|---|
| 成本 | 0.30 | 0.20 | 0.60 |
| 维修 | 0.40 | 0.25 | 0.30 |
| 耐用性 | 0.30 | 0.55 | 0.10 |

(4)根据两两比较的结果就可以得到初始超矩阵,如表 7.21 所示。

**表 7.21　初始超矩阵**

| | 成本 | 维修 | 耐用性 | 美国车 | 欧洲车 | 日本车 |
|---|---|---|---|---|---|---|
| 成本 | 0.300 | 0.200 | 0.600 | 0.634 | 0.250 | 0.400 |
| 维修 | 0.400 | 0.250 | 0.300 | 0.192 | 0.250 | 0.200 |
| 耐用性 | 0.300 | 0.550 | 0.100 | 0.174 | 0.250 | 0.400 |
| 美国车 | 0.637 | 0.582 | 0.105 | 0.000 | 0.000 | 0.000 |
| 欧洲车 | 0.105 | 0.109 | 0.637 | 0.000 | 0.000 | 0.000 |
| 日本车 | 0.258 | 0.309 | 0.258 | 0.000 | 0.000 | 0.000 |

(5)确定超矩阵中各元素组的权重,用权重矩阵和无权重矩阵相乘得到加权超矩阵。

假设权重矩阵 $\boldsymbol{A}=(0.5,1,0.5,0)$,则可以得到加权超矩阵,如表 7.22 所示。

**表 7.22　加权超矩阵**

| | 成本 | 维修 | 耐用性 | 美国车 | 欧洲车 | 日本车 |
|---|---|---|---|---|---|---|
| 成本 | 0.150 | 0.100 | 0.300 | 0.634 | 0.250 | 0.400 |
| 维修 | 0.200 | 0.125 | 0.150 | 0.192 | 0.250 | 0.200 |
| 耐用性 | 0.150 | 0.275 | 0.050 | 0.174 | 0.250 | 0.400 |
| 美国车 | 0.319 | 0.291 | 0.053 | 0.000 | 0.000 | 0.000 |
| 欧洲车 | 0.053 | 0.055 | 0.319 | 0.000 | 0.000 | 0.000 |
| 日本车 | 0.129 | 0.155 | 0.129 | 0.000 | 0.000 | 0.000 |

(6)计算极限超矩阵。为了得到一个稳定的极限超矩阵,需要对加权超矩阵进行稳定处理。一种常见的方法是自乘 4～6 次,以达到稳定效果,具体如表 7.23 所示。

表 7.23 极限超矩阵

| | 成本 | 维修 | 耐用性 | 美国车 | 欧洲车 | 日本车 |
|---|---|---|---|---|---|---|
| 成本 | 0.282 | 0.282 | 0.282 | 0.282 | 0.282 | 0.282 |
| 维修 | 0.184 | 0.184 | 0.184 | 0.184 | 0.184 | 0.184 |
| 耐用性 | 0.193 | 0.193 | 0.193 | 0.193 | 0.193 | 0.193 |
| 美国车 | 0.159 | 0.159 | 0.159 | 0.159 | 0.159 | 0.159 |
| 欧洲车 | 0.089 | 0.089 | 0.089 | 0.089 | 0.089 | 0.089 |
| 日本车 | 0.093 | 0.093 | 0.093 | 0.093 | 0.093 | 0.093 |

根据最后的计算结果可以得到以下结论:美国车是该家庭的最优选择,成本是购车的决定性因素。

### 7.3.5 数据包络分析法

**1.概述**

在生产和社会活动中,经常需要对同类部门或单位(称为决策单元)进行评价。评价依据包括决策单元的投入数据(如资金总额、劳动力总数、占地面积等)和输出数据(如产品数量、质量、经济效益等)。例如,在评价城市的高等学校时,输入可以是资金、教职员工人数、教学用房面积等,输出可以是研究生、本科生人数,学生质量,教师教学工作量,科研成果等。为了评价决策单元的相对有效性,运筹学家查恩斯(A. Charnes)、库珀(W. W. Cooper)和罗兹(E. Rhodes)在 1978 年提出了数据包络分析(DEA)的方法。他们提出的 CCR 模型是用来研究具有多个输入和输出的"生产部门"的理想和有效方法。1984 年,班克(R. D. Banker)、查恩斯和库珀提出了 BCC 模型。这些模型都能够处理多目标决策问题,其中输入越小越好,输出越大越好。

数据包络分析法是一种在运筹学领域被广泛应用的方法,用于评价具有多个输入和输出的决策单元的相对有效性。其原理是基于线性规划和效率前沿分析,其核心思想是找到一种最优的组合方式,使得输入最小化而输出最大化。数据包络分析法适用于许多不同的情境。例如,在经济学中,可以使用该方法评估不同企业的相对效率;在教育领域,可以用该方法评价学校的绩效;在医疗领域,可以用该方法评估医院的效率和质量等。

数据包络分析法具有处理多输入和多输出问题的优势,不受数据分布限制,也不要求特定形式的生产函数、成本函数和利润函数,具有较强的客观性。该方法不仅能够提供评价结果,还能确定效率低的原因和可能达到的理想状态,为改进和调整效率提供决策依据。通过选择适宜的模型,构建生产可能集并确定生产前沿面,所得到的相对有效性评价结论具有较强的说服力。数据包络分析法也存在一些明显的缺点,包括对有效决策单元提供的信息有限、对生产可能集的公理体系要求严格、当决策单元数或指标数过多时容易降低评价效率、对某些决策单元的输入输出数据比较敏感等。此外,数据包络分析模型的线性规划容易出现严重退化问题,对奇异值敏感,使用常规的线性规划软件求解并不能保证得到正确的解。尽管如此,其在经济领域依然得到广泛应用并取得了发展。

2.基本模型

为了进一步掌握数据包络分析法,需要先了解该方法的两个基本模型。

1)CCR 模型

决策制定单元 $\mathrm{DMU_k}$(Decision Making Unit)的相对效率可定义为输出加权求和与输入加权求和之比。评价 $\mathrm{DMU_k}$ 的标准数据包络分析的 CCR 模型如下:

利用 $\theta_k$ 作为 CCR 模型中 $\mathrm{DMU_k}$ 的效率值,反映其自我评价。在基本数据包络分析结果中,效率值为 1 代表有效决策单元,而效率值小于 1 则代表非有效决策单元。然而,在实际应用中,评价主体可能存在自利性,并且通常会有多个决策单元被认定为有效,因此采用基本数据包络分析进行效率评价和排序可能导致效果不理想。参与评价的决策单元一共有 $n$ 个,对决策单元 $j$,其评价指标 $x_{ji}(i=1,2,\cdots,m)$ 越小越好(对应于投入指标),评价指标 $y_{jr}(r=1,2,\cdots,s)$ 越大越好(对应于产出指标),由此可以构造出数据包络分析模型:

$$\boldsymbol{x}_j=(x_{j1},x_{j2},\cdots,x_{jm})^{\mathrm{T}}$$

$$\boldsymbol{y}_j=(y_{j1},y_{j2},\cdots,y_{js})^{\mathrm{T}},j=1,2,\cdots,n$$

$$(P_1)=\begin{cases}\max\dfrac{\boldsymbol{u}^{\mathrm{T}}\boldsymbol{y}_0}{\boldsymbol{v}^{\mathrm{T}}\boldsymbol{x}_0}\\ \text{s.t.}\begin{cases}\dfrac{\boldsymbol{u}^{\mathrm{T}}\boldsymbol{y}_j}{\boldsymbol{v}^{\mathrm{T}}\boldsymbol{x}_j}\leqslant 1,j=1,2,\cdots,n\\ \boldsymbol{v}\geqslant 0\\ \boldsymbol{u}\geqslant 0\end{cases}\end{cases}$$

式中，$y_j$ 为决策单元 $j$ 的评价指标；$x_j$ 为决策单元 $j$ 的评价指标；$u$ 为 $y_j$ 的权重；$v$ 为 $x_j$ 的权重；$n$ 为决策单元的个数；$m$ 为 $y_j$ 指标的数量；$s$ 为 $x_j$ 指标的数量；$y_0$ 为待评价决策单元的评价指标；$x_0$ 为待评价决策单元的评价指标。

该模型假定所有决策单元的有效性最大值为 1，类似于自然过程中能量转化效率的最大值为 1 的原则。该模型的主要特点是将投入、产出指标的权重（$u$、$v$）作为决策单元有效性最大值的优化变量。决策单元的有效性值可以是 1（相对有效）或小于 1（相对无效）。对于相对无效的决策单元，模型的解可以反映其与相对有效决策单元的差距。通过对所有决策单元依次解上述模型，可以得出它们的相对效率。不同决策单元解对应的评价指标的权重一般来说是不同的，这种权重的选择方式比权重分析方法更具客观性。

上述模型是一个分式规划模型，对其进行深入讨论通常比较困难。为了能够使用线性规划的结果进行进一步讨论，可以对这个分式规划问题进行查恩斯-库珀（Charnes-Cooper）变换，即

$$t=\frac{1}{\boldsymbol{v}^{\mathrm{T}}\boldsymbol{x}},\boldsymbol{w}=t\boldsymbol{v},\boldsymbol{\mu}=t\boldsymbol{u}$$

将分式规划转变为如下的线性规划问题

$$(P_2)=\begin{cases}\max \boldsymbol{u}^{\mathrm{T}}\boldsymbol{y}_0\\ \text{s.t.}\begin{cases}\boldsymbol{w}^{\mathrm{T}}\boldsymbol{x}_j-\boldsymbol{\mu}^{\mathrm{T}}\boldsymbol{y}_j\geqslant 0,j=1,2,\cdots,n\\ \boldsymbol{w}^{\mathrm{T}}\boldsymbol{x}_0=1\\ \boldsymbol{w}\geqslant 0\\ \boldsymbol{\mu}\geqslant 0\end{cases}\end{cases}$$

通过应用 Charnes-Cooper 变换，可以将分式目标函数中的分子部分保留不变，而将分母的值变为 1，并将其作为约束条件的一部分。这样，原本的分式目标函数就会转化为线性目标函数的形式，使得问题的形式更加简化和易于处理。

**定义 1**：如果线性规划问题的最优解 $\boldsymbol{w}^*$，$\boldsymbol{\mu}^*$ 满足 $\boldsymbol{u}^{\mathrm{T}}\boldsymbol{y}_0=1$，则称决策单元 $\mathrm{DMU}_{j0}$ 是弱 DEA 有效的。

**定义 2**：如果线性规划问题的最优解 $\boldsymbol{w}^*>0$，$\boldsymbol{\mu}^*>0$ 满足 $\boldsymbol{u}^{\mathrm{T}}\boldsymbol{y}_0=1$，则称决策单元 $\mathrm{DMU}_{j0}$ 是 DEA 有效的。

2）BCC 模型

模型中假设有 $n$ 个决策单元，每个决策单元都有 $m$ 种类型的“输入”以及 $s$ 种类型的“输出”，分别表示该单元“耗费的资源”和“工作的成效”，用 $x_{ji}$（$x_{ji}>0,i=1,2,\cdots,m$）表示第 $j$ 个决策单元对第 $i$ 种类型输入的投入量，用 $y_{jr}$（$y_{jr}>0,r=1,2,\cdots,s$）表示第 $j$ 个决策单元对第 $r$ 种类型输入的投入量，并记为

$$\boldsymbol{x}_j=(x_{j1},x_{j2},\cdots,x_{jm})^{\mathrm{T}}$$

$$\boldsymbol{y}_j=(y_{j1},y_{j2},\cdots,y_{js})^{\mathrm{T}},j=1,2,\cdots,n$$

在设定过程中，为避免锥性条件即规模收益不变的发生，增添一个凸性假设条件：

$$\sum_{j=1}^{n}\lambda_j=1$$

这时的可能集 $T$ 可描述为：

$$T_{\mathrm{BCC}}=\left\{(x,y)\,\middle|\,x\geqslant\sum_{j=1}^{n}\lambda_j x_j,y\leqslant\sum_{j=1}^{n}\lambda_j y_j,\sum_{j=1}^{n}\lambda_j=1,\lambda_j\geqslant0,j=1,2,\cdots,n\right\}$$

如果忽略锥性条件，可以将重点放在单个决策单元水平的生产有效性上，并得出一种效率测量方法。根据这种方法，一个决策单元的效率指数为1，当且仅当该决策单元位于有效生产前沿面上。需要注意的是，这个效率指数不一定是规模有效的。这样建立了基于生产可能集 $T_{\mathrm{BCC}}$ 的数据包络分析模型，即BCC模型

$$(P_3)=\begin{cases}\min\theta=V_{D_2}\\ \text{s.t.}\begin{cases}\sum_{j=1}^{n}x_j\lambda_j\leqslant\theta x_0\\ \sum_{j=1}^{n}y_j\lambda_j\geqslant y_0\\ \sum_{j=1}^{n}\lambda_j=1\\ \lambda_j\geqslant0,j=1,2,\cdots,n\end{cases}\end{cases}$$

及其对偶问题

$$(P_4)=\begin{cases}\max(u^{\mathrm{T}}y_0+u_0)=V_{p_2}\\ \text{s.t.}\begin{cases}w^{\mathrm{T}}x_j-\mu^{\mathrm{T}}y_j-u_0\geqslant0,j=1,2,\cdots,n\\ w^{\mathrm{T}}x_0=1\\ w\geqslant0\\ u\geqslant0\end{cases}\end{cases}$$

**定义3**：若上式中存在最优解 $w_0$、$u_0$、$\hat{u}_0$ 满足 $V_{p_2}=u_0^{\mathrm{T}}y_0+\hat{u}_0=1$，则称 $\mathrm{DMU}_{j0}$ 为弱DEA有效(BCC)。

**定义4**：若上式中存在最优解 $w_0$、$u_0$、$\hat{u}_0$ 满足 $V_{p_2}=u_0^{\mathrm{T}}y_0+\hat{u}_0=1$，且进一步有 $w_0>0$，$u_0>0$，则称 $\mathrm{DMU}_{j0}$ 为DEA有效(BCC)。

3.方法步骤

数据包络分析法的应用一般包括以下步骤：明确评价目的、选择决策单元(DMU)、建立输入和输出评价指标体系、收集和整理数据、选择合适的数据包络分析模型进行计算、分析评价结果并提出决策建议。

(1)数据包络分析法的基本功能是对多个同类样本进行相对评价，以确定其优劣。这引出了一系列需要明确的问题，例如对哪些决策单元进行评价、采用什么样的输入/输出指标体系进行评价、选择何种数据包络分析模型进行评价等。为了确保使用数据包络分析法得到的信息具有科学性，上述问题应符合具体的数据包络分析应用目的。因此，明确评价目的是应用数据包络分析法时首要考虑的问题。

(2)选择决策单元是数据包络分析法的关键步骤之一。由于数据包络分析法是在同类决策单元之间进行相对有效性评价，因此选择决策单元的基本要求是确保它们具有同质性。这意味着决策单元之间在关注的输入和输出指标方面应保持类似的特征和功能。选择适当的决策单元对于数据包络分析法的正确应用至关重要。在实际应用中，以下两点可以帮助人们进行决策单元的选择：

第一，通过考虑决策单元的物理背景或活动空间来判断，即要求所选决策单元具有相同的外部环境、相同的输入和输出指标，以及相同的目标任务等特征。

第二，利用决策单元活动的时间间隔进行构造。例如，可以将一个生产过程的时间间隔$[0,T]$等分为 $q$ 个部分，将每个等分视为一个决策单元，这样就可以得到$q$ 个同类型的决策单元。这种方法可以确保每个等分中的生产过程都是原始过程的一部分(一个时段)。

此外，选择的决策单元数量不宜过多，以免影响同类型决策单元的相对有效性评价。

(3)建立输入/输出指标体系是数据包络分析法应用的基础要求之一。数据包络分析法对决策单元的输入和输出评价指标数据进行相对有效性评价。在建立指标体系时，需考虑以下几点：

**评价目的的实现：**评价目的需要从输入和输出两个不同的侧面进行分解，以构建生产过程。通常情况下，将与评价目的密切相关且经济意义直观明显的指标作为输入(或输出)指标。

**全面反映评价目的：**一个评价目的需要多个输入和输出指标来全面描述，缺少某个或某些指标会导致评价目的无法完整实现。

**输入与输出之间的联系：**考虑实际生产过程中决策单元的各个输入和输出

之间的联系和依赖，通过咨询专家或进行统计分析，可以帮助处理这些联系。同时，进行试探性的数据包络分析，可以帮助识别对决策单元有效性影响较小的指标。

(4)收集和整理数据资料是评价决策单元相对有效性的关键环节。正确收集和科学整理各决策单元的输入和输出数据，对数据包络分析评价结果的准确性至关重要。

(5)进行数据包络分析评价时，需要考虑选择合适的评价模型。一般来说，选择模型时需要考虑以下几个方面：首先，考虑使用具有非阿基米德无穷小的数据包络分析模型，因为这种模型在判断决策单元是否为弱数据包络分析时具有一定的便利性，并在实际应用中经常被采用。其次，为了获得不同侧面的评价信息，可以在可能的情况下尝试采用不同类型的数据包络分析模型进行分析，并将分析结果进行相互比较。

需要注意的是，对于简单的问题，可以手工计算来完成，因为数据包络分析法本质上是通过构建线性规划问题来评价单位的效率。然而，对于包含大量单位和指标的复杂问题，手工计算就变得困难且耗时，此时可以借助软件来进行求解。理论上，任何能够求解线性规划的数学计算软件，如 MATLAB、Maple、Mathematica、MathCAD、LinDo、SAS 等，都能够求解各种数据包络分析模型的原问题或对偶问题。使用这些软件需要对数据包络分析模型的数学形式有清晰的理解和把握，这一点对一般应用者而言，并不容易。

本书不重点阐述如何利用软件建立模型并进行计算，读者通过本节掌握方法的基本原理和两种模型即可，如对建模及数学软件感兴趣，建议自行收集资料来深入学习。

(6)对于一组决策单元，在确定了指标体系后，需要选择适合的数据包络分析模型进行相对有效性评价，并基于评价结果展开分析工作。在设计分析工作时，应考虑如何使其更为详尽和全面，以提供尽可能多的比较信息。然而，在确定具体的分析内容和方法时，应从问题的实际背景和评价目的出发，因为不存在一种固定的分析模式。一般而言，利用数据包络分析模型的求解结果来判断各决策单元的数据包络分析有效性，并找出无效决策单元的原因及改进措施。随后形成评价结果报告，并向上级决策单元领导提出建议，以辅助决策。

4.具体应用

1)应用一

某地区政府为了优化产业结构，对该地区的相关产业进行分析，制定未来地区产业发展战略。各个产业指标的数据如表 7.24 所示。

表 7.24 各个产业指标的数据

| 产业 | 投入指标 | | | 产出指标 | |
|---|---|---|---|---|---|
| | 固定投资 $x_1$ | 劳动力 $x_2$ | 流动资产 $x_3$ | 利税额 $y_1$ | 增加值 $y_2$ |
| 建筑 | 8124 | 12560 | 8420 | 3573 | 6970 |
| 食品 | 6061 | 5230 | 4320 | 3510 | 5870 |
| 房地产 | 4632 | 1790 | 12640 | 7920 | 21320 |

假设 $u_1$、$u_2$、$v_1$、$v_2$、$v_3$ 分别为 $y_1$、$y_2$、$x_1$、$x_2$、$x_3$ 的权重系数，则建筑产业的生产效率(总产出与总投入的比)为

$$h_1=\frac{y_{11}\times u_1+y_{21}\times u_2}{x_{11}\times v_1+x_{21}\times v_2+x_{31}\times v_3}$$

其他产业的生产效率 $h_2$、$h_3$ 同理。

如果限定所有的 $h$ 都不超过 1，那么当 $h=1$ 时，说明该产业相对于其他产业来说生产效率最高，或者说这一生产系统是相对有效的；当 $h<1$ 时，说明该产业相对其他产业来说生产效率有待提高，或者说这一生产系统不是有效的。

根据上述分析，可以为每个产业建立相对生产效率最优模型，以建筑产业为例：

$$\max(h)=h_1,\text{s.t.}\begin{cases}h_1\leqslant 1\\h_2\leqslant 1\\h_3\leqslant 1\\u\geqslant 0,v\geqslant 0\end{cases}$$

将上面的分式规划模型转化为线性规划模型，令

$$t=\frac{1}{x_{11}\times v_1+x_{21}\times v_2+x_{31}\times v_3}$$

$$\mu=t\times u$$

$$w=t\times v$$

则建筑产业的线性规划模型为

$$\max(h)=h_1=3573\mu_1+6970\mu_2$$

$$\text{s.t.}\begin{cases}y_{11}\times\mu_1+y_{21}\times\mu_2\leqslant x_{11}\times w_1+x_{21}\times w_2+x_{31}\times w_3\\y_{12}\times\mu_1+y_{22}\times\mu_2\leqslant x_{12}\times w_1+x_{22}\times w_2+x_{32}\times w_3\\y_{13}\times\mu_1+y_{23}\times\mu_2\leqslant x_{13}\times w_1+x_{23}\times w_2+x_{33}\times w_3\\x_{11}\times w_1+x_{21}\times w_2+x_{31}\times w_3=1\\\mu\geqslant 0,w\geqslant 0\end{cases}$$

食品和房地产产业同理可以建立类似的线性规划模型。对各个模型求解结果为,房地产产业的 $h=1$,说明该产业相对于其他产业来说生产效率最高;建筑产业、食品产业的 $h<1$,说明该产业相对房地产产业来说生产效率有待提高。

2)应用二

表 7.25 展示了一家机床厂对多个供应商的评价结果,使用数据包络分析模型计算了各供应商在购货总额、准时供货、维修服务、质量和供货历史等指标上的综合效率。购货总额、准时供货和维修服务被视为评价模型的投入指标,越小越好;而质量和供货历史被视为评价模型的产出指标,越大越好。最终,评价结果反映了各供应商的相对有效性。价格指标未直接使用,因为价格已经包含在评价结果中,通过综合比率衡量了评价结果的产出指标与投入指标之间的关系。

**表 7.25　供应商各个指标的数据**

| 供应商 DMU | 购货总额 ($x_1$) | 准时供货 ($x_2$) | 维修服务 ($x_3$) | 质量 ($y_1$) | 供货历史 ($y_2$) | 评价结果 |
|---|---|---|---|---|---|---|
| 1 | 49.7760 | 5 | 144 | 179 | 183 | 1.0000 |
| 2 | 44.1798 | 7 | 160 | 153 | 157 | 0.9433 |
| 3 | 47.1938 | 4 | 176 | 162 | 166 | 0.9735 |
| 4 | 50.9080 | 13 | 70 | 177 | 178 | 0.9249 |
| 5 | 6.1257 | 1 | 30 | 21 | 21 | 0.9222 |
| 6 | 14.9073 | 2 | 30 | 50 | 51 | 0.9232 |
| 7 | 29.3400 | 1 | 48 | 99 | 100 | 1.0000 |
| 8 | 5.8560 | 2 | 44 | 18 | 20 | 0.8944 |
| 9 | 83.8080 | 16 | 120 | 316 | 320 | 1.0000 |
| 10 | 18.7712 | 2 | 56 | 62 | 64 | 0.9249 |
| 11 | 36.7770 | 3 | 72 | 129 | 130 | 1.0000 |
| 12 | 24.4383 | 6 | 30 | 87 | 87 | 0.9547 |
| 13 | 17.2398 | 3 | 42 | 58 | 59 | 0.9025 |
| 14 | 38.9961 | 6 | 136 | 141 | 143 | 0.9775 |
| 15 | 36.2368 | 7 | 150 | 127 | 128 | 0.9295 |

续表

| 供应商 DMU | 购货总额 ($x_1$) | 准时供货 ($x_2$) | 维修服务 ($x_3$) | 质量 ($y_1$) | 供货历史 ($y_2$) | 评价结果 |
|---|---|---|---|---|---|---|
| 16 | 6.2722 | 16 | 144 | 167 | 169 | 0.9572 |
| 17 | 66.5144 | 18 | 57 | 243 | 244 | 1.0000 |

在表 7.25 中，相对效率等于 1 的决策单元包括 1、7、9、11、17 号供应商，而相对效率低于 0.9 的供应商是 8 号供应商。相对效率较高的供应商代表其在某个或多个方面的绝对效率较高。更多具体数据可以在表 7.26 中找到，该表列出了各个供应商的产出量与投入量的比率。举例来说，根据相对效率的评价结果，17 号供应商在单位服务成本下得到的货物量最大，同时在单位投入上也表现较好；7 号和 9 号供应商在准时供货和购货总额方面各自具有优势。值得注意的是，供应商若在某些方面表现出色而在其他方面表现较差，也会影响其相对效率的数值，比如 11 号供应商。结合原始数据，并利用上述数据包络分析有效性排序，可以更轻松地选择出购货成本最低、合同延迟最少、维修服务最佳、质量最高的供应商，或者符合采购者多方面综合要求的供应商。由于篇幅所限，本书不涉及供应商的组合问题。

**表 7.26 产出指标与投入指标的比率**

| 供应商 DMU | $y_1/x_1$ | $y_1/x_2$ | $y_1/x_3$ | $y_2/x_1$ | $y_2/x_2$ | $y_2/x_3$ |
|---|---|---|---|---|---|---|
| 1 | 3.5960 | 35.8000 | 1.2430 | 3.6760 | 36.6000 | 1.2708 |
| 2 | 3.4630 | 21.8570 | 0.9562 | 3.5530 | 22.4280 | 0.9812 |
| 3 | 3.4320 | 40.5000 | 0.9204 | 3.5170 | 41.5000 | 0.9431 |
| 4 | 3.4760 | 13.6150 | 2.5285 | 3.4960 | 13.6920 | 2.5428 |
| 5 | 3.4280 | 21.0000 | 0.7000 | 3.4280 | 21.0000 | 0.7000 |
| 6 | 3.3540 | 25.0000 | 1.6666 | 3.4210 | 25.5000 | 1.7000 |
| 7 | 3.3740 | 99.0000 | 2.0625 | 3.4080 | 100.0000 | 2.0833 |
| 8 | 3.0730 | 9.0000 | 0.4090 | 3.4150 | 10.0000 | 0.4545 |
| 9 | 3.7700 | 19.7500 | 2.6333 | 3.8180 | 20.0000 | 2.6666 |
| 10 | 3.3020 | 31.0000 | 1.1071 | 3.4090 | 32.0000 | 1.1428 |

续表

| 供应商 DMU | $y_1/x_1$ | $y_1/x_2$ | $y_1/x_3$ | $y_2/x_1$ | $y_2/x_2$ | $y_2/x_3$ |
|---|---|---|---|---|---|---|
| 11 | 3.5070 | 43.0000 | 1.7916 | 3.5340 | 43.3330 | 1.8055 |
| 12 | 3.5590 | 14.5000 | 2.9000 | 3.5590 | 14.5000 | 2.9000 |
| 13 | 3.3640 | 19.3330 | 1.3809 | 3.4220 | 19.6660 | 1.4047 |
| 14 | 3.6150 | 23.5000 | 1.0367 | 3.6670 | 23.8330 | 1.0514 |
| 15 | 3.5040 | 18.1420 | 0.8466 | 3.5320 | 18.2850 | 0.8533 |
| 16 | 3.6090 | 10.4370 | 1.1597 | 3.6520 | 10.5620 | 1.1736 |
| 17 | 3.6530 | 13.5000 | 4.2631 | 3.6680 | 13.5550 | 4.2807 |

### 7.3.6 灰色综合评价法

**1.概述**

在控制论中,常以颜色的深浅来描述信息的明确程度。黑色表示信息未知,白色表示信息完全明确,而灰色表示部分信息明确,部分信息不明确。系统根据这种分类可以被划分为黑色系统、白色系统和灰色系统。灰色系统介于信息完全未知的黑色系统和信息完全明确的白色系统之间,具有中介性质和独特的性能与开发潜力。灰色系统是贫信息的系统,而传统统计方法通常难以有效应用于此类系统。相比之下,灰色系统理论则能够处理此类贫信息系统,特别适用于只有少量观测数据的项目。灰色系统理论由邓聚龙教授于1982年提出,该理论旨在通过生成和开发已知信息,准确地描述和认识现实世界。

社会、经济等系统具有层次复杂性、结构关系模糊性、动态变化的随机性以及指标数据不完全和不确定性等特征,所以灰色系统普遍存在,具有广阔的发展前景。随着对灰色系统理论的深入研究,已经在许多领域取得了多个应用成果。本节将重点讨论基于灰色关联度分析的综合评价方法。

灰色综合评价法是灰色系统理论的一个重要应用之一,利用灰色关联度分析方法评估因素间的关联程度。相比传统的回归分析方法,灰色关联度分析方法更适用于处理多因素、非线性关系的问题。该方法计算简单,不对样本量和数据分布有严格的要求,也不受数据量较少的限制。因此,在实际应用中具有较强的实用性。然而,灰色综合评价法也存在局限性。由于该方法主要基于因素之间的关联程度进行评价,可能无法充分考虑到所有影响因素。

2.灰色综合评价法的模型和步骤

在灰色理论中,关联度分析是应用最广泛的方法之一,用于评价系统中元素之间的关联程度或相似程度,并根据关联程度对系统进行排序。基于关联度分析的综合评价的模型和步骤如下。

1)灰色关联度分析

灰色关联度分析是一种多因素统计分析方法,借助灰色关联度来描述因素之间的关系强度、大小和顺序。其核心思想是通过对因素之间序列曲线的几何形状相似程度进行判断,来确定关系的紧密程度。在实际应用中,关联度分析实际上是对系统动态发展态势的量化分析,用于比较历年统计数据列之间的几何关系,以判断发展变化态势的接近程度。曲线越接近,则相应序列之间的关联度越大;反之,关联度越小。

假如考虑表7.27所示的三个数据列,分别是某地区1997～2003年总收入、招商收入、农业收入的情况,并制成折线图(见图7.6)。

**表7.27 某地区1997～2003年总收入、招商收入、农业收入**

| | 1997年 | 1998年 | 1999年 | 2000年 | 2001年 | 2002年 | 2003年 |
|---|---|---|---|---|---|---|---|
| 总收入/亿元 | 18 | 20 | 22 | 40 | 44 | 48 | 60 |
| 招商收入/亿元 | 10 | 15 | 16 | 24 | 38 | 40 | 50 |
| 农业收入/亿元 | 3 | 2 | 12 | 10 | 22 | 18 | 20 |

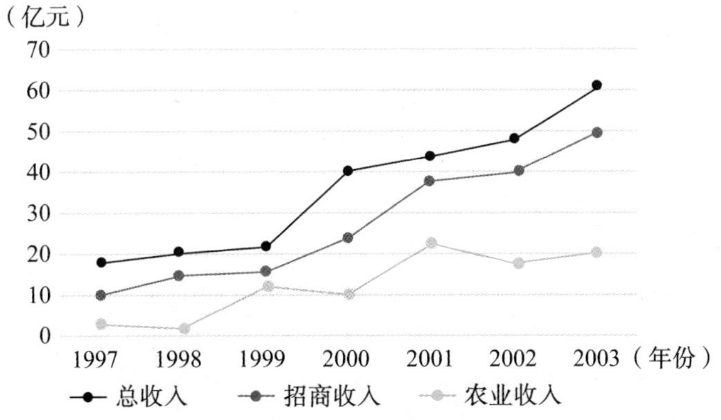


图7.6 某地区1997～2003年总收入、招商收入、农业收入折线图

我们可以观察到，曲线 2 的形状与曲线 1 较为接近，而曲线 3 与曲线 1 相差较大。因此，可以得出结论：招商对该地区的收入影响较大，因此在该地区经济发展规划中，应该加大招商力度。

尽管直观的几何形状比较方法简单粗糙，对数据量要求不高，但当多条曲线形状相似或在某些区间接近时，直接观察难以判断各曲线之间的关联程度。因此，需要一种更常用的方法来量化衡量因素之间的关联程度。

作关联分析时，先要制定参考的数据列（母因素时间数列），参考数据列常记为 $x_0$，一般表示为

$$x_0=\{x_0(1),x_0(2),\cdots,x_0(n)\}$$

关联分析中被比较数列（子因素时间数列）常记为 $x_i$，一般表示为

$$x_i=\{x_i(1),x_i(2),\cdots,x_i(n)\},i=1,2,\cdots,m$$

对于一个参考数据列 $x_0$，比较数列为 $x_i$，可用下述关系表示各比较曲线与参考曲线在各点的差：

$$\xi_i(k)=\frac{\min_i\ \min_k|x_0(k)-x_i(k)|+\xi\max_i\ \max_k|x_0(k)-x_i(k)|}{|x_0(k)-x_i(k)|+\xi\max_i\ \max_k|x_0(k)-x_i(k)|}$$

式中，$\xi_i(k)$是第 $k$ 个时刻比较曲线 $x_i$ 与参考曲线 $x_0$ 的相对差值，这种形式的相对差值被称为 $x_i$ 对 $x_0$ 在 $k$ 时刻的关联系数。$\xi$ 为分辨系数，$\xi\in[0,1]$，引入它是为了减少极值对计算的影响。在实际使用时，应根据序列间的关联程度选择分辨系数，一般取 $\xi\leqslant 0.5$ 最为恰当。

若记：

$$\Delta\min=\min_i\ \min_k|x_0(k)-x_i(k)|,\Delta\max=\max_i\ \max_k|x_0(k)-x_i(k)|$$

则 $\Delta\min$ 与 $\Delta\max$ 分别为各时刻 $x_0$ 与 $x_i$ 的最小绝对差值与最大绝对差值，从而有

$$\xi_0(k)=\frac{\Delta\min+\xi\Delta\max}{|x_0(k)-x_i(k)|+\xi\Delta\max}$$

为了计算不同数列之间的关联程度，若其量纲不同，需要将其转化为无量纲形式。常见的无量纲化方法包括初值化和均值化。初值化是指将所有数据除以第一个数据，得到一个新的数列，表示各不同时刻的值相对于第一个时刻的值的百分比。而均值化则是将所有数据除以序列的平均值，得到各时刻值占平均值百分比的数列。此外，规范化处理方式也是经常使用的方法。

关联系数表示各时刻数据间的关联程度，但由于关联系数的数目较多，信息过于分散，不便于比较，因此，将各个时刻的关联系数集中为一个值，求平均值是一种信息集中处理的方法。绝对关联度的一般表达式为 $r_i=\dfrac{1}{n}\sum_{k=1}^{n}\xi_i(k)$，或者

说 $r_i$ 是曲线 $x_i$ 对参考曲线 $x_0$ 的绝对关联度。

绝对值关联度是一种指标，用于反映具有一定样本长度的数据序列中因素之间的关联情况。然而，绝对值关联度存在明显的缺点。一方面，它容易受数据中极大值和极小值的影响，一旦数据序列中出现某个极值，关联度就会发生变化，因此有时不能真正反映数据列之间的关联程度。另一方面，在计算绝对值关联度时，需要对原数据进行无量纲化处理，这一过程相对烦琐。此外，不同的分辨系数取值也会导致关联系数的不唯一性。

不过，关联度分析的目的是从影响某参考数列 $x_0$ 的诸因素 $x_i$ 中找出主要因素，也就是按对 $x_0$ 的关联程度大小对 $x_i$ 进行排序。

若 $x_i$ 与 $x_0$、$x_j$ 与 $x_0$ 的关联度分别为 $r_i$、$r_j$，则

①$r_i > r_j$ 时，称 $x_i$ 优于 $x_j$；

②$r_i < r_j$ 时，称 $x_i$ 劣于 $x_j$；

③$r_i = r_j$ 时，称 $x_i$ 等于 $x_j$；

④$r_i \geqslant r_j$ 时，称 $x_i$ 不劣于 $x_j$；

⑤$r_i \leqslant r_j$ 时，称 $x_i$ 不优于 $x_j$。

于是，就可以把影响母序列 $x_0$ 的因素 $x_i$ 按上述定义的优劣排序，即按各自对 $x_0$ 的影响程度大小排序，从而完成关联分析。

2)基于灰色关联度分析的灰色综合评价法

对事物的综合评价，基本上是研究多对象的排序问题。灰色综合评价主要是依据以下模型：

$$\boldsymbol{R} = \boldsymbol{E} \times \boldsymbol{W}$$

式中，$\boldsymbol{R} = (r_1, r_2, \cdots, r_m)^{\mathrm{T}}$ 为 $m$ 个被评对象的综合评价结果向量；$\boldsymbol{W} = (w_1, w_2, \cdots, w_n)^{\mathrm{T}}$ 为 $n$ 个评价指标的权重分配向量，其中 $\sum_{j=1}^{n} w_j = 1$；$\boldsymbol{E}$ 为各指标的评价矩阵，

$$\boldsymbol{E} = \begin{pmatrix} \xi_1(1) & \xi_1(2) & \cdots & \xi_1(n) \\ \xi_2(1) & \xi_2(2) & \cdots & \xi_2(n) \\ \vdots & \vdots & & \vdots \\ \xi_m(1) & \xi_m(2) & \cdots & \xi_m(n) \end{pmatrix}$$

$\xi_i(k)$ 为第 $i$ 种方案的第 $k$ 个指标与第 $k$ 个最优指标的关联系数。根据 $\boldsymbol{R}$ 的数值，进行排序。

(1)确定最优指标集($F^*$)

设 $F^* = \{j_1^*, j_2^*, \cdots, j_n^*\}$，式中 $j_k^*$ $(k = 1, 2, \cdots, n)$ 为第 $k$ 个指标的最优

值。不过在定最优值时，既要考虑到先进性，又要考虑到可行性。选定最优指标集后，可构造矩阵 $\boldsymbol{D}$。

$$\boldsymbol{D}=\begin{pmatrix} j_1^* & j_2^* & \cdots & j_n^* \\ j_1^1 & j_2^1 & \cdots & j_n^1 \\ \vdots & \vdots & & \vdots \\ j_1^m & j_2^m & \cdots & j_n^m \end{pmatrix}$$

(2)指标值的规范化处理

为了保证结果的可靠性，需要对原始指标值进行规范化处理。设第 $k$ 个指标的变化区间为 $[j_{k1}, j_{k2}]$，$j_{k1}$ 为第 $k$ 个指标在所有方案中的最小值，$j_{k2}$ 为第 $k$ 个指标在所有方案中的最大值，则可将原始数值变换成无量纲值 $C_k^i \in [0,1]$，这样就可以将 $\boldsymbol{D}$ 矩阵转换为 $\boldsymbol{C}$ 矩阵。

$$C_k^i=\frac{j_k^i-j_{k1}}{j_{k2}-j_k^i}, i=1,2,\cdots,m; k=1,2,\cdots,n$$

$$\boldsymbol{C}=\begin{pmatrix} C_1^* & C_2^* & \cdots & C_n^* \\ C_1^1 & C_2^1 & \cdots & C_n^1 \\ \vdots & \vdots & & \vdots \\ C_1^m & C_2^m & \cdots & C_n^m \end{pmatrix}$$

(3)计算综合评价结果

根据灰色系统理论，将 $\{\boldsymbol{C}^*\}=[C_1^*, C_2^*, \cdots, C_n^*]$ 作为参考数列，将 $\{\boldsymbol{C}\}=[C_1^i, C_2^i, \cdots, C_n^i]$ 作为比较数列，则用关联分析法分别求得第 $i$ 个方案第 $k$ 个指标与第 $k$ 个最优指标的关联系数 $\xi_i(k)$，即

$$\xi_i(k)=\frac{\min_i \min_k |C_k^*-C_k^i|+\rho \max_i \max_k |C_k^*-C_k^i|}{|C_k^*-C_k^i|+\rho \max_i \max_k |C_k^*-C_k^i|}$$

式中，$\rho \in [0,1]$，一般取 $\rho=0.5$。

由 $\xi_i(k)$ 即得 $\boldsymbol{E}$，这样的综合评价结果为

$$\boldsymbol{R}=\boldsymbol{E}\times\boldsymbol{W}$$

即

$$r_i=\sum_{k=1}^{n} W(k)\cdot\xi_i(k)$$

若关联度 $r_i$ 最大，则说明此时 $\boldsymbol{C}$ 与 $\boldsymbol{C}^*$ 最为接近，即第 $i$ 个方案优于其他方案，据此可以排出各个方案的优劣次序。

3.具体应用

以煤炭企业管理水平评价为例，展示该模型方法的应用。

煤矿生产属于条件复杂且持续变化的动态系统。矿山回采和准备掘进的工作地点在不断变动，地质情况也实时变化，影响生产的因素众多，因此，对煤矿生产管理水平进行评价具有一定挑战性。

1)煤矿管理水平指标体系的选择

从众多指标中进行选择时，应保证各项指标的优劣程度能够较好地反映客观现实，因此选择了以下 6 项能够体现煤炭生产特征和标志的指标。

(1)产量：以评判期计划产量为 100，希望实现完成的百分数越高越好。

(2)掘进：以评判期计划掘进进尺为 100，希望实现完成的百分数越高越好。

(3)工效：以评判期计划全员工效为 100，希望实现工效越高越好。

(4)质量：以评判期商品煤计划含矸率为 100，希望实际含矸率越低越好。

(5)成本：以评判期计划吨煤成本为 100，希望实际成本越低越好。

(6)安全：以评判期事故率为 100，希望实际事故率越低越好。

权重依次为：

$$W_j=(W_1,W_2,W_3,W_4,W_5,W_6)=(0.2,0.2,0.1,0.15,0.15,0.2)$$

2)评价数据

某矿务局有 5 个矿井，各矿井指标的原始评价数据列于表 7.28 中。

**表 7.28 原始评价数据** (指标：%)

| | 一矿 | 二矿 | 三矿 | 四矿 | 五矿 | 理想对象 |
|---|---|---|---|---|---|---|
| 产量 | 123.200 | 112.200 | 92.200 | 118.400 | 87.500 | 123.200 |
| 掘进 | 90.400 | 114.400 | 91.100 | 120.500 | 85.500 | 120.500 |
| 工效 | 115.600 | 108.600 | 90.400 | 116.300 | 96.800 | 116.300 |
| 质量 | 100.500 | 85.200 | 100.700 | 85.700 | 120.500 | 85.200 |
| 成本 | 80.200 | 87.300 | 115.600 | 80.500 | 140.100 | 80.200 |
| 安全 | 0.858 | 0.914 | 0.946 | 0.606 | 0.806 | 0.606 |

3)指标计算

现仅以一矿与理想对象的加权关联度计算为例，来说明其计算过程。

(1)计算指标关联系数(分辨系数取 0.5)

$$\xi_{11}(1)=\frac{0+0.5\times 35.7}{|123.2-123.2|+0.5\times 35.7}=1$$

同理可计算

$$\xi_{11}(2)=0.368,\xi_{11}(3)=0.949,\xi_{11}(4)=0.536,\xi_{11}(5)=1,\xi_{11}(6)=0.403$$

(2)计算加权关联度

$$r_{11}=\sum_{i=1}^{n}\xi_{11}(i)W_i=(1\times 0.2+0.368\times 0.2+0.949\times 0.1+0.536\times 0.15+1\times 0.15+0.403\times 0.2)=0.679$$

用同样的方法计算出其他的加权关联度：

$$r_{12}=0.677, r_{13}=0.396, r_{14}=0.952, r_{15}=0.365$$

根据以上关联度可建立关联序：

$$r_{14}>r_{11}>r_{12}>r_{13}>r_{15}$$

所以，四矿管理水平最高，一矿次之，二矿第三，五矿最差。

### 7.3.7 模糊综合评价法

1.概述

在对事物进行评价时，常常面临无法简单地用二元的好坏来划分的情况，而是存在着模糊的评价情况。尤其在面对复杂系统时，系统中涉及的评价因素和方案众多，标准和自然状态也更为复杂，传统的经典数学方法难以进行准确评估。为了解决这一问题，美国自动控制专家扎德(L. A. Zadeh)提出了“模糊子集”的概念，并探索了用定量、精确的方式处理模糊现象的可能性。模糊综合评价法就是在这一基础上发展而来的实际应用方法，属于模糊数学的一种应用。

模糊综合评价法通过引入隶属度理论，将具有模糊概念但可以量化的评价问题进行转化，并采用一种综合评定方法，从而得到具有较高清晰性和系统性的评价结果。这种方法能够有效解决那些模糊的、难以量化的评价问题。然而，模糊综合评价法也存在一些限制。首先，评价结果的有效性取决于评价人员和专家团队对于项目情况的充分了解，包括综合评价的因素集、因素权重和隶属度等的确定，这可能带有一定的主观性。其次，尽管该方法相对较为简单，但在构建模型的过程中可能忽略了一些关键信息或评价因素，这可能导致一些不合理的结论。因此，实践中需要对评价对象的最终等级进行有效性验证。

总体而言，模糊综合评价法是一种应对模糊评价问题的有效方法。引入模糊数学的理论和方法，克服了传统方法在处理模糊性问题上的不足。然而，在应用时需要充分考虑专家知识和主观性，并进行结果的验证，以确保评价结果的准确性和可靠性。

2.方法步骤

模糊综合评价法的步骤主要有以下几步。

1)确定综合评价的项目集和尺度集

在这一步中,邀请具有相关领域知识和经验的专家组成评价小组,通过充分讨论和深入了解实际需求,选择并确定系统的评价项目集和评价尺度集。评价项目集是指影响系统综合评价的关键因素,评价尺度集则是用于对这些因素进行评价的标准或指标。

评价项目集:$F=\{f_1,f_2,\cdots,f_n\}$

评价尺度集:$E=\{e_1,e_2,\cdots,e_m\}$

2)确定各个评价项目的权重

在评价问题中,权重用于衡量各因素的相对重要性,因此赋予权重至关重要。通常,权重是基于经验和主观猜测得出的,因此具有较强的主观性。尽管主观确定权重在某些情况下仍具有一定的客观性,可以在一定程度上反映实际情况,并且具有参考价值,然而有时也可能严重偏离客观实际,导致评价结果严重失真,并可能引导决策者作出错误的判断。为了减少主观因素的影响,可以采用数学方法来确定权重,使权重更符合客观实际情况。用$\boldsymbol{W}=(W_1,W_2,\cdots,W_n)$表示各个评价项目的权重。

3)建立隶属度矩阵

按照已经制定的评价尺度,对各可行方案的评价项目进行模糊评定,并建立隶属度矩阵,这里的评定实际上是一种模糊映射。即使是对同一个评价项目的评定,不同的评价人员也可以作出不同的评价,因而,评价结果只能用"第 $f_i$ 个评价项目作出第 $e_j$ 评价尺度的可能程度的大小"表示。这种可能程度被称为隶属度,记作 $r_{ij}$。因为有 $m$ 个评价尺度,所以对第 $i$ 个评价项目就有一个相应的隶属度向量 $\boldsymbol{r}_i=(r_{i1},r_{i2},\cdots,r_{ij},\cdots,r_{im})$。可行方案 $A_k$ 的评价项目集的隶属度可以用隶属度矩阵 $\boldsymbol{R}_k$ 表示如下:

$$\boldsymbol{R}_k=\{r_{ij}^k\}_{n\times m}=\begin{pmatrix} r_{11}^k & r_{12}^k & \cdots & r_{1j}^k & \cdots & r_{1m}^k \\ r_{21}^k & r_{22}^k & \cdots & r_{2j}^k & \cdots & r_{2m}^k \\ \vdots & \vdots & \cdots & \vdots & \cdots & \vdots \\ r_{i1}^k & r_{i2}^k & \cdots & r_{ij}^k & \cdots & r_{im}^k \\ \vdots & \vdots & \cdots & \vdots & \cdots & \vdots \\ r_{n1}^k & r_{n2}^k & \cdots & r_{nj}^k & \cdots & r_{nm}^k \end{pmatrix}$$

在矩阵 $\boldsymbol{R}_k$ 中,元素 $r_{ij}^k=\dfrac{d_{ij}^k}{d}$。其中,$d$ 表示参加评价的专家人数,$d_{ij}^k$ 表示可行方案 $A_k$ 第 $i$ 个评价项目 $f_i$ 作出第 $e_j$ 评价尺度的专家人数。

在模糊综合评价方法中,隶属度是核心概念,而确定隶属度函数是应用模糊理论的前提。隶属度函数描述了对于不同值的隶属程度，发挥着关键作用。目前，确定模糊集的隶属度函数的方法主要包括直觉法、模糊统计实验法、二元对比排序法等。需要注意的是，确定隶属度函数的方法需要根据具体的评价对象和评价问题来选择。在实际应用中，结合多种方法进行综合分析，可以得到更准确和可靠的隶属度函数。

4)计算模糊综合评定向量

根据模糊集理论的综合评定概念，若已知 $\boldsymbol{R}_k=\{r_{ij}^k\}_{n\times m}$ 以及权向量 $\boldsymbol{W}=(W_1,W_2,\cdots,W_n)$，则可行方案 $A_k$ 的模糊综合评定向量 $\boldsymbol{S}_k$ 可用模糊矩阵形式表示：

$$\begin{aligned}\boldsymbol{S}_k&=(S_1^k,S_2^k,\cdots,S_m^k)\\&=\boldsymbol{WR}_k\\&=(W_1,W_2,\cdots,W_n)\begin{pmatrix}r_{11}^k & r_{12}^k & \cdots & r_{1j}^k & \cdots & r_{1m}^k\\ r_{21}^k & r_{22}^k & \cdots & r_{2j}^k & \cdots & r_{2m}^k\\ \vdots & \vdots & \cdots & \vdots & \cdots & \vdots\\ r_{i1}^k & r_{i2}^k & \cdots & r_{ij}^k & \cdots & r_{im}^k\\ \vdots & \vdots & \cdots & \vdots & \cdots & \vdots\\ r_{n1}^k & r_{n2}^k & \cdots & r_{nj}^k & \cdots & r_{nm}^k\end{pmatrix}\end{aligned}$$

由此可见，模糊综合评定向量 $\boldsymbol{S}_k$ 是描述所有评价项目属于 $e_j$ 评价尺度的加权和。

5)计算可行方案的优先度并进行决策

可行方案 $A_k$ 的优先度 $N_k$ 可用下式计算：

$$N_k=(S_1^k,S_2^k,\cdots,S_m^k)\begin{pmatrix}e_1\\ e_2\\ \vdots\\ e_m\end{pmatrix}$$

根据各个可行方案优先度的大小，对方案的优先顺序进行排序，然后决策者进行决策即可。

**3.模糊隶属度函数的确定及常用隶属度函数**

1)模糊子集

在详细讨论隶属度函数前，先要明确模糊子集的概念。所谓给定了论域 $U$ 上的一个模糊子集 $\underset{\sim}{A}$，是指对于任意 $u\in U$，都指定了一个数 $\gamma_A(U)\in[0,1]$，叫作 $u$ 对 $\underset{\sim}{A}$ 的隶属程度，$\gamma_A$ 叫作 $\underset{\sim}{A}$ 的隶属度函数。

(1)模糊子集 $\underset{\sim}{A}$ 完全由隶属度函数来刻画,在某种意义上,$\underset{\sim}{A}$ 与 $\gamma_A$ 等价,记作 $\underset{\sim}{A} \Leftrightarrow \gamma_A$。

(2)$\gamma_A(u)$表示 $u$ 对 $\underset{\sim}{A}$ 的隶属度大小,当 $\gamma$ 的值域为$[0,1]$时,$\gamma_A$ 蜕化成一个普通子集的特征函数,$\underset{\sim}{A}$ 蜕变成一个普通子集。

在有限论域上的模糊子集可写成(不是分式求和,只是一种表示方法)

$$\underset{\sim}{A} = \frac{\gamma_A(u_1)}{u_1} + \frac{\gamma_A(u_2)}{u_2} + \cdots + \frac{\gamma_A(u_n)}{u_n} = \sum_{i=1}^{n} \frac{\gamma_A(u_i)}{u_i}$$

分母是论域 $U$ 中的元素,即 $U=\{u_1,u_2,\cdots,u_n\}$;分子是相应元素的隶属度($u$ 对 $\underset{\sim}{A}$ 的隶属程度)。

设$\underset{\sim}{A}_1,\underset{\sim}{A}_2,\cdots,\underset{\sim}{A}_n$ 是论域 $U$ 上的 $n$ 个模糊子集,$u_0$ 是 $U$ 的固定元素。若 $\gamma_{A_t}(u_0)=\max[\gamma_{A_1}(u_0),\gamma_{A_2}(u_0),\cdots,\gamma_{A_n}(u_0)]$,则认为 $u_0$ 相对隶属于模糊子集$\underset{\sim}{A}_t$。

2)模糊隶属度函数的确定方法

**直觉法**:通过个人对模糊概念的认知和理解,或者通过普遍认同来确定隶属度函数。这种方法通常适用于描述人们熟知且具有共识的客观模糊现象,或者在难以获取数据的情况下使用。通过主观判断和利用领域知识,可以定义模糊隶属度函数的形状和参数。

**二元对比排序法**:这种方法通过对多个对象进行两两对比来确定顺序,从而决定这些对象在某种特征下的隶属程度。它更适用于需要由专家来确定隶属度函数的情况,特别是在考虑事物的抽象性质时。可以通过多名专家、委员会甚至民意测验来实施,以定义模糊隶属度函数。

**模糊统计实验法**:这种方法类似于统计学中的大样本实验法,通过概念在样本中所占比例来确定其对应的隶属度。通过收集和分析大量的数据样本,得出不同概念的统计特征,并建立相应的模糊隶属度函数。这一方法为确定模糊隶属度函数提供了统计依据。

总之,确定模糊隶属度函数的方法可以根据具体情况选择和组合使用。需要综合考虑数据可获得性、专家经验、领域知识和问题的要求,以提高模糊推理系统的准确性和适应性。

3)常用模糊隶属度函数之基本类型

在以实数域 $R$ 为论域时,将隶属度函数称为模糊分布,并根据所讨论对象的特点选择合适的隶属度函数形式。根据隶属度函数需要满足的条件,可以通过经验或实验数据来确定最符合实际情况的参数。接下来将介绍几种常见的模糊分布。

(1)正态分布

①降半正态分布,如图7.7所示。

$$\mu(x)=\begin{cases}1, & x\leqslant a\\ e^{-\left(\frac{x-a}{\sigma}\right)^2}, & x>a\end{cases}$$

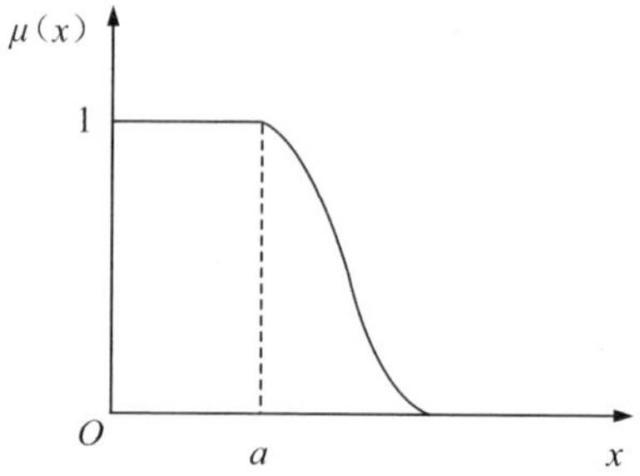


图7.7 降半正态分布

②升半正态分布,如图7.8所示。

$$\mu(x)=\begin{cases}0, & x\leqslant a\\ 1-e^{-\left(\frac{x-a}{\sigma}\right)^2}, & x>a\end{cases}$$

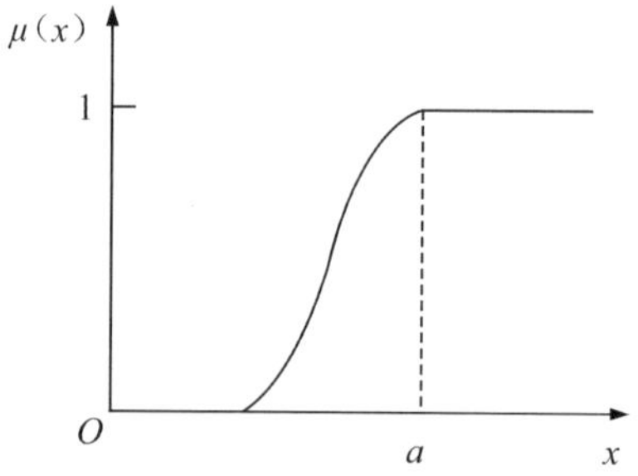


图7.8 升半正态分布

③正态分布,如图 7.9 所示。

$$\mu(x)=e^{-(\frac{x-a}{\sigma})^2},-\infty<x<+\infty$$

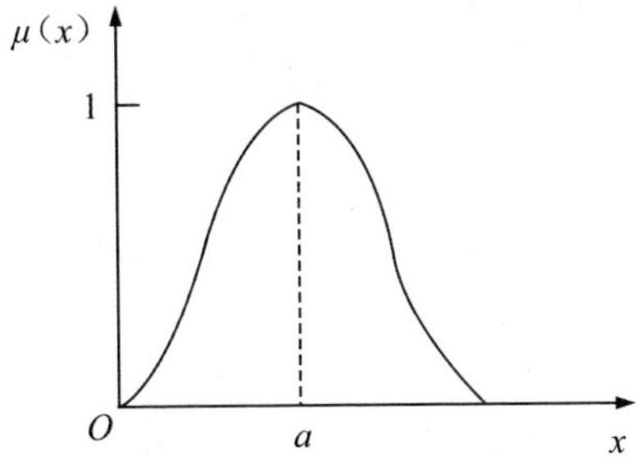


图 7.9 正态分布

(2)梯形分布

①降半梯形分布,如图 7.10 所示。

$$\mu(x)=\begin{cases}1, & x\leqslant a\\ \dfrac{b-x}{b-a}, & a<x<b\\ 0, & x\geqslant b\end{cases}$$

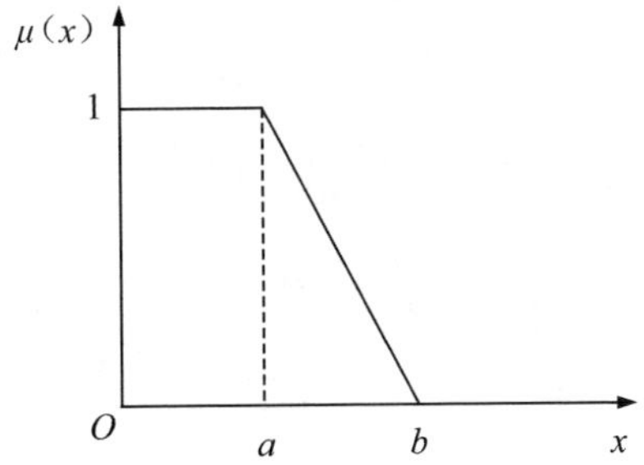


图 7.10 降半梯形分布

②升半梯形分布,如图 7.11 所示。

$$\mu(x)=\begin{cases}0, & x\leqslant a\\ \dfrac{x-a}{b-a}, & a<x<b\\ 1, & x\geqslant b\end{cases}$$

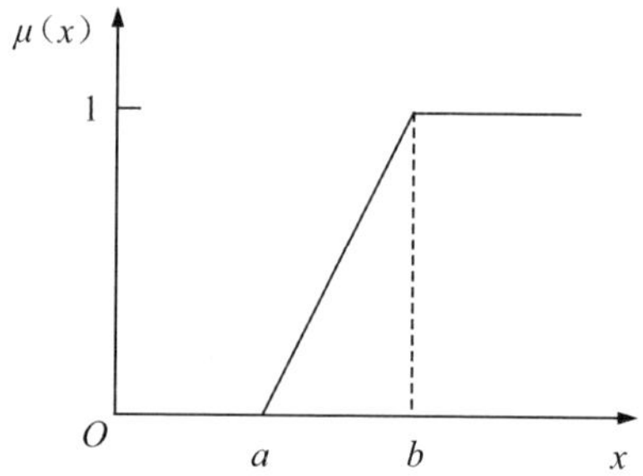


图 7.11　升半梯形分布

③中间形梯形分布,如图 7.12 所示。

$$\mu(x)=\begin{cases}0, & 0\leqslant x\leqslant a\\ \dfrac{x-a}{b-a}, & a<x<b\\ 1, & b\leqslant x\leqslant c\\ \dfrac{d-x}{d-c}, & c<x<d\\ 0, & x\geqslant d\end{cases}$$

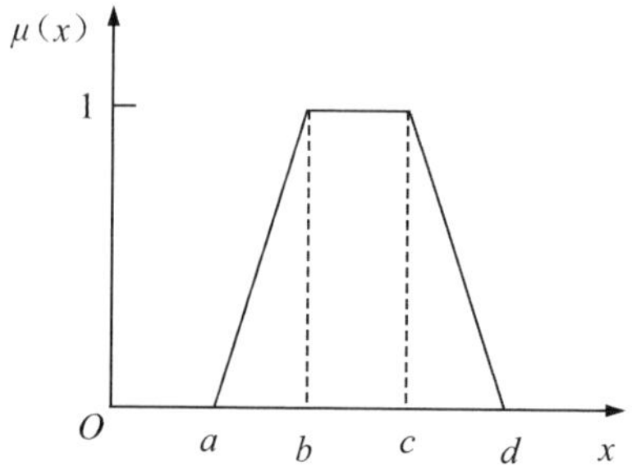


图 7.12　中间形梯形分布

(3)岭形分布

①降半岭形分布,如图 7.13 所示。

$$\mu(x)=\begin{cases}1, & x\leqslant a\\ \dfrac{1}{2}-\dfrac{1}{2}\sin\dfrac{\pi}{b-a}\left(x-\dfrac{b+a}{2}\right), & a<x<b\\ 0, & x\geqslant b\end{cases}$$

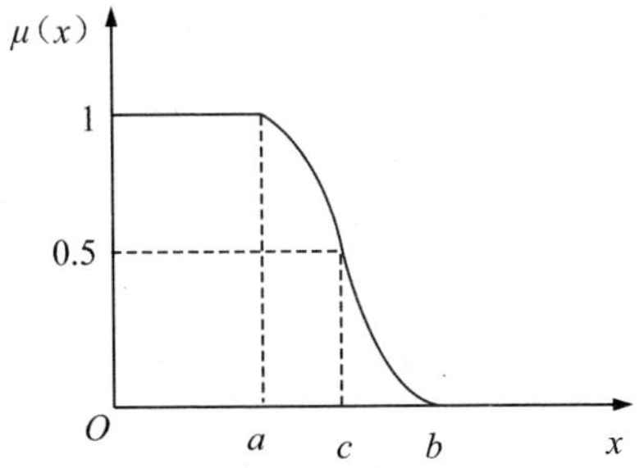


图 7.13　降半岭形分布

②升半岭形分布，如图 7.14 所示。

$$\mu(x)=\begin{cases}0, & x\leqslant a\\ \dfrac{1}{2}+\dfrac{1}{2}\sin\dfrac{\pi}{b-a}\left(x-\dfrac{b+a}{2}\right), & a<x<b\\ 1, & x\geqslant b\end{cases}$$

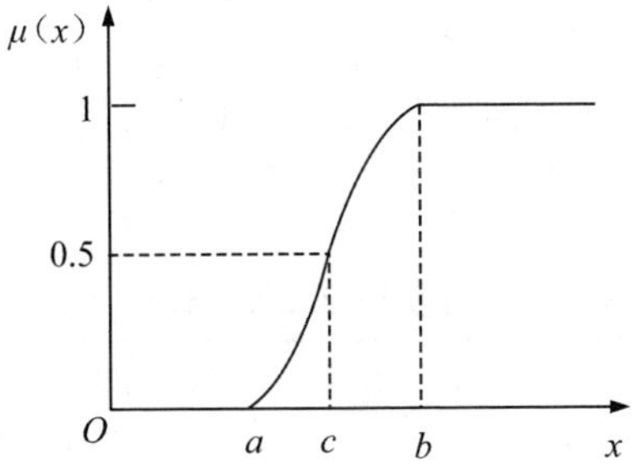


图 7.14　升半岭形分布

③中间形岭形分布，如图 7.15 所示。

$$\mu(x)=\begin{cases}0, & x\leqslant a\\ \dfrac{1}{2}+\dfrac{1}{2}\sin\dfrac{\pi}{b-a}\left(x-\dfrac{b+a}{2}\right), & a<x<b\\ 1, & b\leqslant x\leqslant c\\ \dfrac{1}{2}-\dfrac{1}{2}\sin\dfrac{\pi}{d-c}\left(x-\dfrac{d+c}{2}\right), & c<x<d\\ 0, & x\geqslant d\end{cases}$$

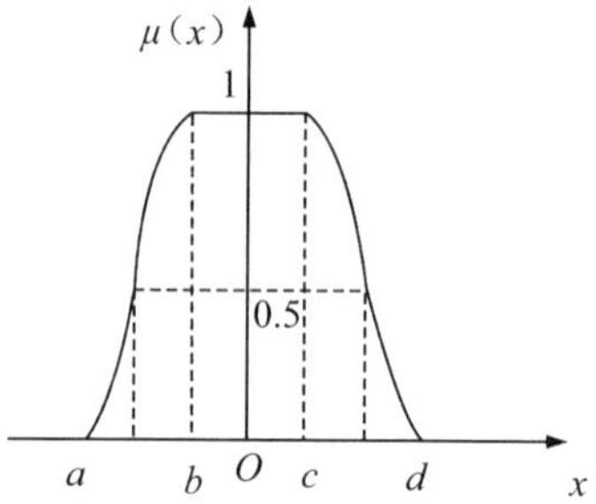


图 7.15　中间形岭形分布

4.具体应用

某省科委为确定某一学科领域的同类科研课题优先顺序，特邀请专家组应用模糊综合评价法进行评价。专家们讨论后，确定评价项目集 $F$ 由 5 个项目组成，同时，将评价尺度分为 5 级：非常必要（0.9 分），很必要（0.7 分），必要（0.5 分），一般（0.3 分），不必要（0.1 分）等，具体如表 7.29 所示。然后，按照评价尺度，对可行方案 $A_1$ 的各评价项目进行评价。

**表 7.29　评价项目权重及评价尺度表**

| 评价项目集($F$) | | 立题必要性($f_1$) | 技术先进性($f_2$) | 实施可行性($f_3$) | 经济合理性($f_4$) | 社会效益($f_5$) |
|---|---|---|---|---|---|---|
| 权重($W$) | | 0.15 | 0.20 | 0.10 | 0.25 | 0.30 |
| 评价尺度 | 0.9 | 0 | 5 | 0 | 0 | 4 |
| | 0.7 | 6 | 3 | 4 | 7 | 4 |
| | 0.5 | 3 | 1 | 4 | 2 | 1 |
| | 0.3 | 0 | 0 | 1 | 0 | 0 |
| | 0.1 | 0 | 0 | 0 | 0 | 0 |

计算各评价尺度的隶属度如下：

$$r_{11}^{1}=\frac{d_{11}^{1}}{d}=\frac{0}{9}=0$$

$$r_{12}^{1}=\frac{6}{9}=0.67$$

$$r_{13}^{1}=\frac{3}{9}=0.33$$

$$r_{14}^{1}=\frac{0}{9}=0$$

$$r_{15}^{1}=\frac{0}{9}=0$$

同理可计算其他评价项目评价尺度的隶属度，得到相应的隶属度矩阵：

$$\boldsymbol{R}_1=\begin{pmatrix}0 & 0.67 & 0.33 & 0 & 0\\ 0.56 & 0.33 & 0.11 & 0 & 0\\ 0 & 0.44 & 0.44 & 0.12 & 0\\ 0 & 0.78 & 0.22 & 0 & 0\\ 0.44 & 0.44 & 0.12 & 0 & 0\end{pmatrix}$$

计算综合评定向量 $\boldsymbol{S}_1$ 如下：

$$\begin{aligned}\boldsymbol{S}_1&=(S_1^1,S_2^1,S_3^1,S_4^1,S_5^1)\\&=\boldsymbol{W}\boldsymbol{R}_1\\&=(0.15,\ 0.20,\ 0.10,0.25,0.30)\begin{pmatrix}0 & 0.67 & 0.33 & 0 & 0\\ 0.56 & 0.33 & 0.11 & 0 & 0\\ 0 & 0.44 & 0.44 & 0.12 & 0\\ 0 & 0.78 & 0.22 & 0 & 0\\ 0.44 & 0.44 & 0.12 & 0 & 0\end{pmatrix}\\&=(0.244,0.538,0.260,0.120,0)\end{aligned}$$

则 $A_1$ 的优先度 $N_1$ 为

$$\begin{aligned}\boldsymbol{N}_1&=\boldsymbol{S}_1\boldsymbol{E}^{\mathrm{T}}\\&=(0.244,0.538,0.260,0.120,0)\begin{pmatrix}0.9\\0.7\\0.5\\0.3\\0.1\end{pmatrix}\\&=0.7028\end{aligned}$$

此处只给出了一个方案的评价数据和优先度的计算，其他方案的数据也根据此原理进行计算，就可以得到各个方案的优先度，对各个方案的优先度进行排序，即可得到最优的方案。

## 7.4 思考题

(1)请简述系统评价在系统分析中的作用。

(2)请分析比较多种系统评价方法的适用情境。

(3)某个体经营者考虑投资20万元，有三个方案可供选择：购买国债、购买股票和扩大自己的经营业务。初步分析显示，若将20万元购买债券，则风险较小，资金挪用和周转容易，但收益相对不大；若购买股票，则资金收益可能很大，但风险较大；如果将资金用于扩大自己的经营业务，则风险相较于购买股票要小，收益居中，但资金周转和挪用较为困难。因此，经营者制定了三个投资准则：风险大小、资金利润率和资金周转难易程度。

在本问题中，试用层次分析法帮助经营者评估三个投资方案并作出决策。

# 第 8 章　管理系统仿真

**学习目标**

(1)熟悉管理系统仿真的概念内涵与步骤。

(2)掌握蒙特卡罗法等离散系统仿真方法。

(3)熟练掌握系统动力学等连续系统仿真方法。

## 8.1　系统仿真概述

### 8.1.1　系统仿真的概念

**1.概念**

仿真是一种通过运用计算机模型或实物模型来模拟和复制真实系统的行为和性质的方法。在仿真中,使用模型来代替实际系统,通过对模型进行操作和观察来获得关于系统行为和结果的信息。仿真可以分为计算机模型的虚拟仿真和物理模型的实物仿真。

系统仿真是仿真的一个特定领域,它专注于模拟和分析复杂系统的行为。系统可以是任何具有多个相互作用组件和元素的实际或虚拟系统,如交通系统、生产系统、医疗系统等。其目标是通过模拟系统运行过程和行为,预测系统的性能、评估决策、优化系统设计等。系统仿真通常涉及建立数学模型、运行仿真实验、收集和分析结果等过程。

管理系统仿真是一种将仿真技术应用于管理领域的方法,其目标是通过仿真来模拟企业的整个或部分业务过程,以预测和优化业务过程的绩效和效率。这种方法使企业管理者能在不同决策条件下测试业务模型,并基于模拟结果作出合理决策。

系统底层逻辑是将真实系统抽象为系统模型，包括输入模型、执行模型和输出模型。这些模型处理并转换输入数据，通过执行模型模拟系统行为，并将结果反馈给输入模型，从而实现对系统的仿真和分析。

因此，仿真是一个涵盖多种模拟方法和技术的广泛概念。而系统仿真作为仿真领域的一种特定应用，专注于模拟和分析复杂系统的行为和性能。它运用仿真技术来解决系统设计、决策及优化等问题。

2.目的

系统仿真的目的受多种因素影响，包括物理生产系统的存在与否、改善需求以及实际运行状况等。具体而言，系统仿真的目的可分为两类：①对新设计系统的评价，②对现有旧系统的检验。

例如，在物理车间尚未建设的情况下，系统仿真的目的是科学预测未来车间的性能；而在物理车间已经存在但生产能力不佳的情况下，系统仿真的目的则是通过分析生产效率，找出瓶颈原因，并验证优化措施的有效性。

无论系统类型或条件如何，系统仿真的目的都是通过模型研究揭示实际系统的形态特征和本质，取得近似于实际的结果，从而实现对实际系统的深入认识和系统行为的准确预测。

3.实质

"系统、模型、仿真"三者之间密不可分。系统是研究的对象，模型是对系统的抽象描述，而仿真则是通过对模型进行实验来研究系统的手段。通过系统建模得到的模型，是知识和经验的积累表现；而系统仿真则是基于模型的应用，其基础是系统建模。图 8.1 是系统、模型、仿真三者之间的关系。

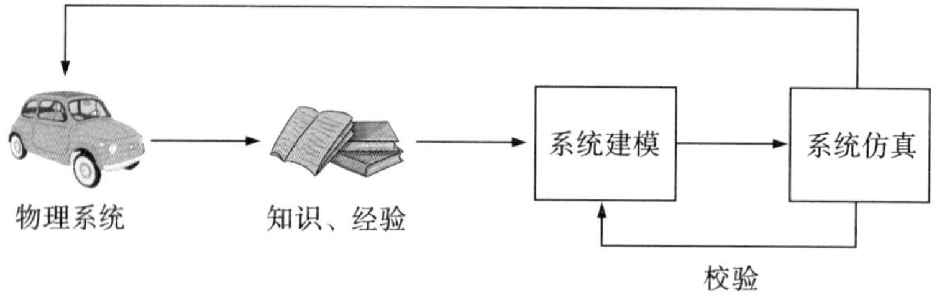


图 8.1　系统、模型、仿真的关系

系统仿真实质上包括以下方面：

(1)仿真是一种计算技术，用于求解系统问题的数值解。它能够有效处理那些无法通过建立数学模型来解决的复杂系统。

(2)仿真是一种人为的实验手段。与实际系统实验不同,仿真实验是利用系统模型作为实际系统的映像,在相应的"人造"环境下进行的。

(3)仿真是对系统状态或行为在时间序列内全过程的描述,可以帮助管理者更好地理解系统的内部机制和特性,比较真实地描述系统的运行、演变及其发展过程。

(4)目前的系统仿真主要是在计算机上实现的,计算机是系统仿真的载体,计算机仿真在系统仿真中占据重要地位。

### 8.1.2 系统仿真的分类

系统仿真可以按照不同的分类方法进行划分,其中,常用的分类方法包括以下几个方面。

**1.根据模型的种类分类**

1)物理仿真

物理仿真是根据真实系统的物理性质构造物理模型,并在模型上进行实验的过程。该方法的优点是模型形象直观,能够更好地模拟实际情况;缺点是成本高且调整困难。

2)数学仿真

数学仿真是将系统进行抽象,用数学关系描述其特性,进而建立数学模型的过程。它的优点是方便、灵活且经济,缺点是数学模型不易建立。

3)半实物仿真

半实物仿真是结合数学模型、物理模型及实物模型进行实验。对于系统中比较简单的部分,可以采用数学模型进行仿真;对于较为复杂或规律尚不清楚的部分,则可以采用物理模型或实物模型进行仿真。这种方法可以充分利用各种模型的优势,提高仿真的精度和可靠性。

**2.根据仿真时钟与实际时钟的关系分类**

仿真时钟指的是在计算机系统仿真中使用的一种虚拟时钟,用于模拟真实时钟的功能。与实际时间不同,仿真时钟并不是连续推进、均匀取值的,而是从当前事件的发生时间跳跃到下一个事件的发生时间。由于仿真实质上是对系统状态在一定时间序列的动态描述,因此,仿真时钟一般是仿真的主要自变量。

1)实时仿真

实时仿真即仿真时钟与实际时钟的显示时间和运行速度完全一致。当被仿真的系统中存在物理模型或实物时必须进行实时仿真。该方法仿真准确性高,但需要大量计算资源和时间,成本较高,适用于对系统精度和稳定性要求较高的情况。

2)亚实时仿真

亚实时仿真即仿真时钟的显示时间与运行速度均慢于实际时钟。它的优点在于能够通过调整仿真速度快速模拟多种系统场景和测试条件,缺点在于精度相对于实时仿真略有降低。

3)超实时混合仿真

超实时混合仿真即仿真时钟的显示时间与运行速度均快于实际时钟。它兼顾了实时仿真和亚实时仿真的优点,但需要额外的控制和优化机制,复杂度相对较高。在目前的系统仿真研究中,常常采用这一种仿真方式。

**3.根据系统模型的特性分类**

1)连续系统仿真

连续系统仿真是系统状态随时间连续变化的仿真系统,它分为基于微分方程的仿真、基于网络的仿真两类。并且,通常使用常微分方程来描述集中参数系统模型,使用偏微分方程来描述分布参数系统模型。

微分方程形式为

$$\frac{\partial y}{\partial x}=f\left[x(t),u(t),t\right]$$

$$y(t)=g\left[x(t),u(t),t\right]$$

2)离散事件系统仿真

系统状态会在某些随机时间点上发生离散变化的系统被称为离散事件系统。离散化的模型被称为离散化模型,通常使用差分方程、离散时间状态方程来描述此类系统。

除此以外,还有一些其他的分类方式,如根据所使用的仿真计算机类型可将仿真分为三类:模拟计算机仿真、数字计算机仿真以及数字模拟混合仿真。从发展历程来看,模拟计算机仿真略早于数字计算机仿真技术。

### 8.1.3 系统仿真的步骤

系统仿真是一种重要的工程分析工具,用于模拟和评估各种复杂系统的行为和性能。通过仿真技术,我们可以在计算机环境中模拟系统运行,以获取对系统特性、行为和效果的理解。系统仿真的一般步骤包括系统建模、仿真运行、结果分析和优化改进等阶段。图 8.2 详细说明了这些步骤。

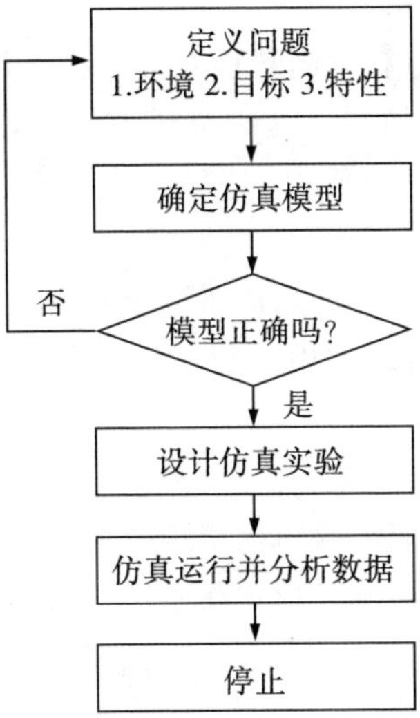


图 8.2 系统仿真一般步骤

1.定义问题

在系统工程中,成功的仿真需深入理解系统各组成部分及相互作用,掌握系统运行、特性、目标与环境。系统目标需反映环境并影响运行行为。明确环境下行为与目标的关系,是系统成功设计与仿真的关键前提。

2.确定仿真模型

确定仿真模型需根据系统目标、运行环境和组件互动,明确模型范围、选择建模方法、定义输入输出、建立数学表达和设定参数。通过这一步骤,我们可以准确地描述系统的行为和性能。确定仿真模型的过程主要包括下列几个步骤。

1)确定仿真的目标

首先,我们需明确仿真要回答的问题及期望得出的结论。其次,需制定评估解答的准则。

2)选择状态变量

选择那些能达到仿真目标的关键因素作为状态变量,这些变量应反映待回答问题的组成部分。

3)选择模型的时间转移方法

在模型构建中,有两种常见的时间转移方法:固定时间增长(时间以固定的间隔变化)和可变时间增长(时间仅在特定事件发生时变化)。

4)描述系统行为

应用已选定的状态变量和时间转移方法,我们需要描述状态变量如何随时间变化,即系统状态的变化情况。这种描述可以采用数学形式或叙述形式,并需明确指出相关问题的概率分布。

5)准备过程发生器

针对上一步中确定的概率分布,准备一个过程发生器来生成符合该分布的随机变量数值。过程发生器通常由过程分布的累积分布函数和0到1之间的随机数列构成。

**3.验证模型**

在完成仿真模型后,我们需要对模型进行验证。主要体现在和实际系统行为进行比较,以确保模型能够准确地预测系统的行为和特性。如发现不一致之处,应对模型进行调整和改进,以提高其准确性和可靠性。

**4.设计仿真实验**

在进行仿真实验时,我们需要根据系统的特性和目标制定实验方案。这包括确定实验的输入条件、设定实验参数、选择实验指标等。通过设计合理的仿真实验,我们可以有效地评估系统的不同方案和策略,并得出相应的结论。

**5.仿真运行并分析数据**

在进行仿真运行时,我们输入设计的实验条件和参数,运行模型并收集结果数据。通过对仿真结果的分析和解释,我们可以评估系统性能,分析系统行为和特性,从而为设计和优化提供有价值的信息。

### 8.1.4 系统仿真的意义

**1.必要性**

随着现代科技的飞速发展,各领域的研究对象日益复杂化,真实系统实验和理论分析方法往往难以满足系统研究的全面需求,因此,系统仿真的重要性日益凸显。

一方面,真实系统实验在诸多情况下难以实现。例如,当真实系统不存在时,我们只能通过模型进行实验和研究;即使真实系统存在,实验也可能因系统破坏、实验条件不一致、高昂的成本、时间过长或危险性过高而无法进行。另一方面,随着所研究系统的复杂度不断提升,系统中各要素之间交叉互连、相互影响,单纯的理论分析方法往往难以准确预测复杂系统的性能和发展结果。

**2.优势及劣势**

相较于真实系统实验,系统仿真具有许多突出优点。

(1)成本优势显著。现代仿真技术主要依赖计算机进行,随着技术的发展,计算机的计算能力已大幅提升,足以媲美传统仿真工作站。此外,分布式计算机技术为复杂任务的协同处理提供了有效解决方案。与真实系统实验相比,仿真实验的设备成本几乎可以忽略不计。

(2)时间优势突出。构建真实的实验系统耗时较长,尤其在天文学、地质等领域。因系统变化缓慢,真实系统实验往往耗时过长而无法进行。相比之下,仿真实验能在极短时间内得出结果。

(3)实验条件易控制、可重现性强。由于实验环境和其他因素的影响,在真实系统上进行实验时,无法对实验条件进行精确控制,这使得每次的实验结果都会产生一定差别。而仿真模型是由仿真技术人员创建的,所有的实验条件都是可控的,如果相同实验输入被应用到多次实验中,可以得到完全相同的输出,既保障了实验的可重现性,又便于对关键问题的分析和排查。

在当下,系统仿真也存在着一些不足与局限性。

(1)严格的技术要求。开发仿真软件、建立运行仿真模型是一项艰巨的工作,需要进行大量的编程、调试和重复运行实验,不仅技术要求高,还耗费时间、精力和资金。

(2)盲目性。系统仿真只能得到问题的一个特解或可行解,不可能获得问题的通解或者是最优解,仿真参数的调整往往具有极大的盲目性,寻找优化方案将消耗大量的人力和物力。

(3)失真性。系统仿真的失真性一方面源于开发者的主观因素,仿真建模直接面向实际问题,对于同一问题,由于建模者的认识和看法有差异,同一问题常常会得到截然不同的模型,进而导致不同的仿真结果。

随着计算机技术和仿真理论的不断进步,系统仿真的准确性日益提升。系统仿真作为一种实验和信息收集过程,能有效应对复杂随机问题,为决策和预测提供有力支持。当建立对象系统的数学模型或物理模型困难时,系统仿真模型可解决其预测、分析和评价等问题。通过仿真,复杂系统的分析可简化为分析其子系统,从而启发思路、优化策略,并揭示、解决现有问题。利用仿真技术进行系统分析,可发掘系统细节中的潜在问题,为决策提供科学依据。

## 8.2 系统仿真模型

系统仿真的基本方法是建立系统的结构模型和量化分析模型,并将其转换为适合在计算机上编程的仿真模型,然后对模型进行仿真实验。下面是计算机仿真的三个关键要素之间的关系，如图 8.3 所示。

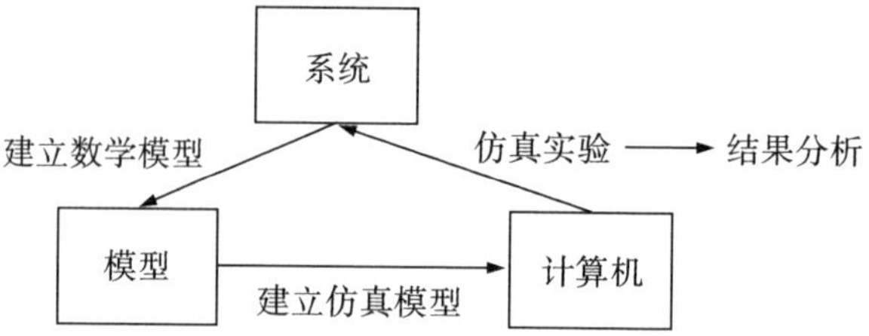


图 8.3 计算机仿真三要素关系

由于连续系统和离散(事件)系统的数学模型有很大区别，因此系统仿真可分为连续系统仿真和离散系统仿真。

### 8.2.1 连续系统仿真

连续系统是指系统状态变量随时间连续变化的系统。为了描述实体属性的变化速率，连续系统的数学模型通常采用微分方程。然而，当系统变得非常复杂时，求解微分方程变得困难，此时仿真方法成为解决复杂系统问题的常用手段。仿真技术基于系统的数学模型，通过模拟系统的输入和行为，获得输出结果。通过多次实验，优化系统设计和运营策略，从而实现对系统性能的预测与优化。

通常情况下，我们使用数值积分法或离散相似法，将微分方程描述的系统转化为可以在计算机上运行的模型。这些方法能够将系统的连续状态和行为转化为离散时间步的逼近解。通过数值计算，我们可以在计算机程序中进行模拟和分析，从而更好地理解系统的动态特性、优化设计并作出决策。

**1.数值积分法**

数值积分法是经典的仿真算法，从微分方程求解的角度来进行系统仿真，在连续系统仿真中，该方法常常用于求解常微分方程，特别是在连续系统变化较快、求解较复杂的场景中。数值积分法通常通过将仿真区间划分为多个小区间，在每个区间内进行函数的逼近求值，最终将所有区间的值相加，得到函数的近似积分值。在使用数值积分法进行连续系统仿真时，需要合理选择积分方法和步长，以保证仿真精度和计算效率。

**2.离散相似法**

离散相似法的基本思想是离散化处理连续系统，即使用离散化的模型来替代连续系统的数学模型。离散相似法常用于模拟动态系统，其基本步骤包括将连续时间模型转化为差分方程、选择合适的时间步长、使用数值方法求解差分方程等。离散相似法的优点在于能够通过相对简单的离散事件模型来近似复杂的连续时间系统，提高计算效率并且易于实现。然而，该方法在时间间隔选择不当或采样频率不高时容易导致仿真误差的增大。

通过这两种方法，连续系统的行为和状态变化可以在计算机程序中得到模拟和分析，有效地帮助工程师、科学家和研究人员理解系统的动态特性、优化设计并作出决策。

在实际应用中，连续系统仿真可以用于设计、分析、优化和测试各种系统，从简单物理系统到复杂工程系统均有应用，比如下面几个例子：

(1)弹簧阻尼系统：由弹簧、阻尼器和质量块组成。可以通过建立系统的微分方程来描述其动态行为，如牛顿第二定律。使用 Matlab 或 Simulink 等工具可以建立该系统的仿真模型，并观察在不同参数下系统的响应，如振动频率、振幅衰减等。

(2)热传导系统：考虑一个物体在加热或冷却过程中的温度变化。热传导系统可以通过傅立叶热传导定律来描述，并建立相应的微分方程。在仿真中，可以模拟不同边界条件(如恒定温度、对流等)下物体的温度分布和变化。

(3)流体力学系统：流体在管道中的流动、水泵的性能测试等都属于流体力学系统的范畴。通过建立流体动力学方程(如伯努利方程、纳维-斯托克斯方程等)，描述流体的运动规律。使用仿真软件(如 ANSYS Fluent、CFX 等)可以模拟流体在管道中的流动状态、压力分布、速度场等。

### 8.2.2 离散系统仿真

离散系统在大部分时刻系统状态保持不变，只在一些离散时间点上发生变化。其中，随机性是离散系统的主要特征之一。这意味着输入变量通常是随机变量而非常数，而输出量也通常是随机变量。因此，在系统仿真中分析处理这种随机性输入和输出是非常重要的。

离散系统的仿真涉及多个方面。首先，需要生成随机数和随机变量以模拟随机输入。其次，推进仿真时钟，确定仿真的时间进程。再次，根据事件表确定下一步操作，并将程序转移到相应的程序模块上进行处理。最后，管理事件表，收集、分析数据，生成仿真结果报告，并进行错误检查。

通过仿真技术，我们能够模拟离散事件系统的行为，并在不同的输入条件下获取相应的输出结果。这有助于我们更好地理解系统的内部机制，并对系统设计进行优化。在仿真过程中，我们可以获得对系统性能和行为的深入理解，从而为系统设计和决策提供有价值的信息。

离散系统仿真在不同领域均有应用，它们共同的特点是系统由一系列离散事件组成，仿真通过模拟这些事件的发生和处理过程来评估系统的性能。比如下面几个例子：

(1)物流系统仿真：在物流系统中，物品的到达、存储、拣选、包装、运输等过程都是离散事件。仿真可以帮助评估仓库的布局、货位分配、员工调度等策略对物流效率的影响。通过模拟不同场景下的物流过程，发现潜在的问题并优化流程。

(2)生产制造系统仿真：生产线上，每个工件的加工、检验、搬运、入库等步骤都是离散事件。仿真可以模拟生产线的运行过程，评估生产线的产能、效率、瓶颈等。通过仿真，优化生产线的布局、设备配置、调度策略等，提高生产效率。

(3)交通系统仿真：在交通系统中，车辆的到达、离开、行驶、停车等都是离散事件。仿真可以模拟交通流、交通信号控制、车辆行驶轨迹等，评估交通系统的性能。通过仿真，预测交通拥堵情况，优化交通信号控制策略，设计更合理的交通网络。

## 8.3 系统仿真方法

### 8.3.1 蒙特卡罗法

1.介绍

蒙特卡罗法是使用随机数进行模拟实验的计算方法，适用于静态离散事件系统。该方法通过统计大量事件的结果来处理一些确定性问题，研究对象是概率现象，利用抽样调查法推断未知特性量。一方面，大多仿真问题都包含随机数应用；另一方面，对于某些数学方法分析得到的结果，利用蒙特卡罗法可以进行验证。因此，蒙特卡罗法的应用极为广泛。

在系统工程设计中，定量模型的建立难以为决策提供足够的信息，甚至在极端情况下会导致严重的数学错误。但建立包含不确定因素的模型极为复杂。蒙特卡罗仿真可以利用计算机的功能，避免因直接考虑不确定性而引发的数学难题。

2.原理

1)数学内涵

蒙特卡罗法(Monte-Carlo Method，MCM)用于解决数学和物理领域中的非确定性问题，如概率统计和随机数值计算。因此，蒙特卡罗仿真也被称作统计实验方法，主要研究均匀介质的稳定状态。

蒙特卡罗法的基本思想是：首先，构建一个随机模型或过程，并设定其参数或数字特征等于所求的值。其次，通过对该模型或过程进行观察或抽样实验，计算出相应的参数或数字特征，从而得到所求问题的近似解。解的精度可以通过重复实验的结果的方差或标准差来评估。

2）提出过程

蒙特卡罗法是为了应对研制核武器中的计算问题，由斯塔尼斯拉夫·乌拉姆（S. M. Ulam，美国数学家）和冯·诺依曼（J. von Neumann，匈牙利裔美籍数学家、计算机科学家、物理学家和化学家）率先提出。曼哈顿工程在中子链式反应和核装置临界性等问题上开始使用蒙特卡罗法，主要应用于辐射屏蔽、各种研究堆及生产堆计算等领域。

蒙特卡罗法在20世纪50年代末至60年代末迅速发展。杰拉尔德·高尔策（美国物理学家）与卡洛斯·马赫尔（美国物理学家）在1958年首次从理论上确认了通过统计估计来模拟和跟踪粒子历史的方法，并为蒙特卡罗法奠定了理论基础。20世纪70年代，蒙特卡罗法开始借鉴机械工程中的计算几何法则，采用组合几何和布尔运算来进行复杂几何描述和粒子径迹计算。此外，蒙特卡罗法还发展了多种用于解决玻尔兹曼（Boltzmann）方程（描述气体动力学行为的重要方程之一，该方程描述了气体中粒子的运动和相互作用，以及宏观性质与微观行为之间的关系）的通量估计方法。在理论研究方面，统计误差理论的提出为改进估计量的精度和效率提供了新的突破点。

21世纪后，高性能并行计算机的出现和计算机运行费用的大幅降低，使蒙特卡罗法可以对各种大型、复杂设备的辐射防护以及反应堆全堆芯精细pin-by-pin模型（反应堆建模过程中使用的一种详细的方法）进行仿真，不仅可以研究中子的行为，还可以模拟各种带电粒子。

3）基本步骤

（1）建立基于实际问题的概率统计模型，确保所求解为所求问题的概率分布或数学期望。

（2）利用模型中不同分布随机变量，确定相应的抽样方法。

（3）根据模拟结果进行统计处理，并给出问题解的统计估计值和精度估计值。

4）应用

蒙特卡罗法主要通过仿真和取样两种途径应用于实际问题。其中，仿真是通过数学模拟方法来模拟实际随机现象，而取样则是通过研究少量随机的子集来演绎大量元素的特性。例如，$f(x)$在$a<x<b$上的平均值可以通过随机抽样的方法以抽取点的平均值来确定，这就是数值积分的蒙特卡罗法。目前，蒙特卡罗法可用于微分方程、积分方程、特征值、矩阵转置的求解以及多重积分的计算等方面的问题。

5)优缺点

蒙特卡罗法的优点与缺点如表 8.1 所示。

**表 8.1 蒙特卡罗法的优点与缺点**

| 优点 | 缺点 |
|---|---|
| 直观形象，简单易懂 | 收敛速度慢 |
| 受几何条件限制小 | 需要大量实验，且实验重复率高 |
| 概率收敛与问题维数无关 | 误差具有随机性 |
| 可同时处理类似问题 | 难以处理高维空间 |

**3.应用案例——蒙特卡罗法在指派问题中的应用**

运筹学中有一类经典问题，就是指派问题。指派问题是在特定指派要求的条件下，通过制定最佳指派方案以达到总体效果最佳的目标。例如，在企业人力资源管理中，需要将多项工作分配给若干人或部门完成。如果有$n$个人能够完成$n$项任务，每个员工完成任务所需时间和技能不同，管理者需制定最佳指派方案以提升效率。为了解决这类问题，数学上存在多种算法，如匈牙利算法等，而本教材则使用蒙特卡罗法并结合 Matlab 进行案例分析和探讨。

甲、乙、丙、丁四人要独自完成 A、B、C、D 四件事，每人耗时如表 8.2 所示，求其总时间最少的分配方案。

**表 8.2 员工工作耗时情况** （单位：小时）

| | A | B | C | D |
|---|---|---|---|---|
| 甲 | 15 | 12 | 11 | 10 |
| 乙 | 10 | 15 | 10 | 14 |
| 丙 | 15 | 13 | 11 | 15 |
| 丁 | 14 | 14 | 13 | 14 |

使用蒙特卡罗法，只需要让甲、乙、丙、丁任意选取任务，随机模拟出任务分配组合。只要实验次数足够多，就能枚举出所有组合并找到最优解。

MATLAB 代码如下：

```
time=[15,12,11,10;10,15,10,14;15,13,11,15;14,14,13,14];
n=1000;%n 远大于所有可能的组合即可
choose=zeros(n,4,4);
summary=zeros(1,n);%初始化
for i=1:n
tmp_a=eye(4);
tmp_b=randperm(4);
choose(i,:,:)=tmp_a(:,tmp_b);%生成选择矩阵 choose,其特点是每一行、列只有一个 1
summary(i)=sum(sum(reshape(choose(i,:,:),4,4).*time));%求出每种方案的总时间
end
[MinTime,I]=min(summary);%找到最优方案,MinTime 为方案对应的总时间
BestChoice=reshape(choose(I,:,:),4,4);%BestChoice 为最优方案
disp(['最佳方案的总时间是:',num2str(MinTime)]);
disp('最佳分配方案如下:');
disp(BestChoice);
输出结果中
```

矩阵 BestChoice 如表 8.3 所示，表示甲、乙、丙、丁分别分配任务 D、A、C、B。MinTime=45 说明最佳方案的总时间是 45 小时。

**表 8.3　输出结果矩阵**

| | | | |
|---|---|---|---|
| 0 | 0 | 0 | 1 |
| 1 | 0 | 0 | 0 |
| 0 | 0 | 1 | 0 |
| 0 | 1 | 0 | 0 |

### 8.3.2 系统动力学

#### 1.系统动力学概述

1)简介

系统动力学(System Dynamics, SD)是一种计算机仿真技术,用于研究系统的动态行为。该方法由麻省理工学院的福瑞斯特(J. W. Forrester)于20世纪50年代中期创建,在工程、管理、经济学和社会科学等领域得到广泛应用。

系统动力学通过分析系统内部的动态结构和反馈机制,研究系统行为模式和特性。它能够模拟系统的结构和功能,并融合定性和定量信息构建反映实际系统的模型。模型建立后,可以使用计算机软件(如Vensim和DYNAMO)进行模拟实验,进一步研究系统的功能、结构、反馈机制和动态行为,以优化系统设计。

系统动力学方法的主要特征是功能拟合和结构拟合的结合。功能拟合通过比较模拟结果与实际测量数据,了解它们之间的吻合程度,从而分析模型的行为特性;结构拟合则通过分析模型中各个单元之间的联系和相互作用关系,并与实际系统的结构进行比较,确定它们之间的一致程度。在拟合过程中,模型构造者结合对实际系统运动机制的理解和经验进行定性分析。

综上所述,系统动力学是一种将定性和定量信息相结合,构建能够较好反映实际系统的模型的方法。通过模拟实验和分析,它可以帮助研究者深入理解系统的动态行为,并寻找优化系统结构和功能的方法。

2)诞生背景与发展历史

系统动力学是一个跨学科的研究领域,涉及数学、物理学、计算机科学和管理科学等多个学科。系统动力学的概念最早源于美国数学家诺伯特·维纳(N. Wiener)的控制论,该理论主要研究自然和人工系统的控制和稳定性问题。在维纳的启示下,福瑞斯特进一步开发了一种新颖的系统建模和仿真方法,最终形成了系统动力学理论。

具体来说,在20世纪50年代末期,福瑞斯特开始了对动态系统行为的深入研究,强调理解系统交互作用机制的重要性。1956年,他成立了系统动力学研究组,并于1961年出版了《系统动力学》(*System Dynamics*)一书,书中描述了系统动力学的基础概念、原则以及建模和仿真的方法。

20世纪七八十年代,系统动力学进一步完善和发展。福瑞斯特开发了系统动力学建模软件和数学方法,提出了诸如“流量负反馈”“蓄积”和“积累环”等概念,逐渐形成了系统动力学的理论框架。同时,系统动力学在工程和管理领域中得到了广泛应用,用于分析产业系统和城市规划等复杂问题。

20 世纪 90 年代以来,计算机技术的快速发展使系统动力学得到了进一步的发展和广泛应用。系统动力学现已成为各领域中复杂系统分析和决策支持的有力工具,涵盖项目管理、供应链管理、健康管理以及金融风险分析等多个方面。

总之,系统动力学的诞生背景可以追溯到控制论的发展,而其发展历程则是通过福瑞斯特的努力和推动,结合计算机技术的进步,逐渐形成了一个跨学科的研究领域,并在各个领域中得到了广泛的应用。

3)研究对象

系统动力学主要研究的对象是社会(经济)系统,其主要特点包括以下几个方面。

(1)决策是社会系统的重要环节。社会系统通过采集信息,并按照特定政策进行信息加工处理后作出决策。这是经过多次比较、选择、调整的过程,对于大规模、复杂的社会系统来说,所需信息量巨大,包括看得见的实体和看不见、摸不到的价值、伦理、道德观念以及个人和团体的偏见等因素。

(2)社会系统具有自律性。自律性是指自主决策、管理、控制和约束自身行为的能力和特性。与工程系统引入反馈机构具有自律性不同,社会系统因内部固有的反馈机构而具有自律性。因此,研究社会系统的结构与行为,最重要的是认识和发现由因果关系所形成的反馈机制。

(3)社会系统呈现出非线性特征。非线性是指社会现象中原因和结果之间的超常非线性关系,如时间和空间上的分离性、意外性和直观性的缺乏等。社会问题原因和结果相互作用的多样性和复杂性导致了高度非线性,此特性可通过社会系统的非线性多重反馈结构来进行研究和解释。

因此,系统动力学方法将社会系统作为非线性多重信息反馈系统进行研究,以模型化的方式对社会经济问题进行预测,分析社会系统的结构和行为,进而为组织、地区、国家等制定发展战略、进行决策提供有用的信息。

4)系统动力学模型及其特点

利用系统动力学解决实际问题时,通常要先利用系统动力学的基本原理对系统进行分析,并建立系统动力学模型。系统动力学模型一般具有以下特点。

(1)变量较多。系统动力学模型适用于社会经济系统的研究,它们能够涵盖多种基本变量,这恰好契合了社会系统涉及广泛、关系复杂、影响因素众多的特点。

(2)定性分析与定量分析相结合。系统动力学模型包含结构模型(流图)和数学模型(DYNAMO方程)。结构模型用于描述系统及其内部元素之间的交互作用,而数学模型则对结构模型中的元素进行仿真实验和计算,以理解系统动态行为,获得作出正确决策所需要的信息。

(3)实现高度仿真的效果。它将人的智慧和计算机结合起来,既能发挥人(系统分析人员和决策人员)对社会系统的了解、分析、推理、评价、创造等能力的优势,又能利用计算机高速计算和迅速跟踪等功能来分析实际系统,从而为决策提供更多、更深层次的信息。

(4)可处理高阶次、多回路、非线性的时变复杂系统问题。系统动力学通过模型进行仿真计算的结果以预测未来一定时期内各种变量随时间而变化的曲线来表示。同时,社会问题的原因和结果相互作用的多样性、复杂性导致社会系统具有高度非线性,进一步证明系统动力学是解决社会系统问题的有效方法。

目前,控制论多用于线性系统,状态空间法适用于短期预测,经济计量学和经济控制论则依赖静态理论,均难以解析复杂的非线性动态系统。这些方法主要聚焦于系统在特定点的特性或统计观测,对长期过程及非线性系统分析存在局限。相比之下,系统动力学方法通过关注系统内部机制、结构及其信息反馈,更适合分析和描述复杂的非线性动态系统。

5)适用领域

系统动力学具有广泛的适用领域。在理论研究方面,它可用于研究各种复杂系统的理论问题。在应用方面,它最初主要应用于工业企业管理。自20世纪50年代以来,西方发达国家建立了数以千计的工业动力学模型,用于企业系统管理和政策分析。随后,系统动力学的应用范围不断扩大:从民用到军用,从科研和设计工作的管理到城市摆脱停滞和衰退的决策,从城市和区域规划到国民经济的宏观调控,从应对人口指数式增长的威胁和资源短缺的危机到糖尿病的病理假设的验证,从犯罪问题到吸毒问题,等等。

**2.系统动力学仿真流程**

系统动力学的工作流程如图8.4所示。

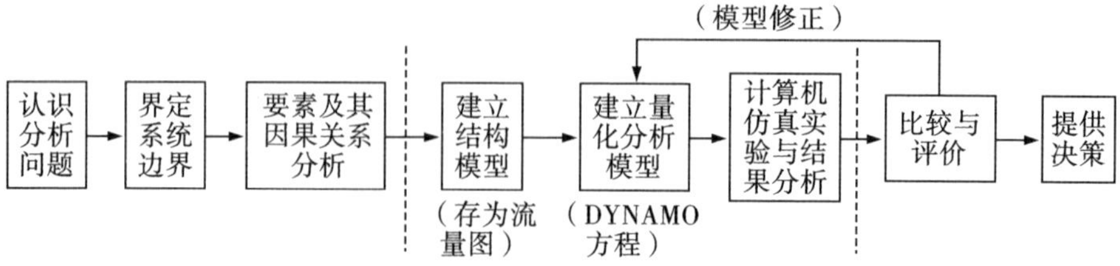


图8.4　系统动力学的工作流程

1)认识分析问题

系统仿真面向特定问题,而不是整个实际系统。因此,进行建模与仿真的前提是在调查分析的基础上,明确亟待解决的问题及期望实现的目标,确定描述这些目标的主要参数和评价标准。以一个经营单一商品的零售店的订货策略为例,就是要研究零售店如何根据销售、库存等情况和一定的评价准则确定最优的订货策略。

2)界定系统边界

系统的界限规定了形成某特定动态行为所应包含的最小数量的单元,系统的界限就是系统的范围。界限内为系统本身,界限外是与系统有关的环境。讨论系统的结构时,首先要明确系统的界限,继而才能研究系统内部的具体结构问题。因此,要根据所要解决的问题界定系统边界,确定问题所包含的因素,明确要素间的联系以及内在要素与外部环境的联系。

如图 8.5 所示,在零售店订货问题中,销售行为会导致店家的库存随之减少,进而零售店向工厂提出订货;接受订货的工厂不断生产该种商品以供应零售店,使零售店库存得到补充。因此,由零售店和工厂两部分组成该系统的边界,系统边界外的顾客购买商品可以作为外生变量扰动系统,使系统状态发生变化。

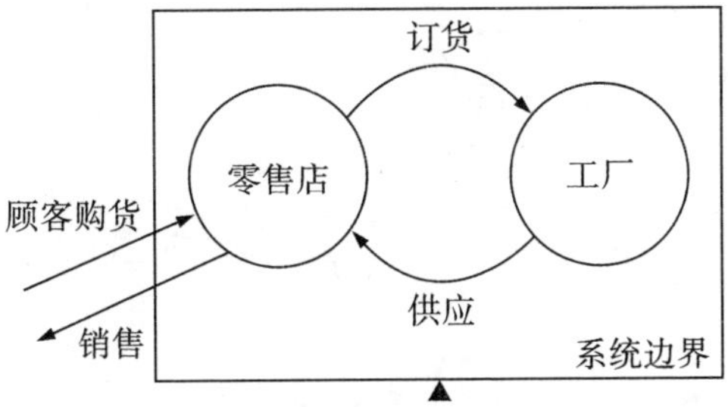


图 8.5 系统边界的界定

3)要素及其因果关系分析

在系统动力学方法中,元素之间的关系可以概括为因果关系。因果关系是构成系统动力学模型的基础,可用因果关系图描述。

因果关系图内包含多个要素,要素通过因果链联系,因果链由箭头表示。因果关系有正负之分,通过在因果链上标记(+)(-)来说明其影响作用的性质是正相关还是负相关。因果链首尾相连形成因果反馈回路,来描述反馈关系。

在同一因果链中,若含有奇数条极性为负的因果箭,则整条因果链是负的。否则,该条因果链极性为正。

系统动力学方法认为,系统与其中的反馈回路有紧密联系。系统的性质和行为的主要影响因素存在于系统中的反馈回路。系统的结构主要指反馈回路的结构。在社会系统中,反馈回路是系统要素间的固有因果关系。正反馈因果关系对系统起到强化发展的作用,而负反馈因果关系则起稳定和调节的作用。

如图 8.6 所示,在零售店的订货问题中,零售店方面需要考虑的要素包括零售店的销售量、库存量、订货量等。工厂方面需要考虑的因素有工厂的未供货量(已接受订货但未能立即供应的数量)、生产量、生产能力、计划生产量等。通过因果关系分析,可以明确各要素间的相互作用及形成的反馈回路,如图 8.6 所示。零售店的销售量增加,订货量也随之增加,工厂的未供货量也相应增加,于是计划产量就要增加。为了满足这一需求,工厂需要扩大生产能力以使得产量增加,促使零售店的库存量增加,订货量就会减少,所以它们之间形成了负反馈回路。从回路中各因果链符号的乘积为负,也可判断该回路为负反馈回路。

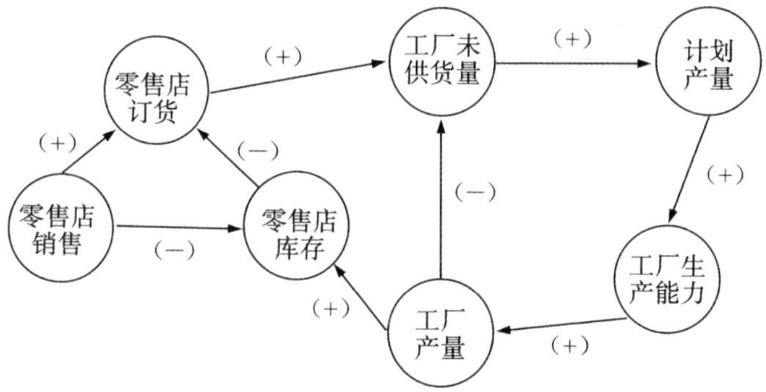


图 8.6　因果关系分析

4)建立结构模型

因果关系图不能表示不同性质的变量的区别,它仅仅描述了反馈结构的基本特征。因此,经过因果关系分析后,为了更完整地描述系统的结构和行为,我们需要建立结构模型,即构造存量流量图。

存量流量图可以更全面地表示系统中不同存量间的累积和流动关系,包括状态变量或水平变量的连续、流动的积累过程,这些变量的值会受到速率变量的影响,随时间推移而增加或减少。

下面对存量流量图中的一些概念进行简要说明。

**流**(Flows):流是系统中的活动或行为。流可以是物流、货币流、人流、信息流等,用带有各种符号的有向边描述。通常为简便起见,只区分实体流(实线)和信息流(虚线)两种。

**速率**(Rate):速率用来描述系统中流随时间而变化的活动状态,例如出生率、死亡率、消耗率等。速率变量表示决策函数。

**水平变量**(Level Variables):水平变量是描述系统中存量的变量,也称为库存变量。它表示系统中某个时刻的数量或状态,可以看作是存量的累积。水平变量可以随时间变化,受到流的影响。

**辅助变量**(Auxiliary Variables):辅助变量是用于计算或辅助描述系统行为的变量,但它们本身不代表系统的存量或流。辅助变量可能基于其他变量的计算结果,用于分析和控制系统的行为。

**参数**(Parameter):参数是系统动力学模型中使用的常数或固定值。它们用于描述系统的特征或约束,如初始值、转化速率、耗费率等。参数通常是给定的,不随时间变化。

**源**(Source)**和洞**(Sink):源表示流量来源,是一个在系统内产生流量的地方。洞表示流量的去处,是一个将流量从系统中移除的地方。源和洞可以是物质、能量或信息的输入和输出点。

**信息的取出**(Information Retrieval):在系统动力学中,信息的取出表示从一个存量中提取信息,这通常涉及利用存量的数值来作出决策或进行评估。信息的取出可以通过架构、转化规则或决策模型来实现。

水平变量与速率变量有明显差异。水平变量无法瞬间自我变化,需通过速率变量的作用才能改变数值状态,它体现了系统的连续性。相比之下,速率变量是行动变量,行动停止时其作用即终止。水平变量是过去行动结果的累积,即使系统当前无活动,水平变量仍存在并可观察。因此,若能使系统活动完全停止,在静止状态下仍能观察到的变量即为水平变量,否则非水平变量。简而言之,水平变量代表累积状态,速率变量代表变化过程。

因果关系图主要依靠文字和部分符号来描述系统因果反馈关系,而存量流量图便是用仿真符号来进一步描绘因果关系图中所反映的反馈关系。存量流量图是因果关系图的仿真符号化。图 8.7 为存量流量图常用的仿真符号。

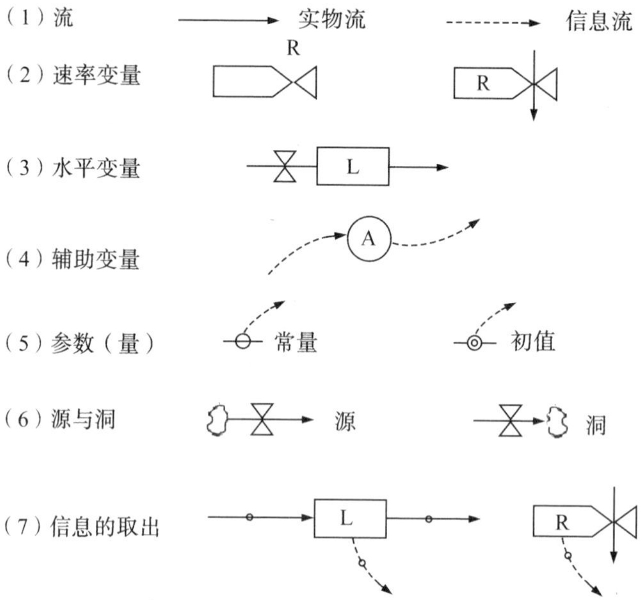


图 8.7　存量流量图常用的仿真符号

在零售店的订货问题中,系统里包括商品流和订货流两种实体流。前者是在零售店库房里积累形成的库存量($L_1$),后者是在工厂积累形成的未供订货量($L_2$),这二者属于状态变量。影响状态变量的速率变量有三个,即零售店的订货速率($R_1$)、工厂生产速率($R_2$)以及零售店的销售速率($R_3$)。而工厂生产能力($P_1$)和计划产量($P_2$)则属于辅助变量。图 8.8 展示了系统总体的存量流量图。

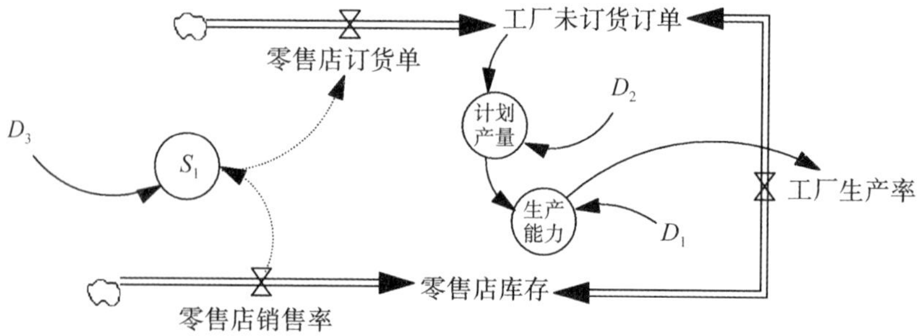


图 8.8　结构模型建立

图 8.8 中还标明了一些常量：$D_1$ 为调整生产时间，$D_2$ 为期望完成未供订货时间，$D_3$ 为零售店平均订货时间。

5）建立量化分析模型

（1）DYNAMO 的基本语法规则

①变量名：DYNAMO 中的变量名至多由 6 个字符组成。变量名首字符必须是字母，后面的字符可以是字母或者数字。

②变量名后缀：由于 DYNAMO 程序是在各个时点上进行程序模拟的，时间步长记为 DT，因而其中每个变量都应带有相应的时间标号。标号的规则是：K 表示当前时刻；J 表示过去时刻；L 表示未来时刻；JK 表示过去时刻到当前时刻这段时间间隔；KL 表示当前时刻到未来时刻这段时间间隔。这些规定如图 8.9 所示。

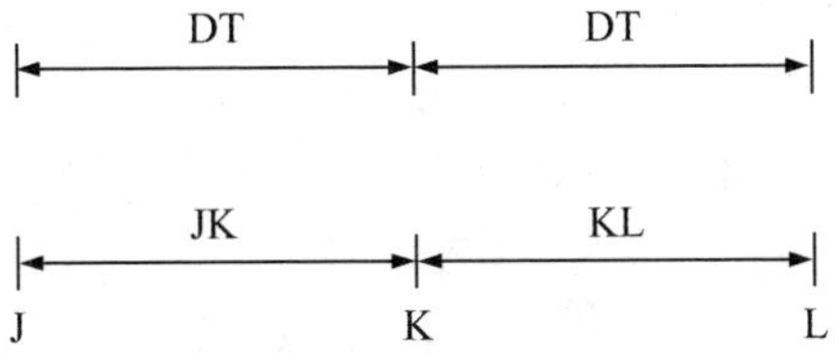


图 8.9 后缀规则

③运算符：DYNAMO 中的算术运算符有：+，－，*，/，(，)，=。其中，括号需要成对出现。运算优先级与常规算术运算优先级相同，使用括号可以改变运算的优先级。

④语句格式及功能

a.状态方程。其格式为

L VAR.K＝VAR.J＋DT(INFLOW.JK－OUTFLOW.JK)

其中，L 为语句标识符，VAR 为状态变量名，INFLOW 为向状态变量 VAR 输入的速率变量名，OUTFLOW 为从状态变量 VAR 输出的速率变量名。其功能是计算等号右边表达式的值，并将其赋值给等号左边的状态变量。

b.速率方程。其格式为

R RATE.KL＝<表达式>

其中，RATE 是速率变量名。表达式的格式应根据具体情况而定。速率方程的功能是计算表达式之值，并将它赋给速率变量 RATE。

c.辅助方程。当速率变量的表达式较为复杂时，可以引入辅助变量，将复杂的表达式分解为几个比较简单的表达式，便于清楚地反映结构模型。进行辅助

变量计算的方程被称为辅助方程。它的格式为

A　VAR.K=<表达式>

其中,VAR为辅助变量名。

d.表方程。在实际问题中,有些变量间存在着非常复杂的函数关系,通常不易求出它们的解析式。但是通常可以通过实验方法测得它们之间的离散对应值(即可以得到一张函数值表)。表方程就是描述这类函数值表的语句。它的基本格式如下:

A　VAR.K=TABLE(TABLEN,X,$X_{min}$,$X_{max}$,ΔX)

T　TABLEN=$y_0/y_1/\cdots/y_n$

其中,在A方程中,VAR是因变量名,TABLEN是表名,X是自变量名,$X_{min}$,$X_{max}$,ΔX分别是自变量的最小值、最大值和增量。在T方程中,其TABLEN必须与A方程中的TABLEN同名。另外,$y_0/y_1/\cdots/y_n$是其对应函数值。

e.N方程和C方程。N方程是状态变量赋初值的方程。C方程是将某些常数赋值变量名的方程。它们的格式如下:

N　VAR=初值

C　VAR=数值

其中,VAR分别是状态变量名和常数变量名。

在任何模型中,所有状态变量都必须赋初值。因此,L方程和N方程必须成对出现。

在了解这些基本的语法规则后,就可以编制一些简单的模拟模型。对于复杂或更具有实用价值的模型,还需要进一步了解DYNAMO中的一些重要概念和函数,如延迟、平滑、测试、打印、输入、输出等。

(2)应用实例

下面仍然通过零售店的例子对DYNAMO方程作简要说明。

①状态方程式

例如,零售店在$t$时刻的库存量、单位时间商品入库量和出库量的关系如下:

$$\frac{dy}{dx}=x_{in}-x_{out}$$

用差分方程表示为

$$y(t+\Delta t)=y(t)+\Delta t\,[x_{in}(t)-x_{out}(t)]$$

其中,$x_{in}$表示单位时间商品入库量,$x_{out}$表示单位时间商品出库量。

用DYNAMO语言描述,就是零售店在某一时刻K的库存量等于过去某

一时刻J的库存量，加上由时刻J到时刻K的入库量和出库量之差乘以单位时间DT，可表示为：

$$L \quad Y.K = Y.J + DT * (XIN.JK - XOUT.JK)$$

其中，Y.K，Y.J分别表示K时刻和J时刻的库存量，XIN.JK，XOUT.JK分别表示从时刻J到K的入库量和出库量，DT为单位时间。

②速率方程式

例如，设KL期间的出库量XOUT.KL与K时刻的未供订货量成正比，则表示出库情况的速率方程可列为：

$$R \quad XOUT.KL = \frac{Z.K}{C}$$

其中，1/C是比例常数，C表示满足未供订货量的时间，根据经验等设定；Z.K表示时刻K时的未供订货量。

再例如，零售店的订货速率方程可列为：

$$R \quad PSR.KL = RSR.K + (IDR.K - IAR.K)/DIR$$

上式表明，KL期间的订货量等于K时刻的平均销售量加上期望库存和实际库存之差除以实际库存调整到期望库存所需时间的商。

(3)辅助方程式

上述的订货速率方程比较复杂，可引入RSR.K，IDR.K等辅助变量以便简化速率方程式。辅助方程式可表示如下：

$$A \quad RSR.K = SMOOTH(RRR.JK, DRR)$$

其中，RSR.K表示K时刻的平均销售量，RRR.JK表示在JK期间顾客向零售店的订货速率，DRR表示平滑时间。

**3.Vensim_PLE仿真软件使用简介**

1)软件简介

Vensim是由Ventana Systems Inc.公司开发的动态系统模型软件，提供可视化、文件化、模拟、分析和优化功能。它采用因果循环及存量流量图等简单灵活的方法构建模型，并具备强大的Windows编辑环境，用户界面友好，易于使用。Vensim是一个功能强大且易于操作的系统动力学仿真平台，曾成功应用于中国可持续发展模型的建立，并取得了显著成效。

2)用户界面简介

Vensim的界面由工作平台(Workbench)和一系列工具组成，如图8.10所示。

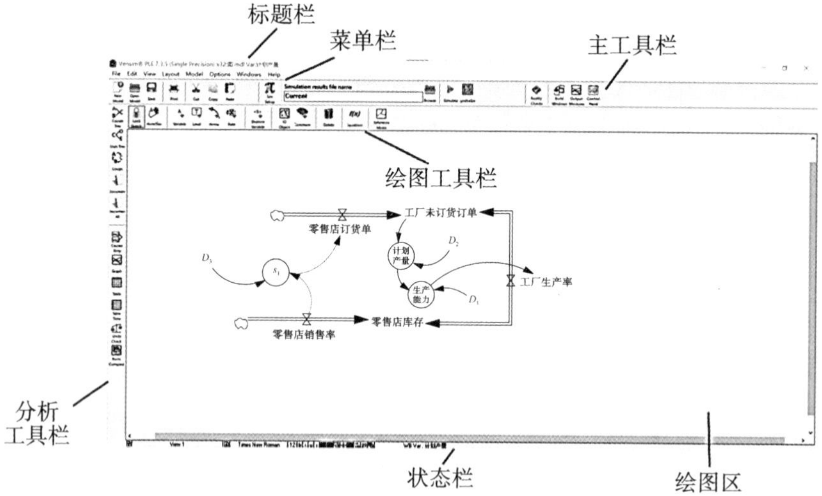


图 8.10　Vensim 界面示意图

其中，绘图工具栏包含了仿真所需要的主要工具，具体如图 8.11 和图 8.12 所示。

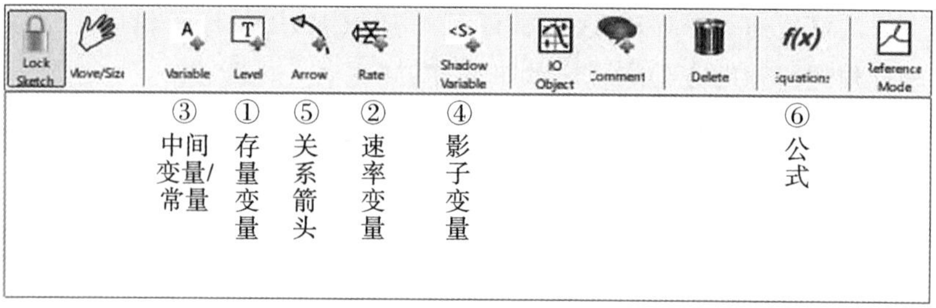


图 8.11　主要工具

(1)存量变量(Level)

存量指结存数量，是指某一时间点上，过去产生的流入、流出与先前积累的存量的共同结余。

(2)速率变量(Rate)

速率变量是对存量变量进行输入和输出。如果将存量变量比作蓄水池，那么速率变量就是流出的水管，而中间的元素就是控制速率的水龙头。

(3)中间变量(Variable)

模型中各系统都包含大量的影响因素，因素之间可能是正相关或负相关，有的存在函数关系即辅助变量，有的是一个数值常数即常量，这些变量都是通过中间变量来建立的。后面会讲到如何设置函数关系或设置常量，来区分辅助变量与常量。

(4)影子变量(Shadow Variable)

影子变量即主体变量的映射代替。这个影子变量不像计量经济学中的变量那么复杂。在建模的时候，已有变量 $A$ 与很多变量都有函数关系，这些因素分布在不同位置，此时可以建立 $A$ 的影子变量＜$A$＞方便关联；或者一个变量与时间相关，而时间变量是在模型建立之初提前内置的，这时点击“Shadow Variable”按钮即可以建立时间的影子变量＜$Time$＞来进行关联。

(5)关系箭线(Arrow)

关系箭线是连接两个变量的箭头，表示一个变量对另一个变量的影响关系。当两个变量之间用箭线关联后，即可在二者之间建立函数关系。

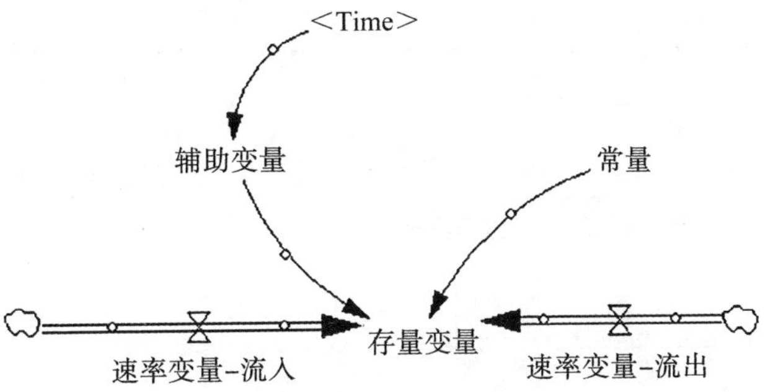


图 8.12　模型示例

(6)公式(Equations)

公式描述了变量之间的逻辑关系，是判断建模合理性的关键。为了构建两个变量之间的函数关系，我们利用这个逻辑来建立相应的公式。

点击“Equations”，进入变量性质设置和公式建立的界面。例如图 8.13，我们要设置变量 $A$ 的公式：

①右上是本次模型中已建的所有变量。

②左上是变量 $A$ 的性质。

Type(类型)——当没有其他变量流入变量 $A$ 时，默认为 Constant(常量)；

当有其他变量流入变量 $A$ 时，默认为 Auxiliary(辅助变量/中间变量)；存量函数默认为“Level”。

Units(单位)——默认 Dmnl(无量纲)、Month(月)。

③左下是函数列表。

辅助变量的函数可在列表中选择，例如 DELAY(延迟函数)、EXD(指数)、IF THEN ELSE(判断)、MAX(最大化)和 MIN(最小化)等。

存量变量的公式分为两部分，上部是积分形式 INTEG()，其中多设置为“流入变量—流出变量”，同时，流入和流出变量前可自行加系数；下部是存量的初值(Initial Value)。

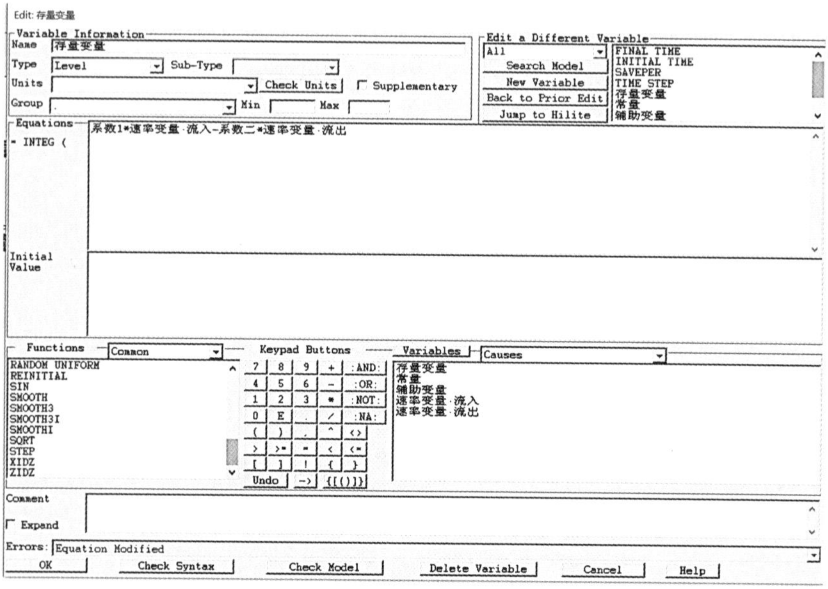


图 8.13　公式窗口

3)应用举例

本节以人口问题为例，分如下两部分展开介绍软件：一是展示因果关系回路图的绘制与分析，二是演示系统动力学模型的构建与仿真。

(1)因果关系回路图的绘制与分析

本例中包含两重反馈回路，根据因果关系绘制因果关系回路图。其中，“年出生人数”与“人口总数”两个变量构成正反馈回路，“年死亡人数”与“人口总数”两个变量构成负反馈回路。

首先，单击选定“Auxiliary/Constant”，在绘图区中选定合适位置，单击鼠标左键，显示输入框，输入“人口总数”。重复以上操作，输入“年出生人数”“年死亡人数”。

其次，单击选定“Arrow”，再单击选定“年出生人数”，松开鼠标，拖动至“人口总数”，会出现由“年出生人数”指向“人口总数”的箭头，单击箭头的首部，单击鼠标右键，弹出对话框，如图 8.14 所示。

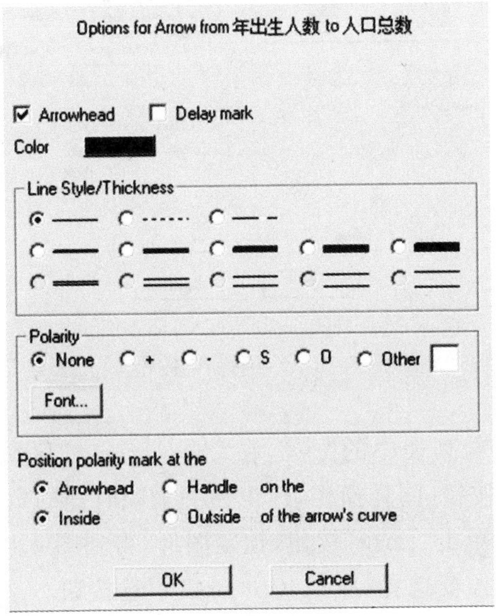


图 8.14　绘图操作说明(1)

在“Polarity”下根据反馈性质选定“＋”或“－”，重复操作，得到图 8.15。

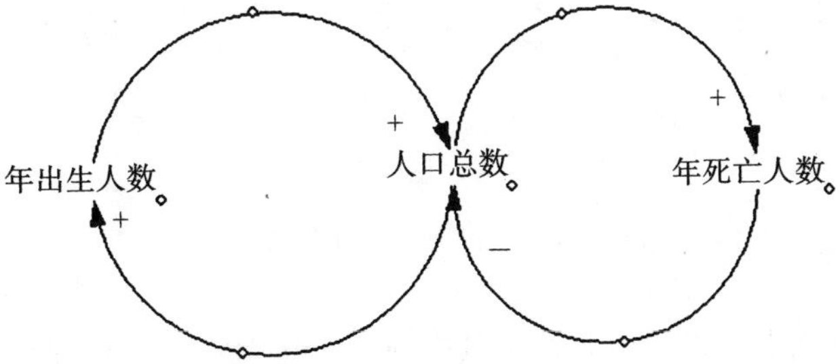


图 8.15　绘图操作说明(2)

最后，显示反馈回路的性质，单击“Sketch Comment”，在相应位置单击鼠标，弹出对话框，如图 8.16 所示。

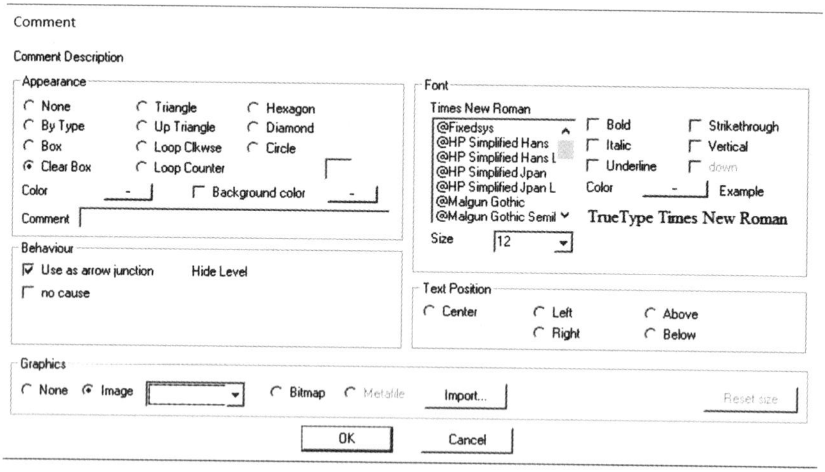


图 8.16　绘图操作说明(3)

选定“Image”下拉列表中的“＋”，在“Appearance”区域中选定顺时针方向“LoopClkwse”单选按钮，同样操作，标识另一个顺时针的负反馈回路，选择下拉列表中的“－”，最后单击“Lock”按钮，锁定图形，得到图 8.17。若标识的反馈回路为逆时针方向，则需要选择“Loop Counter”单选按钮。

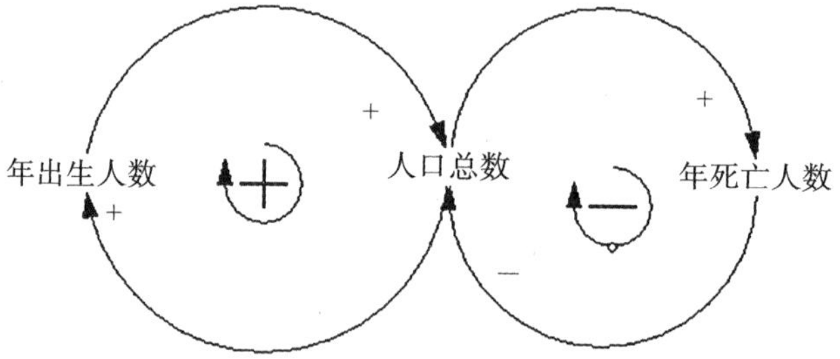


图 8.17　人口问题因果关系图

单击“人口总数”，再单击分析工具中的“Loops”按钮，便会弹出通过该变量的所有回路，如图 8.18 所示。

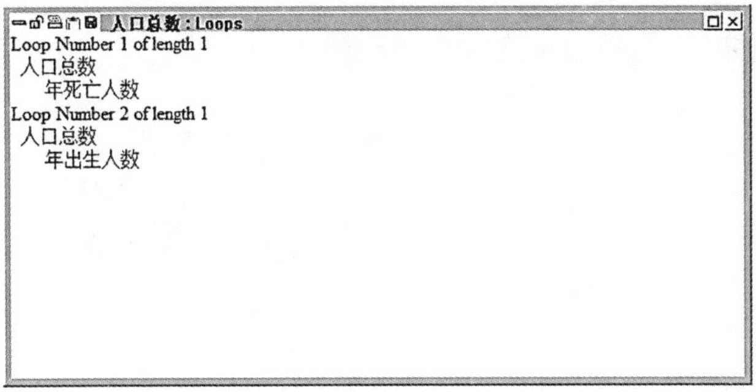


图 8.18 通过“人口总数”的所有回路

(2)模型的构建与仿真

本部分以人口增长模型为例进行仿真,具体算例如下:

出生率 R1(人/年)增加,总人口 P 增加;总人口增加,又使得出生率增加,总人口与出生率之间形成正反馈回路。

给定人口的年增长率是 2%,人口的初始值是 100,则描述人口增长过程的 DYNAMO 程序如下:

```
L  P·K=P·J+DT*(R1·JK-0)
N  P=100
R  R1·KL=P·K*C1
C  C1=0.02
```

基于上例,软件操作步骤如下:

选定“Box Variable”,创建水平方程 P,选定“Rate”,移动鼠标至 P,输入 R1,选定“Auxiliary/Constant”,创立常量 C1,选定“Arrow”,连接 P 与 R1、C1 与 R1,得到图 8.19。

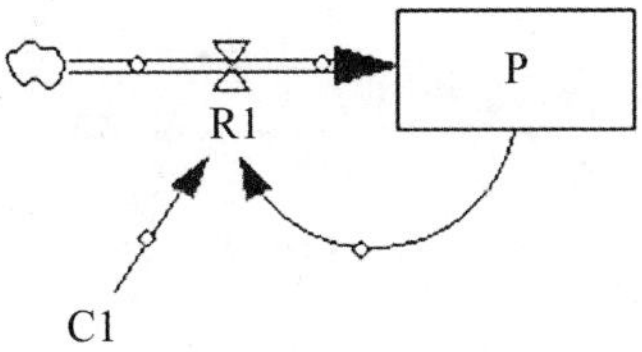


图 8.19 构建模型(1)

单击“Equations”，再单击“R1”，弹出公式编辑框，在变量框中选定“C”，再在符号框中选定“ * ”，最后选定“P”，得到图 8.20。

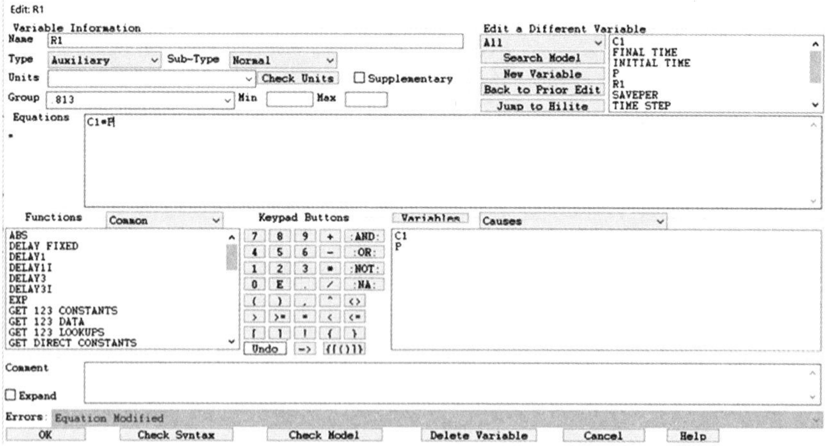


图 8.20　构建模型(2)

单击“OK”，再单击“P”，为 P 赋初值 100，在“Units”框中输入单位，如图 8.21 所示。

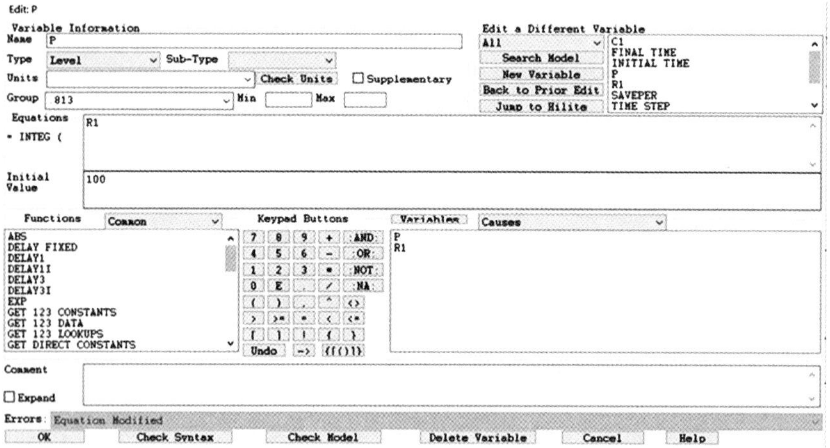


图 8.21　构建模型(3)

单击“C1”,赋值 0.02,如图 8.22 所示,模型构建完成。

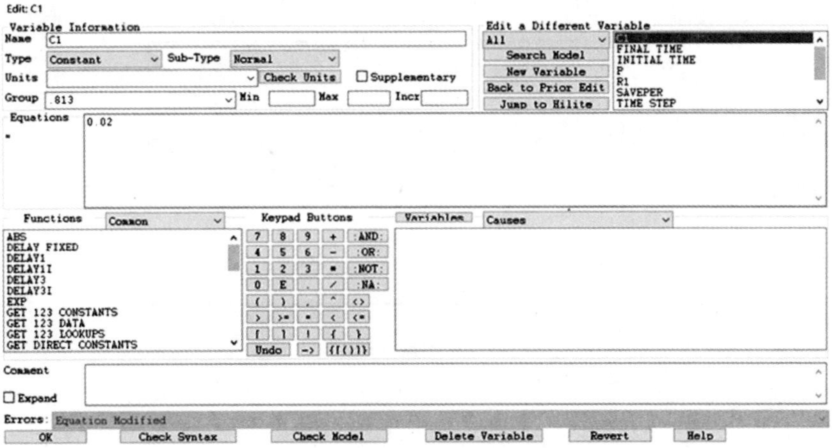


图 8.22 构建模型(4)

单击“Simulate”进行仿真,选定“R1”,单击分析工具中的“Table”,得到仿真数据表,如图 8.23 所示。

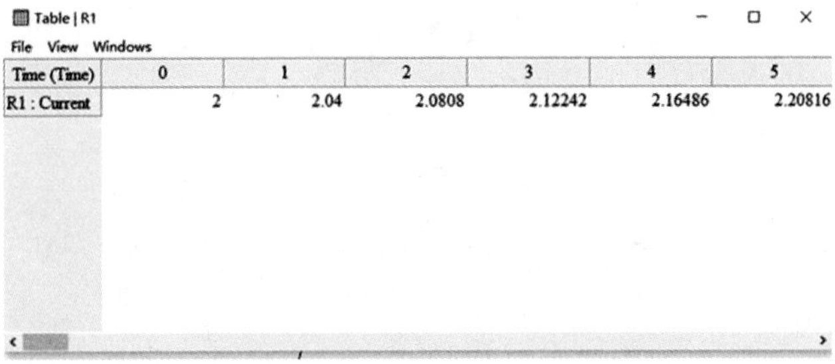


图 8.23 仿真数据表

单击“Graph”,得到仿真结果示意图,如图 8.24 所示。

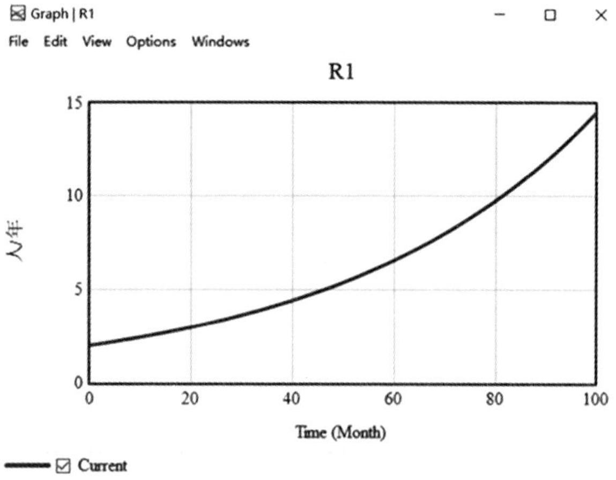


图 8.24　仿真结果示意图

同法，选定“P”，也可得到关于 P 的仿真数据表和结果示意图。

单击“SyntheSim”，对相关常量变化进行仿真，得到图 8.25。

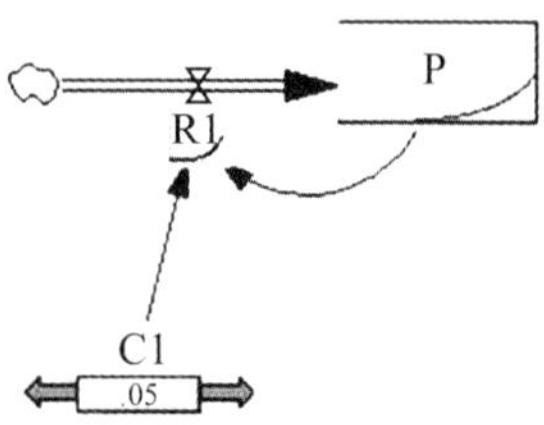


图 8.25　对相关常量变化的仿真

通过拖动 C1 下面的按钮来调整 C1 的值，用户可以观察不同常量取值时的仿真结果。

单击“Stop setup”，仿真结束。

## 8.4　思考题

(1)系统仿真的实质是什么？

(2)简述蒙特卡罗法的步骤。

(3)简述系统动力学的步骤。

# 第9章　管理系统预测

## 学习目标

(1)熟悉管理系统预测的概念与步骤。

(2)掌握管理系统的定性预测方法。

(3)熟悉管理系统的定量预测方法。

## 9.1　系统预测概述

### 9.1.1　系统预测的概念

**1.起源与发展**

“凡事预则立,不预则废。”自古以来,人们就希望通过各种手段对将来的情况进行预测,并根据预测结果进行决策,调整现在的行为。例如中国古代以《易经》为代表的占卜学(通过观察卦象预测未来)、世界上著名的玛雅预言(通过观察星象预测未来),都是古人在预测领域所作出的尝试。

而在当代社会,随着大量决策需求的出现,过往缺乏科学依据的预测方法已经无法满足人们的需求。得益于应用数学和统计学等学科的发展,人们在长期的实践中找到了更多科学方法。借助科学的预测方法和手段,人们对未来的预测越来越有科学依据,预测精确度也越来越高,预测结果对现实也越来越有指导意义。

**2.定义**

系统预测就是根据系统发展规律及历史资料,通过科学的分析和推理,对所研究系统的未来发展趋势作出推测,以指导决策,减少盲目性。

系统预测既不是幻想也不是主观臆断,而是一种科学的分析方法。系统预测的本质是根据过去和现在预计未来，根据已知推测未知，根据主观的经验与教训、客观的资料与条件、演变的逻辑与推断寻求事物的未来发展规律。

3.分类

系统预测的方法种类繁多，据统计有150多种，对系统预测进行分类时，按照不同的分类标准，可以得到不同的分类结果。

1）按预测的内容分，有如下几种：

（1）社会预测。社会预测指有关社会发展问题的预测，如对社会的发展模式、人口构成、社会环境、社会需求、社会教育和文化生活、社会机构的职能、社会福利和公益事业等方面的发展与变化的预测。

（2）经济预测。经济预测包括宏观的经济预测和微观的经济预测，其目的是研究经济的增长或增长的模式、经济发展目标和发展战略、经济资源的配置和流动趋势、计划和管理、市场供求关系、提升经济效益的渠道等等。

（3）科学预测。科学预测的目的是研究科学体制结构的变化、可能出现的科学发明与创造、科研的发展方向、科学发展的资金资源和人力物力、科学对人和社会的影响等方面的问题。

（4）技术预测。技术预测的目的是研究与技术发明、应用和推广有关的问题，如新工艺、新材料、新设备、新技术的推出时间，可能出现的技术发明及其应用领域，技术发明与市场对新产品的需求的关系等。

（5）军事预测。军事预测的目的是研究国防的途径和措施、应对未来战争的战略战术，未来战争中的战略目标选择、兵力部署、作战计划，武器性能的改造、新式武器的发展及威力、军事力量对比的发展变化、军费开支和预算、未来战争对人和社会的影响等。

2）按预测的时间分，有如下几种：

（1）短期预测。这种预测的时间跨度较短，通常以天计算。例如，预测未来几天的市场需求、库存水平或生产进度。

（2）近期预测。这种预测的时间跨度稍微长一些，通常以周或月计算。例如，预测未来几周或几个月的销售业绩、市场趋势或供应链状况。

（3）中期预测。这种预测的时间跨度为1～5年。例如，预测未来几年的市场发展趋势、产品生命周期或公司财务表现。

（4）长期预测。这种预测的时间跨度在5年以上。例如，预测未来10年或更长时间的行业发展、技术变革或全球经济趋势。

预测的精度是随着预测时间的长短不同而变化的。预测的期限越长，预测的误差就越大。预测期限的长短取决于预测对象、性质、内容和要求，并服从于决策的需要。

3)按预测方法分,有如下几种:

(1)定性预测。主要根据事物的性质、特点、过去和现状的延续状况等方面,对事物进行非数量化的分析,然后根据这些分析,对事物的未来发展趋势作出预测和判断。定性预测依赖于人们的主观判断来取得预测的结果。其中所用的方法主要有专家预测法、德尔菲法等。

(2)定量预测。通过建立数学模型和应用电子计算机运算,对事物进行定量分析,然后根据这种分析,对事物未来发展趋势作出预测和判断。它往往不直接依靠人们的主观判断,而主要依靠充分的历史资料,计算出未来事件可能出现的结果(数据)。因此,定量预测一般比定性预测精确。其中所用的方法主要是各种数学模型。

(3)综合预测。任何一种预测方法都有一定的适用范围和局限性。为了克服这些缺点,往往采用多种预测方法,进行综合预测。综合预测主要指两种以上方法的综合运用。大型系统往往可视为开放的复杂巨系统。为应对这种系统,学者们逐渐形成了以"定性定量的综合集成方法"为主的研究思路,即在专家基于其知识、经验作出定性假设的基础上,建立复杂的数学模型并借助历史数据与计算机技术进行假设检验从而得出定量结论的方法。综合预测兼有定性预测和定量预测的长处,预测的精度和可靠性较高。

### 9.1.2 系统预测的步骤

不同的系统预测方法有着自身的独特性,但概括而言,系统预测的过程可分为五步:明确预测目标,收集、整理并分析资料和数据,建立预测模型,模型分析与检验,结果分析与修正。系统预测的过程具体阐述如图 9.1 所示。

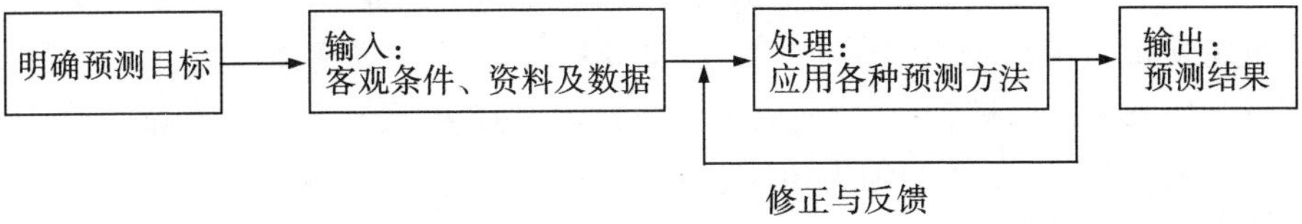


图 9.1 系统预测的过程

#### 1.明确预测目标

系统预测是为系统决策服务的。因此,系统预测必须处于整个系统决策总目标的指导之下。为此,我们在预测开始时必须明确上述目标,并根据上述目标提出系统预测本身的目标。

2.收集、整理并分析资料和数据

收集可用于预测的各种资料和数据,包括历史资料、工程经验、专家判断等。同时,通过调查、访谈或实验获得一手或二手资料和数据。资料和数据是整个预测活动的原始输入,因此在收集时要格外注意其可靠性。

3.建立预测模型

根据科学理论的指导和所选预测方法,在预测中选择恰当的变量来表达预测对象之间的关系,从而建立适用于预测的数学模型。模型的核心在于符合客观实践结果。必要时可以对数据进行适当处理(如变量代换),以满足模型的需求。

4.模型分析与检验

为获得完整的数学模型,需要根据模型性质及历史数据对模型中的参数进行估计。检验旨在验证模型构成因素之间的函数关系是否符合客观规律和历史资料,以确保模型的可靠性。具体包括两个方面:一是对模型结构的检验,如对线性关系的假设,变量之间的独立性以及变量假设的合理性等;二是对模型精度的检验,如对模型参数、误差区间、标准离差等的检验。在此过程中,需要及时修正模型的不合理之处。

5.结果分析与修正

根据所建立的模型和历史资料,可以展开预测。得到结果后,需要进行进一步的分析,找出预测与实际之间的偏差值及其原因。根据分析结果对预测进行修正,最终得到满意的结果,作为决策者的决策依据。

### 9.1.3 系统预测的意义

系统预测在管理系统工程中至关重要。它不仅能预测未来趋势和结果,还为组织提供决策依据,优化资源配置,管理风险,并评估系统绩效。首先,系统预测为决策者提供科学依据,使决策更加合理。其次,通过预测生产需求、库存及人力资源等,系统预测助力组织优化资源配置,降低成本,提升效率。再次,预测潜在事件并制定风险管理策略,能有效减少意外影响,增强组织韧性。最后,系统预测通过对比预测结果与真实数据,及时发现问题并调整改善,从而评估系统绩效。总之,系统预测使组织运营更高效,管理更科学,能显著提升竞争优势。

### 9.1.4 系统预测的局限

在系统工程中,系统预测的有效性存在一定的局限性。

(1)数据质量:系统预测所依赖的数据质量对预测的准确性非常重要。如果数据质量不高或存在错误,那么预测的结果可能会出现偏差。

(2)模型选择:在选择预测模型时需要考虑多方面的因素,如模型所能承受的数据量、模型在预测不确定性方面的表现、模型所需的计算资源等。不同的模型选择可能会带来不同的影响,需要进行权衡和实验才能确定。

(3)变量限制:系统预测可能会受到系统内外部分或全部变量的限制。例如,在预测电力需求时可能会受到气候变化或对电力需求产生影响的其他变量的限制。

(4)时间限制:预测的时间精度可能受到多种限制。例如,在预测金融市场时,瞬时变化可能对结果产生重大影响,而在预测天气变化等长期趋势时,需要考虑更长时间范围内的影响因素。

(5)预测误差:系统预测虽能提供有价值的信息和结果,但精度受误差影响,误差可能源于数据量不足、模型选择失误、变量偏差等未知因素。因此,预测准确性受多种因素制约,需在开发实施中积极应对局限性。

## 9.2 系统定性预测方法

定性预测是一种基于逻辑推理的方法,具有灵活性和广泛的适用性。相对于依赖历史统计数据的定量预测,定性预测不受数据限制,能够进行综合分析并充分运用人类主观判断的智慧,快速高效地评估多重情境和预测对象之间的内在联系。然而,定性预测不可避免地受到个人知识、经验和能力等主观因素的影响,因此过分依赖主观判断可能导致预测结果的失真。

在实际应用中,定性预测需要与具体分析和实际情境相结合,深入研究众多因素和变量,以避免主观因素带来的扭曲,提高预测的准确性。另外,持续研究对于适应快速变化的市场环境和需求也至关重要。只有如此,定性预测才能更好地适应不断变化的现实环境,并提供更为准确的预测结果。定性预测方法概览如图 9.2 所示。

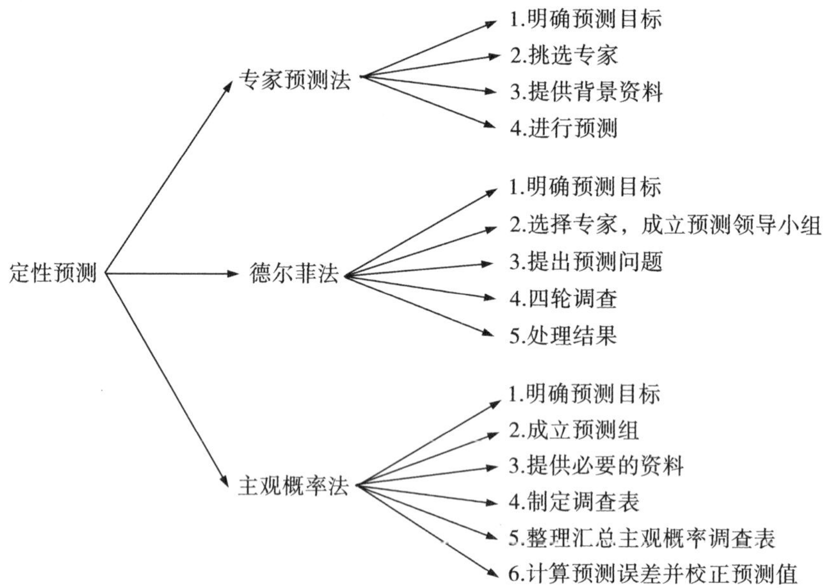


图 9.2　定性预测方法概览

### 9.2.1　专家预测法

专家预测法是一种定性预测方法,利用专家的知识和经验对未来发展趋势作出预测。它适用于研究不确定性高、数据收集困难、历史数据较少或者不存在等情况下的预测问题。

1.分类

顾名思义,专家预测法是指专家运用自己独有的知识与经验对已有资料进行分析、综合,对未来发展趋势作出自己的判断;之后,决策者对专家的意见进行整理、归纳,并在自身考虑的基础上得出最终预测结果。专家预测法在所有场景均可使用,不会受到技术的限制,但预测情况与专家数量、质量高度相关,它主要用于战略与大方向的预测、探索。专家预测法包括专家个人判断法、专家会议法和头脑风暴法。

1)专家个人判断法

此方法指专家个数为 1 的专家预测法。它是依靠单个专家的专业知识和特殊才能来进行判断预测的。

2)专家会议法

此方法指专家个数大于 1 的预测法，将一群精英专家聚集开会，在会议中评估预测对象及其前景，通过综合专家分析和判断，得出最终推断。

3)头脑风暴法

头脑风暴法即通过组织专家交流，畅谈思想，释放创意，深化和集中观点，提炼实用的预测方案。它遵循四个原则：不批评意见，鼓励自由思考，提出多样方案，推崇改进与结合。

**2.方法步骤**

1)明确预测目标

预测目标的明确是选择专家的基础，使用这种预测方法，目标通常与战略或大方向相关。

2)挑选专家

组建一个专家组，成员应该是在相关学科和领域具有专业知识和经验的专家。

3)提供背景资料

提供一定的背景资料，这些资料应当能够被各学科和领域的专家理解，以支持他们对预测目标的分析和预测。

4)进行预测

向专家组成员发放调查表，并收集他们的预测意见。在回答问题时，专家组成员需要遵循概率基本公理，并参考之前提到的概率标尺，将答案定位于累计概率区间中的合适位置。

预测结果的检验也全部交给专家，专家个人判断法由该专家预测后自行检验，专家会议法与头脑风暴法由所有参与的专家评价和修正结果。

### 9.2.2 德尔菲法

德尔菲法是一种专家访谈的技术，通过专家的知识和经验来预测未来事件的发生。这种方法要求将多个专家的预测汇总，以获得尽可能准确的综合预测结果。它起初用于预测战争，现主要应用于商业和政治决策。具体的内容在第 5 章已经讲过，此处不再赘述。

### 9.2.3 主观概率法

**1.使用场景**

主观概率法是市场趋势分析中的一种定性预测方法，依赖于分析者对事件发生概率的主观估计和心理评价。通过计算平均值，得出市场预测的结论。概率可以分为主观概率和客观概率两种类型。

主观概率是基于分析者对市场趋势的主观判断，反映了他们对事件可能性的信念程度。因此，主观概率是将个人经验转化为量化表达，用来衡量可能性大小或个人信念程度。同时，主观概率必须符合概率论的基本原则：第一，概率必须大于等于 0 且小于等于 1；第二，所有事件的概率之和必须等于 1。

客观概率是不依赖于个人主观判断的概率，它是由事件本身的性质和客观条件所决定的概率。

虽然主观概率法基于个人经验，但在市场趋势分析中仍然具有一定的实用价值。它为市场趋势分析者提供了明确的目标和详尽的背景材料，并使用简单易懂的概念和方法来帮助他们作出概率判断和描述。当市场供需情况相对稳定且营销环境没有发生重大变化时，那些长期从事市场营销活动的专业人员和相关专家的经验和直觉通常是可靠的。

总而言之，市场趋势分析者应该将个人经验和主观判断与市场数据和客观分析相结合，以增强预测的可靠性和准确性。通过运用主观概率法，他们可以更好地评估市场趋势的发展方向和可能性，为决策者提供有价值的信息和建议。

**2.方法步骤**

(1)明确预测目标。

(2)成立预测组。

(3)提供必要的资料。

(4)制定调查表，并发给每个被调查者填写。

预测组成员回答问题时，需要符合概率基本公理，并参考以下标尺。该标尺将[0,1]区间分成了 8 个等份，样本点落在每个小区间内的概率相等，均为 12.5%。利用该标尺可以确定每个答案在累计概率区间中的位置。向预测组成员发放调查表并收集他们的预测意见，可以得到各种预测值及其主观概率和累计概率。概率标尺如图 9.3 所示。

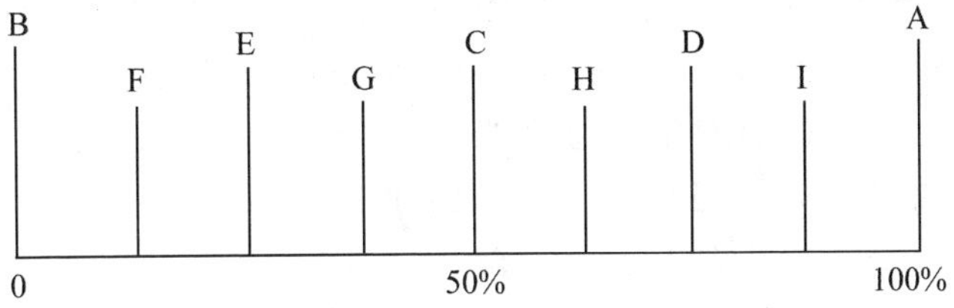


图 9.3 概率标尺

(5)整理汇总主观概率调查表。整理和汇总调查表后，可以进行点估计和区间估计，并将每个人对各个问题的答案进行总结。为了得到预测组的整体累计概率分布函数，需要计算 A、B、C、D、E、F、G、H、I 各个分点对应的估计值的平均数。根据预测的需要，将所得的累计概率分布函数的中位数连接成一条平滑曲线。

(6)计算预测误差并校正预测值。可根据历史预测数据计算平均绝对误差来进行误差分析和调整。

**3.管理应用**

某企业根据所生产机器的市场销售的历史和现状，对市场趋势分析期内经营情况及可能出现的自然状态进行了估计，如表 9.1 所示。

**表 9.1 市场趋势分析期内企业经营情况估计** (单位：台)

| 参加预测人员 | 估计值 | | | | | | 期望值 |
|---|---|---|---|---|---|---|---|
| | 最高量 | 概率 | 中等量 | 概率 | 最低量 | 概率 | |
| 1 | 2500 | 0.3 | 2200 | 0.5 | 2000 | 0.2 | 2250 |
| 2 | 2450 | 0.2 | 2200 | 0.6 | 1900 | 0.2 | 2190 |
| 3 | 2400 | 0.2 | 2180 | 0.6 | 1800 | 0.2 | 2140 |
| 4 | 2380 | 0.1 | 2100 | 0.7 | 1900 | 0.2 | 2000 |
| 5 | 2300 | 0.2 | 2000 | 0.6 | 1700 | 0.2 | 2000 |

期望值可以通过以下公式计算得出：最高估计值×概率＋中等估计值×概率＋最低估计值×概率。例如 1 号市场趋势分析人员的最高估计值为 2500 台，中等估计值为 2200 台，最低估计值为 2000 台，并且其概率分别为 0.3、0.5 和 0.2。那么，1 号市场趋势分析人员的期望值为：2500×0.3＋2200×0.5＋2000×0.2＝2250(台)。

每个市场趋势分析人员的预测概率均大于0且小于1,所有事件的概率之和等于1。因此,可以使用算术平均法来计算市场趋势分析的平均值。5个市场趋势分析人员各自的期望值分别为2250台、2190台、2140台、2000台和2000台,则算术平均数为(2250+2190+2140+2000+2000)/5=2116(台)。因此,企业的市场趋势分析结果为2116台。

此外,也可以采用加权平均法进行企业的市场趋势分析。由于每个市场趋势分析人员的地位、作用和权威性不同,因而为每个市场趋势分析人员分别赋予不同的权数。具体而言,1号和2号人员的权数为3,3号和4号人员的权数为2,5号人员的权数为1,则综合预测值为:

$$\frac{2250\times3+2190\times3+2140\times2+2000\times2+2000\times1}{3+3+2+2+1}\approx2145(台)$$

当使用不同的计算方法得出市场趋势分析的结果不同时,我们需要根据实际情况进行调整。其中一种方法是根据实际情况选择某一个市场趋势分析值作为最终结果,另一种方法是采用区间估计值作为市场趋势分析的结果。

## 9.3 系统定量预测方法

定量预测方法是研究复杂系统的关键工具,比单纯依靠经验的定性预测更准确。它利用历史数据或因素变量进行数学建模,以更加准确地预测未来的需求变化。

定量预测的最大特点是利用大量的历史数据资料作为预测的依据。它基于数理统计,在定性分析的基础上建立反映事物客观变化的数学公式或数学模型。它是一种建立在统计学、数学、系统论、控制论、信息论、运筹学、计量经济学等学科基础上,运用数学模型进行预测的方法。

定量预测方法的优点在于具备科学的理论性,逻辑推理严密,预测结果具有较强的说服力。然而,定量预测方法也存在一些缺点,比如预测花费较高,需要较深厚的理论基础,且应用受到一定限制。此外,它较为机械,不适用于处理具有较大波动性的数据。

常用的定量预测技术包括时间序列分析方法、回归分析预测法、马尔科夫模型预测法、生产曲线模型法等。这些方法在不同领域中得到广泛应用,帮助分析者更好地预测未来的发展趋势,为决策提供参考和依据。

### 9.3.1 时间序列分析

#### 1.基本概念

时间序列分析是一种用于研究时间序列数据的统计方法。它涉及收集、整理、描述、分析和预测时间序列数据的变化模式和趋势,被广泛应用于经济、金融、气象和工程等领域。其目的是根据时间序列所反映的发展过程、方向和趋势,进行类推或延伸,从而预测在未来一段时间内可能达到的水平。其内容包括以下几个方面。

(1)收集与整理某种社会现象的历史资料:时间序列分析需要获取相关社会现象的历史数据,这些数据可能涵盖一定时间范围内的观察值。

(2)对这些资料进行检查鉴别,排成数列:对收集到的历史数据进行检查鉴别,将其按照时间顺序排列成数列,以便于后续的分析和处理。

(3)分析时间数列,寻找变化规律和模式:通过对时间数列进行统计分析,探索其中随时间变化的规律,寻找出一定的变化模式。

(4)基于模式预测未来情况:根据得到的变化模式和规律,利用数学方法进行预测,推断该社会现象在未来会呈现出的趋势或水平。

地区每年的降雨量、国家每年的粮食产量、项目的投资总额是时间序列分析的典型应用示例。一般来说,时间序列可以用指标 $Y$ 对应的观察值 $y_1$,$y_2$,…,$y_n$ 来表示。

时间序列具有如下特点:首先,序列的数据或数据点的位置依赖于时间,即数据的取值依赖于时间的变化,但不一定是时间的严格函数。其次,每一时刻上的取值或数据点的位置具有一定的随机性,不可能完全准确地用历史值预测。最后,前后时刻不一定是相邻时刻的数值或数据点有一定的相关性,这种相关性就是系统的动态规律性。

#### 2.特征识别、构成要素以及分解的模型

1)时间序列的特征识别

时间序列观察值的大小受到各种不同因素在同一时刻的综合影响。这些影响因素的作用时间、大小和方向在不同时间段会发生变化,从而导致时间序列的变动呈现出以下四种类型。

**趋势性**:某个变量随着时间的推移或自变量的变化呈现出比较缓慢而长期的持续上升、下降或停滞的同向变动趋势。这种变动的幅度可能不一样。

**周期性**:某个因素由于外部影响,在自然季节的交替过程中呈现出高峰和低谷的规律性变动。

**随机性**：个别因素可能呈现出随机变动的特点，但整体变动会表现出某种统计规律。

**综合性**：实际变化情况可能是多种变动的叠加或组合。在进行预测时，需要尝试过滤掉不规则的变动，突出趋势性和周期性变动的特征，以提高预测的准确性和可靠性。

因此，通过对时间序列数据的变动进行分类和分析，我们可以更好地理解这些因素的影响规律和趋势，为未来的预测和决策提供参考。

随机性和平稳性是时间序列分析中的两个核心概念，它们是时间序列建模、分析与预测的前提和基础。随机性识别是指通过对序列的残差进行分析，判断时间序列是否存在随机波动和不可预测成分。常见的方法包括观察图形、统计检验和随机性指标等。而平稳性识别则是指对时间序列进行平稳性检验，以确定其统计特征在时间上是否具有稳定性。常用方法包括观察图形、统计检验和平稳性指标等。正确识别随机性和平稳性可以有效地帮助我们了解时间序列的规律和性质，为选择合适的模型和方法提供依据，从而更加准确地预测和分析时间序列。

(1)随机性识别

系统的动态变化往往呈现两种特征：一种是与时间存在特定函数关系的变化过程，可以通过确定性的模型拟合、预测，即确定型时间序列；另一种则是由很多偶然因素共同作用的，无法通过确定函数关系描述，但可以通过概率统计方法反映其统计规律的随机性波动，这种过程也称随机过程。

随机型时间序列一般用一组随机变量$\{X_t, t \in T\}$表示，其中$T$为指标集，表示所处的时间。随机型时间序列可以通过以下数字特征描述：

均值函数：$\mu(X_t) = E(X_t)$

方差函数：$\mathrm{var}(X_t) = E\,[X_t - \mu(X_t)]^2$

自协方差函数：$\gamma(X_t, X_s) = E\,[X_t - \mu(X_t)]\,[X_s - \mu(X_s)]$

自相关函数：$\rho(X_t, X_s) = \dfrac{\gamma(X_t, X_s)}{\sqrt{\mathrm{var}(X_t)\,\mathrm{var}(X_s)}}$

其中，方差与协方差满足关系$\mathrm{var}(X_t) = \gamma(X_t, X_t)$，自相关函数满足

$$\rho(X_t, X_t) = \frac{\gamma(X_t, X_t)}{\sqrt{\mathrm{var}(X_t)\,\mathrm{var}(X_t)}} = 1$$

相应地，时间序列预测方法也分为两类：确定型时间序列预测方法与随机型时间序列预测方法。前者基于时间序列的分解方法，将时间序列的不同成分表示出来；后者则需要利用随机理论与数理统计的相关方法进行预测。

(2)平稳性识别

时间序列还可以根据其平稳性分为平稳时间序列与非平稳时间序列。平稳性就是要求经由样本时间序列所得到的拟合曲线在未来的一段时间内仍能顺着现有的形态“惯性”地延续下去。如果数据非平稳,则说明样本拟合曲线的形态不具有“惯性”延续的特点,也就是基于未来将要获得的样本时间序列所拟合出来的曲线将迥异于当前的样本拟合曲线。

2)时间序列的构成要素

时间序列数据反映了随机变量随时间推移的变化趋势,因此时间序列预测的核心是从数据中挖掘规律以估计未来。时间序列预测方法包括以下构成要素:长期趋势、季节变动、循环变动和不规则变动。对时间序列数据进行分析,可以识别出这些要素的影响,从而提高预测的准确性和可靠性。在实际应用中,我们需要选择适合的模型来处理这些要素,以实现更好的预测效果。

(1)长期趋势(Trend)

长期趋势序列是指时间序列数据在较长时间范围内显示的总体变化趋势。这种趋势可以是持续的增长或下降,也可以是相对稳定的水平。通过对时间序列数据进行统计分析和可视化,可以揭示和分析长期趋势序列。它反映了影响时间序列的基本因素。长期趋势可以呈现多种特征,包括持续上升、持续下降、保持水平、线性变动和非线性变动等。

在时间序列分析中,识别和分析长期趋势序列对于了解数据的整体变化趋势和未来预测具有重要意义。它可以帮助我们理解数据的长期增长或下降趋势,并作出相应的决策和预测。

(2)季节变动(Seasonal Fluctuation)

季节变动是指时间序列在一年或少于一年的时间范围内呈现周期性(有规律的)起伏波动。在时间序列分析中,对季节变动进行分析对于理解数据的周期性变化、预测季节性需求、进行短期预测和生产规划以及制定相应策略非常重要。季节变动的因素可以是自然条件的变化,也可以是与季节相关的行为习惯、人类活动、制度要求、风俗习惯等。实际上,季节变动中“季节”的概念是广义的,大部分现象在短时间内的周期性波动都可以归因于季节变动。受季节性因素影响的现象非常多样,例如农产品采购、冰激凌销售、服装销售和旅游活动等。研究现象在一年内的季节变动规律,至少需要 3 个周期的数据,并且数据应以月度或季度为单位进行编制,以年度为单位的时间序列数据不能用于观察季节变动。

(3)循环变动(Cyclical Fluctuation)

循环变动是指时间序列在较长周期内呈现出周期性波动的现象,其周期通常为数年。这种变动主要是围绕着长期趋势而产生的涨落交替、峰谷交替的波浪式变化。

与季节变动类似,循环变动也是围绕长期趋势发生的变动。它与长期趋势一样需要较长时间的观察才能显现,但循环变动不是单一方向的持续运动。相较于季节变动,循环变动的周期更长,而且周期长度与影响因素往往并不规律或直观。循环变动的周期长度是不固定的,可以是五年、十年甚至更长。循环变动的波动通常由经济周期、商业周期、投资周期等因素引起,其幅度和形态可能随时间推移而变化。

对于了解经济和市场的长期走势、周期性波动以及制定相应策略,循环变动的分析至关重要。它有助于识别周期性的高峰和低谷,预测经济景气水平的波动以及判断市场行情的周期性特征。在进行预测时,需要对循环变动进行识别和分析,以更好地理解未来的发展趋势和规律,并为决策提供参考。常用的循环分析方法包括周期图法、皮尔逊系数法等。

(4)不规则变动(Irregular Variations)

不规则变动是指时间序列数据中不受长期趋势、季节变动和循环变动影响的随机或无法预测的波动。它是时间序列去除前三类变动后剩余的因素,是不规律的变动。不规则变动可以分为两类:随机扰动和异常变动。随机扰动是指众多随机而不可预测的因素对时间序列趋势产生影响的结果,并且长期以来这种影响可以相互抵消。异常变动则是由于偶然因素和突发事件,对时间序列产生不可抵消的巨大波动。偶发因素包括自然灾害、战争、流行病、政治事件等。不规则变动通常是不可预测的、不可重复的,并在短时期内对时间序列产生影响。

3)时间序列分解的模型

时间序列的四种成分——长期趋势($T$)、季节变动($S$)、循环变动($C$)、不规则变动($I$)以不同的相互关系形式作用于时间序列,就构成了时间序列分解的多种模型,主要包括以下两类。

(1)乘法模型

乘法模型的表现形式为

$$Y_t = T_t \times S_t \times C_t \times I_t$$

乘法模型认为,四种因素影响的作用相互联系。对乘法模型的分解通过除法实现,例如 $Y_t/S_t$ 表示时间序列的季节因素被消除。

(2)加法模型

加法模型的表现形式为

$$Y_t = T_t + S_t + C_t + I_t$$

加法模型认为,四种因素的影响相互独立。

实际分析时,乘法模型的应用更广泛。本书提供的分析方法都以乘法模型为基础。

**3.使用场景**

时间序列分析是一种统计学方法,用于研究时间数据的统计属性和随时间变化的规律,并基于这些规律进行预测和决策。它已在各个领域得到广泛应用,可以帮助人们更好地理解和利用时间变化的数据。以下详细描述了时间序列分析的使用场景。

1)经济领域

(1)经济预测:时间序列分析可以应用于经济数据,如国内生产总值、通货膨胀、利率等,通过建立模型来预测经济的未来走势,帮助政府、企业和投资者作出决策。

(2)金融市场:时间序列分析可以对股票、债券、外汇等金融资产的价格、波动率等进行建模和预测,帮助投资者制定交易策略和风险管理策略。

(3)货币政策:时间序列分析可以用于评估货币政策的效果,分析利率、汇率等变量与经济指标的关系,为制定货币政策提供参考。

2)工业领域

(1)生产计划:时间序列分析可以对生产数据进行建模和预测,帮助企业优化生产计划,减少库存和运输成本,并提高交付及时性。

(2)客户需求:时间序列分析可以预测销售量、需求趋势等,支持企业进行销售预测、库存管理和供应链优化,提高满足客户需求的能力。

(3)质量控制:时间序列分析可以监测生产过程中的质量数据,检测异常和趋势,帮助企业实施质量改进措施,提高产品质量和一致性。

3)社会科学领域

(1)人口统计:时间序列分析可以用于人口统计数据的建模和预测,如人口增长、迁移等,为政府规划社会政策、资源分配提供依据。

(2)社会趋势:时间序列分析可以研究社会行为和趋势的变化,如犯罪率、教育水平等,帮助决策者评估政策措施的有效性和社会影响。

4)自然科学领域

(1)气候预测:时间序列分析可以对气象数据(如温度、降水量等)进行建模和预测，帮助气象学家和农民作出决策，实施合理的农业生产和水资源管理。

(2)地震研究：时间序列分析可以用于地震数据的处理和分析，探索地震活动的规律和趋势，提供地震预警和风险评估。

(3)生态学研究：时间序列分析可以对生态数据进行建模和预测，如物种数量、动态变化等，帮助生态学家了解生态系统的演替和变化。

5)医疗健康领域

(1)疾病预测：时间序列分析可以应用于疾病流行趋势的建模和预测，如流感、传染病等，为公共卫生决策提供支持。

(2)医疗资源规划：时间序列分析可以分析医疗健康领域中的时间数据，如患者就诊量、医疗资源利用率等，帮助医院和政府规划医疗资源和服务，提高医疗效率和质量。

(3)病例管理：时间序列分析可以对患者的病历数据进行建模和分析，研究疾病的发展和治疗效果，为临床医生提供帮助和指导。

**4.方法步骤**

时间序列预测法的步骤如下：

**第一步**：收集历史数据并编制时间序列，然后根据这些数据绘制统计图。

**第二步**：对时间序列进行分析。每个时期的数值都受到多种不同因素的影响，需要对这些因素进行详细的分析和研究。

**第三步**：确定时间序列的长期趋势、季节变动和不规则变动的分量，并选择适用的数学模型进行拟合。使用合适的技术方法估计数学模型中的未知参数。

**第四步**：根据得到的长期趋势、季节变动和不规则变动的数学模型，进行未来时间序列分量的预测。使用加法模型或乘法模型计算未来时间序列的预测值。

**第五步**：对预测结果进行评估，包括计算预测误差、确定预测准确度等。

**第六步**：将预测结果应用于决策制定或策略制定。

如果难以预测不规则变动值，那么只能预测长期趋势和季节变动的值。在这种情况下，可以通过相乘或相加预测得到时间序列的预测值。如果经济现象本身没有季节变动，或者不需要对分季度和分月度的数据进行预测，那么长期趋势的预测值就是时间序列的预测值，即 $Y=T$。需要注意的是，这个预测值仅反映未来的发展趋势，实际值可能在该趋势线上下波动。

接下来将具体分析确定型与随机型时间序列的预测方法步骤。

1)确定型时间序列的预测方法

确定型时间序列的预测方法是根据过去一段时间的数据模式和趋势来预

测未来时间点的值。图 9.4 展现了确定型时间序列分析梳理步骤。

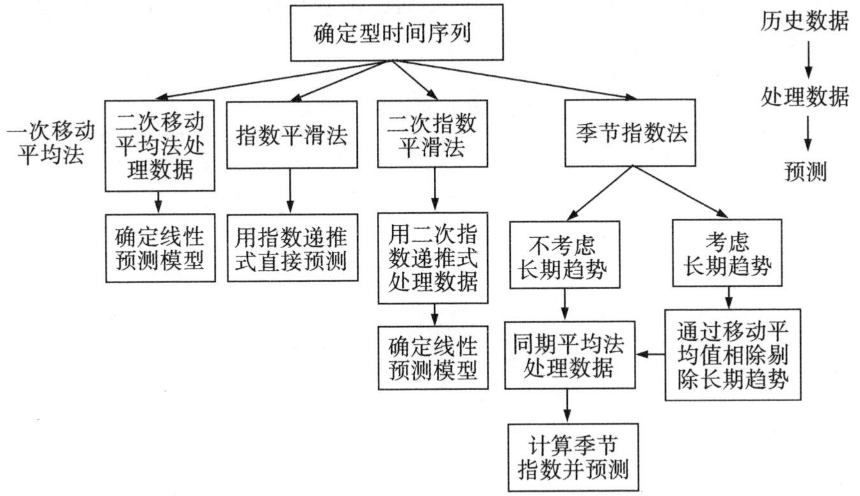


图 9.4　确定型时间序列分析梳理

(1)移动平均法

移动平均法是一种基于时间序列进行预测的方法,通过计算连续时间段内的数据的平均值来预测未来的趋势,是常用于平稳时间序列预测的方法。对于非平稳时间序列,可以进行差分或对数转换等预处理方式,再应用移动平均法。

移动平均法的基本假设是:未来的趋势与过去的趋势相似。该方法基于过去的数据,计算出一组平均值,并将这些平均值作为未来时间序列的预测值。通过不断更新数据,调整和改进预测值,从而更准确地捕捉序列的变化趋势和周期性变动的特征。移动平均法有多种形式,如简单移动平均法、加权移动平均法等。选择合适的移动平均模型需要综合考虑数据的特点以及预测的目标和要求。

在移动平均法中,简单移动平均法是一种常见且简便的方法。它将指定时间段内数据的算术平均值作为预测值,每个数据的权重都相等。这种方法适用于数据波动范围较小且无明显趋势和季节性的时间序列预测。下面对这种方法进行详细介绍。

假设移动间隔为 $K$,则时间序列在 $n(1<K<n)$时的移动平均值为

$$\overline{M}_n=\frac{Y_{n-K+1}+Y_{n-K+2}+\cdots+Y_n}{K}$$

则可以以此为下一期的预测值。

以表 9.2 给出的我国 1990～2000 年居民消费价格指数为例，分别求解 3 期移动平均预测值与 4 期移动平均预测值。

**表 9.2　移动平均法计算表**　　（单位：%）

| 年份 | 居民消费价格指数 | 3 期移动平均预测值 | 4 期移动平均预测值 |
|---|---|---|---|
| 1990 | 103.1 | — | — |
| 1991 | 103.4 | — | — |
| 1992 | 106.4 | — | — |
| 1993 | 114.7 | 104.3 | — |
| 1994 | 124.1 | 108.2 | 106.9 |
| 1995 | 117.1 | 115.1 | 112.2 |
| 1996 | 108.3 | 118.6 | 115.6 |
| 1997 | 102.8 | 116.5 | 116.1 |
| 1998 | 99.2 | 109.4 | 113.1 |
| 1999 | 98.6 | 103.4 | 106.9 |
| 2000 | 100.4 | 100.2 | 102.2 |
| 2001 | — | 99.4 | 100.3 |

将以上求得的移动平均结果作为预测结果，就可以得到预测结果的序列，并得到对未知数据的预测（如 2001 年居民消费价格指数为 99.4），作出移动平均后时间序列的线图，如图 9.5 所示。不难发现，移动平均的效果就是对原始时间序列进行平滑、修匀，从而观察其发展趋势。移动平均的另一特点就是会丢失部分原始数据。此外，因为移动平均值包含前几期的数据，移动平均法得到的预测值具有滞后性。

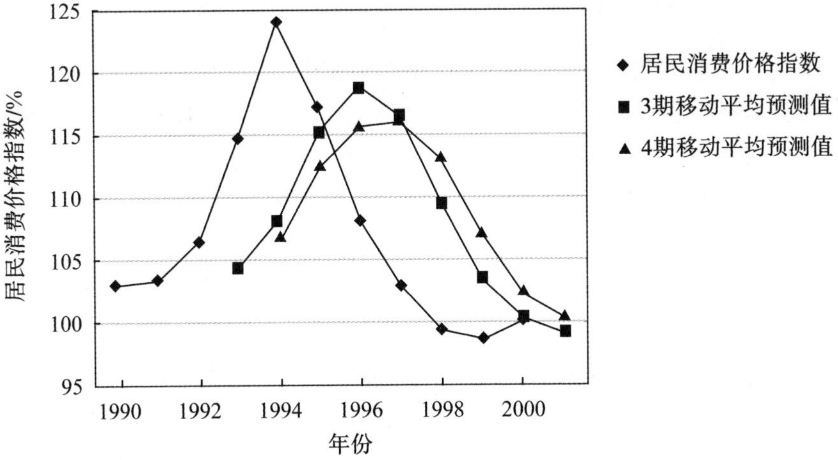


图 9.5 移动平均预测值

由于移动平均数产生的误差会逐期积累,因而一次移动平均法一般只应用于一个时期后的预测,如利用 4 期移动平均预测求 2001～2004 年居民消费价格指数的可能值,得到的数据与实际值的误差递增,如表 9.3 所示。

**表 9.3 计算误差** (单位:%)

| 年份 | 居民消费价格指数 | 预测值 | 实际值 | 误差 |
|---|---|---|---|---|
| 1997 | 102.8 | — | — | — |
| 1998 | 99.2 | — | — | — |
| 1999 | 98.6 | — | — | — |
| 2000 | 100.4 | — | — | — |
| 2001 | 100.3 | 100.3 | 100.7 | 0.4 |
| 2002 | 99.6 | 99.6 | 99.2 | 0.4 |
| 2003 | 99.7 | 99.7 | 101.2 | 1.5 |
| 2004 | 100.0 | 100.0 | 103.9 | 3.9 |

一次移动平均法的缺点就是,如果平均的期数较多,则对时间序列数据变化趋势的反映敏感度较低,模型适应性一般,且可预测的时期局限性更大。

二次移动平均法则可以减少上述缺点对预测准确度的影响。时间序列的二次移动平均公式为:

$$\overline{M_n^{(2)}}=\frac{\overline{M_{n-K+1}}+\overline{M_{n-K+2}}+\cdots+\overline{M_n}}{K}$$

一次移动平均得到的结果往往存在滞后偏差，从而使预测结果存在偏离。而二次移动平均法可以纠正这种偏差，不仅适用于平稳时间序列，也适用于呈线性变化的时间序列。

在线性序列中，每进行一次移动平均，新数据相比原数据会产生一定滞后性，而每次移动平均产生的滞后性，可以大致认为是相同的。基于以上论述，将二次移动平均值与一次移动平均值的滞后距离累加到一次移动平均值上，就可以有效消除之后的偏差，得到更准确的预测值。

假设线性预测模型为$\widehat{Y_{T+t}}=a_t+b_tT$，通过移动平滑值来确定模型的系数：

$$\begin{cases}a_t=\overline{M_t^{(1)}}+\left(\overline{M_t^{(1)}}-\overline{M_t^{(2)}}\right)\\ b_t=\dfrac{2}{n-1}\left(\overline{M_t^{(1)}}-\overline{M_t^{(2)}}\right)\end{cases}$$

由此可见，二次移动平均值在系数中发挥了消除滞后的作用。注意到，系数 $a_t$ 与 $b_t$ 在观测期是可变的，而在预测期是固定值。

表 9.4 为某产品年产量随时间变化的数据表，通过二次移动平均法建立线性预测模型，计算结果如表 9.5 所示。

**表 9.4 产品产量数据**

| 年份 | 1988 | 1989 | 1990 | 1991 | 1992 | 1993 | 1994 |
|---|---|---|---|---|---|---|---|
| 产量 | 10.59 | 17.67 | 17.07 | 17.21 | 18.24 | 18.84 | 17.62 |
| 年份 | 1995 | 1996 | 1997 | 1998 | 1999 | 2000 | 2001 |
| 产量 | 19.21 | 18.44 | 17.62 | 19.21 | 18.44 | 20.85 | 25.22 |

**表 9.5 计算结果**

| 年份 | 产量 | 3 期移动平均 | 3 期二次移动平均 | $a_t$ | $b_t$ | 预测值 |
|---|---|---|---|---|---|---|
| 1988(1) | 10.59 | | | | | |
| 1989(2) | 17.67 | | | | | |
| 1990(3) | 17.07 | 15.11 | | | | |
| 1991(4) | 17.21 | 17.32 | | | | |
| 1992(5) | 18.24 | 17.51 | 16.65 | 18.37 | 0.86 | |
| 1993(6) | 18.84 | 18.10 | 17.64 | 18.56 | 0.46 | 19.23 |

续表

| 年份 | 产量 | 3期移动平均 | 3期二次移动平均 | $a_t$ | $b_t$ | 预测值 |
|---|---|---|---|---|---|---|
| 1994(7) | 17.62 | 18.23 | 17.95 | 18.51 | 0.28 | 19.02 |
| 1995(8) | 19.21 | 18.56 | 18.30 | 18.82 | 0.26 | 18.79 |
| 1996(9) | 18.44 | 18.42 | 18.40 | 18.44 | 0.02 | 19.08 |
| 1997(10) | 20.85 | 19.50 | 18.83 | 20.17 | 0.67 | 18.46 |
| 1998(11) | 25.22 | 21.50 | 19.81 | 23.19 | 1.69 | 20.84 |
| 1999(12) | 29.24 | 25.10 | 22.03 | 28.17 | 3.07 | 24.88 |
| 2000(13) | 32.99 | 29.15 | 25.25 | 33.05 | 3.9 | 31.24 |
| 2001(14) | 35.11 | 32.45 | 28.90 | 36.00 | 3.55 | 36.95 |
| 2002(15) | | | | | | 39.55 |
| 2003(16) | | | | | | 43.10 |

作出二次移动平均法所得预测值与真实值的对比线图,如图 9.6 所示。

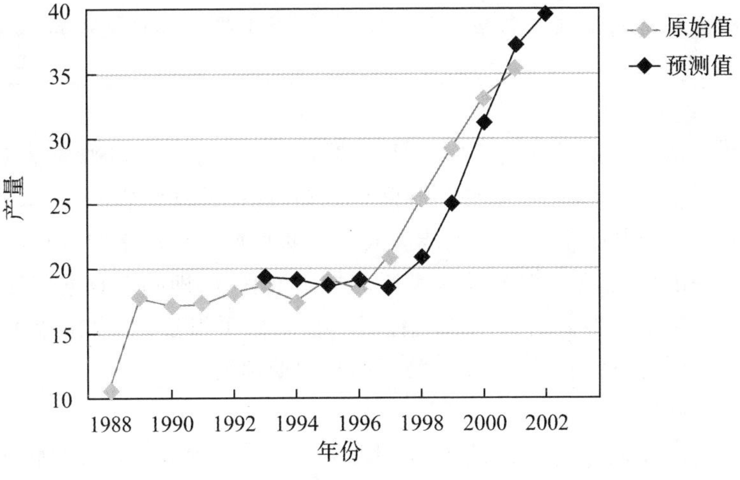


图 9.6　二次移动平均预测值与真实值的对比

移动平均法虽然具有计算简单、能够平滑数据中的随机波动,较好地反映数据的趋势等显著优点,但在计算时只考虑与预测值临近的 $K$ 个数据,忽略了之前的全部数据,同时简单的移动平均法并未考虑各期数据影响预测期数据作用的权重,这正是其局限性所在。因此,在实际经济和管理活动中,我们需要将各期观测值按照时间顺序进行权重分配,并递推求取此后各期数据,以反映系统全过程的信息。

实际应用中,可根据时间序列特点和预测需求调整和改进移动平均法,如采用加权移动平均法赋予不同时间点不同的权重,以更好地反映最近观测值的重要性,同时还可以结合指数平滑法或季节性调整提高预测精度。

加权移动平均法是一种基于时间序列的预测方法,其计算过程类似于简单移动平均法,但在计算时赋予不同时间点的数据以不同的权重。通常情况下,权重向量越靠近当前时间点则权重越大,离当前时间点越远的权重则逐渐减小。通过调整不同时间点的权重,我们可以更准确地反映数据的趋势和周期性变动。

假设要预测某公司未来一个季度的销售量,已知过去 4 个季度的销售量数据为{100, 120, 150, 130},我们可以利用加权移动平均法来进行预测。设权重向量为 $\boldsymbol{w}=(0.1, 0.2, 0.3, 0.4)$,则

预测值$=(0.1\times 100)+(0.2\times 120)+(0.3\times 150)+(0.4\times 130)=131$

需要注意的是,权重向量的选择会影响预测结果的准确性。常见的权重向量有两种,分别是对称权重向量和非对称权重向量。对称权重向量是指在权重分配上采用对称的形式,即当前时间点的权重最大,往前和往后的权重逐渐减小。非对称权重向量则不遵循对称的原则,而是根据实际情况确定每个时间点的权重。

(2)指数平滑法

指数平滑法通过对时间序列各时期进行加权平均,突出历史数据和近期数据在预测值上的不同比重,从而消除随机波动、周期波动的影响,提取时间序列的发展趋势。指数平滑法是一种能够兼顾全期平均和移动平均所长的方法,即不舍弃过去的数据,但是仅给予逐渐减弱的影响程度,即随着数据的远离,赋予逐渐收敛为零的权数。指数平滑法包括一次指数平滑法、二次指数平滑法、高次指数平滑法等,适用于时间序列的短期与中期预测。

①一次指数平滑法

对于时间序列$\{Y_n\}$,设其指数平滑序列为$\{S_n\}$,则一次指数平滑的平滑值可写为:

$$S_t^{(1)}=\alpha Y_t+\alpha(1-\alpha)Y_{t-1}+\alpha(1-\alpha)^2Y_{t-2}+\cdots$$

即第 $t$ 期的指数平滑值为前 $t$ 期时序数据的加权平均,$\alpha$ 为平滑系数,权系数关于 $\alpha$ 呈指数递减,这也是指数平滑法名称的来源,同时体现指数平滑法"厚今薄古",对历史数据和近期数据影响切合实际的处理方式。

指数平滑法也可以改写为递推式,由于

$$S_{t-1}^{(1)}=\alpha Y_{t-1}+\alpha(1-\alpha)Y_{t-2}+\alpha(1-\alpha)^2Y_{t-3}+\cdots$$

故

$$S_t^{(1)}=\alpha Y_t+(1-\alpha)S_{t-1}^{(1)}$$

因此，指数平滑法的预测值序列$\left\{\widehat{Y_n}\right\}$的各项为：

$$\widehat{Y_n}=S_{t-1}^{(1)}=(1-\alpha)\widehat{Y_{t-1}}+\alpha Y_t$$

指数平滑法模型的可调整范围与适应性很大。对 $\alpha$ 系数的选择方式不同，所构建的模型也将代表不同的含义。通过上述对指数平滑预测的推导，我们给出 $\alpha$ 在不同需求下的选择原则。

首先，由指数平滑公式可以看出，如果 $\alpha$ 趋近于 1，则时间序列往期数据的系数$\alpha(1-\alpha)^i$非常接近 0，说明历史观测值提供的信息很少；反之则说明历史数据仍对预测起一定作用。其次，式中 $\alpha$ 的含义相当于当期预测数据的调整，如果$\alpha$ 趋近于 0，说明误差(调整)项占比很小，更为重视原始信息的保留；反之则说明误差(调整)项占比较大，整个模型的平滑作用更大。$\alpha$ 的作用如表 9.6 所示。

**表 9.6　系数 α 的作用**

| 取值 | 作用 |
|---|---|
| 小 | 保留原始信息 |
| 大 | 倚重近期数据 |

由此，给出选择 $\alpha$ 的几点准则：

a.如果预测误差发展趋势稳定，属于随机因素造成的误差，修正幅度不能过大，因此应选择较小的 $\alpha$，从而保留数据的原始信息。

b.如果预测误差是系统性的误差，则需要使模型表达出预测目标的变化情况，因此应选择较大的 $\alpha$，使预测序列更接近原始序列。

c.根据对原始资料依赖的需要程度，可以不断调节 $\alpha$，选择最适合的 $\alpha$。

以居民消费价格指数为例，计算 $\alpha=0.1$ 与 $\alpha=0.9$ 时的预测值(见表 9.7 和图 9.7)。

**表 9.7　指数平滑算例**　　(单位：%)

| 年份 | 居民消费价格指数 | $\alpha=0.1$ | $\alpha=0.9$ |
|---|---|---|---|
| 1990 | 103.1 | | |
| 1991 | 103.4 | 103.1 | 103.1 |
| 1992 | 106.4 | 103.1 | 103.4 |

续表

| 年份 | 居民消费价格指数 | $\alpha=0.1$ | $\alpha=0.9$ |
|---|---|---|---|
| 1993 | 114.7 | 103.5 | 106.1 |
| 1994 | 124.1 | 104.6 | 113.8 |
| 1995 | 117.1 | 106.5 | 123.1 |
| 1996 | 108.3 | 107.6 | 117.7 |
| 1997 | 102.8 | 107.7 | 109.2 |
| 1998 | 99.2 | 107.2 | 103.4 |
| 1999 | 98.6 | 106.4 | 99.6 |
| 2000 | 100.4 | 105.6 | 98.7 |
| 2001 | | 105.1 | 100.2 |

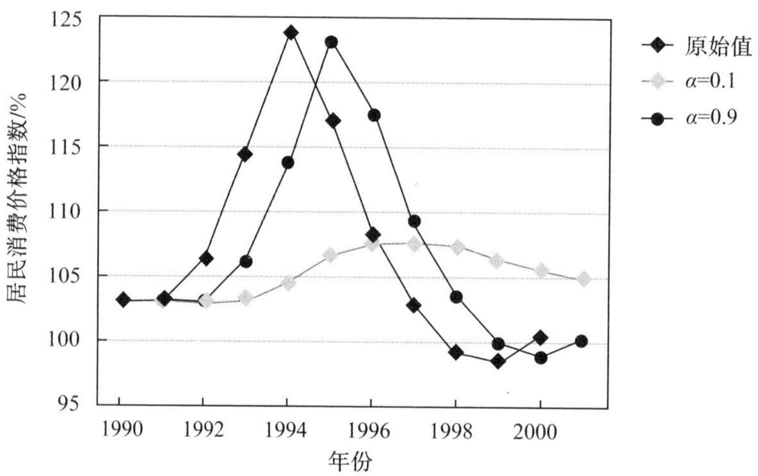


图 9.7　指数平滑预测值

结合表 9.7 与图 9.7 的信息，我们可以直观地认识指数平滑法对原始数据的作用，即为修匀平整或信息保留。

在指数平滑法中，平滑参数 $\alpha$ 的选择对预测结果具有重要影响。较小的 $\alpha$ 值会减小过去观测值对预测的影响，使模型更快地适应新的观测值；而较大的 $\alpha$ 值会增加过去观测值对预测的影响，使模型更加稳定。选择适当的 $\alpha$ 值需要根据具体情况进行调整和优化。

指数平滑法具有简单易懂、计算方便的优点，能够较好地捕捉数据的趋势，并能适应数据的变化。然而，它也存在一些局限性。例如，对于具有明显季节性或非线性趋势的数据，指数平滑法可能无法进行准确的预测。

在实际应用中，我们可以根据时间序列数据的特点和预测需求对指数平滑法进行改进和调整。例如，可以采用二次指数平滑法或三次指数平滑法来考虑数据的趋势变化和季节性影响。此外，还可以结合其他预测方法，如移动平均法或季节性调整方法，以提高预测的精确度并适应不同类型的时间序列数据。

②二次指数平滑法

虽然一次指数平滑法可以弥补移动平均方法的一些不足，但当预测变量存在趋势变化时其预测适应度也是有限的。如果预测变量呈线性趋势，二次指数平滑法则可以解决这一问题。此外，二次指数平滑法使用过程中暂存的数据量小，计算也较为方便。

二次指数平滑值的计算方法为

$$S_t^{(2)}=\alpha S_t^{(1)}+(1-\alpha)S_{t-1}^{(2)}$$

二次指数平滑法与二次移动平均法基本类似。设预测模型为$\widehat{Y_{T+t}}=a_t+b_tT$，则可以得到参数为

$$\begin{cases}a_t=S_t^{(1)}+(S_t^{(1)}-S_t^{(2)})\\ b_t=\dfrac{\alpha}{1-\alpha}(S_t^{(1)}-S_t^{(2)})\end{cases}$$

以前文的产品产量为例，进行二次指数平滑的计算，取$\alpha=0.3$，计算结果如表9.8所示，原始值与二次指数平滑预测值对比如图9.8所示。

**表9.8 二次指数平滑计算**

| 年份 | 产量 | 一次指数平滑 | 二次指数平滑 | $a_t$ | $b_t$ | 预测值 |
|---|---|---|---|---|---|---|
| 1988(1) | 10.59 | 10.59 | 10.59 | 10.59 | 0 | |
| 1989(2) | 17.67 | 15.55 | 12.08 | 19.02 | 1.49 | 10.59 |
| 1990(3) | 17.07 | 16.01 | 13.26 | 18.76 | 1.18 | 20.51 |
| 1991(4) | 17.21 | 16.37 | 14.19 | 18.55 | 0.93 | 19.94 |
| 1992(5) | 18.24 | 16.93 | 15.01 | 18.85 | 0.82 | 19.48 |
| 1993(6) | 18.84 | 17.50 | 15.76 | 19.24 | 0.75 | 19.67 |
| 1994(7) | 17.62 | 17.54 | 16.30 | 18.78 | 0.53 | 19.99 |
| 1995(8) | 19.21 | 18.04 | 16.82 | 19.26 | 0.52 | 19.31 |

续表

| 年份 | 产量 | 一次指数平滑 | 二次指数平滑 | $a_t$ | $b_t$ | 预测值 |
|---|---|---|---|---|---|---|
| 1996(9) | 18.44 | 18.16 | 17.22 | 19.10 | 0.40 | 19.78 |
| 1997(10) | 20.85 | 18.97 | 17.75 | 20.19 | 0.52 | 19.5 |
| 1998(11) | 25.22 | 20.84 | 18.68 | 23.00 | 0.93 | 20.71 |
| 1999(12) | 29.24 | 23.36 | 20.10 | 26.62 | 1.40 | 23.93 |
| 2000(13) | 32.99 | 26.25 | 21.95 | 30.55 | 1.84 | 28.02 |
| 2001(14) | 35.11 | 28.91 | 24.03 | 33.79 | 2.09 | 32.39 |
| 2002(15) | | | | | | 35.88 |
| 2003(16) | | | | | | 38.87 |

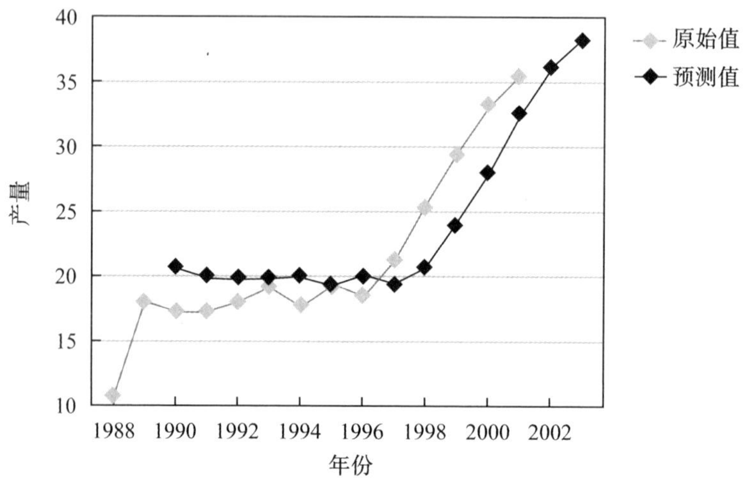


图 9.8　二次指数平滑预测值

二次指数平滑法相较于简单的一次指数平滑法，能够更好地捕捉数据的趋势变化，因为它引入了趋势系数 $\beta$ 来调整预测的趋势部分。通过调整 $\alpha$ 和 $\beta$ 的取值，我们可以灵活地控制平滑的程度和对趋势的适应能力。然而，二次指数平滑法在处理具有季节性的数据时效果较差，因为它没有考虑季节性影响。为了解决这个问题，我们可以使用季节性指数平滑法或其他适合的方法进行预测。

实际应用中，选对平滑参数和初始值至关重要。需根据历史数据和预测需求调整参数、优化模型，以提升预测准确性。这要求对数据深入分析、明确预测需求。系统地调整参数和优化模型可改善预测精度,适应不同时间序列数据。

(3)季节指数法

前文提到,生产生活中存在大量现象,如农产品的生产与加工、解暑产品销售等,呈季节性变动。分析这类现象需分解季节指数,以预测旺季、淡季及其发展水平。

分解季节指数的方法按现象是否包含长期趋势分为两大类。如果现象不包含长期趋势,则可以直接对季节指数进行分析;如果现象包含长期趋势,则需要先剔除长期趋势,再分解季节指数。

①不考虑长期趋势的同期平均法

同期平均法的思想是,将原始时序数据按季度排列在一起,计算同期(季)平均数与全部数据的总平均数,并通过比值计算季节指数,从而分析时间序列由季节成分产生的影响。

例:某商店 2019～2021 年四季度产品的销售额如表 9.9 所示,数据折线如图 9.9 所示,对产品销售额的季节变动进行分析。

**表 9.9 商店销售额数据** (单位:个)

| 年份 | 第一季度 | 第二季度 | 第三季度 | 第四季度 |
|---|---|---|---|---|
| 2019 | 210 | 393 | 323 | 199 |
| 2020 | 232 | 362 | 344 | 242 |
| 2021 | 194 | 341 | 318 | 210 |

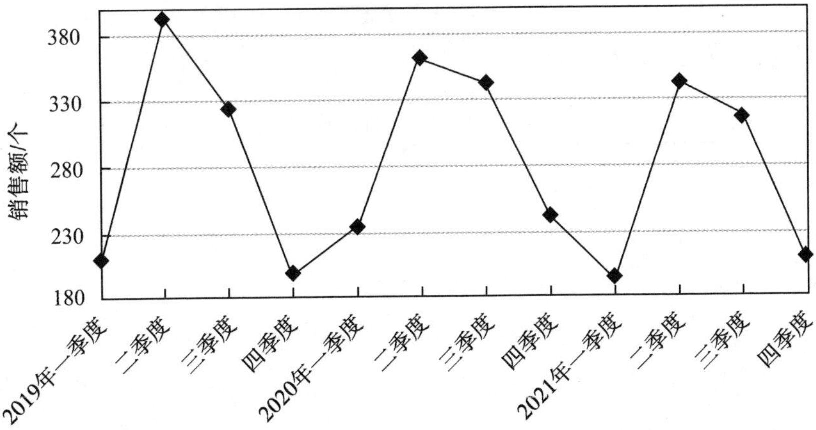


图 9.9 原始序列

先求该产品销售额的年总平均数：

$$\overline{x}=\frac{210+393+\cdots+210}{12}=280.67$$

再求该产品四个季度的同期平均数：

$$\overline{x}_1=\frac{210+232+194}{3}=212.00$$

$$\overline{x}_2=365.33$$

$$\overline{x}_3=331.00$$

$$\overline{x}_4=217.00$$

计算时间序列的季节指数：

$$s_1=\frac{\overline{x}_1}{\overline{x}}=0.755, s_2=1.302, s_3=1.179, s_4=0.773$$

季节指数一般满足：$\sum_i s_i=4$(或其他季节数)。如果数据不完整或舍入误差等问题导致季节指数和不等于季节数,则需要通过以下方法调整：

$$s_i'=\frac{s_i}{\sum_i s_i}$$

②考虑长期趋势的循环剔除法

同期平均法虽然可以表示季节变动的幅度,但忽略了现象的长期趋势对平均水平造成的影响。因此需要考虑先剔除长期趋势,再计算季节指数的循环剔除法。

例:假设某商店 2017～2021 年四季度产品的销售额如表 9.10 所示,对产品销售额的季节变动进行分析。

**表 9.10　商店销售额数据**　（单位:个）

| 年份 | 第一季度 | 第二季度 | 第三季度 | 第四季度 |
|---|---|---|---|---|
| 2017 | 193 | 371 | 323 | 199 |
| 2018 | 232 | 442 | 400 | 242 |
| 2019 | 346 | 521 | 474 | 331 |
| 2020 | 408 | 589 | 543 | 397 |
| 2021 | 467 | 676 | 620 | 433 |

先计算各期的 4 项移动平均值,并通过前后相除剔除长期趋势和循环变动等成分,计算结果如表 9.11 所示。

表 9.11 计算移动平均值

| 季度 | 产品销售额/个 | 中心化 4 期移动平均值 | 季节指数 |
|---|---|---|---|
| 1 | 193 | — | — |
| 2 | 371 | — | — |
| 3 | 323 | 276.38 | 1.17 |
| 4 | 199 | 290.13 | 0.69 |
| 1 | 232 | 308.63 | 0.75 |
| 2 | 442 | 323.63 | 1.37 |
| 3 | 400 | 343.25 | 1.17 |
| 4 | 242 | 367.38 | 0.66 |
| 1 | 346 | 386.5 | 0.90 |
| 2 | 521 | 406.88 | 1.28 |
| 3 | 474 | 425.75 | 1.11 |
| 4 | 331 | 442 | 0.75 |
| 1 | 408 | 459.13 | 0.89 |
| 2 | 589 | 476 | 1.24 |
| 3 | 543 | 491.63 | 1.10 |
| 4 | 397 | 509.88 | 0.78 |
| 1 | 467 | 530.38 | 0.88 |
| 2 | 676 | 544.5 | 1.24 |
| 3 | 620 | — | — |
| 4 | 433 | — | — |

将其置入季节指数的运算表格中，计算结果如表 9.12、图 9.10 所示。

表 9.12 季节指数运算结果

| 年份 | 1 | 2 | 3 | 4 | 求和 |
|---|---|---|---|---|---|
| 2017 | — | — | 1.17 | 0.69 | — |
| 2018 | 0.75 | 1.37 | 1.17 | 0.66 | — |
| 2019 | 0.9 | 1.28 | 1.11 | 0.75 | — |

续表

| 年份 | 1 | 2 | 3 | 4 | 求和 |
|---|---|---|---|---|---|
| 2020 | 0.89 | 1.24 | 1.1 | 0.78 | — |
| 2021 | 0.88 | 1.24 | — | — | — |
| 同期平均 | 0.855 | 1.2825 | 1.1375 | 0.75 | 4.025 |
| 季节指数 | | (调整后) | | 4 | |

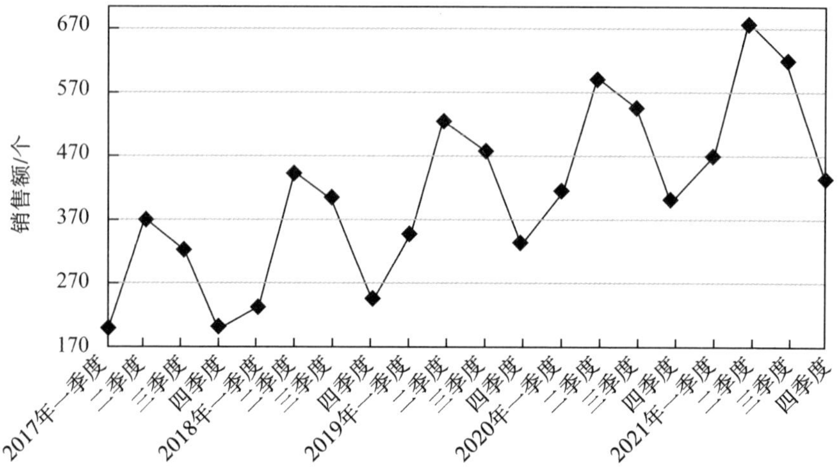


图 9.10　原始序列

2)随机型时间序列的预测方法

与确定型时间序列预测方法不同的是,随机型时间序列预测方法假设时间序列的未来观测值全部由随机过程生成,并通过建立统计模型来估计未来观测值的概率分布或点估计。

在进行时间序列分析时,了解一些基础知识对于理解和应用预测方法至关重要。在随机型时间序列的预测中,白噪声序列和滞后算子($L$)[或后移算子($B$)]是两个重要的概念。

(1)两个重要概念

①白噪声序列

白噪声的概念来自物理学,表示在一段时间内接收到的所有信号全部为噪声。因此,白噪声序列指的是一个无规律变化的随机变量序列,其在任何两个时点的随机变量都不相关(相互独立),序列中没有任何可以利用的动态规律,因此不能用历史数据对未来进行预测和推断。

如果一个序列与白噪声序列在统计特性上没有显著差异,则说明该序列具有随机性质,可能没有规律或趋势。

白噪声序列满足以下两条性质:

$$\text{a.} EX_t=\mu,\ \forall t\in T$$

$$\text{b.} \gamma(t,s)=\begin{cases}\sigma^2, t=s\\ 0, t\neq s\end{cases},\ \forall t,s\in T$$

即满足均值不随时间变化,且方差齐性和纯随机性。这些特性使白噪声序列成为一种非常特殊、基础的随机信号,在信号处理、概率论、统计学中有着非常广泛的应用。

②滞后算子($L$)或后移算子($B$)

在时间序列分析中,常常要对时间序列进行运算,滞后算子可以帮助我们实现这些操作。

将时间序列$\{X_t\}$在时间 $t$ 上的取值 $X_t$ 进行滞后运算,得到 $t-1$ 时刻的元素 $X_{t-1}$,这个算子我们记为 $L$,即

$$LX_t=X_{t-1}$$

进行两次滞后运算的结果为

$$L^2X_t=X_{t-2}$$

同理,进行 $k$ 次滞后运算的结果为

$$L^kX_t=X_{t-k}$$

(2)三大模型

在管理系统工程中,时间序列的预测是一项重要的任务,因为它可以帮助我们了解趋势、季节性和周期性等变化规律,并提供可靠的决策依据。随机型时间序列是一类常见的时间序列数据,其呈现出随机变化的特征,没有明显的趋势或周期性。为了对随机型时间序列进行准确的预测,接下来将介绍自回归(AR)模型、移动平均(MA)模型和自回归移动平均(ARMA)模型。

①自回归(AR)模型

自回归模型是一种常见的时间序列模型,即假定当前时刻的观测值与之前各时刻的观测值存在线性关系,即当前时刻的观测值可以由前 $p$ 个时刻的观测值线性组合得到。自回归模型的一般形式为

$$Y_n=\phi_0+\phi_1Y_{n-1}+\phi_2Y_{n-2}+\cdots+\phi_pY_{n-p}+\varepsilon_n$$

其中,$p$ 为模型的阶数;$\phi_0$为模型的常数项;$\phi_i$为模型参数;$Y_n$ 为因变量,$Y_{n-i}$

为自变量(此所谓自回归模型的"自回归");而 $\varepsilon_n$ 为白噪声序列,即满足均值为0、方差为 $\sigma^2$ 且相互独立的随机序列,表示模型的随机扰动项。满足 $E(Y_t\varepsilon_n)=0(t<n)$(随机扰动与当前数据无关)的上述序列即为自回归模型,通常记为 AR($p$)。自回归模型的常数项通过变换就可以得到常数项为0的中心化模型。

Ⅰ.自回归(AR)模型平稳性条件

通过引入后移算子 $B$,我们可以判断 AR 序列是否满足平稳性条件。假设 $B$ 满足

$$B^kY_n=Y_{n-k}\ (B^kC=C)$$

且记后移算子的特征多项式为 $\psi_p(B)=1-\phi_1B-\phi_2B^2-\cdots-\phi_pB^p$,则自回归模型可以写为 $\varepsilon_n=\psi_p(B)\cdot Y_n$。

定义 AR 模型的特征方程为 $\psi_p(\lambda)=0$,这是 $p$ 次多项式,因此有 $p$ 个特征根:$\lambda_1,\lambda_2,\cdots,\lambda_p$。若特征根全部落于单位圆之内,即 $|\lambda_i|<1(\forall i)$,则称 AR 模型为平稳的(或满足平稳性条件)。

Ⅱ.递归迭代求解模型

对于一般一阶差分方程,可直接递归迭代求解,而对于 $p$ 阶差分方程,首先写成矩阵形式:

$$\begin{pmatrix} y_t \\ y_{t-1} \\ y_{t-2} \\ \vdots \\ y_{t-p+1} \end{pmatrix}=\begin{pmatrix} \phi_1 & \phi_2 & \phi_3 & \cdots & \phi_{p-1} & \phi_p \\ 1 & 0 & 0 & \cdots & 0 & 0 \\ 0 & 1 & 0 & \cdots & 0 & 0 \\ \vdots & \vdots & \vdots & \cdots & \vdots & \vdots \\ 0 & 0 & 0 & \cdots & 1 & 0 \end{pmatrix}\begin{pmatrix} y_{t-1} \\ y_{t-2} \\ y_{t-3} \\ \vdots \\ y_{t-p} \end{pmatrix}+\begin{pmatrix} w_t \\ 0 \\ 0 \\ \vdots \\ 0 \end{pmatrix}$$

矩阵第一行即 $p$ 阶差分方程:$y_t=\phi_1y_{t-1}+\phi_2y_{t-2}+\cdots+\phi_py_{t-p}+w_t$,其余行则分别表示为 $y_{t-1}=y_{t-1}, y_{t-2}=y_{t-2},\cdots,y_{t-p+1}=y_{t-p+1}$。

写成一阶向量方程的形式为 $\boldsymbol{\xi}_t=\boldsymbol{F}\boldsymbol{\xi}_{t-1}+\boldsymbol{v}_t$,运用递归迭代法进行求解,得

$$\boldsymbol{\xi}_t=\boldsymbol{F}^{t+1}\boldsymbol{\xi}_{-1}+\boldsymbol{F}^t\boldsymbol{v}_0+\boldsymbol{F}^{t-1}\boldsymbol{v}_1+\boldsymbol{F}^{t-2}\boldsymbol{v}_2+\cdots+\boldsymbol{v}_t$$

矩阵形式即为

$$\begin{pmatrix} y_t \\ y_{t-1} \\ y_{t-2} \\ \vdots \\ y_{t-p+1} \end{pmatrix}=\boldsymbol{F}^{t+1}\begin{pmatrix} y_{-1} \\ y_{-2} \\ y_{-3} \\ \vdots \\ y_{-p} \end{pmatrix}+\boldsymbol{F}^t\begin{pmatrix} w_0 \\ 0 \\ 0 \\ \vdots \\ 0 \end{pmatrix}+\boldsymbol{F}^{t-1}\begin{pmatrix} w_1 \\ 0 \\ 0 \\ \vdots \\ 0 \end{pmatrix}+\boldsymbol{F}^1\begin{pmatrix} w_{t-1} \\ 0 \\ 0 \\ \vdots \\ 0 \end{pmatrix}+\begin{pmatrix} w_t \\ 0 \\ 0 \\ \vdots \\ 0 \end{pmatrix}$$

考虑等式左右矩阵的第一行，我们即可得到 $y_t$ 的解，其中 $f_{ij}^{(t)}$ 表示 $\boldsymbol{F}$ 矩阵的 $t$ 次方得到的新矩阵位于$(i,j)$处的元素：

$$y_t=f_{11}^{(t+1)}y_{-1}+f_{12}^{(t+1)}y_{-2}+\cdots+f_{1p}^{(t+1)}y_{-p}+f_{11}^{(t)}w_0+ f_{11}^{(t-1)}w_1+\cdots+f_{11}^{(1)}w_{t-1}+w_t$$

Ⅲ.动态乘子

方程中 $y_{-1},y_{-2},\cdots,y_{-p}$ 均为初始值，将 $w_t$ 的单位变动对 $y_{t+j}$ 的影响定义为动态乘子：

$$\frac{\partial y_{t+j}}{\partial w_t}=f_{11}^{(j)}$$

下面对此进行求解。如果矩阵 $\boldsymbol{F}$ 满秩，可以将其写成 $\boldsymbol{F}=\boldsymbol{T\Lambda T}^{-1}$，其中 $\boldsymbol{\Lambda}$ 是对角线元素为 $\boldsymbol{F}$ 矩阵特征值的对角阵。

由 $|\boldsymbol{F}-\lambda\boldsymbol{I}_p|=0$ 经过行列式运算可得到（注意此处的 $\lambda$ 是矩阵 $\boldsymbol{F}$ 的特征值，与前文滞后算子方程的特征值有关联，但不一样）

$$\lambda^p-\phi_1\lambda^{p-1}-\cdots-\phi_{p-1}\lambda-\phi_p=0$$

进一步，矩阵 $\boldsymbol{F}^j$ 可写为 $\boldsymbol{F}^j=\boldsymbol{T\Lambda}^j\boldsymbol{T}^{-1}$。

若特征根互不相同，可得到 $\boldsymbol{F}^j$ 的(1,1)处元素，其中 $t_{1i}$ 和 $t^{i1}$ 分别表示 $\boldsymbol{T}$ 的$(1,i)$和 $\boldsymbol{T}^{-1}$的$(i,1)$处元素：

$$f_{11}^{(j)}=(t_{11}t^{11})\lambda_1^j+(t_{12}t^{21})\lambda_2^j+\cdots+(t_{1p}t^{p1})\lambda_p^j$$

易知：$\sum_{i=0}^{p}t_{1i}t^{i1}=\boldsymbol{TT}_{11}^{-1}=1$，故动态乘子是 $\lambda_i^j$ 的加权组合，也可以发现，自回归模型的平稳性主要取决于 $\lambda_i$。

注意：比对 AR 模型的特征方程和矩阵 $\boldsymbol{F}$ 的特征方程，可发现两者的根恰为倒数关系，因此矩阵 $\boldsymbol{F}$ 的特征根位于单位圆之外和 AR 模型的特征根位于单位圆内是等价的，都是 AR 模型平稳的充分条件。

Ⅳ.尤尔-沃克(Yule-Walker)方程

尤尔-沃克方程是自回归模型中求解自相关系数的一种方法，可以通过自相关函数进行计算。

自回归模型的自相关函数 $\gamma_k=\gamma(Y_n,Y_{n-k})=E((Y_n-0)(Y_{n-k}-0))$ 的求法为：对序列 $Y_n=\phi_1Y_{n-1}+\phi_2Y_{n-2}+\cdots+\phi_pY_{n-p}+\varepsilon_n$，两边同乘 $Y_{n-k}$ 得

$$Y_nY_{n-k}=\phi_1Y_{n-1}Y_{n-k}+\phi_2Y_{n-2}Y_{n-k}+\cdots+\phi_pY_{n-p}Y_{n-k}+\varepsilon_nY_{n-k}$$

对两边取自相关函数，得到

$$\gamma_k=\phi_1\gamma_{k-1}+\phi_2\gamma_{k-2}+\cdots+\phi_p\gamma_{k-p}$$

等式两端同除以 $\gamma_0^2$，即可得到尤尔-沃克方程

$$\rho_k=\phi_1\rho_{k-1}+\phi_2\rho_{k-2}+\cdots+\phi_p\rho_{k-p}\ (k>p,\rho_k=\rho_{-k})$$

用算子的方式表达上式，可以得到

$$\psi_p(B)\rho_k=0$$

其中，$\rho_k$ 表示时间序列的自协方差函数在滞后度为 $k$ 时的值，$\phi_1,\phi_2,\cdots,\phi_p$ 为自回归模型的 $p$ 个自回归系数。

若自回归模型为平稳的，则满足 $\psi_p(\lambda)=0$ 的根都在单位圆内。因此，求此 $p$ 阶差分方程的通解可得(利用特征方程等方法)以下两种情况：

第一，若特征根互不相同，则满足 $\rho_k$ 的通解为

$$\rho_k=\sum_{i=1}^{p}c_i\lambda_i^{-k},k>0$$

其中，$\lambda_i\ (i=1,2,\cdots,p)$ 为方程的 $p$ 个特征根，$c_i\ (i=1,2,\cdots,p)$ 为任意常数。由于 $\rho_0=\dfrac{\gamma_0}{\gamma_0}=1$ 且 $\rho_k=\rho_{-k}$，代入上式即可得到 $c_i$ 满足的条件。

第二，若特征方程存在重根，对重数为 $r$ 的特征根 $\lambda^*$，相关的 $r$ 项相当于

$$(\lambda^*)^{-k}(c_{i1}+c_{i2}k+\cdots+c_{ir}k^r)$$

综上所述，自回归模型自相关函数的通解可以写为

$$\rho_k=(c_{11}+\cdots+c_{1,r1}k^{r1-1})\lambda_1^{-k}+\cdots+(c_{s1}+\cdots+c_{s,r1}k^{rs-1})\lambda_s^{-k}$$

Ⅴ.AR(1)模型的分析

对于 AR(1)模型，其形式为 $Y_n=\phi_1Y_{n-1}+\varepsilon_n+\alpha$。其中，$Y_n$ 表示时间 $n$ 的观测值，$\alpha$ 为常数项，$\phi$ 为自回归系数，$\varepsilon_n$ 为时间 $n$ 的误差项，通常假定 $\varepsilon_n$ 是均值为 0、方差为常数 $\sigma^2$ 的白噪声序列。AR(1)模型的特征方程为 $1-\phi_1\lambda=0$，因此特征根为 $\lambda=\dfrac{1}{\phi_1}$，当 $|\phi_1|<1$ 时，模型满足平稳性条件。

事实上，AR(1)模型在此条件下可以表示为

$$Y_n=\phi_1Y_{n-1}+\varepsilon_n=\sum_{k=0}^{T-1}\phi_1^k\varepsilon_{T-k}+\phi_1^TY_{n-T}=\sum_{k=0}^{T-1}\phi_1^k\varepsilon_{T-k}$$

这就是其一般线性过程，即可以通过往期误差的线性组合表示本期数据。

例如，图 9.11 展示了模型 $Y_n=-0.5Y_{n-1}+\varepsilon_n$ 与 $Y_n=-1.2Y_{n-1}+\varepsilon_n$ 的时序图，前者为平稳的 AR 序列，而后者为非平稳的 AR 序列。

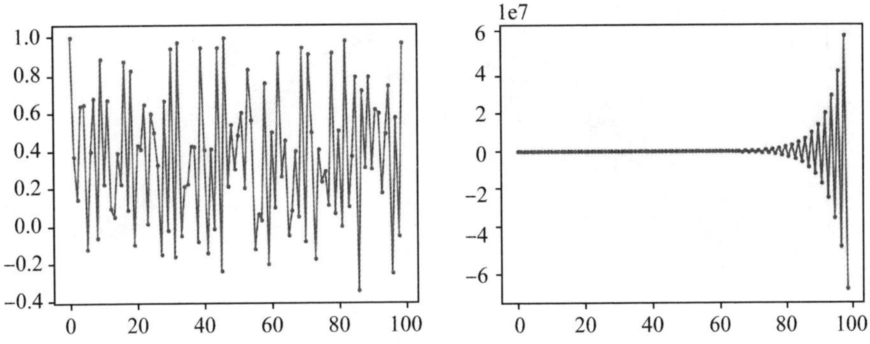


图 9.11 平稳 AR(1)序列(左)与非平稳 AR(1)序列(右)

AR(1)模型的自协方差函数满足 $\gamma_k=\phi_1\gamma_{k-1}$，因此递推可以得到 $\gamma_k=\phi_1^k\gamma_0$。对 AR(1)模型求方差，可得 $\gamma_0=\mathrm{Var}(Y_n)=\phi_1^2\mathrm{Var}(Y_{n-1})+\sigma^2=\phi_1^2\gamma_0+\sigma^2$。由此，AR(1)模型的自协方差函数为 $\gamma_k=\dfrac{\phi_1^k}{1-\phi_1^2}\cdot\sigma^2$，同时自相关函数 $\varrho_k=\phi_1^k$。图 9.12 展示了参数为 0.9 时的自相关函数。

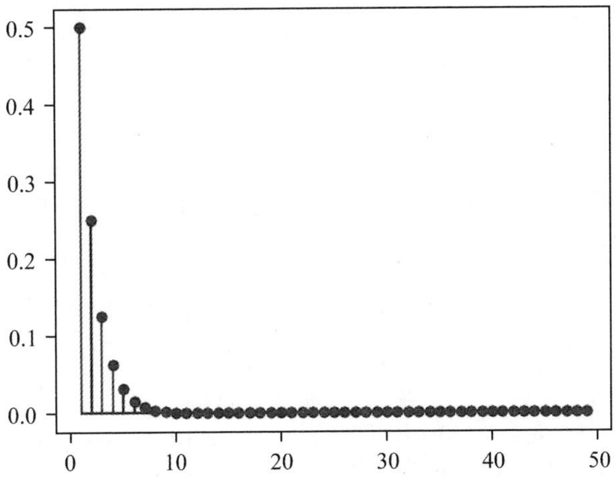


图 9.12 参数为 0.9 时的自相关函数

AR(1)模型的自相关函数呈现一种拖尾的现象，即随滞后水平增大，自相关函数趋近于 0 且变化很小。通过绘制其各项与相应滞后 $k$ 阶项的散点图，可直观感受自相关模型的自相关性。图 9.13 展示了参数为 0.9 与−0.9 时的相关图。

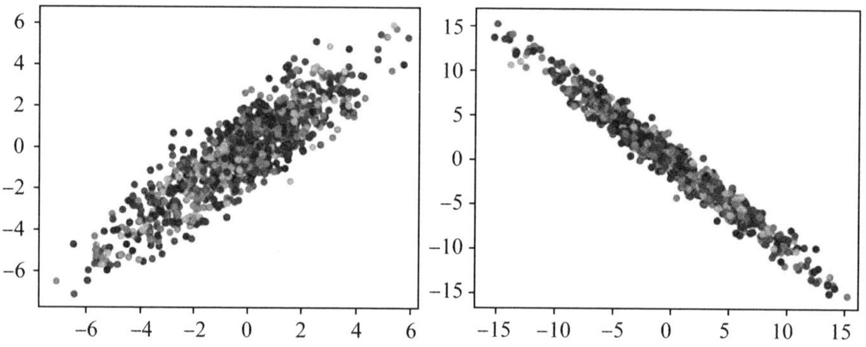

图 9.13 参数为 0.9 与 −0.9 时的相关图

Ⅵ.AR(2)模型的分析

AR(2)模型的基本形式为 $Y_n=\phi_1 Y_{n-1}+\phi_2 Y_{n-2}+\varepsilon_n$，其特征方程是 $1+\phi_1\lambda+\phi_2\lambda^2=0$，二阶模型的特征根为 $\frac{\phi_1\pm\sqrt{\phi_1^2+4\phi_2}}{-2\phi_2}$。满足平稳性的条件是 $\left|\frac{\phi_1\pm\sqrt{\phi_1^2+4\phi_2}}{-2\phi_2}\right|>1$，即需要满足以下几个条件：

$$\begin{cases}\phi_1+\phi_2<1\\ \phi_2-\phi_1<1\\ |\phi_2|<1\end{cases}$$

例如，图 9.14 展示了两个不同 AR(2)模型的时序图，前者为平稳的 AR(2)序列，而后者为非平稳的 AR(2)序列。

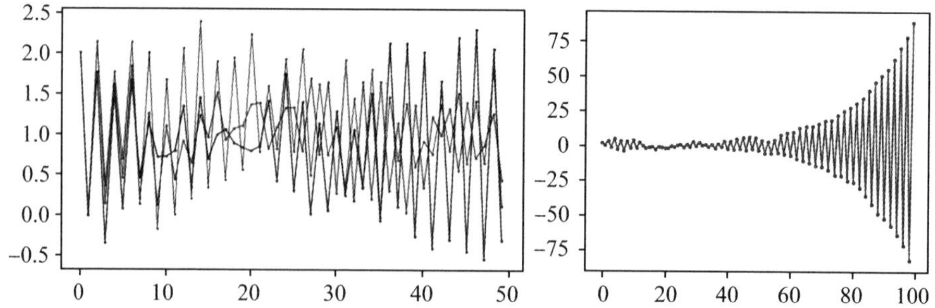

图 9.14 平稳 AR(2)序列(左)与非平稳 AR(2)序列(右)

AR(2)模型的自相关函数求解方法是：对 $Y_n=\phi_1 Y_{n-1}+\phi_2 Y_{n-2}+\varepsilon_n$ 的左右两边取协方差，得到

$$\gamma_n=\phi_1\gamma_{n-1}+\phi_2\gamma_{n-2}$$

通过两边同除$\gamma_0$，就可以得到自相关函数的递推关系：

$$\rho_n=\phi_1\rho_{n-1}+\phi_2\rho_{n-2}$$

这是一个二阶差分方程，可以利用差分方程的理论求解。在已知 $\rho_0=1$ 与 $\rho_k=\rho_{-k}$ 的情况下，不难得到

$$\begin{cases}\rho_1=\dfrac{\phi_1}{1-\phi_2}\\[2ex]\rho_2=\dfrac{\phi_1^2}{1-\phi_2}+\phi_2\end{cases}$$

其余各延迟项数的自相关函数可以通过递推式求解。图 9.15 展示了两参数分别为−0.2 与 0.7 时的理论自相关函数(左)与样本自相关函数(右)。

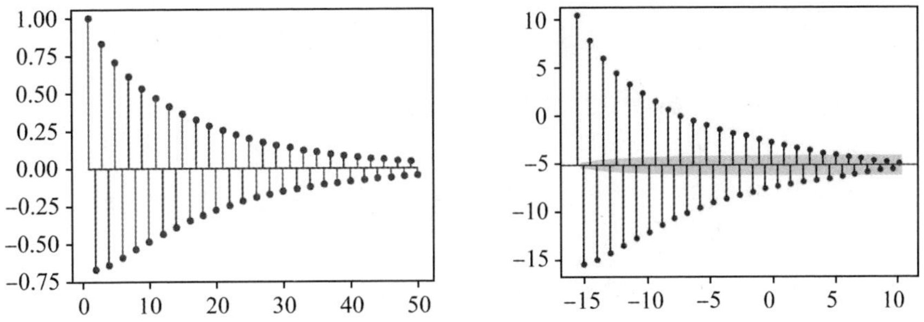


图 9.15　两参数分别为−0.2 与 0.7 时的理论自相关函数(左)与样本自相关函数(右)

②移动平均(MA)模型

移动平均模型的参数估计通常使用最大似然法或最小二乘法，它将每个时刻的观测值看作前若干个随机误差的加权平均。在进行移动平均模型分析时，需考虑模型的阶数 $q$，通常可以使用样本自相关函数和偏自相关函数来确定移动平均模型的阶数并进行模型检验。移动平均模型的一般形式为

$$Y_n=\varepsilon_n-\theta_1\varepsilon_{n-1}-\theta_2\varepsilon_{n-2}-\cdots-\theta_q\varepsilon_{n-q}+\theta_0$$

其中，$q$ 为模型的阶数；$\{\varepsilon_n\}$为白噪声序列。可称该模型为 $q$ 阶移动平均模型，简记为 MA($q$)。

由上式可以看出，移动平均模型与自回归模型不同，它没有记忆性，即任意时刻的观测值只取决于它之前 $p$ 个时刻的噪声值，并不依赖于之前时刻的观测值。

同理，给出 MA($q$)模型的算子形式：

$$X_n=\theta_q(B)\cdot\varepsilon_n$$

其中，$\theta_q(B)=1-\theta_1 B-\theta_2 B^2-\cdots-\theta_q B^q$

Ⅰ.MA($q$)模型的数字特征

$Y_t$的均值为

$$\begin{aligned}E(Y_t)&=E(\mu+\varepsilon_t+\theta_1\varepsilon_{t-1}+\theta_2\varepsilon_{t-2}+\cdots+\theta_q\varepsilon_{t-q})\\&=\mu+E(\varepsilon_t)+\theta_1 E(\varepsilon_{t-1})+\cdots+\theta_q E(\varepsilon_{t-q})\\&=\mu\end{aligned}$$

$Y_t$ 的方差为

$$\begin{aligned}E(Y_t-\mu)^2&=E(\varepsilon_t+\theta_1\varepsilon_{t-1}+\theta_2\varepsilon_{t-2}+\cdots+\theta_q\varepsilon_{t-q})^2\\&=\sigma^2+\theta_1^2\sigma^2+\theta_2^2\sigma^2+\cdots+\theta_q^2\sigma^2\\&=(1+\theta_1^2+\cdots+\theta_q^2)\sigma^2\end{aligned}$$

求解自协方差时，应注意分情况讨论。

当 $j\leqslant q$ 时，

$$\begin{aligned}&E[(Y_t-\mu)(Y_{t-j}-\mu)]\\&=E[(\varepsilon_t+\theta_1\varepsilon_{t-1}+\theta_2\varepsilon_{t-2}+\cdots+\theta_q\varepsilon_{t-q})(\varepsilon_{t-j}+\theta_1\varepsilon_{t-j-1}+\\&\quad\theta_2\varepsilon_{t-j-2}+\cdots+\theta_q\varepsilon_{t-j-q})]\\&=E(\theta_j\varepsilon_{t-j}^2+\theta_{j+1}\theta_1\varepsilon_{t-j-1}^2+\theta_{j+2}\theta_2\varepsilon_{t-j-2}^2+\cdots+\theta_q\theta_{q-j}\varepsilon_{q-j}^2)\qquad j=1,2,\cdots,q\\&=(\theta_j+\theta_{j+1}\theta_1+\theta_{j+2}\theta_2+\cdots+\theta_q\theta_{q-j})\sigma^2\end{aligned}$$

当 $j>q$ 时，自协方差为 0。因此可以得到

$$\gamma_j=\begin{cases}(\theta_j+\theta_{j+1}\theta_1+\theta_{j+2}\theta_2+\cdots+\theta_q\theta_{q-j})\sigma^2, j=1,2,\cdots,q\\0, j>q\end{cases}$$

自相关函数是由自协方差函数除以 $\gamma_0$ 得到的，因此当 $j>q$ 时，自相关函数取值为 0，这种特征被称为截尾特征，即在滞后期大于 $q$ 时不存在自相关现象，自相关函数全为 0。

Ⅱ.MA 模型的可逆性

根据算子式，可知 MA($q$)的特征方程为$\Theta_q(\lambda)=0$。与 AR($p$)模型类似，若其特征根全部在单位圆内，定义 MA($q$)模型为可逆的。不难发现，MA($q$)模型的性质与 AR($p$)模型有很强的对偶互补特性。例如对 MA(1)模型，可逆性条件为$|\phi_1|<1$，由此可得 $X_n=(1-\theta_1 B)\cdot\varepsilon_n$，从而满足

$$\varepsilon_n=(1-\theta_1 B)^{-1}X_n=\sum_{k=0}^{\infty}\theta_1^k B^k X_n=\sum_{k=0}^{\infty}\theta_1^k X_{n-k}$$

因此,MA(1)模型相当于无限阶的 AR($p$)过程,误差项可以表示为历史数据的线性组合。可逆性条件保证了这样的逆算子是存在的。

Ⅲ.MA(1)模型的分析

可逆 MA(1)模型的某一时序图如图 9.16 所示。

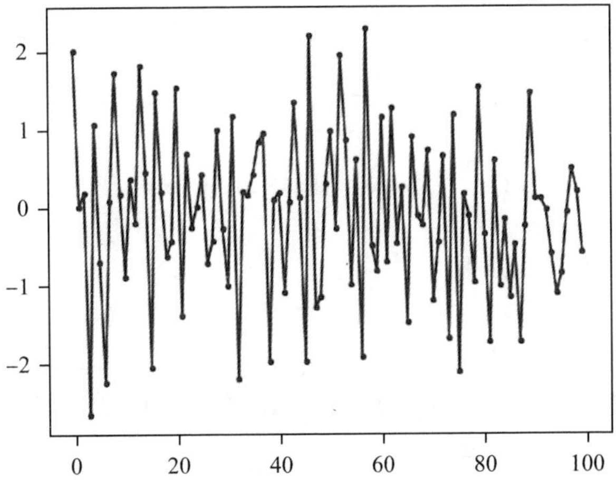


图 9.16 MA(1)的一个时序图

MA(1)的自相关函数求解方法如下:对序列 $Y_n=\varepsilon_n-\theta_1\varepsilon_{n-1}$,首先易知其均值为 0,方差为 $\sigma^2(1+\theta_1^2)$。由此,很容易得到

$$\gamma_{t,t-1}=\gamma(\varepsilon_n-\theta_1\varepsilon_{n-1},\varepsilon_{n-1}-\theta_1\varepsilon_{n-2})=\gamma(-\theta_1\varepsilon_{n-1},\varepsilon_{n-1})=-\theta_1\sigma^2$$

$$\gamma_{t,t-2}=\gamma(\varepsilon_n-\theta_1\varepsilon_{n-1},\varepsilon_{n-2}-\theta_1\varepsilon_{n-3})=0(\text{序列 }\varepsilon\text{ 无自相关性})$$

从而,MA(1)的自相关函数只在滞后期为 0 与 1 时取值,满足

$$\rho_t=\begin{cases}1, & t=0\\ \dfrac{-\theta_1}{1+\theta_1^2}, & t=1\\ 0, & t>1\end{cases}$$

图 9.17 分别展示了 MA(1)模型的一个理论自相关函数与样本估计的自相关函数图像。可见对模拟样本而言,除滞后期为 0 的数据外,其余数据基本都落在允许域之内,即认为对应不存在自相关关系。

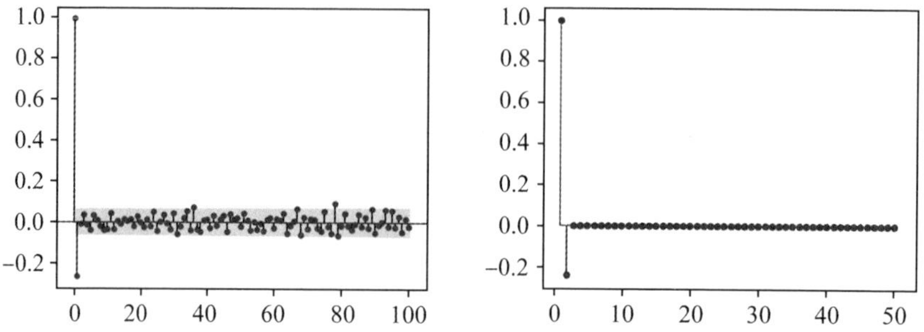


图 9.17 MA(1)自相关函数的截尾现象

Ⅳ.MA(2)模型的分析

MA(2)模型的可逆性条件与统计规律可以通过类似的方法求得。

MA(2)模型的自相关函数同样满足截尾特性,为 2 阶截尾。图 9.18 的左图给出的是 MA(2)模型样本的自相关函数,右图则是理论自相关函数。

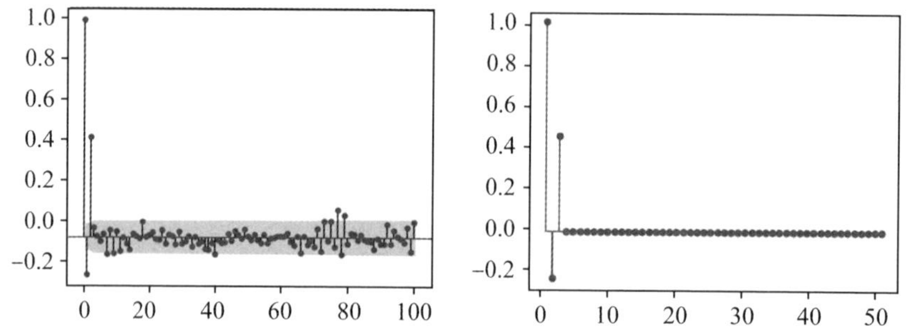


图 9.18 MA(2)自相关函数的截尾现象

③自回归移动平均(ARMA)模型

自回归移动平均(ARMA)模型是将自回归(AR)模型和移动平均(MA)模型相结合得到的一种常用的时间序列分析模型。实际上,建立时间序列的过程中,不仅要考虑模型的自回归成分,同时也需考虑移动平均的部分,从而得到以下序列:

$$Y_n - \phi_1 Y_{n-1} - \cdots - \phi_p Y_{n-p} = \varepsilon_n - \theta_1 \varepsilon_{n-1} - \cdots - \theta_q \varepsilon_{n-q}$$

其中,$Y_n$ 表示时间 $n$ 的观测值;$\phi_1, \phi_2, \cdots, \phi_p$ 为自回归模型的 $p$ 个自回归系数;$\theta_1, \theta_2, \cdots, \theta_q$ 为移动平均模型的 $q$ 个滞后系数;$\varepsilon_n$ 为时间 $t$ 的误差项,假设其是一个均值为 0、方差为 $\sigma^2$ 的白噪声序列。自回归移动平均模型表达了当前时刻的时间序列值与历史时刻的时间序列值之间的关系,以及当前时刻的随机波动与之前时刻的随机波动之间的关系。

该模型被称为 ARMA($p$,$q$)模型,具体分析方法可以查阅相关资料,此处不再赘述。图 9.19 给出了 ARMA(1,1)、ARMA(1,2)的时序图。

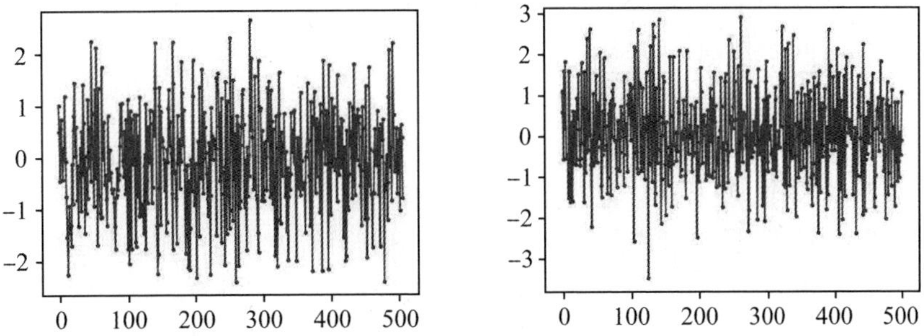


图 9.19　ARMA(1,1)(左)和 ARMA(1,2)(右)的时序图

时间序列是管理系统工程中常见和重要的数据类型,也是一种随时间变化的定量测量结果。时间序列分析可以帮助我们预测未来趋势,了解过去的趋势和趋势的原因,为决策提供有力的支持和指导。然而,时间序列分析有很多不同的方法和模型,每种方法和模型的适用性和准确性也不同,因此选择合适的模型是非常重要的。

Ⅰ.白噪声检验

首先,我们可以通过白噪声检验(如 Ljung-Box 检验、Jarque-Bera 检验等)来验证时间序列是不是完全随机、没有任何影响和模式的。如果序列完全随机,过去的行为对未来的发展没有丝毫影响,则没有必要再深入分析。

Ⅱ.平稳性检验

如果白噪声检验后发现是存在影响的,还需要进一步进行平稳性检验。可以使用样本自相关函数和偏自相关函数、ADF 检验、KPSS 检验等进行平稳化检验。

Ⅲ.平稳化处理

若时间序列非平稳,可以使用差分、对数转换、平滑、时序分解等平稳化方法将序列平稳化。

Ⅳ.选择预测方法

若序列通过平稳性检验或者经转换后满足平稳性条件,则可以自相关系数和偏自相关系数的特点在 AR、MA、ARMA 中选择一种作为预测模型,三种模型的特点如下：

AR($p$)模型：偏自相关系数 $p$ 步截尾，自相关系数拖尾。

MA($q$)模型：自相关系数 $q$ 步截尾，偏相关系数拖尾。

ARMA($p,q$)模型：偏相关系数和自相关系数均拖尾。

若时间序列非平稳，且经转换后也未能使其平稳，则需进一步研究选择何种非平稳时间序列预测方法。

### 9.3.2 回归分析预测法

1.基本概念

回归分析是常用的预测方法之一，主要用于研究变量之间的相关关系，并通过量化的方式描述出来，从而确定一个或多个(自)变量对其他(因)变量的影响程度。通过样本数据建立回归方程，并对方程与参数的可靠程度进行检验，从而利用回归方程对未来发展趋势进行预测，是回归分析的主要任务。

2.使用场景

回归分析预测法被广泛应用于各个领域，主要包括以下几个方面：

(1)根据种群和个体测得的特征，研究它们之间的差异性，从而用于不同领域的科学研究，如经济学、社会学、心理学、物理学和生态学等。

(2)量化事件及其相应的因果关系，如药物临床试验、工程安全监测、销售研究等，都可以使用回归分析预测法进行研究和预测。

(3)给定已知的准则，建立可用来预测未来行为的模型，如用来预测保险赔偿额度、自然灾害的损失、选举的结果和犯罪率等。在这些场景中，回归分析预测法可以帮助相关人员作出更为准确的决策和判断，提高决策的成功率和效率。

回归分析是一种常用的数据分析方法，主要涉及以下几个方面：

(1)确定特定变量之间是否存在相关关系，并求出数学表达式。这包括变量间的线性关系、非线性关系等多种情况。

(2)根据一个或多个变量的值，预测或控制另一个变量的取值，并且了解此种预测或控制的精度。例如，可以使用回归分析来预测销售额、股价等指标。

(3)进行因素分析，确定哪些因素对于一个变量的影响比较重要，从而更好地了解变量背后的原因和机制。此外，回归分析还可用于检验不同变量对一个结果的相对贡献大小，以及判断这些变量对结果的整体解释力度。

3.方法步骤

一般来说，回归分析包含以下步骤：

**第一步**：确定预测目标，明确变量。例如，对于下一年度销售额的预测，销售额为因变量。然后，寻找与该预测目标相关的主要影响因素作为自变量。

**第二步**：收集数据，通过市场调查、历史数据等方式获取所需数据，并对数据进行清理和处理操作，以保证数据的准确性和完整性。

**第三步**：建立回归模型，通过统计学方法构建回归模型，并选择合适的拟合方法来探究自变量和因变量之间的线性或非线性关系。根据已知的自变量值，预测因变量的取值。

**第四步**：检验模型，对建立的回归模型进行检验和验证，确定其准确性和可靠性，并进行必要的优化和修正。

**第五步**：使用模型，利用建立好的回归模型进行预测，并给出相应的解释和结论，以支持实际业务决策的制定。

在具体过程中，可以进行相关分析，利用相关系数来判断自变量和因变量之间的相关程度；检验回归预测模型并计算预测误差，以判断回归方程是否可用于实际预测；计算并确定预测值，并进行综合分析，以得出最终的预测结果。

4.两大模型

在管理系统工程的预测和规划中，回归分析是一种常用的统计方法，用于建立自变量与因变量之间的关系，并进行预测和决策支持。无论是预测销售趋势、评估市场需求，还是优化生产过程或制定管理策略，回归分析都具有广泛的应用。在回归分析中，线性回归和非线性回归是两种主要的模型类型，它们在不同的场景和问题中都有广泛的应用。

1)线性回归分析

(1)一元线性回归

一元线性回归模型的数据结构为：给定一组自变量样本数据 $x_1, x_2, \cdots, x_n$ 与因变量样本数据 $y_1, y_2, \cdots, y_n$，希望确定变量之间的线性数量关系 $y=bx+a$。而系数则为对总体数量关系的系数估计值。对这个系数的确定，最常用的则是最小二乘法。

(2)最小二乘法

在样本的多条可能存在的回归线中，我们希望选择一条最合适的回归线作为对总体回归线的最优估计。而为保证拟合的偏差最小，自然应考虑一条距离各观测点最近的直线。此处，我们定义实际估计值与观测值的偏差为离差的平方：

$$\Delta=(y_i-\widehat{y_1})^2$$

因此，需要让离差平方和最小，即满足

$$Q=\min_{\widehat{y_1}}\sum(y_i-\widehat{y_1})^2=\min_{\widehat{\alpha},\widehat{\beta}}\sum(y_i-\widehat{\alpha}-\widehat{\beta}x_i)^2$$

对 $\widehat{\beta}$ 与 $\widehat{\alpha}$ 求偏导数，并令其等于 0：

$$\begin{cases}\dfrac{\partial Q}{\partial \alpha}=-2\sum\limits_{i=1}^{n}(y_i-\widehat{\alpha}-\widehat{\beta}x_i)=0\\ \dfrac{\partial Q}{\partial \beta}=-2\sum\limits_{i=1}^{n}(y_i-\widehat{\alpha}-\widehat{\beta}x_i)x_i=0\end{cases}$$

解上述方程组，即得到

$$\widehat{\alpha}=\bar{y}-\widehat{\beta}\bar{x}$$

$$\widehat{\beta}=\frac{n\sum\limits_{i=1}^{n}x_iy_i-\sum\limits_{i=1}^{n}x_i\cdot\sum\limits_{i=1}^{n}y_i}{n\sum\limits_{i=1}^{n}x_i^2-\left(\sum\limits_{i=1}^{n}x_i\right)^2}$$

在得到回归方程后，还需要对方程的拟合优度与参数的显著性进行检验，从而判断得到模型的可靠性。（可以参考统计学书籍中的相关内容）

利用回归方程进行预测，主要有以下两种形式：其一，将给定的未来数据代入方程，从而得到未来因变量的点估计结果。即给定自变量的数值 $x_f$，可以得到预测值为 $\widehat{y_f}=\widehat{\alpha}+\widehat{\beta}x_f$。其二，为了保证预测结果的准确性，还需要以点预测值为基础，对预测值进行区间估计。令预测误差 $e_f=y_f-\widehat{y_f}$，则可以得到 $e_f\sim N(0,\mathrm{Var}(e_f))$，其中 $\mathrm{Var}(e_f)=\sigma^2\left(1+\dfrac{1}{n}+\dfrac{(x_f-\bar{x})^2}{\sum\limits_{i=1}^{n}(x_i-\bar{x})^2}\right)$（其中 $\sigma$ 为残差的标准差）。以估计量 $S$ 作为 $\sigma$ 的估计值，则可以认为 $\sigma=\sqrt{\dfrac{\sum_i e_i^2}{n-2}}$。由此，预测值在 $1-\alpha$ 置信水平下的预测区间为

$$\widehat{y_f}\pm t_{\frac{\alpha}{2}}(n-2)S\sqrt{1+\frac{1}{n}+\frac{(x_f-\bar{x})^2}{\sum\limits_{i=1}^{n}(x_i-\bar{x})^2}}$$

事实上，预测区间是随 $x_f$ 变化而变化的。随着 $x_f$ 远离当前数据，预测区间将呈现“喇叭”形增长，从而使预测精度大幅降低，直至预测失效。

如果 $n$ 特别大，则可以认为拟合出的回归方程基本可以进行未来情况的预测。

表 9.13 为某产品年产量随时间变化的数据表，通过回归分析建立预测模型（$\alpha=0.05$）。

**表 9.13　产品年产量数据**

| 年份 | 1988 | 1989 | 1990 | 1991 | 1992 | 1993 | 1994 |
|---|---|---|---|---|---|---|---|
| 产量 | 10.59 | 17.67 | 17.07 | 17.21 | 18.24 | 18.84 | 17.62 |
| 年份 | 1995 | 1996 | 1997 | 1998 | 1999 | 2000 | 2001 |
| 产量 | 19.21 | 18.44 | 17.62 | 19.21 | 18.44 | 20.85 | 25.22 |

通过最小二乘法求出回归系数为 $\alpha=-1072.689$，$\beta=0.547$，绘制出原始数据的散点图与回归线（见图 9.20）。

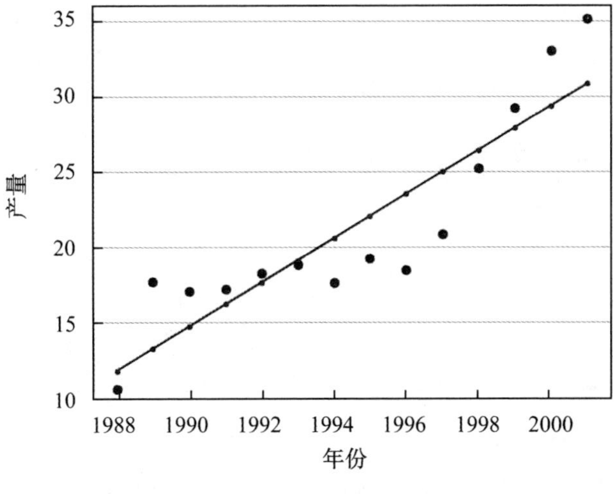


图 9.20　回归直线

以此为基础，我们对 2002～2005 年的产量进行预测，即代入原方程求解点预测值，如表 9.14 所示。

表 9.14 预测值

| 年份 | 预测值 | 年份 | 预测值 |
|---|---|---|---|
| 2002 | 22.82 | 2004 | 23.92 |
| 2003 | 23.37 | 2005 | 24.46 |

基于点预测值进行区间估计，得出预测值的 95% 置信区间，如表 9.15 所示。

表 9.15 预测区间

| 年份 | 预测区间 | 年份 | 预测区间 |
|---|---|---|---|
| 2002 | (19.85,24.96) | 2004 | (20.40,26.59) |
| 2003 | (20.13,25.77) | 2005 | (20.67,27.42) |

(3)多元线性回归

多元线性回归的样本回归函数为

$$\hat{y}_1=\hat{\beta}_1+\hat{\beta}_2 x_{2i}+\cdots+\hat{\beta}_k x_{ki}$$

使其残差平方和最小，则需要满足以下方程组：

$$\begin{cases} n\hat{\beta}_1+\hat{\beta}_2\sum_{i=1}^{n}x_{2i}+\cdots+\hat{\beta}_k\sum_{i=1}^{n}x_{ki}=\sum_{i=1}^{n}y_i \\ \hat{\beta}_1\sum_{i=1}^{n}x_{2i}+\hat{\beta}_2\sum_{i=1}^{n}x_{2i}^2+\cdots+\hat{\beta}_k\sum_{i=1}^{n}x_{2i}x_{ki}=\sum_{i=1}^{n}x_{2i}y_i \\ \vdots \\ \hat{\beta}_1\sum_{i=1}^{n}x_{ki}+\hat{\beta}_2\sum_{i=1}^{n}x_{2i}x_{ki}+\cdots+\hat{\beta}_k\sum_{i=1}^{n}x_{ki}^2=\sum_{i=1}^{n}x_{ki}y_i \end{cases}$$

解以上方程组，就可以得到各参数的最优估计值，从而建立多元回归函数。通过多元回归方程，我们可以得到待预测点的点预测值为

$$\hat{y}_f=\hat{\beta}_1+\hat{\beta}_2 x_{2f}+\cdots+\hat{\beta}_k x_{kf}$$

假设矩阵 $\boldsymbol{X}_f$ 为预测自变量 $(x_{2f}\quad x_{3f}\quad\cdots\quad x_{kf})$，$\boldsymbol{X}$ 为观测自变量。

$$\boldsymbol{X}=\begin{pmatrix} x_{21} & x_{31} & \cdots & x_1 \\ x_{22} & \cdots & \cdots & \cdots \\ \vdots & \vdots & x_{ij} & \vdots \\ x_{2n} & \cdots & \cdots & x_{kn} \end{pmatrix}$$

我们可以证明，预测的残差 $e_f \sim N(0,\mathrm{Var}(e_f))$，其中 $\mathrm{Var}(e_f)=\sigma^2(1+\boldsymbol{X}_f(\boldsymbol{X}'\boldsymbol{X})^{-1}\boldsymbol{X}'_f)$。$\sigma^2$ 可以通过 $\hat{\sigma}=\frac{e'e}{n-k}$ 进行估计。因此，我们可以得到显著性水平为 $\alpha$ 的条件下 $y_f$ 的预测区间为

$$\hat{y}_f - t_{\frac{\alpha}{2}}(n-k)S_{e_f} \leqslant y_f \leqslant \hat{y}_f + t_{\frac{\alpha}{2}}(n-k)S_{e_f}$$

2)非线性回归分析

非线性关系在生产生活中也是极为常见的。将非线性关系转化为线性关系的方法有如下两种：第一，可以通过泰勒级数将非线性关系展开成 $k$ 阶多项式进行近似处理；第二，可以将某些非线性关系通过变量代换转化为线性关系，再利用线性模型进行预测。常见的可以转化为线性关系的非线性函数有以下6种。

(1)双曲线函数

双曲线函数的基本形式为 $y=a+b\frac{1}{x}$，双曲线函数通过 $x^*=\frac{1}{x}$ 即可以代换为线性方程。

(2)指数函数

指数函数的基本形式为 $y=ab^x$，常用来描述产量、成本等现象的变动趋势。指数函数线性化的方法为取对数：

$$\ln y=\ln a+x\ln b$$

再令 $y^*=\ln y$ 即可。

(3)对数函数

对数函数的基本形式为 $y=a+b\ln x$ 或 $\ln y=a+bx$，两者只需要分别将 $\ln x$ 与 $\ln y$ 代换为 $x^*$ 和 $y^*$ 即可以得到线性方程 $y^*=a+bx^*$。

(4)幂函数

幂函数的基本形式为 $y=ax^b$。对其两边同时取对数，可得

$$\ln y=\ln a+b\ln x$$

因此，令 $y^*=\ln y$，$x^*=\ln x$，$a^*=\ln a$，就可以得到线性方程$y^*=a+bx^*$。

幂函数常用于表示因变量对自变量的弹性。弹性指自变量单位百分比变动对因变量百分比变动的影响。定义：

$$\Delta=\frac{\Delta Y}{\Delta X}\cdot\frac{X}{Y}$$

由 $\frac{\Delta Y}{\Delta X}=abx^{b-1}$，$\frac{X}{Y}=\frac{1}{ax^{b-1}}$，易知 $b$ 就代表 $y$ 对 $x$ 的弹性。

(5)Sigmoid 曲线

Sigmoid 曲线的一般形式为

$$y=\frac{1}{a+b\mathrm{e}^{-x}}$$

对上式取倒数得

$$\frac{1}{y}=a+b\mathrm{e}^{-x}$$

将$\frac{1}{y}$与 $\mathrm{e}^{-x}$ 分别代换为 $y^*$ 和 $x^*$ 即可以得到线性方程 $y^*=a+bx^*$。此后,我们还将学习到与 Sigmoid 曲线相关的各类生长曲线的预测模型。

(6)泰勒展开

任何 $k$ 次可微的一元非线性函数都可以通过取泰勒级数展开为下列多项式:

$$y\approx a+b_1x+b_2x^2+\cdots+b_kx^k$$

令 $x_1=x,x_2=x^2,\cdots,x_k=x^k$,就可以得到下式:

$$y\approx a+b_1x_1+b_2x_2+\cdots+b_kx_k$$

这恰是多元线性回归的一般形式,可以通过多元线性回归的方法建立模型。

例如,某家电品牌公司想要预测未来一个月内某款电视机的销售量。已知有 12 个月该款电视机的销售量以及与之相关的影响因素,包括广告投入、竞品数量、季节因素等。请基于回归分析建立销售量预测模型,并预测下一个月内该款电视机的销售量。数据如表 9.16 所示。

**表 9.16　家电品牌公司某月数据**

| 销售量/台 | 广告投入/元 | 竞品数量/家 | 季节因素 |
|---|---|---|---|
| 1000 | 8000 | 10 | 冬季 |
| 1500 | 9000 | 12 | 冬季 |
| 2200 | 12000 | 8 | 春季 |
| 1800 | 10000 | 11 | 春季 |
| 2500 | 15000 | 9 | 夏季 |
| 2800 | 18000 | 6 | 夏季 |
| 1900 | 11000 | 10 | 秋季 |

续表

| 销售量/台 | 广告投入/元 | 竞品数量/家 | 季节因素 |
|---|---|---|---|
| 2100 | 13000 | 7 | 秋季 |
| 1700 | 10000 | 11 | 冬季 |
| 1900 | 12000 | 10 | 冬季 |
| 2400 | 14000 | 8 | 春季 |
| 2600 | 16000 | 7 | 春季 |

首先,我们需要进行数据清洗和变量处理。由于季节因素是不能用来建立回归模型的,需要将其转换为虚拟变量。这里我们将季节因素转换为三个虚拟变量:winter、spring 和 summer。对于某个月份来说,如果是冬季,则 winter=1,spring=0,summer=0;如果是春季,则 spring=1,winter=0,summer=0;如果是夏季,则 summer=1,winter=0,spring=0。对于广告投入和竞品数量,不需要进行处理。

然后,我们使用多元线性回归分析来建立销售量预测模型。使用 SPSS 等工具实现回归分析,得到下面的回归方程:

$$\text{销售量}=567.9+0.119\times\text{广告投入}-51.6\times\text{竞品数量}+289.6\times \text{winter}+157.8\times \text{spring}-447.4\times \text{summer}$$

根据回归方程,当广告投入为 10000 元,竞品数量为 10,季节为冬季时,该款电视机的销售量预测值为:

$$\text{销售量}=567.9+0.119\times10000-51.6\times10+289.6\times1+157.8\times0-447.4\times0=1531.5(\text{台})$$

因此,该款电视机下一个月内的销售量预测值约为 1532 台。

### 9.3.3 马尔科夫预测法

#### 1.基本概念

马尔科夫预测法是一种基于概率的预测方法,可以用来预测事件在未来各个时刻(或时期)的变化情况。其核心思想是基于当前的状态和历史数据,利用概率模型来推断下一个状态的概率。

马尔科夫过程,即满足马尔科夫性的一系列随机过程。马尔科夫性用于描述某一事件的发生只与当前状态有关,而与往期状态无关的现象,其数学描述为:

$$P[X(t) \leqslant x \mid X(t_n)=x_n, \cdots, X(t_1)=x_1] = P[X(t) \leqslant x \mid X(t_n)=x_n]$$

马尔科夫链是一种时间和状态都是离散的马尔科夫过程。

在马尔科夫预测中,"状态"是一个重要的概念,指某一事件在特定时刻(或时期)出现的结果。基于所研究的事件及其预测目标的不同,状态的划分方式也会有所不同。例如,在人口构成预测中,可以将状态划分为"婴儿""儿童""少年""青年""中年""老年"等。

马尔科夫过程是基于状态转移的,即在一个时间点上,仅考虑当前状态和下一个状态之间的转移关系,而忽略之前状态的影响。这种状态转移可以用转移概率矩阵来表示,其中每个元素代表从一个状态到另一个状态的转移概率。然后,利用转移概率矩阵可以计算出不同状态之间的转移规律,并据此进行预测和分析。

因此,对于任何一个需要进行马尔科夫预测的事件,都需要建立相应的状态模型,并给出各个状态之间的转移概率矩阵。只有建立了完备的状态模型,才能基于当前状态进行未来的状态预测。

2.方法步骤

马尔科夫预测法的基本步骤如下:

**第一步:**确定系统的状态。首先把预测所研究的目标归纳成一组"状态"。各状态之间互不相容,且所有的状态共同构成完备事件组。比如,在气象预测中,可以将天气状态划分为"晴天""阴天""雨天"等。

**第二步:**确定转移矩阵。这是使用马尔科夫预测方法的一个重要环节。有时可以根据历史统计数据计算事件发生频率来确定转移概率和状态发生的概率。在经济预测时,可以利用抽样调查来确定转移概率。当缺乏真实可靠的资料时,还可以用主观概率法估计转移概率。

**第三步:**进行预测计算。利用预测模型进行计算,预测结果可以包括状态出现的概率、时间序列等信息。

通过建立有效的预测模型和不断对初始状态及转移概率进行调整和优化,可以提高马尔科夫预测法的准确性和可靠性,为管理决策及规划提供更有力的支持。下面,我们将介绍如何应用马尔科夫预测法来进行状态转移概率计算、状态转移矩阵构建、一步状态转移方程应用等内容。

1)状态转移概率、状态转移矩阵

状态转移概率是描述马尔科夫链的重要工具,用于表示马尔科夫链在不同状态之间转移的概率大小。在介绍转移概率之前,我们先给出绝对概率矩阵的概念:给定马尔科夫链$\{X_i\}$与对应的状态空间$S=\{s_1, s_2, \cdots, s_n\}$,则绝对概率矩阵用于表示系统目前处于各状态的可能：

$$\boldsymbol{p}=(p_1 \quad p_2 \quad \cdots \quad p_n)$$

且满足

$$\sum_i p_i=1$$

绝对概率矩阵可以描述系统在状态转移过程中处于各状态的绝对概率。运用马尔科夫预测法，离不开转移概率和转移概率的矩阵。在事件的发展过程中，从一种状态转变为另一种状态，被称为状态转移。从一种状态转变为另一种状态的可能性，被称为状态转移概率。

状态转移概率是描述马尔科夫链的重要工具，根据条件概率的定义，由状态 $E_i$ 转为状态 $E_j$ 的状态转移概率 $P(E_i \to E_j)$ 就是条件概率 $P\left(\frac{E_j}{E_i}\right)$，即

$$P(E_i \to E_j)=P\left(\frac{E_j}{E_i}\right)=P_{ij}$$

假定某一种被预测的事件有 $E_0, E_1, \cdots, E_n$ 共 $n+1$ 个可能的状态。记 $P_{ij}$ 为从状态 $E_i$ 转为状态 $E_j$ 的状态转移概率，作矩阵

$$\boldsymbol{P}=\begin{pmatrix} P_{00} & P_{01} & \cdots & P_{0n} \\ P_{10} & \cdots & \cdots & \cdots \\ \cdots & \cdots & P_{ij} & \cdots \\ P_{n0} & \cdots & \cdots & P_{nn} \end{pmatrix}$$

则称 $\boldsymbol{P}$ 为状态转移概率矩阵。

转移概率矩阵满足 $\sum_j P_{ij}=1$（这样的矩阵一般被称为随机矩阵），$0 \leqslant P_{ij} \leqslant 1$。

2)一步状态转移方程

绝对概率矩阵 $\boldsymbol{p}$ 与转移矩阵 $\boldsymbol{P}$ 的乘积代表经过一次转移后处于各状态的绝对概率。

一步状态转移方程描述了系统第 $t$ 个时刻的状态 $\boldsymbol{S}(t)$ 和第 $t+1$ 个时刻的状态 $\boldsymbol{S}(t+1)$ 之间的关系。一步状态转移方程的表达式为 $\boldsymbol{S}(t+1)=\boldsymbol{S}(t)\times\boldsymbol{P}$。其中，$\boldsymbol{S}(t)$ 是系统在时间 $t$ 的状态向量，$\boldsymbol{P}$ 是状态转移矩阵，$\boldsymbol{S}(t+1)$ 是系统在时间 $t+1$ 的状态向量。

3)Chapman-Kolmogorov(C-K)方程

假设马尔科夫链有 $k$ 个状态，马尔科夫链状态集为 $S$，当前处于状态 $i$，希望在两步转移后到达状态 $j$，得到的对应状态转移图如图 9.21 所示。

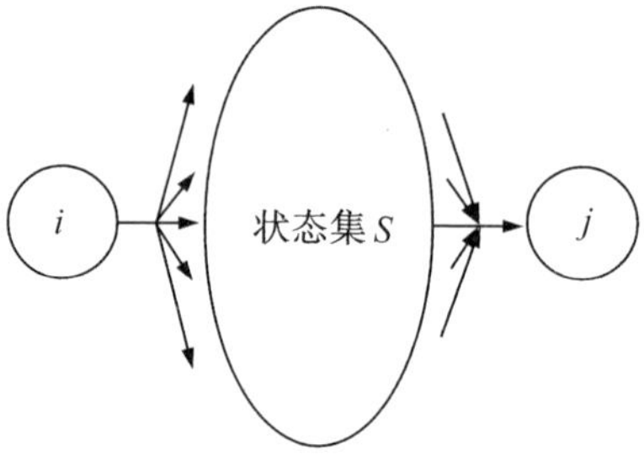


图 9.21　对应状态转移图

由此我们认为从 $i$ 到 $j$ 的两步转移概率为经过中间各状态的求和，由全概率公式有

$$P(X_2=j\mid X_0=i)=\sum_{k\in S}P(X_1=k\mid X_0=i)P(X_2=j\mid X_1=k)$$

推广到任意多步转移的情况，即得到 $n$ 步转移的 C-K 方程：

$$P_{ij}^{m+n}=\sum_{k\in S}P_{ik}^{m}P_{kj}^{n}$$

将其写为矩阵形式：

$$\boldsymbol{P}^{(m+n)}=\boldsymbol{P}^{m}\cdot\boldsymbol{P}^{n}$$

4)$k$ 步转移概率矩阵

利用 C-K 方程，我们容易确定 $k$ 步转移概率矩阵。按照每次转移时转移概率矩阵是否变化，马尔科夫链可以分为非时齐的和时齐的。本书主要围绕时齐马尔科夫链进行介绍。对于时齐的马尔科夫链，$k$ 步转移概率矩阵 $\boldsymbol{P}_{ij}{}^{(n)}$ 即从状态 $i$ 经过 $n$ 步到达状态 $j$ 的概率。

例 1：(天气链)某地天气的晴雨状态满足时齐马尔科夫链：

$$\boldsymbol{P}=\begin{matrix}\text{晴}\\\text{雨}\end{matrix}\overset{\begin{matrix}\text{晴}&\text{雨}\end{matrix}}{\begin{pmatrix}0.7&0.3\\0.4&0.6\end{pmatrix}}$$

求第一天下雨的情况下，第四天为晴天的概率。

解：由题意，所求的是四步转移概率 $P_{\text{雨},\text{晴}}^{4}$，易得

$$\boldsymbol{P}^4=\begin{pmatrix}0.7&0.3\\0.4&0.6\end{pmatrix}^4=\begin{pmatrix}0.5749&0.4251\\0.5668&0.4332\end{pmatrix}$$

因此 $P_{\text{雨},\text{晴}}^{4}=0.5668$。

例 2：(马尔科夫性)时齐马尔科夫链的状态空间为{1,2,3}，状态转移矩阵为

$$P=\begin{pmatrix}0.3 & 0.3 & 0.4\\ 0.2 & 0.5 & 0.3\\ 0.4 & 0.6 & 0\end{pmatrix}$$

已知初始绝对概率矩阵为(0.2　0.3　0.5)，试求 $P(X_0=2,X_1=3,X_2=1)$。

解：

$$\begin{aligned}&P(X_0=2,X_1=3,X_2=1)\\&=P(X_2=1\mid X_0=2,X_1=3)P(X_0=2,X_1=3)\\&=P(X_2=1\mid X_0=2)P(X_1=3\mid X_0=2)P(X_0=2)\\&=P_{23}P_{31}P(X_0=2)\\&=0.3\times 0.3\times 0.4=0.036\end{aligned}$$

5)马尔科夫链的平稳分布

例 3:(天气链)某地天气的晴雨状态满足时齐马尔科夫链：

$$P=\begin{array}{c} \\ 晴\\ 雨\end{array}\begin{array}{c}\begin{array}{cc}晴 & 雨\end{array}\\ \begin{pmatrix}\alpha & 1-\alpha\\ 1-\beta & \beta\end{pmatrix}\end{array}$$

求该马尔科夫链的 $n$ 步转移矩阵。

(1)求矩阵$\boldsymbol{P}$的特征值、特征向量

$$\lambda_1=1;\lambda_2=1-\alpha-\beta$$

令$\boldsymbol{P\xi}_i=\lambda_i\boldsymbol{\xi}_i$求得

$$\boldsymbol{\xi}_1=(1,1)^{\mathrm{T}};\boldsymbol{\xi}_2=(-\alpha,\beta)^{\mathrm{T}}$$

可以得到相似矩阵：

$$\boldsymbol{Q}=\begin{pmatrix}1 & -\alpha\\ 1 & \beta\end{pmatrix}$$

有

$$\boldsymbol{Q}^{-1}\boldsymbol{PQ}=\begin{pmatrix}1 & 0\\ 0 & 1-\alpha-\beta\end{pmatrix}$$

(2)求该马尔科夫链的 $n$ 步转移矩阵。先将矩阵$\boldsymbol{P}$对角化，再求出 $\boldsymbol{P}^n$：

$$\boldsymbol{P}^n=\begin{pmatrix}\dfrac{(1-\beta)+(1-\alpha)(\alpha+\beta-1)^n}{2-\alpha-\beta} & \dfrac{(1-\alpha)-(1-\alpha)(\alpha+\beta-1)^n}{2-\alpha-\beta}\\ \dfrac{(1-\beta)-(1-\beta)(\alpha+\beta-1)^n}{2-\alpha-\beta} & \dfrac{(1-\alpha)+(1-\beta)(\alpha+\beta-1)^n}{2-\alpha-\beta}\end{pmatrix}$$

(3)在 $n$ 趋近于无穷时，出现了状态转移矩阵收敛于固定值的现象。事实上，此时，任意给定一个初始绝对概率矩阵，其经过 $n$ 次转移得到的绝对概率矩

阵也收敛于一个定值。如，给定 $\alpha=0.3$，$\beta=0.2$，且初始绝对概率矩阵为 $(0.1\quad 0.9)$，其转移过程如图 9.22 所示，最终概率收敛至 $\begin{pmatrix}\frac{8}{15} & \frac{7}{15}\end{pmatrix}$。

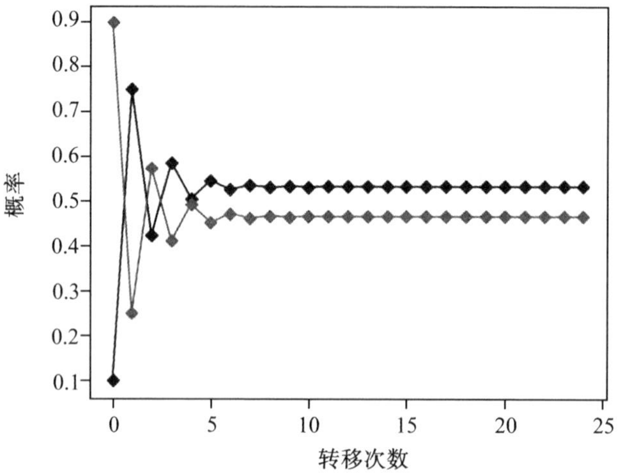


图 9.22　马尔科夫链的转移过程

这个现象并非偶然。对于马尔科夫链，我们给出平稳分布的定义：设马尔科夫链的绝对概率分布矩阵为 $\boldsymbol{\Pi}=(\pi_1\quad \pi_2\quad \cdots\quad \pi_n)$，状态转移矩阵为 $\boldsymbol{P}$，若满足（矩阵形式与元素形式）：

$$\boldsymbol{\Pi P}=\boldsymbol{\Pi} \text{ 或 } \sum_i \pi_i P_{ij}=\pi_j$$

则称绝对概率分布 $\boldsymbol{\Pi}$ 为马尔科夫链的平稳分布。

平稳分布满足这样的性质：如果过程处在平稳状态（满足平稳分布条件），则此后马尔科夫链将一直处于平稳分布状态。这是因为由 $\boldsymbol{\Pi P}=\boldsymbol{\Pi}$ 可以得到 $\boldsymbol{\Pi P}\cdot\boldsymbol{P}^k=\boldsymbol{\Pi}\cdot\boldsymbol{P}^{k-1}=(\boldsymbol{\Pi P})\cdot\boldsymbol{P}^{k-1}=\cdots=\boldsymbol{\Pi}$。

例：一时齐马尔科夫链的状态空间为 $\{1,2,3\}$，状态转移矩阵为

$$\boldsymbol{P}=\begin{pmatrix}0.3 & 0.3 & 0.4\\ 0.2 & 0.5 & 0.3\\ 0.4 & 0.6 & 0\end{pmatrix}$$

试求其平稳分布概率矩阵。

解：由

$$\begin{cases}\boldsymbol{\Pi P}=\boldsymbol{\Pi}\\ \pi_1+\pi_2+\pi_3=1\end{cases}$$

可得

$$\begin{cases}\pi_1+\pi_2+\pi_3=1\\0.3\pi_1+0.2\pi_2+0.4\pi_3=\pi_1\\0.3\pi_1+0.5\pi_2+0.6\pi_3=\pi_2\\0.4\pi_1+0.3\pi_2+0.0\pi_3=\pi_3\end{cases}$$

求解该方程组，得到

$$\pi_1=0.278,\pi_2=0.470,\pi_3=0.252$$

因此求得平稳分布概率矩阵为

$$\boldsymbol{\Pi}=(0.278\quad 0.470\quad 0.252)$$

6）马尔科夫链的极限分布

在天气链的引例中，我们还发现，状态转移矩阵最终也会收敛于定值。这与平稳分布也有密切联系。此处引入极限分布的概念：对绝对概率矩阵 $\boldsymbol{\Pi}=(\pi_1\quad \pi_2\quad \cdots\quad \pi_n)$，与状态转移概率 $P_{ij}$，如果对任意 $i,j\in S$，满足

$$\lim_{n\to\infty}P_{ij}^{(n)}=\pi_j$$

则称 $\boldsymbol{\Pi}$ 为马尔科夫链的极限（稳态）分布。

例：沿用上例的状态转移矩阵，试求其极限分布，并与平稳分布进行比较。

解：

$$\boldsymbol{P}=\begin{pmatrix}0.3 & 0.3 & 0.4\\0.2 & 0.5 & 0.3\\0.4 & 0.6 & 0\end{pmatrix}$$

$$\boldsymbol{P}^2=\begin{pmatrix}0.3 & 0.3 & 0.4\\0.2 & 0.5 & 0.3\\0.4 & 0.6 & 0\end{pmatrix}\cdot\begin{pmatrix}0.3 & 0.3 & 0.4\\0.2 & 0.5 & 0.3\\0.4 & 0.6 & 0\end{pmatrix}=\begin{pmatrix}0.31 & 0.48 & 0.21\\0.28 & 0.49 & 0.23\\0.24 & 0.42 & 0.34\end{pmatrix}$$

$$\boldsymbol{P}^3=\begin{pmatrix}0.31 & 0.48 & 0.21\\0.28 & 0.49 & 0.23\\0.24 & 0.42 & 0.34\end{pmatrix}\cdot\begin{pmatrix}0.3 & 0.3 & 0.4\\0.2 & 0.5 & 0.3\\0.4 & 0.6 & 0\end{pmatrix}=\begin{pmatrix}0.273 & 0.459 & 0.268\\0.274 & 0.467 & 0.259\\0.292 & 0.486 & 0.222\end{pmatrix}$$

$$\cdots$$

$$\boldsymbol{P}^n=\begin{pmatrix}0.2783 & 0.4696 & 0.2522\\0.2783 & 0.4696 & 0.2522\\0.2783 & 0.4696 & 0.2522\end{pmatrix}$$

矩阵 $\boldsymbol{P}$ 任一行均收敛至（0.278　0.470　0.252），因此其极限分布就是其平稳分布。

3.管理应用

1)应用综述

马尔科夫预测法在多个管理领域展现出广泛的应用价值。在运营管理上,它能预测未来需求量,助力企业精准决策生产与备货。同时,该法也适用于客户关系管理,通过预测用户行为模式来提升客户满意度。在市场营销方面,马尔科夫过程能为客户购买行为建模,预测销售额,优化营销策略,并预测市场占有率变动,为长期规划提供指导。在资源优化领域,它可预测机器故障与维修时间,优化资源分配,提升生产线效率,也适用于供应链与库存管理。此外,在风险管理上,马尔科夫模型能预测借贷客户违约概率,为制定风险管理策略提供科学依据。总之,马尔科夫预测法是管理决策中不可或缺的工具,能有效提升运营效率与风险管理水平。

2)管理案例分析

例:假设市场中存在 A、B、C 三种产品,分别由 a、b、c 三家公司销往某地,经过一段时间的市场调查,研究人员总结了三种产品目前的市场占有率情况,如表 9.17 所示。

**表 9.17　产品占有率**

| | A | B | C |
|---|---|---|---|
| 市场占有率 | 20% | 50% | 30% |

同时,研究人员统计发现,上一阶段购买 A 产品的顾客,本阶段有 60%的比例仍购买 A 产品。剩余顾客中,30%选择购买 B 产品,10%选择购买 C 产品。上一阶段购买 B 产品的顾客,本阶段有 30%的比例仍购买 B 产品,其余 70%顾客各有一半选择购买 A 产品或 C 产品。上一阶段购买 C 产品的顾客,50%的比例选择购买 C 产品,剩余顾客 30%选择购买 B 产品,20%选择购买 A 产品。

(1)建立市场占有率的马尔科夫链,计算并分析本阶段到下两阶段三类产品市场占有率的变化情况。

解:易知,马尔科夫链的初始绝对概率矩阵对应初始市场占有率为

$$\boldsymbol{p}_0=(0.2\quad 0.5\quad 0.3)$$

其状态空间即为 $S=\{A,B,C\}$,状态转移矩阵可以通过顾客流动构建:

$$\boldsymbol{P}=\begin{pmatrix}0.6 & 0.3 & 0.1\\ 0.35 & 0.3 & 0.35\\ 0.2 & 0.3 & 0.5\end{pmatrix}$$

三类产品下一阶段的市场占有率即转移一次后的绝对概率值为

$$\boldsymbol{p}_1=\boldsymbol{p}_0\boldsymbol{P}=(0.420\quad 0.325\quad 0.255)$$

同理，再递推一个阶段，得到的市场占有率矩阵为

$$\boldsymbol{p}_2=\boldsymbol{p}_0\boldsymbol{P}^2=(0.4770\quad 0.3162\quad 0.2067)$$

(2)试分析长期角度下，三类产品最终占有该地市场的稳态占有率。

解：该题即求解该马尔科夫链的平稳分布，满足

$$\begin{cases}\boldsymbol{\Pi P}=\boldsymbol{\Pi}\\ \pi_1+\pi_2+\pi_3=1\end{cases}$$

解以上方程组，求得平稳分布的概率矩阵为

$$\boldsymbol{p}_\infty=(0.485\quad 0.316\quad 0.199)$$

由此，我们可以得出结论：在进行长期销售之后，A 产品将占据接近半数市场，B 与 C 产品占有的市场比重将有很大程度下降，且 C 产品市场占有率最低。

(3)假设在销售过程中，生产三类产品的公司会根据市场情况改变经营策略，此时转移概率矩阵将会发生改变。经营策略的改变主要包括保留顾客、吸引(争取)顾客、放弃市场等。在本例中，若经过一个经营阶段后，c 公司发现经营情况不善，选择下两个经营阶段都从购买 a、b 公司产品的顾客中争取 10%的顾客，求 c 公司市场占有率的变化。

解：已知在第一个经营阶段，三类产品的市场占有率为

$$\boldsymbol{p}_1=\boldsymbol{p}_0\boldsymbol{P}=(0.355\quad 0.300\quad 0.345)$$

由于 c 公司改变经营策略，状态转移矩阵更改为

$$\boldsymbol{P}'=\begin{pmatrix}0.5 & 0.3 & 0.2\\ 0.35 & 0.2 & 0.45\\ 0.2 & 0.3 & 0.5\end{pmatrix},\boldsymbol{P}''=\begin{pmatrix}0.4 & 0.3 & 0.3\\ 0.35 & 0.1 & 0.55\\ 0.2 & 0.3 & 0.5\end{pmatrix}$$

因此，下两个经营阶段，c 公司的市场占有率的变动为

$$\boldsymbol{p}_2=\boldsymbol{p}_1\boldsymbol{P}'=(0.3515\quad 0.27\quad 0.3785)$$

$$\boldsymbol{p}_3=\boldsymbol{p}_2\boldsymbol{P}''=(0.3108\quad 0.246\quad 0.4432)$$

这说明 c 公司采取的经营措施有显著作用。

### 9.3.4 生长曲线模型

#### 1.使用场景

一般来说，事物总是经过发生、发展、成熟三个阶段，而每一个阶段的发展速度各不相同。通常在发生阶段，变化速度较为缓慢；在发展阶段，变化速度加快；在成熟阶段，变化速度又趋缓慢，按上述三个阶段发展规律得到的变化曲线

被称为生长曲线。生长曲线模型常用于描述生产行业、经济系统、流行病传播之类现象发生、变化、成熟的过程,可以有效刻画系统要素由产生到衰退变化的生命流程。

**2.方法步骤**

利用生长模型进行预测时,并非所有的模型都可用,必须在一定的精确度和准确度的情况下进行选择。下面将基于各生长速度假设不同的分类方法对各生长曲线模型预测的步骤等进行介绍。

1)指数生长曲线(J 形曲线)

指数生长曲线所描述的是无天敌、无环境资源限制条件下种群的增长状态。指数生长曲线的来源在于种群向下一代增长的速率与种群个体数成正比,该模型的微分方程假设为

$$\begin{cases} \dfrac{\mathrm{d}y}{\mathrm{d}t} = -ey \\ y\big|_{t=0} = y_0 \end{cases}$$

微分方程积分后可得到 J 形曲线的一般模型:

$$N(t) = np^t$$

其中,$N(t)$为第 $t$ 年的种群数量,$t$ 为时间,$(p-1)$为每年的增长率($>1$)。

根据微分方程可以画出指数生长曲线的图像,该图像呈现增长速度趋向于无穷大、种群规模无限制的特征(见图 9.23)。

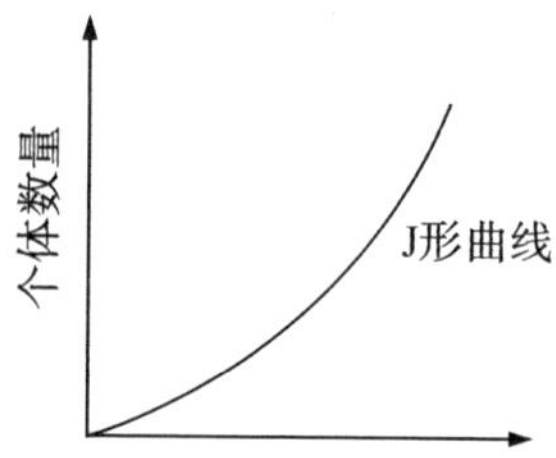


图 9.23　J 形曲线模型

2)皮尔曲线

皮尔曲线预测法是根据预测对象具有皮尔曲线变动趋势的历史数据,拟合成一条皮尔曲线,通过建立皮尔曲线模型进行预测的方法。此曲线能够较好地描述生物生长的过程和新产品的销售过程,比如用来预测耐用消费品的销量。

该模型的微分方程假设为

$$\frac{dy}{dt}=ky(L-y)$$

皮尔生长曲线的一般模型为

$$y=\frac{K}{1+e^{f(x)}}$$

式中，$K$ 为常数，$f(x)=a_0+a_1x+a_2x^2+\cdots$。这时，$f(x)$是 $x$ 的线性函数，且具有负斜率，$L$ 是 $y$ 的增长上限。

常用的皮尔生长曲线模型为

$$y=\frac{K}{1+be^{-ax}},a>0,b>0$$

其中，$a$、$b$、$K$ 为皮尔模型的参数，具体应用时，先通过线性回归对参数进行估计，再用皮尔模型进行预测。

3)逻辑斯蒂克曲线(S 形曲线)

逻辑斯蒂克曲线，又称 S 形(Sigmoid)曲线，是皮尔模型的一种形式，用来描述生物种群在有限资源情况下的增殖过程，管理领域可用来预测新技术的发展或新产品的销售。

逻辑斯蒂克函数的一般形式为

$$P(t)=\frac{KP_0e^{rt}}{K+P_0(e^{rt}-1)}$$

其中，$P_0$为种群初始个体总数，$t$ 为时间，$K$ 为环境最大容纳量，$r$ 为种群增长潜力指数，$P(t)$为 $t$ 时刻种群规模。

逻辑斯蒂克曲线来源于种群增长受环境因素限制，且以种群初始规模为 $P_0$ 条件构成的微分方程：

$$\begin{cases}\dfrac{dP}{dt}=rP\dfrac{K-P}{K}\\ P|_{t=0}=P_0\end{cases}$$

可以看出，当 $P=K/2$ 时，$\frac{dP}{dt}$ 达到最大值，$P$ 增长最快。$K/2$ 是 $P$ 的一个重要的特殊情况。

图 9.24 展示的就是 $K=2$、$P_0=1$、$r=1$ 的情况下逻辑斯蒂克函数的图像。不难发现，逻辑斯蒂克曲线所体现的种群增长特征是种群不可能无限增长，而是趋近于某一极限值，且种群个体数目达到该极限值的一半时有最大增长速率。

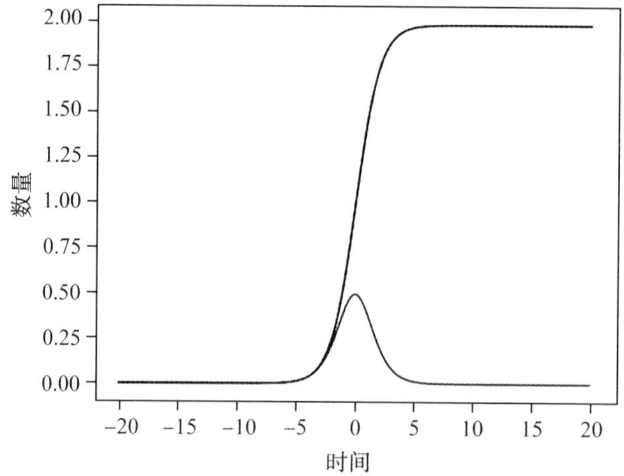


图 9.24　逻辑斯蒂克函数曲线与其导函数

逻辑斯蒂克函数的增长速度是以其种群最大密度半值为对称轴的对称曲线，曲线可以分为三个阶段：起始阶段、增长阶段和饱和阶段。在起始阶段，曲线呈现出缓慢上升的趋势；在增长阶段，曲线呈现出快速上升的趋势；在饱和阶段，曲线逐渐趋于平稳，不再随着横坐标的增加而显著变化。其图像如图 9.24 中的对称钟形函数所示。

4）Gompertz 曲线

Gompertz 曲线也用于描述前期增长速度缓慢，中期逐渐加快，到达一定程度后增长速度逐渐下降的现象。Gompertz 曲线的一般形式为

$$y=a\mathrm{e}^{-\mathrm{e}^{b-cx}}$$

其中，$a$ 代表生长的最大规模，$c$ 代表模型的生长速度，$b$ 为常数项。Gompertz 曲线来源于微分方程：

$$\begin{cases}\dfrac{\mathrm{d}x}{\mathrm{d}t}=rGx\ln x\\ x\big|_{t=0}=x_0\end{cases}$$

其中，$rG$ 是 Gompertz 曲线的速率参数，以$\dfrac{\mathrm{d}x}{\mathrm{d}t}$对 $t$ 作图与逻辑斯蒂克模型比较，其速率曲线亦呈钟形，但最高点左右不对称，高峰偏于右方。

Gompertz 曲线的某一图像如图 9.25 所示。由此可见，Gompertz 曲线更适于描述不对称的 S 形曲线，即前期发展快、后期发展慢的情况。

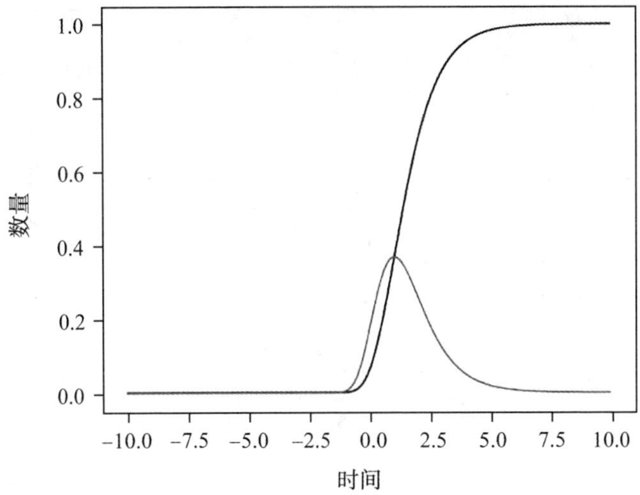


图 9.25 Gompertz 曲线与其导函数

5)理查德生长曲线

理查德生长曲线是一种用于描述生物体生长变化的曲线模型,该曲线主要应用于研究细胞、微生物和动植物等生物体的生长规律。利用理查德生长曲线进行系统预测时,需要结合具体情况进行参数拟合和模型调整,以保证预测的准确性和可靠性。

理查德生长曲线的一般形式为

$$y=\frac{a}{(1+\mathrm{e}^{b-cx})^{d}}$$

其微分方程假设为

$$\begin{cases}\dfrac{\mathrm{d}V}{\mathrm{d}t}=\eta V^{m}-\gamma V\\ V(t_0)=V_0\end{cases}$$

理查德生长曲线也适用于增长速率不对称的情况,且相比其他模型,由于理查德生长曲线含有控制偏移程度的参数 $d$,因而在应用时可以按需要调整,更加灵活。理查德生长曲线如图 9.26 所示。

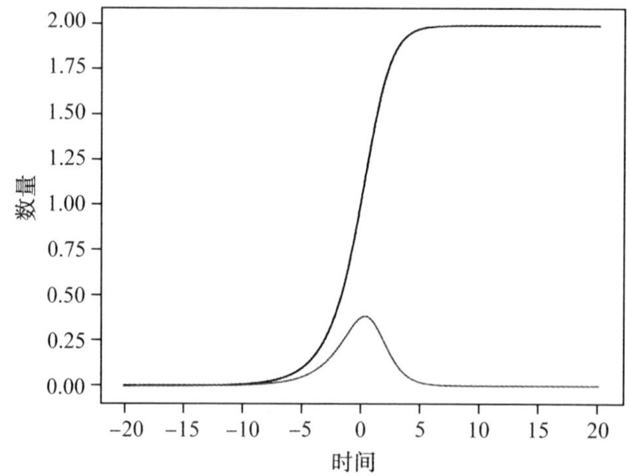


图 9.26　理查德生长曲线与其导函数

6)林德诺生长曲线

林德诺生长曲线模型常被用于新技术发展和新产品销售的预测,其数学模型的一般形式为

$$N(t)=\frac{L}{1+\left(\frac{L}{N_0-1}\right)e^{-bt}},t\geqslant t_0$$

其中,$N(t)$为$t$时熟悉新产品的人数;$N_0$为$t=t_0$时熟悉新产品的人数;$b$为校正系数;$L$为$N(t)$的极限值。

林德诺模型是基于下述假设条件建立的:新产品的推广或熟悉新产品的人数的增长率与已熟悉新产品的人数和未熟悉新产品的人数的乘积成正比,即满足微分方程:

$$\frac{\mathrm{d}N}{\mathrm{d}t}=bN\frac{L-N}{L}$$

上式在区间$[t_0,t]$上的积分得$N(t)$。由于$N(t)$与常用的皮尔生长曲线模型中$y$的表达式实际上相同,故参数的确定方法与皮尔模型类似。

7)龚帕兹(生长)曲线

龚帕兹(生长)曲线是一种常用曲线,其形式为

$$y=K\cdot a^{b},K>0,a<1,0<b<1$$

如图 9.27 所示,对参数$a$、$b$、$K$的不同取值,龚帕兹模型有不同的形状和变

化趋势。图(a)为 $\ln a<0,0<b<1$ 时的曲线;图(b)为 $\ln a<0,b>1$ 时的曲线;图(c)为 $\ln a>0,0<b<1$ 时的曲线;图(d)为 $\ln a>0,b>1$ 时的曲线。

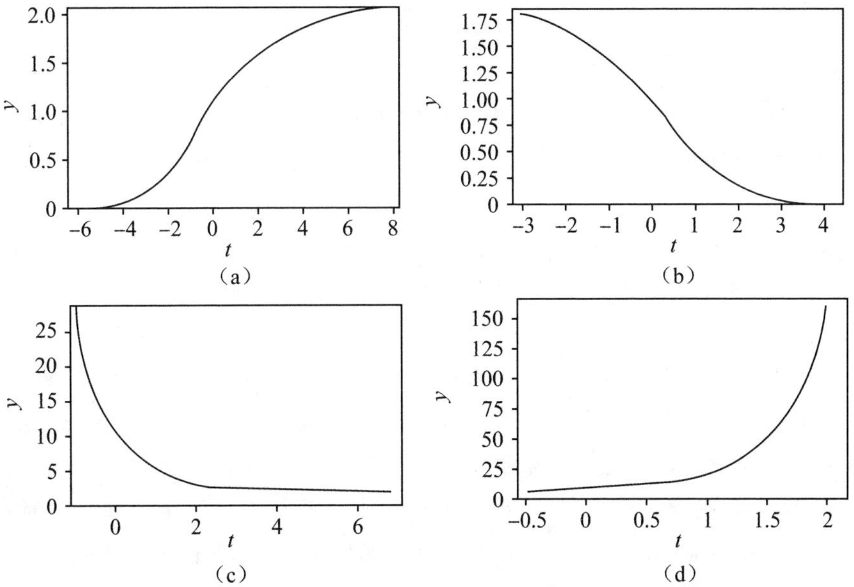


图 9.27 龚帕兹模型的变化曲线

给定时间序列 $y_i, i=1,2,\cdots,N$,只要求得其中的三个参数值 $a$、$b$、$K$,就可以求得未来周期的预测值。求参数 $a$、$b$、$K$ 的方法有多种,如非线性回归分析、特殊函数的最小二乘法等。这里介绍一种比较简单的方法,其步骤如下:

(1)将 $N$ 个数据分成三组(这里假设 $N=3r$)。

(2)求各组的 $y_i$ 值的对数和,即求

$$S_1=\sum_{i=1}^{r}\ln y_i, S_2=\sum_{i=r+1}^{2r}\ln y_i, S_3=\sum_{i=2r+1}^{3r}\ln y_i$$

(3)利用下列公式计算参数 $a$、$b$、$K$ 的值:

$$b_r=\frac{S_3-S_2}{S_2-S_1}$$

$$\ln a=\frac{(S_2-S_1)(b-1)}{b(b^r-1)^2}$$

$$\ln K=\frac{s_1-\frac{b(b^r-1)}{b-1}\cdot\ln a}{r}$$

(4)直接计算 $K$ 值的公式为

$$\ln K = \frac{\frac{1}{r}(S_1 S_3 - S_2^2)}{S_1 + S_3 - 2S_2}$$

**3.管理应用**

生长曲线在预测系统或者过程增长变化方面发挥了重要作用。通过收集并处理已有的数据,生长曲线可以拟合出满足数据增长变化规律的生长方程。利用这个方程,生长曲线可以描述出未来增长变化的趋势和数值,为决策和规划提供科学依据。但是,应用时需注意现实因素多样复杂,需灵活调整模型参数,如经济预测中需考虑人口、就业、物价等因素,针对性改进模型。

1)应用综述

生长曲线在多个领域具有广泛的应用价值。在人口变化预测方面,它可以帮助政府和城市规划者预测人口增长速度和规模,为基础设施规划、公共服务提供和社会保障政策制定提供依据。在销售领域,生长曲线能预测销售额的增长趋势,助力企业设定销售目标、优化销售策略并调整市场营销计划。同时,它还能预测市场份额的增长,指导企业制定市场份额目标和计划,调整营销与推广策略。在产品开发和管理中,生长曲线可用于预测产品销售量的变化趋势,为企业决定生产周期、调整市场策略和制订产品更新计划提供重要参考。此外,在资源管理和分配方面,生长曲线能预测企业资源需求量和供给量的变化趋势,帮助企业优化资源分配,提高资源利用效率。总之,生长曲线在多个领域均展现出强大的预测能力,为决策制定和资源管理提供了有力支持。

2)具体案例分析

下面是关于某地吹风机生产数量的预测。从 2010 年起历年产量数据如表 9.18 所示。曲线变化趋势如图 9.28 所示。

**表 9.18　电吹风机产量**

| 年份 | 产量/万台 |
|---|---|
| 2010 | 235.2 |
| 2011 | 249.9 |
| 2012 | 263.2 |
| 2013 | 293.6 |

续表

| 年份 | 产量/万台 |
|---|---|
| 2014 | 318.9 |
| 2015 | 356.7 |
| 2016 | 363.8 |
| 2017 | 424.2 |
| 2018 | 486.5 |
| 2019 | 586.8 |
| 2020 | 768.0 |
| 2021 | 1019.8 |

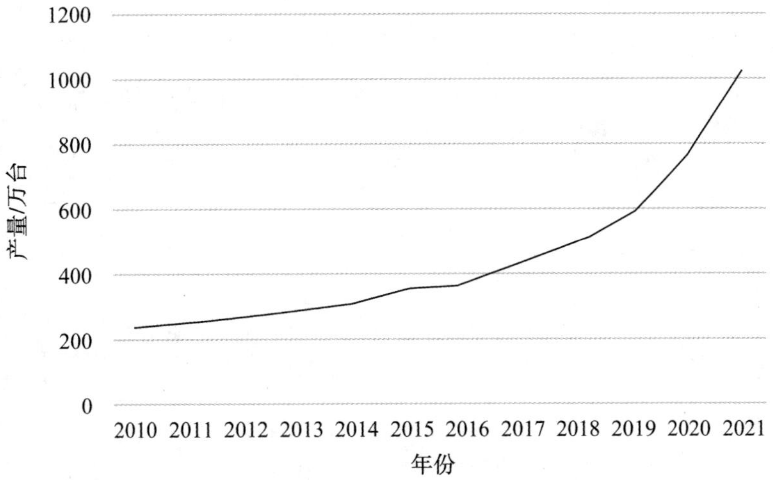


图 9.28 某地 2010～2021 年吹风机产量曲线

由图 9.28 可知，2010～2017 年是缓慢增长阶段，而从 2018 年开始，产量进入迅速增长阶段。因此，可以用 Gompertz 曲线描述这一增长规律。$t$ 代表年份，$K$、$a$、$b$ 为常数，根据 $Y_t = Ka^{b^t}$ 计算得

$$K = 176.198$$
$$a = 1.289$$
$$b = 1.171$$
$$\therefore Y_t = 176.198 \times (1.289)^{1.171^t}$$

如果要利用模型预测2022年的吹风机产量，令 $t=13$ 代入方程可得

$$\begin{aligned} Y_{13} &= 176.198 \times (1.289)^{1.171^{13}} \\ &= 1271.4\text{(万台)} \end{aligned}$$

预测值为1271.4。

## 9.4 系统预测方法选择

本章所介绍的系统预测方法的使用场景、应用领域及方法步骤如表9.19、表9.20、表9.21所示。

**表9.19 不同预测方法的使用场景**

<table>
<tr><th colspan="2">预测方法</th><th colspan="2">使用场景</th></tr>
<tr><td rowspan="3">定性预测方法</td><td>专家预测法</td><td>针对以专家意见为分析客体的问题</td><td rowspan="3">系统可获得的直接数据少或想要预测的指标难以确定客观指标</td></tr>
<tr><td>德尔菲法</td><td>针对要求匿名性、反馈性和数理统计性的问题</td></tr>
<tr><td>主观概率法</td><td>针对历史资料不齐全且不适用的问题</td></tr>
<tr><td rowspan="4">定量预测方法</td><td>时间序列分析</td><td>针对事物过去遵循的规律会一直延续到未来的问题</td><td rowspan="4">系统可获得的数据丰富，易于建立数学模型，容易归纳定量的评价指标</td></tr>
<tr><td>回归分析</td><td>针对存在自变量、因变量且目的是寻找最能代表变量间相关关系的问题</td></tr>
<tr><td>马尔科夫预测</td><td>针对事物的未来状态只与事物近期状态有关而与事物过去状态无关的问题</td></tr>
<tr><td>生长曲线模型</td><td>针对发生、发展、成熟过程符合一般生长规律的问题</td></tr>
<tr><td colspan="2">综合预测方法</td><td colspan="2">针对需要利用多种预测方法来提高预测精度的问题</td></tr>
</table>

表 9.20 不同预测方法的管理应用

| 预测方法 | | 管理应用 |
| --- | --- | --- |
| 定性预测方法 | 德尔菲法 | 知识管理创新风险评价模型 |
| | 专家预测法 | 战略规划/产品定位/市场细分 |
| | 主观概率法 | 对销售市场趋势分析期内经营情况的分析 |
| 定量预测方法 | 时间序列分析 | 财务预测 |
| | 回归分析 | 市场销售量预测 |
| | 马尔科夫预测 | 市场占有率模型/人力资源变动模型 |
| | 生长曲线模型 | 产品生命周期理论的结合应用 |
| 综合预测方法 | | 新零售企业产品需求分析 |

表 9.21 不同预测方法的步骤

| 预测方法 | | 方法步骤 |
| --- | --- | --- |
| 定性预测方法 | 专家预测法 | (1)明确预测目标,(2)挑选专家,(3)提供一定的背景资料,(4)进行预测 |
| | 德尔菲法 | (1)确定预测事件,(2)初次预测,(3)修改预测,(4)最终预测 |
| | 主观概率法 | (1)成立预测组,(2)编制主观概率调查表,(3)汇总整理调查表,(4)校正结果并进行判断预测 |
| 定量预测方法 | 时间序列分析 | (1)获取被观测系统时间序列的动态数据;(2)作图并进行相关分析,求自相关函数;(3)利用随机模型进行曲线拟合;(4)进行预测 |
| | 回归分析 | (1)确定自变量与因变量,(2)利用样本数据建立预估模型,(3)进行模型相关检验,(4)代入自变量后进行相关预测 |
| | 马尔科夫预测 | (1)进行调查并获取初始分布;(2)建立数学模型,测算概率转移矩阵;(3)进行被测量变量预测 |
| | 生长曲线模型 | (1)获得初始数据;(2)建立数学模型并求取估计参数;(3)进行预测,并对结果进行校正 |
| 综合预测方法 | | (1)建立多个单项预测模型,(2)进行系统聚类分析,(3)逐层次建立组合预测模型 |

本章介绍的是系统工程中相对简单且易实施的常见方法,复杂系统研究还有更复杂的预测方法,如数量经济法、投入产出法、系统动态法等,它们在精度

和成本上有所不同。选择预测方法时需考虑以下指标。

1.预测期限

不同的预测方法适用于不同的预测期限。一般而言,定量方法适用于中短期预测(如企业销售、市场需求),而定性方法多用于长期预测(如科技发展、经济趋势)。

2.数据分布形式

需根据数据波动形态和分布选择方法,如随机波动用移动平均法,线性趋势用回归分析法,综合波动需结合多种方法。季节性波动预测可先用回归分析或移动平均法确定长期趋势,再计算季节性指数值。

3.精确度

精确度对决策者至关重要。可通过两种方法测定:一是使用一组完整的历史数据将某种预测方法应用于一定场合,然后通过计算实际值与预测值之间的误差来测定预测精度,误差量可以使用均方差或平均绝对偏差等指标进行计算。二是把一组完整的历史数据分为两部分,将一部分作为确定预测方法的参数,将另一部分用来检验它的精确度。这个方法的优点是能对预测方法进行全面的检验,使所有数据都能用于预测。评估时需考虑方法对基础数据波动和转折点的预测能力。例如,一元回归分析法通常用于时间为自变量的数据中求长期趋势,但不能有效地预测因市场变化等因素引起的转折点。

4.预测成本

在进行预测时,我们需平衡预测精度要求和成本。高精度预测可能增加数据采集和处理费用,而低精度预测可能导致损失。应优化选择方法,以最低成本实现所需精度,寻找前期投入和后期损失之间的最佳平衡区域。我们的方法选择应尽可能落在这一区域内。预测成本与数据精度的关系如图 9.29 所示。

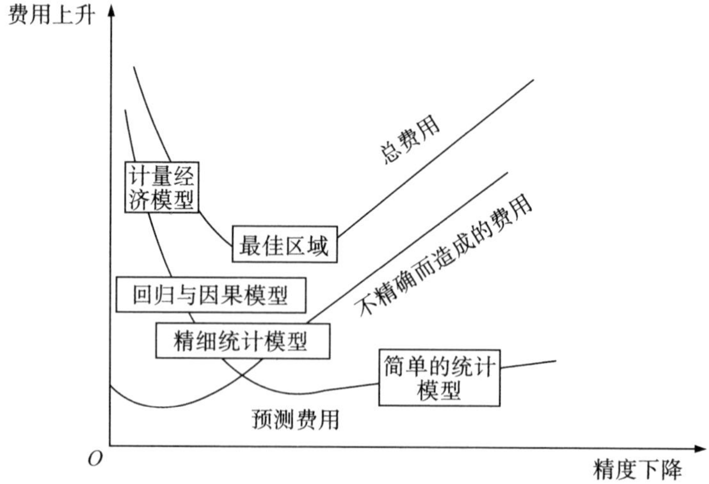


图 9.29　预测成本与数据精度的关系

5.适用性

在系统预测中,适用性指的是某种预测方法的应用难易程度,这对系统决策至关重要。具体涉及三个方面。

(1)预测所需的时间:因为预测为决策服务,而决策一定是有时间要求的,因此决策者需要在较短的时间内使用可以提供足够准确性的预测方法。

(2)预测结果对决策者的价值:预测方法的选择需考虑预测成本与预测结果对决策者的价值是否相符,并确保预测所获得的价值能够使决策者满意。

(3)问题性质:针对不同的预测问题,应根据其性质选择不同的预测方法。这需要预测者对具体问题进行仔细分析,并选择最适合的预测方法。

在实际预测过程中,正确选择预测方法对于准确作出预测至关重要。而为了进行准确的预测,我们不能将上述因素割裂开来考虑,而是需要进行综合分析,权衡各方面的利弊。在权衡的过程中,我们应明确需求,以便作出恰当的选择。

## 9.5 思考题

(1)简述管理系统预测的概念与基本步骤。

(2)简述专家预测法、主观概率法等定性预测方法的适用情境。

(3)简述时间序列预测法、回归分析预测法等定量预测方法的适用情境。

# 第10章 管理系统决策

**学习目标**

(1)理解管理系统决策的概念、原则、要素及过程。

(2)熟悉确定型决策、风险型决策与不确定型决策的方法与步骤。

(3)掌握完全信息静态博弈、完全信息动态博弈、不完全信息静态博弈和不完全信息动态博弈等竞争型决策的方法与步骤。

## 10.1 系统决策概述

### 10.1.1 决策的概念与原则

**1.概念**

中国历史上有许多杰出人物提供了田忌赛马、草船借箭等著名决策案例，并留下《孙子兵法》《资治通鉴》等相关著作，至今仍对我们有启发作用。但早期因社会活动范围窄、生产力水平低，决策影响力有限，已不适应现代大规模生产和科技发展的社会场景。

近代以来，世界政治、经济、军事和科技领域经历变革，科技与生产发展迅速，社会日益复杂且竞争激烈。这些变化使决策科学化变得至关重要，众多管理学者和科学家投身决策活动研究，探索科学决策理论与方法，推动决策分析理论形成与发展。

决策是人类社会的重要活动，涉及各领域及个人/集体行动。决策并非瞬间行为，而是决策者经分析、推敲、论证后决断的过程。严格说，决策分为科学决策与非科学决策。科学决策是在科学理论知识指导下，用科学方法选最优方案的过程，是经实践检验正确或合理的决策，通常所说的"决策"多指科学决策。

非科学决策指主观盲目、缺少科学依据、不切实际、顾此失彼的“拍脑袋决策”，这类决策在执行过程中往往导致错误与损失。

系统决策运用系统工程方法分析综合评估系统因素，选择最优或满意的方案来实现系统目标，即利用决策系统避免冲动盲目。管理系统决策则是指在管理领域中，通过系统工程方法对组织或管理系统中的各种因素进行分析、评估和选择的过程。这一决策过程全面考虑了组织内部因素（如组织结构、资源分配、业务流程等），同时也纳入了外部环境对系统的影响。在管理系统决策中，决策者利用系统工程方法的原理和工具，通过对系统的分析、建模、评价和优化，选择最优或满意的方案以实现组织或管理系统的特定目标。此过程强调科学决策，避免冲动和盲目。

本章将重点介绍在不同类型的决策中，如何运用不同的系统工程方法来支持决策者进行决策。

2.原则

在进行科学合理的决策时，有以下原则需要遵循：

（1）信息原则：决策的依据应该是准确、完整和及时的信息。决策所依赖的信息越充分，决策的基础就越坚实，决策成功的概率也就越高。

（2）预测原则：决策必须建立在可靠的预测基础上。尽管未来的信息通常是不完全的，但通过科学的预测可以对决策对象未来的发展作出合理的推测和预计。

（3）系统原则：决策时必须考虑整个系统以及相关系统之间的联系和作用。决策过程不仅要优化局部，还要追求整体最优，以实现决策的整体化、综合化和最优化。

（4）科学原则：决策需要依据科学的理论和方法。科学方法是正确决策的指导思想，通过运用不同学科的知识，如数学、经济学、社会学等，来指导决策过程。

（5）可行原则：决策必须符合科学技术和经济规律，并且考虑到客观条件的限制。决策需要综合评估利弊及风险，确保决策可实施。

（6）选优原则：在比较多个方案、途径和方法时进行分析和评估，以选择最佳方案。对比评估是区分方案优劣的关键。

（7）反馈原则：在不断变化的环境中，决策需要根据实际反馈进行调整和改变，以保持决策的科学性和合理性。

（8）集团原则：复杂问题需集体决策。问题越复杂，个人或少数人越难胜任决策任务，决策者需智囊团辅助分析并提供可行方案。

(9)效益原则:付出较小的代价来取得较大的效益。效益主要包括经济效益、政治效益和社会效益。在某些情况下,由于追求最优方案的代价过高,决策者不得不退而求其次,选择次优的方案。因此,决策需要从微观和宏观角度综合考虑政治效益、经济效益和社会效益。

### 10.1.2 决策的要素和过程

**1.决策的基本要素**

决策包括决策者、决策目标、决策方案、自然状态、决策结果和决策准则这几个基本要素。

决策者在决策过程中扮演着非常重要的角色,他们会受到社会、政治、经济、文化、心理等多重因素的影响,从而形成不同的偏好。例如,政治领袖可能会考虑如何赢得选民的最大支持,而企业家则会关注如何提高公司的利润额。

决策目标指的是决策者期望实现的明确目标,通常包括单一目标和多重目标。确立决策目标需要进行深入分析,并充分考虑可能的局限性。在实际操作中,可能会出现目标之间存在冲突的情况。

决策方案为决策者提供了不同选择。它们包括明确方案和不明确方案,前者规定了产生方案的可能约束条件,而后者可能存在无限种方案。为了找到合理或最佳的方案,可以利用运筹学的线性规划等方法。

自然状态指的是决策者无法控制,但可以预见到的各种客观存在的决策环境状态。这些状态可以是确定的,比如地图上的城市位置或电力网中的电缆布局;也可能是不确定的,比如经济的波动或客观设施的磨损。为了更好地理解自然状态,可以将其分为离散和连续两种情况。

决策结果是指各种决策方案在不同的自然状态下所产生的结果。决策者希望选择的决策方案能够在自然状态下获得最佳的结果,每个方案都伴随着相应的风险和机会。

决策准则用于评估方案是否符合决策目标的价值标准,也是选择方案的依据。决策准则反映了决策者的价值取向或偏好。选择适当的决策准则,有助于在决策过程中作出适当的权衡。

**2.决策的过程**

决策过程是对决策问题进行综合分析和判断的过程,可以分为以下几个阶段。

1)确定目标

确立决策目标需考虑需求、问题、预期结果及资源,目标需明确时间、地点、数量，区分主次且不可妥协。同时，设定资源最高限度和成果最低限度（边界条件），对期望目标表达相对需求即可。

2）收集信息和预测

为了有效决策，需充分了解自身及相关情况。因收集的信息多为历史数据，且环境有随机性，故需用预测技术，结合已收集信息来预测未来，为决策提供更丰富的未来信息，提升决策准确性。

3）提出各种可行方案

根据决策的目标和可用信息，设计多种可行方案作为备选方案。需要从多个角度提出各种可行方案，进行比较分析。了解限制性和决定性因素可提高方案可行性。此外，制定可行方案需依靠专家或团队的研究。

4）评价各种可行方案

在综合考虑数量和质量因素的基础上，计算各可行方案的效益与费用。评估时，应根据目标要求进行衡量，对每个方案分别考虑“必须达成的目标”和“希望达成的目标”。如果一个方案无法实现“必须的目标”，则应舍弃，并基于“希望达成的目标”进行评估。采用各种评价方法，计算各个方案的评价值，为决策提供依据。

5）选择最佳方案

最佳方案的选择取决于前面步骤的分析结果，并考虑决策者的主观因素，如素质、判断力等。需按一定的决策准则权衡分析，考虑多方面影响，综合分析结果后选定最佳方案，至此基本完成决策过程。

6）控制决策效果

决策实施后可能会按预期获得成功，或遇到未曾预料到的问题，需随时掌握情况，采取应急措施并随着实际情况作出修正。为此，应建立相关控制及报告制度，以确保决策有效实施。

### 10.1.3 决策技术分类

决策的范围以及人类活动的复杂性决定了决策具有多种不同的类型，每种类型都具有一定的特征和方法。

**1.按照决策的重要程度，分为战略决策、管理决策和业务决策**

战略决策是涉及企业的整体发展方向和长期目标的决策。它在确定组织的使命、愿景、定位和战略目标等方面发挥着关键作用。战略决策需要综合考虑内外部环境因素，以确保组织在竞争激烈的市场中取得优势地位。

管理决策是在执行战略决策时作出的基本战术性决策。它包括确定企业的生产和销售计划、产品和服务的定价策略、资源配置和组织设计等。管理决策对于保证企业日常运营的高效性至关重要。

业务决策是基层管理者在日常业务活动中为提高工作效率而作出的决策。这些决策涉及生产流程优化、任务分配、工作定额和绩效考核等方面，目的是确保组织操作的顺利进行和部门的有效运行。

**2.按照决策的主体不同，分为个人决策和群体决策**

个人决策是基于个人的智慧、经验和所掌握的信息，优势在于快速和灵活，但易受偏见和视野限制。

群体决策是由多个个体组成的决策群体进行的决策，汇集多元意见和经验，减少盲点，但可能过程复杂、难以达成一致且耗时。

**3.按照决策是否具有重复性，可分为常规决策和非常规决策**

常规决策是指经常重复发生且决策者能够按照一定的程序和标准进行的决策，常在日常运营中应对例行事务的处理，可以依靠已有的经验、规则和流程加以解决。

非常规决策是指解决不易确定、错综复杂且前所未有的新问题的决策。这些问题无法依据常规业务操作解决，需要管理者进行专门的处理和创新。

**4.按照决策问题所处条件和性质不同，分为确定型决策、风险型决策、不确定型决策和竞争型决策**

确定型决策是指决策系统中所有可能发生的情况都能够被确定，并且对事件发生的概率有明确了解的决策。针对确定型决策，具备充足知识和技术手段的决策者可以选择出最优决策方案。

风险型决策是指决策对象存在超过一个确定的自然状态的决策场景，决策者可以确定决策目标，但存在一定风险。决策者只能确定某种自然状态发生的概率，需要在风险和收益之间进行权衡和优化。

不确定型决策是指决策者面临客观环境条件不确定的决策问题，对事件发生的概率没有明确了解。在这种情况下，每个决策方案都有多种可能的结果，决策受到多个不确定因素的影响。

竞争型决策是指决策对象在决策过程中具有竞争性的活动，并且决策者的决策结果完全依赖于其他参与者采取的对策。这种决策形式涉及博弈和竞争策略的运用。

确定型决策不是本章的重点，因此只简要介绍了其基本概念和基本方法，本章的其他部分将深入探讨剩余三类决策类型的理论和实践。

## 10.2 确定型决策

### 10.2.1 概述

确定型决策是指决策者基于已知条件和明确的目标,利用所掌握的知识和科学方法进行决策的过程。在确定型决策中,决策者能够准确地评估备选方案在各种确定状态下的结果,并选择最优的方案。

构成一个确定型决策问题需要同时满足以下四个条件:

(1)存在一个明确的决策者希望达到的决策目标。这个目标通常与组织的战略目标相一致,如提高利润、降低成本或满足特定的业务需求等。

(2)存在一个明确的自然状态。决策环境中可能发生各种事件、情况或变化,决策者需要对自然状态进行全面的了解和评估,以便制定对策。

(3)存在两个及两个以上可供选择的备选方案,用于实现决策目标。这些备选方案可以是不同的策略、方案或行动,每个方案都有其特定的决策变量和决策参数。

(4)可以求得不同方案在各个确定状态下的损益值,即各个备选方案在不同自然状态下的结果、效益或损失。这些值可以通过实证分析、模型计算或专家判断等方式获取。

确定型决策在实操时仍存在一些挑战,决策者需要在众多备选方案中进行选择并综合考虑如资源限制、风险承受能力和长期战略规划等因素。此外,它还涉及供应链优化、生产规划、投资决策等问题类型,需运用数学模型、算法和优化技术进行分析和决策。

如下类型都属于确定型决策的问题。

(1)有 $M$ 个产地、$N$ 个销地的某种物资的运输问题,当 $M$、$N$ 较大时,运输方案相当多,这就需要找出运费最少的方案。

(2)某企业可向数家利率各不相同的银行借贷,企业决定向哪家银行贷款的问题。

(3)某制造企业在确定状态下的库存管理、生产日程计划的决策等。

总之,确定型决策为决策者提供了一种系统和科学的方法来处理已知条件下的决策问题。利用数学模型、应用数学规划和优化技术,可以辅助决策者在复杂且变化的环境中作出最优的决策。进一步研究和应用确定型决策方法,可以提高决策的准确性、效率和质量,为组织的可持续发展提供有力支持。

### 10.2.2 基本方法

确定型决策可以借助单纯选优决策法和模型选优决策法来协助决策者作出决策。这些方法涉及高等数学和运筹学等学科的相关知识，在此简要介绍一下这些方法。

**1.单纯选优决策法**

当决策者面临的决策问题的备选方案数量是有限的，并且决策所依据的数据无须进一步计算时，可以通过直接比较备选方案来选择最佳方案。这种决策方法被称为单纯选优决策法。例如，当面临多家公司的不同报价时，为了节约成本，可以选择报价最低的公司作为最佳方案。这种方法简单直观，决策者可以根据自己的意愿和偏好进行方案选择，这里不再作过多的阐述。

**2.模型选优决策法（运筹学方法/经济分析方法）**

模型选优决策法是指在决策对象的自然状态完全确定的情况下，根据确定的约束条件，建立数学模型来选择最优方案的一种方法。

该方法的基本思路如下：首先，设计决策目标。这包括单一目标决策和多目标决策（在多目标决策中需要考虑各个目标的优先级）。其次，建立约束条件。某些确定型决策问题在实现指标最大化或最小化时会存在一定的限制条件，如人力、物力、财力的限制等。最后，求解该决策问题的最优解，即最优方案。这需要通过解决相应的数学模型来实现。

在模型选优决策法中，常用的方法包括以下几种：

(1)一般计量方法：该方法在一些简单的确定型问题中有一定的应用价值，但也存在一定的局限性。

(2)经济分析方法：包括投资回收期法、财务报表法、统计报表法、净现值法、成本效益分析法、盈亏平衡法等。

(3)运筹学方法：通过建立数学模型来进行决策的一类方法，其中包括线性规划、非线性规划、动态规划、库存论、排队论等。

模型选优决策法帮助决策者系统和科学地处理确定型决策问题，通过建立数学模型和运用优化技术寻找最优方案，提高决策的效率，被广泛应用于管理系统工程，帮助决策者理性应对复杂问题。

## 10.3 风险型决策

### 10.3.1 概述

风险型决策可被定义为在大部分条件已知的情况下，决策者面对多种可能结果，而每个结果发生的概率已知的决策过程。在管理系统工程中，解决风险型决策问题是至关重要的。本节将详细介绍一些常用的方法，以帮助决策者应对风险型决策问题，包括期望值决策方法、决策树法和贝叶斯决策方法。

构成一个风险型决策问题必须具备以下四个条件：

(1)存在一个明确的决策者所希望达到的决策目标。这个目标可能涉及效益的最大化、风险的最小化或其他特定的目标。

(2)存在两个或两个以上明确的自然状态。它们代表着不同的情景或事件，并且这些自然状态发生的概率是可以根据决策者的经验或其他信息进行计算的。对于每个自然状态，都有与之相关的结果或后续事件。

(3)存在可供选择的两个及两个以上的备选方案，每个方案针对不同自然状态可能会产生不同的结果。

(4)对于每个备选方案，在各个确定自然状态下都能够评估出其所带来的损益值或效益，可以通过量化和测量来衡量它们的影响。

### 10.3.2 期望值决策方法

**1.概述**

决策变量的期望值就是该变量在不同自然状态下损益值与相应自然状态发生概率的乘积，可以用如下的公式进行表示：

$$V_i = \sum_{j=1}^{m} V_{ij} P_j(S_j)$$

式中：$V_i$ 为第 $i$ 方案的期望值，$V_{ij}$ 为第 $i$ 方案在自然状态 $S_j$ 下的取值，$P_j$ 为自然状态 $S_j$ 的发生概率。

期望值法是根据上述公式计算出期望值，通过比较期望值与决策者的目标，选择具有最大或最小期望值的方案，以满足决策者的要求。

**2.具体应用**

某果汁生产厂家为充分发挥厂内设备的生产能力，拟开发一种新产品，成本价 30 元，售价 80 元，每箱可以获利 50 元，若当日有剩余，则每箱产品亏损 30 元，依据市场销售情况，制定生产方案，以达到最大效益。在不同销量状态下，不同生产方案的收益如表10.1所示。

表10.1　收益矩阵

| 产量/箱 | 概率 | | | | 期望利润/元 |
|---|---|---|---|---|---|
| | 0.2 | 0.4 | 0.3 | 0.1 | |
| 100 | 5000 | 5000 | 5000 | 5000 | 5000 |
| 110 | 4700 | 5500 | 5500 | 5500 | 5340 |
| 120 | 4400 | 5200 | 6000 | 6000 | 5360 |
| 130 | 4100 | 4900 | 5700 | 6500 | 5140 |

根据期望值公式，计算期望利润，具体结果如下所示：

$V_1=5000\times0.2+5000\times0.4+5000\times0.3+5000\times0.1=5000$（元）

$V_2=4700\times0.2+5500\times0.4+5500\times0.3+5500\times0.1=5340$（元）

$V_3=4400\times0.2+5200\times0.4+6000\times0.3+6000\times0.1=5360$（元）

$V_4=4100\times0.2+4900\times0.4+5700\times0.3+6500\times0.1=5140$（元）

根据计算结果可以看出，生产120箱时期望利润最大，即为所求得的最优方案。

3.期望值决策方法中的几个问题

1）风险型决策中完整情报的价值

使用期望值决策方法计算期望利润时，由于无法完全预测未来市场状态，所得结果仅为平均利润，而非实际可获利润。为了准确地掌握市场的预期，需要得到完整的情报。

所谓“完整情报”，就是能给出一个准确的将来状况的信息，把随机问题变成一个确定的问题。以上例来说（见表10.2），每天的生产数量都能满足市场的需求，不会出现短缺，也不会有多余的库存。

表10.2　完整情报下最大期望值

| 产量/箱 | 概率 | | | |
|---|---|---|---|---|
| | 0.2 | 0.4 | 0.3 | 0.1 |
| 100 | 5000 | | | |
| 110 | | 5500 | | |
| 120 | | | 6000 | |
| 130 | | | | 6500 |

根据期望值公式，计算期望利润，具体结果如下所示：

$$V=5000\times0.2+5500\times0.4+6000\times0.3+6500\times0.1=5650(\text{元})$$

在有风险的情况下计算出来的最大期望利润是 5360 元，与掌握完整情报情况下最大期望利润的差值为 290 元。这个差值就是获取了完整情报后多出来的收益，也可以称之为资料不完整时进行决策产生的损失。

2）两个期望损益值相同的方案的选择

在决策中会出现两个方案计算出来的期望值相同的情况，需要通过下列方法进行方案选择。

按统计学意义，平均离差 $\sigma_i$ 为

$$\sigma_i=\frac{1}{n}\sum_{j=1}^{n}|V_{ij}-V_i|, i=1,2,\cdots,m$$

式中，$n$ 为自然状态数；$V_i$ 为 $i$ 方案的期望值；$V_{ij}$ 为 $i$ 方案在 $j$ 状态下的收益值。

按决策技术定义平均离差 $\sigma_i$：

$$\sigma_i=V_i-V_{i(\min)}$$

式中，$V_{i(\min)}$ 为 $i$ 方案各状态下的最小收益值。

当出现可行方案期望值相同时，可以选择离差小的方案作为最优方案。该方法计算较为简单，这里不再举例。

### 10.3.3 决策树分析方法

**1.概述**

决策树，也被称为决策图，是一种以树形结构图表现一系列要素及其相互关系的分析方法。它将决策问题具体化，通过图示的方式展示备选方案、可能出现的情况以及各种盈亏情况，便于决策者全面了解并深入分析决策情境。对于那些缺乏数学基础的人来说，决策树提供了一种直观、易理解的决策支持工具。

**2.决策树所用图解符号及结构**

**决策点**：用符号□表示，通常位于决策树的最左侧，作为决策的初始点。当涉及多个阶段的决策问题时，可以在决策树的中央设置多个决策点。

**方案枝**：从决策点引出的分支，表示各种可行的方案或策略。方案枝的数量代表可行方案的数量。

**状态节点**：一般用符号○表示，表示决策分支的终点，也是概率分支的起点。

**概率枝**：从状态节点引出的分支，每个分支表示在特定自然状态下发生的概率。

**结果点**：一般用符号△表示，代表不同自然状态和概率下不同方案的损益值。

单级决策树和多级决策树的结构分别如图10.1和图10.2所示。

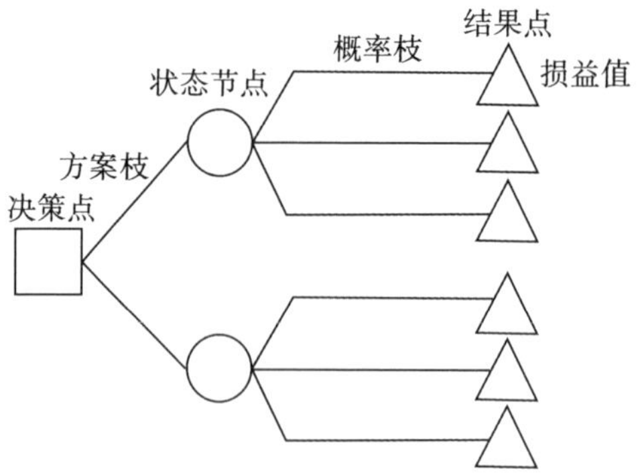


图10.1　单级决策树

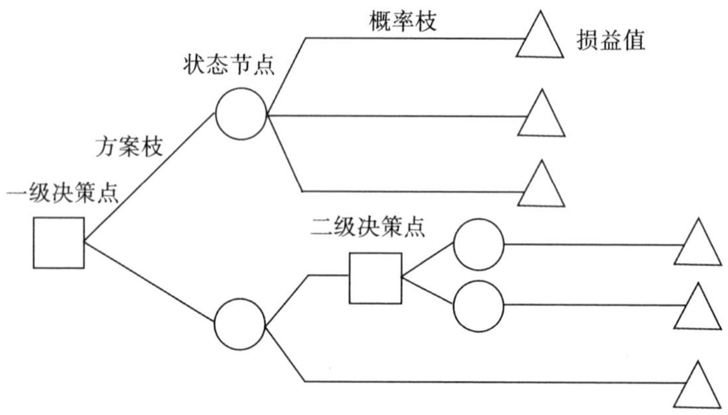


图10.2　多级决策树

### 3.决策树法的基本步骤

1)画出决策树图形

绘制决策树图时，决策者需要编制多种可行方案，并对每个方案的不同状态进行分析和评估。绘制过程中，要按照决策树的结构，从左到右依次绘制决策点、方案枝、状态节点和概率枝。

2)计算各状态点的期望值

从右至左,依次计算每个状态节点的期望值,并标注在各状态节点上方。期望值是通过对每个可能结果的概率和相应的损益值进行加权平均而得到的。

3)修枝选方案

从右到左进行优化,根据期望值的高低进行比较。在这一步中,根据期望值的高低,决策者可以剔除预期收益较低的方案,将期望值最大的方案保留为备选方案。未被选中的方案会被"剪枝",即从决策树中删除,不再考虑。需要注意的是,在较为复杂的决策问题中,此步骤可能与第二步交叉进行。

**4.决策树分析法分类**

1)单级决策树分析方法

单级决策树是一种通过一次决策活动就能选择最优解的方法。通常情况下,该类型决策树中仅有一个决策节点。

下面通过一个例子来具体说明如何应用该方法。

某公司有两种生产方案 $A_1$ 和 $A_2$ 以满足市场的需求,有畅销 $\theta_1$ 和滞销 $\theta_2$ 两种可能的市场状态,具体如表 10.3 所示。管理者在这样的情况下如何进行决策呢?

**表 10.3 决策表** (单位:万元)

| | $\theta_1$(畅销) | $\theta_2$(滞销) |
|---|---|---|
| $p(\theta_j)$ | 0.8 | 0.2 |
| $A_1$ | 120 | −40 |
| $A_2$ | 60 | 20 |

解:(1)绘制决策树,如图 10.3 所示。

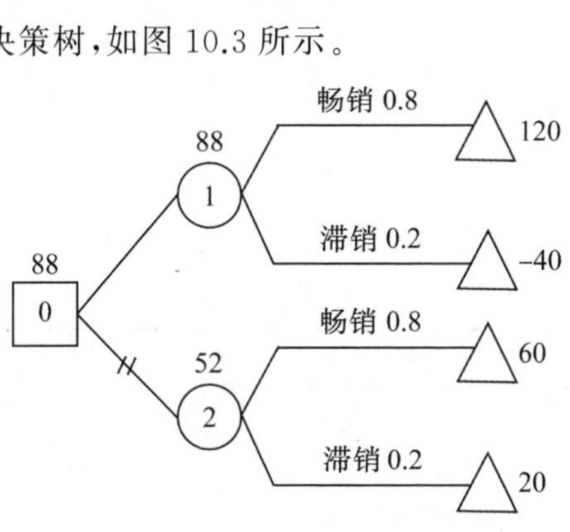


图 10.3 决策树

(2)计算各方案的期望收益值。

节点①：$E_1=0.8\times120+0.2\times(-40)=88$(万元)

节点②：$E_2=0.8\times60+0.2\times20=52$(万元)

将计算结果填入决策树相应的状态节点上方，来表示期望收益值。

(3)修枝选方案。

通过对两个方案的最终期望值进行比较可知，生产方案 $A_1$ 优于生产方案 $A_2$。因此，最佳生产方案应选 $A_1$。在决策树上应剪去 $A_2$ 部分生产方案枝，保留 $A_1$ 生产方案枝。

2)多级决策树分析方法

当决策问题变得更加复杂，单靠一次决策无法解决时，必须经过一系列的相关决策，最终得到一个最满意的方案，这时候就需要进行多级决策。

多级决策涉及决策树中由两个或多个决策点组成的决策问题。只有在决定了较低级别的决策时，才能决定更高级别的决策。

下面通过一个例子来具体说明如何应用该方法。

某厂因某工艺对效益有影响，希望通过工艺改革解决生产问题。可行方案有两种：自行研究(成功概率 0.6)或购买专利(成功概率 0.8)。成功后，可选择维持产量或增产；若失败，则按原方案生产。有关数据如表 10.4 所示，试求最优方案。

**表 10.4　工艺决策表**　　(单位：万元)

| 概率 | | 按原工艺方案生产 | 购买专利(0.8) | | 自行研究(0.6) | |
|---|---|---|---|---|---|---|
| | | | 产量不变 | 增产 | 产量不变 | 增产 |
| 低价 | 0.1 | −100 | −200 | −300 | −200 | −300 |
| 中价 | 0.5 | 0 | 50 | 50 | 0 | −250 |
| 高价 | 0.4 | 100 | 150 | 250 | 200 | 600 |

解：(1)根据问题，绘制决策树，如图 10.4 所示。

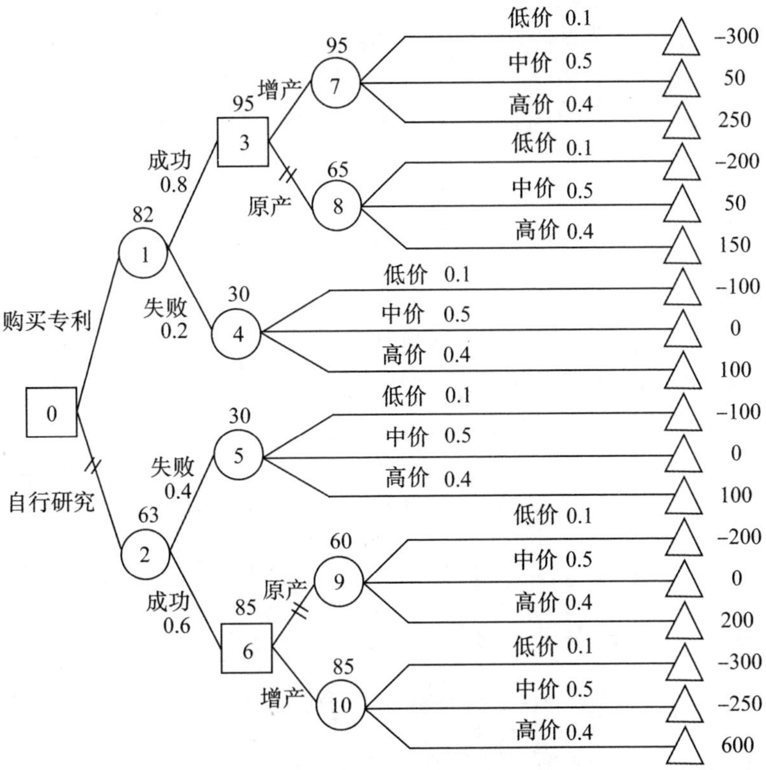


图 10.4　决策树

(2)从右向左,依次计算每个节点处的期望值,并将计算结果填入相应各节点上方。

节点⑦:$-300\times0.1+50\times0.5+250\times0.4=95$(万元)

节点⑧:$-200\times0.1+50\times0.5+150\times0.4=65$(万元)

对于决策点③来说,由于按原产量生产可获利 65 万元,而增产的话可获利 95 万元,因此,应选择增产,在决策点③处可获利 95 万元,将原产枝剪掉。

节点⑨:$-200\times0.1+0\times0.5+200\times0.4=60$(万元)

节点⑩:$-300\times0.1-250\times0.5+600\times0.4=85$(万元)

对于决策点⑥来说,由于按原产量生产可获利 60 万元,而增产的话可获利 85 万元,因此,应选择增产,在决策点⑥处可获利 85 万元,将原产枝剪掉。

节点④:$-100\times0.1+0\times0.5+100\times0.4=30$(万元)

节点⑤:$-100\times0.1+0\times0.5+100\times0.4=30$(万元)

节点①：95×0.8＋30×0.2＝82(万元)

节点②：30×0.4＋85×0.6＝63(万元)

比较两个方案可以看出，购买专利获利的期望值为 82 万元，而自行研究获利的期望值为 63 万元。因此，应选择购买专利这个方案，对另一方案进行剪枝。

### 10.3.4 贝叶斯决策方法

**1.概述**

在处理不确定性问题时，人们往往无法给出绝对的答案，但可以通过频次分析确定不确定事件发生的概率。贝叶斯决策方法是一种应对不确定性问题的方法，它利用主观概率对未知状态进行估计，并通过贝叶斯公式对概率进行修正，最终利用期望值和修正后的概率作出最优决策。在讨论贝叶斯决策之前，我们先介绍全概率公式和贝叶斯公式。全概率公式为

$$P(A)=\sum_{i=1}^{n} P(A|\theta_i)P(\theta_i)$$

其中，$\theta_1,\theta_2,\cdots,\theta_n$ 为互不相容事件，贝叶斯公式则为

$$P(\theta|A)=\frac{P(\theta A)}{P(A)},P(A)\neq 0$$

把全概率公式与贝叶斯公式结合起来就得到

$$P(\theta_i|A)=\frac{P(A|\theta_i)P(\theta_i)}{\sum_{i=1}^{n}P(A|\theta_i)P(\theta_i)},i=1,2,\cdots,n$$

由此，我们称 $P(\theta_i)$ 为事件 $\theta_i$ 的先验概率，而称 $P(\theta_i|A)$ 为事件 $\theta_i$ 的后验概率。这里的 $A$ 为任一事件，满足 $P(A)\neq 0$。

这些基本概率公式为贝叶斯决策方法的原理打下了基础。具体而言，贝叶斯决策方法是基于概率论的随机决策法。面对未知状态，它用主观概率（即基于有限数据或经验的估计）替代先验概率，并通过贝叶斯公式修正这些概率，最终依据期望值和修正概率作出最佳决策。概率是对事件发生可能性的客观度量。由于常常缺乏准确的统计资料，决策者只能根据有限数据或先验信息及自身经验估计事件发生概率，这称为先验概率，也即主观概率。确定先验概率时，决策者会考虑历史数据、专家意见和相似情境观察结果。这些信息为缺乏充分统计数据的决策提供了基础。通过贝叶斯公式修正先验概率并引入新观察，决策者能获得更准确的概率估计，作出更优决策。

贝叶斯决策方法的优势在于能够灵活应对不确定性，将主观概率和经验知识有机结合，提高决策的准确性和可信度。此外，贝叶斯决策方法还允许决策者在决策过程中持续收集新的信息并进行概率修正，使决策过程具备适应性和迭代性，更好地适应动态的决策环境。

2.具体应用

某机械厂计划生产一种新的产品来迎合市场的需求。根据以往的经验估算出产品销售情况的概率和利润，具体如表 10.5 所示。

**表 10.5 概率和利润情况**

| | 极好($\theta_1$) | 一般($\theta_2$) | 较差($\theta_3$) |
|---|---|---|---|
| 利润/万元 | 15 | 1 | −6 |
| 概率/$P$ | 0.25 | 0.30 | 0.45 |

为了进一步了解市场需求，该厂委托专业咨询单位进行了市场调研，得到了市场的销售情况概率表，具体如表 10.6 所示。试问管理者如何决策才能使得期望利润值最大？

**表 10.6 市场销售情况概率表**

| | 极好($\theta_1$) | 一般($\theta_2$) | 较差($\theta_3$) |
|---|---|---|---|
| 极好($H_1$) | 0.65 | 0.25 | 0.10 |
| 一般($H_2$) | 0.25 | 0.45 | 0.15 |
| 较差($H_3$) | 0.10 | 0.30 | 0.75 |

解：(1)验前分析

生产该产品的期望利润值为

$$E(a_1)=0.25\times 15+0.30\times 1+0.45\times(-6)=1.35(\text{万元})$$

不生产该产品的期望利润值为

$$E(a_2)=0(\text{万元})$$

根据期望值决策方法，计算得到验前分析的结果是选择生产该产品，期望利润值是 1.35 万元。

(2)预验分析

①计算市场调查后的概率 $P(H_i)$：

$$P(H_i)=P(\theta_1)P(H_i|\theta_1)+P(\theta_2)P(H_i|\theta_2)+P(\theta_3)P(H_i|\theta_3)$$

将表 10.5 和表 10.6 中的数据代入上式进行计算得到

$$P(H_1)=0.2825$$

$$P(H_2)=0.2650$$

$$P(H_3)=0.4525$$

②进行后验概率的计算：

$$P(\theta_j \mid H_i)=\frac{P(H_i \mid \theta_j)P(\theta_j)}{P(H_i)}$$

计算结果如表 10.7 所示。

**表 10.7　后验概率值**

| | $P(\theta_1 \mid H_i)$ | $P(\theta_2 \mid H_i)$ | $P(\theta_3 \mid H_i)$ |
|---|---|---|---|
| $H_1$ | 0.575 | 0.266 | 0.159 |
| $H_2$ | 0.236 | 0.509 | 0.255 |
| $H_3$ | 0.055 | 0.199 | 0.746 |

③根据后验概率可以进一步计算：

当市场调研的销售情况极好时，

$$E(a_1)=0.575\times15+0.266\times1+0.159\times(-6)=7.937(\text{万元})$$

$$E(a_2)=0(\text{万元})$$

所以此时最大期望利润值是 7.937 万元。

同理，当市场调研的销售情况一般时，最大期望利润值是 2.519 万元；当市场调研的销售情况较差时，最大期望利润值是 0。

综上所述，经过具体的市场调研后的期望利润值为

$$E=0.2825\times7.937+0.2650\times2.519+0.4525\times0=2.91(\text{万元})$$

(3)验后分析

验后分析的实质是将市场调研的信息和验前数据结合起来，来修正先验分布，从而得到后验分布。即上文提到的在市场调研的数据支持下计算各可行方案的期望利润值，这一步已经提前完成，下面只需要进行比较并选择满意的方案即可。以上述机械厂的例子来说，在该厂进行市场调研的情况下，如果市场销售情况极好，则应该选择生产该新产品；如果市场销售情况一般，也应该选择生产该新产品；其他情况下选择不生产该新产品。

## 10.4 不确定型决策

### 10.4.1 概述

不确定型决策是指在不确定情况下，决策者无法准确判断各种自然状态发生概率的决策过程。当存在多个备选方案时，决策结果是不确定的。

由于不确定因素的存在，决策者在进行不确定型决策时，常常会受到个人性格、主观意志和经验等因素的影响。此外，不同的人在面对同一不确定问题时，往往会采取不同的决策方式，因此决策者所采用的决策准则也具有主观性。构成一个不确定型决策问题必须具备以下四个条件：

(1)存在明确的决策目标，决策者希望实现该目标。这个目标通常是最大化收益、最小化成本或实现其他特定的利益。

(2)无法明确确定各种自然状态的发生概率。这是因为在实际情况中，经常无法获取到完整和准确的信息，也无法精确地判断各种可能性的发生概率。

(3)存在两个或更多备选方案可供选择。在不确定型决策中，决策者需要面对多个备选方案，并在不确定的环境下选择一个方案予以实施。

(4)可以量化不同方案在确定性状态下的损益值。通过对不同方案在确定情况下的结果进行评估和比较，决策者可以明确各个方案的利弊和风险，从而作出理性的决策。

在不确定型决策中，决策者需要根据个人的判断和经验，结合可供选择的决策准则，来评估和比较各个备选方案。常用的不确定型决策准则包括最大最大期望值准则、最大最小期望值准则、最小最大后悔值准则、折中主义准则、等概率准则。

### 10.4.2 最大最大期望值准则

**1.方法和步骤**

最大最大期望值准则，又称乐观决策准则或“大中取大”决策准则，指决策者基于最佳结果，在备选方案中采取冒险性准则，选取具有最大收益的方案作为最优决策。

使用最大最大期望值准则进行不确定型决策分析的一般步骤如下：

(1)确定决策问题可能出现的自然状态。

(2)确定决策问题的各个可行方案。

(3)计算并比较各备选方案在不同自然状态下的收益值,如表10.8所示。

(4)确定每一方案的最大收益值。

(5)选取最大收益值中收益最大的方案作为该决策的最优方案。

**表10.8 最大最大期望值准则收益矩阵决策表**

| | 自然状态 | | | | | | $\max\limits_{j}(a_{ij})$ |
|---|---|---|---|---|---|---|---|
| | $\theta_1$ | $\theta_2$ | … | $\theta_j$ | … | $\theta_n$ | |
| $a_1$ | $a_{11}$ | $a_{12}$ | … | $a_{1j}$ | … | $a_{1n}$ | |
| $a_2$ | $a_{21}$ | $a_{22}$ | … | $a_{2j}$ | … | $a_{2n}$ | |
| … | … | … | … | … | … | … | |
| $a_i$ | $a_{i1}$ | $a_{i2}$ | … | $a_{ij}$ | … | $a_{in}$ | |
| … | … | … | … | … | … | … | |
| $a_m$ | $a_{m1}$ | $a_{m2}$ | … | $a_{mj}$ | … | $a_{mn}$ | |
| 决策 | $\max\limits_{i}\left[\max\limits_{j}(a_{ij})\right]$ | | | | | | $a_i$ |

最大最大期望值准则是一种特定的决策准则,其中决策者在追求最大收益的同时忽视其他有价值的信息,即使在面临最坏状态下的巨大损失时仍选择最大收益的方案。这种决策展示了决策者对未来的信心和冒进乐观态度。

然而,在应用这一准则时,需要进行全面思考和具体分析。一般来说,最大最大期望值准则适用于以下情况:

(1)实力雄厚:当企业决策者具备强大的实力时,即使决策失败也对其影响不大,而成功则可获得较大收益,使用这一准则可以推动企业积极开拓和创新。

(2)高值诱导:在企业管理决策中,管理者常使用这一准则来设定可能实现的高期望目标值,以激励员工发挥自身主观能动性。

(3)绝处求生:绝境中的企业采用这一准则寻求生机,比等待破产更值得尝试。

除此之外,在前景看好或评估竞争对手的情境下,最大最大期望值准则也常被应用。

2.具体应用

下面通过一个工厂进行扩大再生产方案的选择来说明最大最大期望值准则的具体应用。

某工厂决策者因产品市场前景良好而决定进行扩大再生产。管理咨询团队为该企业提供了三种可供选择的方案：$a_1$——对原厂进行技术改造；$a_2$——对原厂进行扩建；$a_3$——直接建造新厂。表 10.9 展示了每种方案在不同自然状态下的收益情况。

**表 10.9 各种自然状态下每种生产方案的收益情况** （单位：万元）

| | 市场需求 | | |
|---|---|---|---|
| | 低($\theta_1$) | 一般($\theta_2$) | 高($\theta_3$) |
| $a_1$ | 9.30 | 8.50 | 7.60 |
| $a_2$ | 7.65 | 8.30 | 9.40 |
| $a_3$ | 6.80 | 9.60 | 8.10 |

现采用最大最大期望值准则进行决策，计算结果如表 10.10 所示。

**表 10.10 最大最大期望值准则求解表** （单位：万元）

| | 市场需求 | | | |
|---|---|---|---|---|
| | 低($\theta_1$) | 一般($\theta_2$) | 高($\theta_3$) | 利润 |
| $a_1$ | 9.30 | 8.50 | 7.60 | 9.30 |
| $a_2$ | 7.65 | 8.30 | 9.40 | 9.40 |
| $a_3$ | 6.80 | 9.60 | 8.10 | 9.60 |
| 决策 | $\max\limits_i\left[\max\limits_j(a_{ij})\right]=9.6$ | | | $a_3$ |

从表 10.10 中可见，根据最大最大期望值准则，最优方案为 $a_3$——建造新厂，在市场需求高时，每年可获 9.60 万元的利润。

### 10.4.3 最大最小期望值准则

#### 1.方法和步骤

最大最小期望值准则，又被称为悲观决策准则、“小中取大”决策准则或绝对鲁棒准则。使用这种决策准则的决策者以最坏情况为出发点，在各个备选方案中采用比较稳妥的决策准则，选择各方案中最小收益值最大的方案作为最优方案。

使用最大最小期望值准则进行不确定型决策分析的一般步骤如下：

(1)确定决策问题可能出现的自然状态。

(2)确定决策问题的各个可行方案。

(3)计算并比较各备选方案在不同自然状态下的收益值,如表 10.11 所示。

(4)确定每一方案的最小收益值。

(5)选取最小收益值中收益最大的方案作为该决策的最优方案。

**表 10.11　最大最小期望值准则收益矩阵决策表**

| | 自然状态 | | | | | | $\min\limits_{j}(a_{ij})$ |
|---|---|---|---|---|---|---|---|
| | $\theta_1$ | $\theta_2$ | … | $\theta_j$ | … | $\theta_n$ | |
| $a_1$ | $a_{11}$ | $a_{12}$ | … | $a_{1j}$ | … | $a_{1n}$ | |
| $a_2$ | $a_{21}$ | $a_{22}$ | … | $a_{2j}$ | … | $a_{2n}$ | |
| … | … | … | … | … | … | … | |
| $a_i$ | $a_{i1}$ | $a_{i2}$ | … | $a_{ij}$ | … | $a_{in}$ | |
| … | … | … | … | … | … | … | |
| $a_m$ | $a_{m1}$ | $a_{m2}$ | … | $a_{mj}$ | … | $a_{mn}$ | |
| 决策 | $\max\limits_{i}\left[\min\limits_{j}(a_{ij})\right]$ | | | | | | $a_i$ |

最大最小期望值准则是一种对未来持悲观态度的决策准则,决策者始终以最不理想的结果为出发点,并考虑到自身承受决策失误所带来的打击。他们主要关注最坏的情况,忽视其他有价值的信息,并认为未来总会有不利状态发生。

最大最小期望值准则具有相对保守的特点,通过从"最坏"情况中找出"最好"的方案,具备一定的决策余地和可靠性。一般情况下,适合采用这一准则的情况包括以下两个方面:

(1)在风险较小但损失较大的决策问题中,例如一些经济实力较弱、规模不大的企业,在决策时无法承受较大的打击,因此可以考虑采用该决策准则。

(2)在决策主体经历重大经济损失并处于恢复阶段时,为避免进一步加剧失误,采取稳妥的策略进行决策是必要的。

然而,尽管最大最小期望值准则具有决策的稳妥性,但它往往使人们失去进取和冒险的精神。因此,在使用该准则时需要根据具体情况进行详细分析和评估。

2.具体应用

下面仍然以上一小节提到的工厂扩大再生产的方案选择来说明最大最小期望值准则的具体应用。

现采用最大最小期望值准则进行决策,计算结果如表 10.12 所示。

表 10.12 最大最小期望值准则求解表 （单位：万元）

| | 市场需求 | | | |
|---|---|---|---|---|
| | 低($\theta_1$) | 一般($\theta_2$) | 高($\theta_3$) | 利润 |
| $a_1$ | 9.30 | 8.50 | 7.60 | 7.60 |
| $a_2$ | 7.65 | 8.30 | 9.40 | 7.65 |
| $a_3$ | 6.80 | 9.60 | 8.10 | 6.80 |
| 决策 | $\max_i\left[\min_j(a_{ij})\right]=7.65$ | | | $a_2$ |

根据最大最小期望值准则，最优方案为 $a_2$，即对原厂进行扩建。

### 10.4.4 最小最大后悔值准则

**1.方法和步骤**

最小最大后悔值准则，也被称为萨维奇准则(Saveage's Principle)，是决策者在选择方案后可能发现所选方案不是最优而感到后悔的决策准则。后悔实际上代表了机会损失，后悔程度越大，意味着决策者损失的机会越多。该准则要求决策者在选择决策方案之前，考虑到这种后悔情况，并通过计算各种方案的后悔值来尽量选择产生最小后悔感的方案。

用最小最大后悔值准则进行决策的一般步骤如下：

(1)将每种自然状态下最大损益值定为该状态的理想目标值，将此最大损益值与该列各个元素的差值作为达到理想目标的后悔值：

$$R(a_{ij})=\max_j(a_{ij})-(a_{ij})$$

(2)从各种备选方案的后悔值中找出最大后悔值：

$$\max_j[R(a_{ij})]$$

(3)从最大后悔值中选出最小的后悔值 $\min_i\left\{\max_j[R(a_{ij})]\right\}$，与这个最小后悔值对应的备选方案就是按照此决策准则选出的最优方案。

最小最大后悔值准则以最差情形为基础，以最大限度地减少决策错误。由于缺乏对未来“最佳状况”的信心，但又不愿意错失机遇，决策者尽量降低决策失败的可能性，以寻求最佳效果。这种决策原则反映了决策者的保守个性，即不追求最大利益，而追求最小的后悔程度。

在现实生活中，最小最大后悔值准则一般适用于以下情况：

(1)决策者进行事后评估。在某些企业中，管理者的评价往往基于事后的最佳决策。当实际决策结果与最佳决策的回报差异较大时，会被视为经营业绩较差。因此，决策者需要关注决策绩效的变化，并注意决策绩效与最佳决策绩效之间的差距。

(2)有一定实力的中小企业。这些企业一方面可以承受一定的风险，因此不需要过分保守与谨慎；另一方面，它们无法承受大规模的决策失误，因此不能过于冒险。对于这类企业来说，最小最大后悔值准则是相对适合的决策准则。

**2.具体应用**

下面仍然以上一小节提到的工厂扩大再生产的方案选择来说明最小最大后悔值准则的具体应用。

已知三种自然状态下该工厂的最大收益分别为：市场需求低——9.30 万元；市场需求一般——9.60 万元；市场需求高——9.40 万元。

现采用最小最大后悔值准则进行决策，计算结果如表 10.13 所示。

**表 10.13　各种自然状态下的后悔值情况**　（单位：万元）

| | 市场需求 | | | |
|---|---|---|---|---|
| | 低($\theta_1$) | 一般($\theta_2$) | 高($\theta_3$) | 后悔值 |
| $a_1$ | 0 | 1.10 | 1.80 | 1.80 |
| $a_2$ | 1.65 | 1.30 | 0 | 1.65 |
| $a_3$ | 2.50 | 0 | 1.30 | 2.50 |
| 决策 | $\min\limits_i\left[\max\limits_j(R(a_{ij}))\right]$ | | | $a_2$ |

从表 10.13 中可知，根据最小最大后悔值准则，最优方案为 $a_2$，这时决策所带来的后悔值是最小的。

## 10.4.5　折中主义准则

**1.方法和步骤**

折中主义准则，又被称为乐观系数准则，是一种介于悲观决策准则和乐观决策准则之间的准则。决策者在使用该准则时，既不持悲观保守态度，也不过于乐观冒险。该准则通过使用一个乐观系数$\alpha$，对每个备选方案的最大收益值和最小收益值进行加权平均，得到一个折中的收益值 $E(A_i)$，然后再进行决策。

折中主义准则可用下式表示：

$$\mu(A_{i0}^{*}) = \max_{1\leqslant i\leqslant m}[\alpha \max_{1\leqslant j\leqslant n}\{a_{ij}\} + (1-\alpha)\min_{1\leqslant j\leqslant n}\{a_{ij}\}], i = 1,2,\cdots,m; j = 1,2,\cdots,n$$

采用折中主义准则进行不确定型决策分析的方法被称为折中决策法。其本质是一种指数平均法，一般按如下步骤进行：

(1)决策者根据历史资料分析和经验判断，确定乐观系数$\alpha$（$0<\alpha<1$）。

(2)对每个备选方案，计算最大收益值和最小收益值。

(3)使用乐观系数$\alpha$对最大收益值和最小收益值进行加权平均，得到折中收益值，其中折中收益值$=\alpha\times$最大收益值$+(1-\alpha)\times$最小收益值。

(4)从计算后的折中收益值中选出最大值，该值对应的方案即为最优方案。

折中主义准则综合考虑了最有利和最不利这两种极端情况，其系数体现了决策者对风险的偏好程度，是一种平衡考虑，然而在实际应用中$\alpha$的取值难以准确确定。显然，乐观系数$\alpha$越趋近于1，决策者越乐观，当$\alpha=1$时，该准则就变成了乐观决策准则；$\alpha$越趋近于0，决策者越悲观，当$\alpha=0$时，该准则就变成了悲观决策准则。

**2.具体应用**

下面仍然以上一小节提到的工厂扩大再生产的方案选择来说明折中主义准则的具体应用。计算结果如表10.14所示。

根据历史资料分析和经验判断确定乐观系数$\alpha=0.7$，根据折中收益值的计算公式计算出各备选方案的现实估计收益值。

**表10.14 各方案的现实估计收益值** （单位：万元）

| 行动方案 | 最大收益值 | 最小收益值 | 现实估计收益值 $CV_i$ |
|---|---|---|---|
| $a_1$ | 9.30 | 7.60 | 8.79 |
| $a_2$ | 9.40 | 7.65 | 8.88 |
| $a_3$ | 9.60 | 6.80 | 8.76 |
| 决策 | $CV_k = \max_{1\leqslant i\leqslant m}(CV_i)$ | | $a_2$ |

根据表10.14的计算结果可以看出，方案$a_2$的现实估计收益值最大，扩建原厂是最优的决策方案。

### 10.4.6 等概率准则

**1.方法和步骤**

等概率准则,也被称为拉普拉斯决策准则。如果决策者不知道各种状态出现的概率,那么假设它们发生的可能性是相同的,就可以计算得到期望收益值,而期望值最大的方案就是最优的。同理,当计算损失值时,期望值最小的方案就是最优的。

等概率准则一般按照如下步骤进行(计算收益值):

(1)如果有 $n$ 个自然状态,则每个自然状态出现的概率为 $\frac{1}{n}$。

(2)计算各个备选方案在不同自然状态下收益的平均值。

(3)确定全部方案中的最大值 $\left\{ \max\left[\frac{1}{n}(a_{i1}+a_{i2}+\cdots+a_{in})\right]\right\}$,期望值最大的方案为最优方案。

等概率准则继承了折中主义准则可以进行系数调整的优点,并克服了折中主义准则没有充分利用收益函数提供的全部信息这一缺点。因此,在决策者难以判断自然状态的可靠性时,可以采用该准则进行决策。

**2.具体应用**

下面仍然以上一小节提到的工厂扩大再生产的方案选择来说明等概率准则的具体应用。计算结果如表 10.15 所示。

**表 10.15 等概率期望收益值** (单位:万元)

| | 市场需求 | | | 等概率期望收益值 |
|---|---|---|---|---|
| | 低($\theta_1$) | 一般($\theta_2$) | 高($\theta_3$) | |
| 概率 | 1/3 | 1/3 | 1/3 | |
| $a_1$ | 9.30 | 8.50 | 7.60 | 8.47 |
| $a_2$ | 7.65 | 8.30 | 9.40 | 8.45 |
| $a_3$ | 6.80 | 9.60 | 8.10 | 8.17 |

根据表 10.15 的计算结果可以看出,$a_1$ 的等概率期望收益值最大,也就是求得的最优决策方案。

## 10.5 竞争型决策

### 10.5.1 概述

1.竞争型决策与博弈论

在研究决策现象时,通常假设决策主体在面对市场时会作出最优决策。然而,在现实生活中,人们经常面临具有竞争性质的决策问题。无论是在经济、政治还是军事领域,都存在竞争对手和利益冲突,这类特殊的决策问题被称为竞争型决策。

博弈论是研究理性决策者之间的冲突与合作的理论。它关注当决策主体间的行为直接相互作用时,人们如何进行决策以及决策过程中的均衡问题。博弈论主要研究竞争型决策问题,旨在分析决策过程中的相互制约和相互作用规律,以指导各决策方作出合理的决策。博弈论研究的决策问题包括整个决策过程的开始、进行和结果,是对竞争型决策的广义分析。

在博弈论中,决策分析的过程被称为"博弈",即个人、团队或其他组织在一定环境条件下,考虑所掌握的信息,在一定的规则约束下,根据各自可选的行为或策略进行选择和实施,并最终获得相应的结果或收益。

2.博弈的要素

一个正式的博弈必不可少地包括以下几个要素:博弈的参与者、各方可选择的全部行为或策略的集合、博弈方的支付、博弈方的信息、博弈的次序、结果和均衡等。参与者、策略和支付是博弈的基本要素。

1)博弈的参与者

博弈的参与者是指在博弈中独立进行决策和独立承担结果的决策主体,也被称为博弈方或局中人。参与者可以是自然人,也可以是各种社会组织,如企业、政府、国家,以及由某些国家组成的国际组织等。参与者的划分标准是基于其是否具有统一的决策、行动和结果承担方式,而不是基于数量或规模的多少。通常,具有利益一致性的参与者被视为一个博弈方。

2)博弈方可选择的全部行为或策略的集合

可选择的全部行为或策略的集合包括每个博弈方在进行决策时可以选择的方法、做法等。这些策略可以分为纯策略和混合策略,其中纯策略指的是每个博弈方在博弈中可以选择采用的确定性行动方案。混合策略是在纯策略空间上的一种概率分布,这种概率分布表示博弈方在实际博弈时根据概率在纯策略空间随机选择并实施策略。

3)博弈方的支付

博弈方的支付即每个博弈方从各种策略组合中获得的收益或效用,它是策略集合的函数,也被称为支付函数。

4)博弈方的信息

信息是博弈方掌握的其他博弈方策略、收益等方面的情报。掌握信息的多少影响策略选择,直接关系到决策准确性。因此,博弈方应多收集相关信息,以保持策略选择的主动性。

5)博弈的次序

在现实的决策活动中,当多个独立决策方进行决策时,有时需要同时作出选择以保证公平合理,而更多时候各博弈方的决策必须有先后之分,甚至在一些博弈中每个博弈方还要进行不止一次的决策选择,这就产生了次序问题。因此,确定一个博弈就必须规定其中的次序,不同的次序必然是不同的博弈,即使其他方面都相同。

6)结果和均衡

结果指博弈中博弈方的行动所导致的每一种可能情形,而均衡是指所有博弈方的最优策略的组合。

3.博弈的分类

1)按照参与者行动的先后顺序,可将博弈分为静态博弈和动态博弈

在静态博弈中,参与者同时行动,且在作出选择之前无法了解对方的策略。例如,在剪刀石头布游戏中,参与者同步选择,且不了解对方的策略。而在动态博弈中,参与者的行动有先后顺序,并且后行动的参与者可以根据先行动者的选择进行策略应对和调整。例如,下棋时,参与者的行动顺序有先后,并且后行动的一方可以根据先行动一方的选择来制定策略。

2)按照参与者对其他参与者了解程度的不同,可将博弈分为完全信息博弈和不完全信息博弈

在完全信息博弈中,参与者可以完全了解对方每一步的行动情况,并在掌握信息的基础上进行应对。例如,下棋时,参与者可以完全掌握对方每一步的信息,然后制定应对策略。而不完全信息博弈则指参与者无法完全掌握其他参与者的信息。例如,在打麻将时,参与者不能完全了解其他参与者的信息。

3)按照参与者之间是否存在合作关系,可将博弈分为合作博弈和非合作博弈

在合作博弈中,博弈的参与者之间存在一个具有共同约束力的协议,按照约定进行博弈。在这种情况下,可以将所有参与者视为单一利益体,其决策分

析方法已在前几章介绍,此处不再赘述。

相比之下,非合作博弈可根据信息的完备性和时序特点分为四种类型:完全信息静态博弈、完全信息动态博弈、不完全信息静态博弈和不完全信息动态博弈。这四种类型是本章学习的重点内容,对应的均衡概念如表10.16所示。

**表10.16 博弈对应的均衡概念**

| | 静态博弈 | 动态博弈 |
|---|---|---|
| 完全信息博弈 | 完全信息静态博弈:纳什均衡 | 完全信息动态博弈:子博弈精炼纳什均衡 |
| 不完全信息博弈 | 不完全信息静态博弈:贝叶斯纳什均衡 | 不完全信息动态博弈:精炼贝叶斯纳什均衡 |

### 10.5.2 完全信息静态博弈

#### 1.定义

在完全信息静态博弈中,"完全信息"意味着每个参与者都共同知晓所有参与者的可行策略集和收益集。而"静态"表示每个参与者在选择自己的策略时,并不了解其他参与者所选择的策略,即参与者同时行动。因此,完全信息静态博弈需要具备以下条件:

(1)至少需有两个参与者。

(2)所有参与者都知晓自己和其他参与者的可行行动集、收益函数集,以及行动如何影响结果。

(3)所有参与者都是理性的,并且都了解自己和其他参与者对结果的偏好。

每个参与者在完全信息静态博弈中拥有多个策略,这些策略是关于行动的完整计划。策略明确了在可能出现的每一种情况下,参与者对可行行动的选择。

#### 2.纳什均衡

在完全信息静态博弈中,纳什均衡是指每个参与者以最大化自身收益为目标,在其他参与者所选择的策略下作出的最优反应。在纳什均衡下,所有参与者的收益都是最优的,没有任何一个参与者会偏离这个最优结果,形成了一种"战略稳定"或"自动实施"的状态。纳什均衡是由所有参与者的最优策略所组成的一个稳定的策略集合。在这种状态下,没有任何一个参与者有动机改变自己的策略,因为这将对自身收益产生负面影响,同时其他参与者的策略也保持稳定。

在 $n$ 个局中人的标准式博弈 $G=\{S_1,S_2,\cdots,S_n;u_1,u_2,\cdots,u_n\}$ 中，如果策略组合 $\{S_1^*,S_2^*,\cdots,S_n^*\}$ 满足对每一个局中人 $i$，$S_i^*$ 是他针对其他 $n-1$ 个局中人所选策略 $\{S_1^*,\cdots,S_{i-1}^*,S_i^*,S_{i+1}^*,\cdots,S_n^*\}$ 的最优反应策略，策略组合 $\{S_1^*,S_2^*,\cdots,S_n^*\}$ 所组成的策略集就是该博弈的一个纳什均衡。简而言之，纳什均衡是一个策略组合，处于均衡状态的每个局中人所选择的策略都是针对其他局中人选择策略的最优反应，即

$$u_i\{S_1^*,\cdots,S_{i-1}^*,S_i^*,S_{i+1}^*,\cdots,S_n^*\}\geqslant u_i\{S_1^*,\cdots,S_{i-1}^*,S_i',S_{i+1}^*,\cdots,S_n^*\}$$

其中，$S_i'$ 表示局中人 $i$ 在策略集合中的任意其他策略。下面以“囚徒困境”为例，解释什么是纳什均衡。

警察在审讯过程中告知两名嫌犯的情况如下：如果两人都坦白，则各自被判处 6 个月徒刑；如果两人都抵赖，则各自被判处 1 个月徒刑；如果一人坦白，而另一人抵赖，则坦白的人将被立即释放，而抵赖的人将被判处 9 个月徒刑。已知得益矩阵如表 10.17 所示。

**表 10.17　囚徒困境得益矩阵**

| | | 囚徒 2 | |
|---|---|---|---|
| | | 坦白 | 抵赖 |
| 囚徒 1 | 坦白 | {−6,−6} | {0,−9} |
| | 抵赖 | {−9,0} | {−1,−1} |

在囚徒困境中，由于参与者都是理性追求收益最大化的，因此两个囚徒都不希望被送进监狱。囚徒 1 面临以下选择：如果囚徒 2 坦白，则囚徒 1 坦白即被判6 个月，否则被判 9 个月。当囚徒 2 选择坦白时，囚徒 1 选择坦白即可以获得更高的收益。如果囚徒 2 选择抵赖，囚徒 1 坦白即立即被释放，否则被判 1 个月。当囚徒 2 选择抵赖时，囚徒 1 仍然选择坦白的话也可以获得更高的收益。囚徒 2 的分析也是类似的。因此，无论对方如何选择，囚徒 1 和囚徒 2 的最佳选择都是坦白。这导致最终的结果是{坦白，坦白}，呈现出“战略稳定”或“自动实施”状态。因此，策略组合{坦白，坦白}就是该博弈的纳什均衡策略。这意味着囚徒困境中的最优解是囚徒们均选择坦白合作，尽管他们个人可能更希望抵赖。

3.具体应用

1)古诺的双头垄断模型

古诺模型，即古诺双头垄断模型，是一种简单描述两个寡头企业产量竞争

情况的模型。它最早由法国经济学家古诺于19世纪30年代引入,并已成为博弈论中的经典模型之一,在产业组织理论中具有重要的里程碑意义。现以古诺模型的最简化情况为例,说明寻求均衡解的过程。

假设市场上共有企业1、企业2两个局中人,两个企业进行产量竞争。用$q_1,q_2(q_1\geqslant 0,q_2\geqslant 0)$分别表示两个企业生产的产品数量,如此,易知市场中该产品的总供给为$Q=q_1+q_2$。令$P(Q)=a-Q$,其中,$P$表示两个企业的市场出清价格,为使其非负,则$Q<a$,$a$表示市场潜力或市场总需求,$Q$表示两个企业的总供给。假设企业不存在固定成本,且生产每单位产品的边际成本为常数$c(c<a)$,因此企业1生产$q_1$数量的产品总成本可以表示为$C_1(q_1)=cq_1$,除此之外,假定企业没有其他成本,此时企业的收益就是其净利润额(全部收益减去全部成本)。在完全信息静态博弈中,两个企业是同时决策其产量的。

此博弈的标准式表述为:

(1)局中人集合:{企业1,企业2}。

(2)策略集:$s_1=q_1=[0,+\infty)$,$s_2=q_2=[0,+\infty)$。

(3)收益函数:$u_1(q_1,q_2)=q_1[a-(q_1+q_2)-c]$

$u_2(q_1,q_2)=q_2[a-(q_1+q_2)-c]$

企业1的收益可以表示为

$$\pi_1(q_1,q_2)=q_1[P(Q)-c]=q_1[a-(q_1+q_2)-c]$$

如果产出组合$(q_1^*,q_2^*)$为纳什均衡,则对企业1来说,其最优策略$q_1^*$应为如下最大化问题的解:

$$\max_{0\leqslant q_1\leqslant+\infty}\pi(q_1,q_2^*)=\max_{0\leqslant q_1\leqslant+\infty}q_1[a-(q_1+q_2^*)-c]$$

为使解有意义,假设$q_2^*<a-c$,则企业1最优化问题的解为

$$q_1=\frac{a-q_2^*-c}{2}$$

如果产量组合$(q_1^*,q_2^*)$要成为纳什均衡,企业的产量选择必须满足

$$\begin{cases}q_1^*=\dfrac{a-q_2^*-c}{2}\\[2ex] q_2^*=\dfrac{a-q_1^*-c}{2}\end{cases}$$

因此,解方程组可得

$$q_1^*=q_2^*=\frac{a-c}{3}$$

同时,该均衡解也满足$q_2^*<a-c$的假设。

2)贝特兰德的双头垄断模型

贝特兰德双头垄断模型是描述两个寡头企业相互竞争的另一种模型。该模型由贝特兰德(J. Bertrand)在19世纪80年代提出。与古诺模型不同,贝特兰德模型的假设是企业选择产品价格进行竞争。下面介绍贝特兰德模型中价格竞争的一种简单情形。

假设有企业1、企业2两个局中人,它们可选择的策略是产品的价格,企业1和企业2选择的价格分别为$p_1>0$和$p_2>0$。与古诺模型中两家企业的产品完全可替代的假设不同,这里假设两家企业生产的产品是部分可替代的,消费者对企业$i(i=1,2)$的需求可表示为

$$q_i(p_i,p_j)=a-p_i+bp_j$$

其中,$q_i$表示产品$i$的价格为$p_i$、产品$j$的价格为$p_j$时消费者对产品$i$的需求,$a$代表市场潜力或市场总需求,而$b>0$代表企业$i$的产品对企业$j$的产品的替代率。假设企业生产无固定成本,并且其边际成本为常数$c(c<a)$。除了边际成本外,企业没有其他成本,其收益函数等同于其利润。在此条件下,两个企业同时进行价格决策。

此博弈的标准式表述为:

(1)局中人集合:{企业1,企业2}。

(2)策略集:$s_1=p_1=[0,+\infty)$,$s_2=p_2=[0,+\infty)$。

(3)收益函数:$u_1(p_1,p_2)=(p_1-c)(a-p_1+bp_2)$

$$u_2(p_1,p_2)=(p_2-c)(a-p_2+bp_1)$$

当企业1选择价格$p_1$,企业2选择价格$p_2$时,企业1的利润可表示为

$$\pi_1(p_1,p_2)=q_1(p_1,p_2)(p_1-c)=(p_1-c)(a-p_1+bp_2)$$

如果一对产出组合$(p_1^*,p_2^*)$为纳什均衡,则对企业1而言,其最优定价策略$p_1^*$应为如下最大化问题的解:

$$\max_{0\leqslant p_1\leqslant+\infty}\pi(p_1,p_2^*)=\max_{0\leqslant p_1\leqslant+\infty}(p_1-c)(a-p_1+bp_2^*)$$

对企业1求此最优化问题的解为

$$p_1^*=\frac{a+bp_2^*+c}{2}$$

如果组合$(p_1^*,p_2^*)$要成为纳什均衡,那么两家企业的价格选择必须满足

$$\begin{cases}p_1^*=\dfrac{a+bp_2^*+c}{2}\\[2ex]p_2^*=\dfrac{a+bp_1^*+c}{2}\end{cases}$$

解方程组可得

$$p_1^* = p_2^* = \frac{a+c}{2-b}$$

### 10.5.3 完全信息动态博弈

本节讨论的是动态博弈，与静态博弈相比，动态博弈显著的特点是参与者的选择或行动具有明确的先后顺序。动态博弈研究的是参与者在决策问题中按照顺序行动，但每个参与者在轮到自身行动时并不完全了解之前整个博弈过程，也就是说，对其他参与者的行动方式掌握不完美的信息。相反，当动态博弈中的所有参与者都拥有完美信息，并且对各自的策略空间和收益有充分了解时，称其为“完全且完美信息动态博弈”。

**1.完全且完美信息动态博弈的特点**

(1)顺序行动：参与者按照一定的顺序依次选择行动，而不是同时选择。

(2)全面观察：参与者在作出下一步行动选择之前，可以观察到之前所有参与者的行动。

(3)共同知识的收益：对于每种可能的行动组合，所有参与者都共同知道局中人的收益。

这些特点使得完全且完美信息动态博弈的分析和求解更直接和明确。参与者可以根据自己对其他参与者行动的观察和推测，在了解完整信息的基础上作出最优的决策。在这种博弈中，均衡概念和求解过程相对简化。借助完全信息和先前观察到的对手的行动，参与者能够预测未来可能的局势和最优策略，从而实现博弈的最佳结果。因此，完全且完美信息动态博弈为分析和解决博弈问题提供了更高的可行性和准确性。

**2.逆推归纳法**

动态博弈是由多个博弈阶段组成的模型。与静态博弈不同的是，动态博弈中的参与者的决策是有先后顺序的，并且后行动者能够观察到先行动者的行为。因此，每个博弈阶段的决策都会影响后续阶段的结果。

为了解决动态博弈问题，逆推法被提出。该方法从最后一个阶段开始分析，逐步倒推至前一个阶段的行为选择，直至第一个阶段。通过逆推法，我们可以清晰地分析参与者在动态博弈中的策略选择，并预测博弈的结果。

**3.斯塔克尔伯格博弈模型**

斯塔克尔伯格博弈模型是斯塔克尔伯格(H. von Stackelberg)在20世纪30年代提出的一种双头垄断动态模型，它是古诺双头垄断模型的一种变体。相比于古诺模型中的同时行动，斯塔克尔伯格模型中的企业行动是按照先后次序进行的，因此具有动态特征，并且是一个典型的完全且完美信息动态博弈。下面介绍斯塔克尔伯格博弈模型的一个简单情况，以帮助理解动态博弈中逆推求解的过程。

根据斯塔克尔伯格的假定，博弈中共有企业1和企业2两个局中人，模型中的企业进行产量决策，用 $q_i \geqslant 0 (i=1,2)$ 表示两家企业决策的产量。假设两企业的边际成本均为 $c$，除此之外无其他任何成本。局中人的决策顺序如下：

(1)企业1首先决策其产量 $q_1 \geqslant 0$。

(2)企业2观察到企业1的决策 $q_1$ 后，确定其产量 $q_2 \geqslant 0$。

(3)两家企业的产品出清，收益实现。

企业1的利润函数为

$$\pi_1(q_1, q_2) = q_1[P(Q) - c]$$

其中，$P(Q) = a - Q$ 是市场上的总产品 $Q = q_1 + q_2$ 的出清价格。

根据逆序求解的思想，应首先计算企业2对企业1任意产量的最优反应，用 $R_2(q_1)$ 表示，$R_2(q_1)$ 应满足

$$\max_{q_2 \geqslant 0} \pi_2(q_1, q_2) = \max_{q_2 \geqslant 0} q_2[a - (q_1 + q_2) - c]$$

求一阶导数可得

$$R_2(q_1) = \frac{a - q_1 - c}{2}$$

企业1能够像企业2一样解出企业2的最优反应 $R_2(q_1)$，且企业2知道企业1能解出 $R_2(q_1)$，企业1就可以预测到其选择 $q_1$ 后企业2根据 $R_2(q_1)$ 所选择的产量。那么，在博弈的第一步中，企业1的最优化问题就可以表示为

$$\max_{q_1 \geqslant 0} \pi_1[q_1, R_2(q_1)] = \max_{q_1 \geqslant 0} q_1[a - (q_1 + R_2(q_1)) - c] = \max_{q_1 \geqslant 0} q_1 \frac{a - q_1 - c}{2}$$

由上式一阶条件可得企业1的最优产量为

$$q_1^* = \frac{a - c}{2}$$

可得企业2的最优决策为

$$R_2(q_1^*) = \frac{a - c}{4}$$

**4.完全但不完美信息博弈与子博弈精炼纳什均衡**

在动态博弈中，先行动方的选择通常对后行动方是可见的，这意味着后行动方拥有前期博弈过程的完全信息。然而，由于各种原因(如保密或信息不透

明)，很多后行动方无法获知前期博弈方的行为。当所有参与者都无法观察到其他参与者的行为时，这种博弈被称为静态博弈。然而，如果只有部分参与者无法观察到前期博弈的行为，或者博弈包含多次选择但信息获取方式不同，那么就可以称之为"不完美信息动态博弈"。如果博弈参与者对博弈结束时各方的收益有完全的信息，那么称之为"完全但不完美信息动态博弈"，以下简称为"不完美信息动态博弈"。在不完美信息动态博弈中，某些阶段存在同时行动的情况，这导致博弈中存在不完美的信息，这种博弈的均衡解被称为"子博弈精炼纳什均衡"。通过分析和求解子博弈，我们可以找到动态博弈的最优策略和均衡结果。

利用下面的例子帮助大家理解子博弈精炼纳什均衡的求解过程。

假设一个有局中人 1、2、3、4 参与的简单博弈，称其为"完全非完美信息两阶段博弈"，其博弈顺序如下：

(1)局中人 1 和 2 分别从自己的策略集 $A_1$ 和 $A_2$ 中选择行动 $a_1$ 和 $a_2$。

(2)局中人 3 和 4 观察到第一阶段局中人的选择$(a_1, a_2)$，然后同时从各自的策略集 $A_3$ 和 $A_4$ 中选择行动 $a_3$ 和 $a_4$。

(3)博弈结束，局中人收益实现，为 $u_i(a_1, a_2, a_3, a_4)$。

解决此类博弈仍使用逆序求解的思路。如果局中人 1 和 2 预测到局中人 3 和 4 在第二阶段的行动将由 $a_3^*(a_1, a_2)$和 $a_4^*(a_1, a_2)$给出，则局中人在第一阶段的问题就可以用如下的同时行动博弈表示：

(1)局中人 1 和 2 同时从各自的策略集 $A_1$ 和 $A_2$ 中选择行动 $a_1$ 和 $a_2$。

(2)局中人 1 和 2 的收益情况为 $u_i[a_1, a_2, a_3^*(a_1, a_2), a_4^*(a_1, a_2)]$。

假定$(a_1^*, a_2^*)$为上述博弈的唯一纳什均衡，则找到了这一两阶段博弈的子博弈精炼纳什均衡。

需要注意的是，子博弈精炼纳什均衡是对纳什均衡结果的进一步精炼，因此子博弈精炼纳什均衡一定是纳什均衡，但纳什均衡不一定是子博弈精炼纳什均衡。

### 10.5.4 不完全信息静态博弈

**1.定义**

静态贝叶斯博弈，也被称为不完全信息静态博弈，是指在博弈过程中，每个参与者都对自己的收益函数有准确的了解，但至少有一个参与者无法准确地了解其他参与者的收益函数，而是通过概率来了解。在这样的博弈中，参与者在选择自己的策略时并不知道其他参与者的选择，因此可以视为同时选择策略。

信息限制可能导致一方占据主导地位或无法取得胜利的情况。为了描述和分析这种博弈模型，需要使用合适的数学模型，例如贝叶斯博弈模型，来研究基于不完全信息的博弈行为和均衡概念。这种模型可以更好地理解和预测参与者的策略选择，并推导出合理的博弈解决方案。

2.海萨尼转换

引入不完全信息或非对称信息的概念极大地推动了博弈理论的发展，同时也标志着信息经济学的兴起，并引发了微观经济学领域的重大变革。不完全信息静态博弈的核心是参与者之间存在信息不对称，即参与者拥有不同的私人信息。为了方便求解不完全信息静态博弈的均衡，海萨尼(J. C. Harsanyi)在20世纪60年代提出了一种方法，被称为“海萨尼转换”，用于处理非对称信息。具体来说，当存在非对称信息时，通常假设参与者面临一些共同的不确定性事件，并且参与者对这些不确定性事件具有相同的先验信念；参与者利用贝叶斯公式，结合先验信念和私人信息，形成对不确定性事件的后验信念，并推测其他参与者的私人信息；参与者根据后验信念计算期望支付，并考虑自身的最优策略。由此，不完全信息静态博弈的均衡被称为“贝叶斯纳什均衡”，这是对纳什均衡概念的一种扩展。

海萨尼转换是指在不完全信息静态博弈中引入一个虚拟的“自然”博弈方，将不完全信息静态博弈转换为完全非完美信息动态博弈的过程。引入“自然”博弈方后，一个静态贝叶斯博弈的时间顺序如下：

(1)“自然”赋予 $n$ 个局中人的类型向量 $\boldsymbol{t}=(t_1,t_2,\cdots,t_n)$，其中类型 $t_i$ 属于可行类型集合 $T_i$。

(2)“自然”告知局中人 $i$ 自己的类型 $t_i$，却不告诉其他局中人 $i$ 的类型，也不把其他局中人的类型告诉 $i$。用 $t_{-i}=(t_1,\cdots,t_{i-1},t_{i+1},\cdots,t_n)$ 表示除 $i$ 外其他局中人的类型，用 $t_{-i}$ 表示所有可能的集合，用条件概率 $p_i(t_{-i}|t_i)$ 表示局中人 $i$ 在知道自己的类型是 $t_i$ 的前提下对其他局中人类型 $t_{-i}$ 的推断。

(3)局中人根据自己的推断同时选择行动，每一局中人 $i$ 从可行策略集 $A_i$ 中选择其策略 $a_i$。

(4)局中人 $i$ 的收益为 $u_i(a_1,\cdots,a_n;t_i)$。

通过在第一步和第二步中虚构参与者“自然”的行动，可以将一个不完全信息的博弈转换为不完美信息的博弈。在这个转换过程中，第三步时的行动各方并不知道整个博弈的过程，这体现了“不完美信息”的特点。在第二步中，“自然”告知了局中人 $i$ 自己的类型，但并没有将其类型告诉给其他局中人，因此在第三步时，其他局中人不知道整个博弈的过程。

因此可以得到一个 $n$ 人静态贝叶斯博弈的标准式表述，包括：局中人的行动空间表示为 $\{A_1,\cdots,A_n\}$，局中人的类型空间为 $\{T_1,\cdots,T_n\}$，局中人的推断为 $\{p_1,\cdots,p_n\}$，各自的收益函数为 $\{u_1,\cdots,u_n\}$。局中人 $i$ 的类型 $t_i$ 是局中人 $i$ 的私人信息，为类型集 $T_i$ 中的一个元素，它决定了局中人 $i$ 的收益函数 $u_i(a_1,\cdots,a_n;t_i)$。局中人 $i$ 的推断 $p_i(t_{-i}\mid t_i)$ 描述了 $i$ 在给定自己的类型 $t_i$ 时，对其他 $n-1$ 个局中人可能的类型 $t_{-i}$ 的不确定性。将此博弈表示为 $G=\{A_1,\cdots,A_n;T_1,\cdots,T_n;p_1,\cdots,p_n;u_1,\cdots,u_n\}$。

**3.贝叶斯法则和贝叶斯纳什均衡**

在贝叶斯决策方法中已经介绍了贝叶斯法则的相关内容，这里不再赘述。静态贝叶斯博弈的均衡结果被称作“贝叶斯纳什均衡”。其定义为：在一个静态贝叶斯博弈 $G=\{A_1,\cdots,A_n;T_1,\cdots,T_n;p_1,\cdots,p_n;u_1,\cdots,u_n\}$ 中，若每一局中人 $i$ 对其类型集 $T_i$ 中的每一个 $t_i$，$s_i^*(t_i)$ 满足 $\max\limits_{a_i\in A_i}\sum\limits_{t_{-i}\in T_{-i}}u_i[s_1^*(t_1),\cdots,s_{i-1}^*(t_{i-1}),a_i,s_{i+1}^*(t_{i+1}),\cdots,s_n^*(t_n)]p_i(t_{-i}\mid t_i)$ 时，策略组合 $s^*=(s_1^*,\cdots,s_n^*)$ 是一个纯战略贝叶斯纳什均衡。此时，没有局中人愿意改变自己的策略，且每一局中人的策略都是其他局中人策略的最优反应。

**4.具体应用**

下面以非对称信息下的古诺模型来说明不完全信息静态博弈纳什均衡的求解。

假设市场上有两个成本信息不对称的竞争企业（企业 1，企业 2）向消费者提供同质的产品，每个局中人的目的都是使其收益最大化，并且每个局中人都知道其他局中人是理性的。

两企业均进行产量决策，用 $q_1$ 和 $q_2$ 分别表示企业 1 和企业 2 的产量。市场反需求函数表示为 $P(Q)=a-Q$，其中，$P$ 为 $Q$ 的函数，表示市场出清价格，$a$ 表示市场潜力，$Q=q_1+q_2$ 表示市场总供给。

两个企业的成本信息是不对称的，并且两企业均不存在固定成本。企业 1 的成本函数为 $C_1(q_1)=cq_1$，企业 2 的成本函数是不确定的，以 $\theta$ 的概率为 $C_{2H}(q_2)=c_Hq_2$，以 $1-\theta$ 的概率为 $C_{2L}(q_2)=c_Lq_2$，且企业 2 的单位边际成本满足 $c_L<c_H$。

博弈的时间顺序如下：

(1)“自然”赋予企业 1 的成本类型为 $c$，赋予企业 2 的成本类型以 $\theta$ 的概率为 $C_{2H}(q_2)=c_Hq_2$，以 $1-\theta$ 的概率为 $C_{2L}(q_2)=c_Lq_2$。

(2)企业 1 与企业 2 观测到自己的成本类型后同时决策各自的产量 $q_i(i\in\{1,2\})$。

(3)两企业的产品以市场出清价格售出,企业的收益实现,博弈结束。

当企业 2 的成本为高类型时,其收益函数为

$$\pi_{2H}=Pq_2(c_H)-C_{2H}=[(a-q_1-q_2(c_H))-c_H]q_2(c_H)$$

当企业 2 的成本为低类型时,其收益函数为

$$\pi_{2L}=Pq_2(c_L)-C_{2L}=[(a-q_1-q_2(c_L))-c_L]q_2(c_L)$$

企业 1 不能准确知道企业 2 的成本类型,但它知道自己的成本类型且知道企业 2 成本类型的分布。由贝叶斯法则,企业 1 更新其信念结构:

$$p(c_H|c)=\frac{p(c_H)p(c|c_H)}{p(c_H)p(c|c_H)+p(c_L)p(c|c_L)}=\frac{\theta\cdot 1}{\theta\cdot 1+(1-\theta)\cdot 1}=\theta$$

$$p(c_L|c)=\frac{p(c_L)p(c|c_L)}{p(c_L)p(c|c_L)+p(c_H)p(c|c_H)}=\frac{(1-\theta)\cdot 1}{(1-\theta)\cdot 1+\theta\cdot 1}=1-\theta$$

企业 1 的信念结构为

$$\begin{cases}p(c_H|c)=\theta\\ p(c_L|c)=1-\theta\end{cases}$$

企业 1 的期望收益为

$$\pi_1=\underbrace{\theta}_{\text{后验概率}}[a-q_1-q_2(c_H)-c]q_1+\underbrace{(1-\theta)}_{\text{后验概率}}[a-q_1-q_2(c_L)-c]q_1$$

考虑到企业 2 与企业 1 同时进行产量决策,需对公式分别求导,令一阶导数等于零,二阶导数小于零,则

$$\frac{d\pi_{2H}}{dq_2(c_H)}=a-q_1-2q_2(c_H)-c_H=0$$

$$\frac{d\pi_{2L}}{dq_2(c_L)}=a-q_1-2q_2(c_L)-c_L=0$$

$$\frac{d\pi_1}{dq_1}=\theta[a-2q_1-q_2(c_H)-c]+(1-\theta)[a-2q_1-q_2(c_L)-c]=0$$

整理可得

$$q_2(c_H)=\frac{a-q_1-c_H}{2}$$

$$q_2(c_L)=\frac{a-q_1-c_L}{2}$$

$$q_1=\frac{\theta[a-q_2(c_H)-c]+(1-\theta)[a-q_2(c_L)-c]}{2}$$

联立可得此博弈的均衡解:

$$q_2^*(c_H)=\frac{a-2c_H+c}{3}+\frac{1-\theta}{6}(c_H-c_L)$$

$$q_2^*(c_L)=\frac{a-2c_L+c}{3}-\frac{\theta}{6}(c_H-c_L)$$

$$q_1^*=\frac{a-2c+\theta c_H+(1-\theta)c_L}{3}$$

即企业 1 的战略 $q_1^*$，企业 2 的战略 $(q_2^*(c_H),q_2^*(c_L))$ 为贝叶斯纳什均衡。

### 10.5.5 不完全信息动态博弈

**1.概述**

在不完全信息动态博弈中，首先进行的是“自然”类型的选择，参与者了解自己的类型，但无法确知其他参与者的类型。然后，参与者按确定的顺序开始行动，后行动者可以观察到先行动者的行动，但无法观察到其类型。由于参与者的行动与其类型有关，每个参与者的行动都传递了关于自身类型的信息，因此，后行动者通过观察先行动者的行动来推断其类型或更新对其类型的信念(即后验概率)，然后选择最优的行动。同时，如果先行动者预期到自己的行动将被后行动者观察和利用，就会选择传递对自己最有利的信息，避免传递不利的信息。

本节引入精炼贝叶斯纳什均衡这一种新的均衡概念，它是不完全信息动态博弈中的基本均衡概念。它结合了完全信息动态博弈中子博弈精炼纳什均衡和不完全信息静态博弈中的贝叶斯均衡。因此，现在存在四种均衡概念：完全信息静态博弈中的纳什均衡、完全信息动态博弈中的子博弈精炼纳什均衡、不完全信息静态博弈中的贝叶斯纳什均衡和不完全信息动态博弈中的精炼贝叶斯纳什均衡。这些均衡概念相互独立但又密切相关。随着博弈的复杂化，相应的均衡概念也变得更加精细和严格，能够排除不合理或无意义的均衡解。在简单博弈中，较强和较弱的均衡概念没有明显区别。具体而言，精炼贝叶斯纳什均衡在不完全信息静态博弈中与贝叶斯纳什均衡等价，在完全信息动态博弈中与子博弈精炼纳什均衡等价，在完全信息静态博弈中与纳什均衡等价。

不完全信息动态博弈和不完全信息静态博弈具有许多相似之处。因此，海萨尼转换同样适用于不完全信息动态博弈。可以应用海萨尼转换的思路和方法来分析和讨论不完全信息动态博弈，并解决相关问题。

**2.精炼贝叶斯纳什均衡**

在不完全信息动态博弈中，子博弈精炼纳什均衡的概念无法像在静态贝叶斯博弈中那样应用。不完全信息动态博弈将不完全信息视为一个独立的子博弈，在博弈开始时以特定概率作出推测性选择。因此，子博弈精炼纳什均衡无法改善不完全信息动态博弈的均衡状态。然而，将子博弈精炼纳什均衡的思想与贝叶斯纳什均衡的概念结合起来，可以引入精炼贝叶斯纳什均衡的概念，为不完全信息动态博弈提供改进的方法。

首先，子博弈精炼纳什均衡的思想要求博弈策略在整个博弈以及所有子博弈中都构成纳什均衡。这意味着在任意子博弈中，策略组合都使得每个参与者在该子博弈中所采取的独立策略是最优的。这种精炼要求确保参与者在局部博弈中进行最佳选择。

其次，贝叶斯纳什均衡是处理不完全信息博弈常用的概念，参与者通过推断其他参与者类型的后验分布来选择策略，从而最大化自身预期收益。贝叶斯纳什均衡允许参与者在博弈过程中更新对其他参与者类型的信念，以便在动态博弈中作出更准确的决策。

形成精炼贝叶斯纳什均衡时，结合了子博弈精炼纳什均衡的思想和贝叶斯纳什均衡的概念。在子博弈层面上，参与者的策略需满足子博弈精炼纳什均衡的要求，即在每个子博弈中每个参与者采取的策略都是最优的。而在动态博弈中，参与者根据不断更新的后验分布和观察到的信息进行策略选择，以最大化自身的预期收益。尽管精炼贝叶斯纳什均衡与子博弈精炼纳什均衡在某种程度上相似，但在精炼贝叶斯纳什均衡中，不适用逆推归纳法。这是因为在不了解参与者行动历史的情况下，无法形成后验信念。因此，只能采用前向推导的方法来推导精炼贝叶斯纳什均衡。

假定有 $n$ 个局中人，局中人 $i$ 的类型是 $t_i \in T_i$，$t_i$ 是私人信息，$p_i(t_{-i} | t_i)$ 是属于类型 $t_i$ 的局中人 $i$ 认为其他 $n-1$ 个局中人属于类型 $t_{-i}=(t_1,\cdots,t_{i-1},t_{i+1},\cdots,t_n)$ 的先验概率。令 $S_i$ 是 $i$ 的策略空间，$s_i \in S_i$ 是一个特定的策略(依赖于类型 $t_i$)，$a_{-i}^h=(a_1^h,\cdots,a_{i-1}^h,a_{i+1}^h,\cdots,a_n^h)$ 是在第 $h$ 个信息集上局中人 $i$ 观测到的其他 $n-1$ 个参与人的行动组合，它是策略组合 $s_{-i}=(s_1,\cdots,s_{i-1},s_{i+1},\cdots,s_n)$ 的一部分(即 $s_{-i}$ 确定的行动)，$\tilde{p}(t_{-i} | a_{-i}^h)$ 是在观测到 $a_{-i}^h$ 的情况下局中人 $i$ 认为其他 $n-1$ 个局中人属于类型 $t_{-i}=(t_1,\cdots,t_{i-1},t_{i+1},\cdots,t_n)$ 的后验概率，$\tilde{p}_i$ 是所有后验概率 $\tilde{p}_i(t_{-i} | a_{-i}^h)$ 的集合(即 $\tilde{p}_i$ 包括了局中人 $i$ 在每一个信息集 $h$ 上的后验概率)，$u_i=(s_i,s_{-i},t_i)$ 是 $i$ 的效用函数。那么精炼贝叶斯均衡可以定义如下：

精炼贝叶斯均衡是一个策略组合 $s^*(t)=(s_1^*(t_1),\cdots,s_n^*(t_n))$ 和一个后验

概率组合 $\widetilde{p}_i=(\widetilde{p}_1,\cdots,\widetilde{p}_n)$，对于所有的参与人 $i$，在每一个信息集 $h$ 上满足

$$s_i^*(s_{-i},t_i)\in \arg_{s_i}\max\sum_{t_{-i}}\widetilde{p}_i(t_{-i}\mid a_{-i}^h)u_i(s_i,s_{-i},t_i)$$

其中，$\widetilde{p}_i(t_{-i}|a_{-i}^h)$是使用贝叶斯法则从先验概率 $p_i(t_{-i}|t_i)$观测到的 $a_{-i}^h$ 和最优策略 $s_{-i}^*(\cdot)$中得到的后验概率。

3.具体应用

不完全信息在信号博弈中展现出最为明显的复杂性。信号博弈是一种经典的非完全信息动态博弈模型，涉及两个博弈方之间的博弈过程。在信号博弈中，信息传递机制是核心，信号发出方的行为会影响信号接收方的策略选择。信号发出方的行为扮演着传递信息的角色，并对参与者的策略产生影响。信号博弈在博弈论和信息经济学领域得到广泛应用，尤其突出了不完全信息所带来的复杂性。

信号博弈是具有信息传递作用的一般博弈模型，在这种博弈中有两个参与人，参与人 S 是领头者（也称发出方，因为他发送一个信号），参与人 R 是追随者（也称接收方）。参与人 S 具有在 $\Theta$ 中的类型 $\theta$ 的信息，由于信号博弈也是动态贝叶斯博弈，因此可以转换成完全但不完美信息动态博弈。设有一个博弈方 O，先按一定概率从信号发出方的类型空间中为发出方 S 随机选一个类型，并将该类型告诉发出方；然后发出方 S 在自己的行为空间 $A_1$ 中选择一个行为 $a_1$（也称发出一个信号）；接收方 R 观察到 $a_1$ 后选择自己的行为 $a_2\in A_2$。

如果用 $T=\{t_1,\cdots,t_I\}$ 表示发出方的类型空间，用 $A_1$、$A_2$ 分别表示发出方与接收方的行为空间，博弈开始前接收方关于发出方选择类型的概率分布为 $\{p(t_1),\cdots,p(t_I)\}$，则一个信号博弈可表示为：

（1）博弈方 O 以概率 $p(t_i)$为信号发出方 S 选择类型 $t_i$。

（2）发出方 S 选择行为 $a_1\in A_1$。

（3）接收方 R 看到 $a_1$ 后选择行为 $a_2\in A_2$。

（4）双方得益 $u_1$ 和 $u_2$ 都取决于 $t_i$、$a_1$、$a_2$。

注意：博弈方 O 选择各类型的概率都大于 0，且总和等于 1；接收方虽然不知发出方的类型是 $t_i$，但却知道 $p(t_i)$。

这样，信号博弈已经表示为完全但不完美信息动态博弈的形式，根据信号博弈的特点，其精炼贝叶斯纳什均衡的条件是：

（1）接收方 R 在观察到发出方的信号 $a_1$ 后，必须有关于发出方的类型判

断,即发出方选择行为 $a_1$ 时,发出方 S 是类型 $t_i$ 的后验概率:

$$p(t_i|a_1) \geqslant 0, \sum_{t_i} p(t_i|a_1) = 1$$

(2) 对于发出方给出的信号 $a_1$ 和对发出方类型判断即后验概率 $p(t_i|a_1)$ ,接收方 R 选择的行动 $a_2$ 必须使接收方收益最大,即

$$\max_{a_2} \sum_{t_i} p(t_i|a_1) u_R(t_i, a_1, a_2)$$

(3)给定 R 的策略 $a_2$ 时,S 的选择 $a_1$ 必须使 S 的得益最大,即 $a_1$ 是最大化问题 $\max_{a_1} u_S(t_i, a_1, a_2)$ 的解。

满足上述要求的双方策略和接收方判断构成信号博弈的精炼贝叶斯纳什均衡。

在信号博弈中,声明博弈是其中的一种特殊形式。声明方是信号的发出者,而接收方是信号的接收者。然而,在声明博弈中,声明行为通常被称为"空口声明",即既不产生直接成本,也不影响参与者的利益。与现实生活中的信号博弈不同,信号发出方在信号博弈中的行为往往是有意义的实际行为,并直接影响各方利益。比如在大学生就业时,每个学生通过其受教育经历向潜在雇主传递信息,但受教育是有代价的,受教育质量的高低及所需要付出的学习成本都会直接影响学生的劳动生产率和双方利益。因此,信号博弈更符合实际情况,也更具研究价值。

尽管声明博弈只是信号博弈的一种特殊形式,但在学术研究中仍然有重要存在意义。因此,不能将声明博弈完全等同于信号博弈。在实际应用中,一个声明的可信度与其成本、威胁性等因素有关,一个有直接成本或优厚条件的声明更为可信。因此,需要对信号博弈进行更为一般化的研究,而不仅仅局限于声明博弈这一特例。

## 10.6 思考题

(1)简述管理系统决策的概念及基本过程。

(2)某工厂管理者欲扩建厂房以满足市场需求。根据以往经验,销售情况好的概率为 0.8,销售情况差的概率为 0.2。为此,某管理咨询单位提供了以下三种方案供选择:

方案 A:大规模新建,投资 300 万元。销售情况好时,每年获利 100 万元;销售情况差时,每年亏损 20 万元。新建厂房可使用 10 年。

方案 B:小规模新建,投资 140 万元。销售情况好时,每年获利 40 万元;销售情况差时,每年亏损 30 万元。新建厂房可使用 10 年。

方案 C:小规模新建,待销售情况好后再扩建,扩建需再投资 200 万元。新建厂房可使用 6 年,此后获利 90 万元/年。

试用决策树方法帮助该工厂管理者进行决策。

(3)请分析囚徒困境、斗鸡博弈、零和博弈、智猪博弈的纳什均衡。

# 参考文献

[1]钱学森.论系统工程[M].上海交通大学出版社,2023.

[2]汪应洛.系统工程[M].机械工业出版社,2024.

[3]王众托.系统工程[M].北京大学出版社,2015.

[4]杨学津,孙一.管理系统工程教程[M].山东大学出版社,2003.

[5]钱学森,许国志,王寿云.组织管理的技术——系统工程[J].上海理工大学学报,2011(06).

[6]钱学森.再谈系统科学的体系[J].系统工程理论与实践,1981(01).

[7]宋健.放飞出科学——系统工程陟览[J].系统工程理论与实践,2020(08).

[8]盛昭瀚,霍红,陈晓田,等.笃步前行　创新不止——我国管理科学与工程学科 70 年回顾、反思与展望[J].管理世界,2021(02).

[9]Jinghai Li. Exploring the Logic and Landscape of the Knowledge System: Multilevel Structures, Each Multiscaled with Complexity at the Mesoscale[J]. Engineering, 2016(03).